일본국
헌법의
탄생

NIHONKOKU KENPO NO TANJO
by Shoichi Koseki

Copyright © 2009 by Shoichi Koseki
First Published 2009 by Iwanami Shoten, Publishers, Tokyo.
Previously Published 1989 as SHINKENPO NO TANJO
by Chuo Koron Sya, Publishers, Tokyo.
This Korean edition published 2010 by Puriwa Ipari, Seoul
by arrangement with the proprietor c/o Iwanami Shoten, Publishers, Tokyo.

코세키 쇼오이찌 지음─김창록 옮김

일본국 헌법의 탄생

뿌리와
이파리

일러두기

· 이 책은 코세키 쇼오이찌占関彰一 교수의 『일본국헌법의 탄생日本国憲法の誕生』(岩波書店, 2009)의 완역이다.

· 번역을 함에 있어서는 직역을 원칙으로 하여 가능한 한 원문을 살리고자 노력했다. 다만, 한국의 독자에게 좀 더 자연스럽게 읽힐 수 있도록 어순이나 시제를 바꾸거나 경어체를 평어체로 바꾸는 등 수정을 한 부분도 있다. 또한 저자와 협의하여 원저에는 없는 용어를 추가한 부분도 있다.

· 일본의 인명 · 지명 등 고유명사는 가급적 일본어 발음에 가깝게 표기했으며, 처음 나올 때만 원어를 병기했다. 또한 색인에서도 원어를 병기하여 참고가 되도록 했다.

· 원저에서「 」로 표기된 부분 중, 법령명 등 문건의 이름은「 」로, 인용 부분은 " "로, 강조 부분은 ' '로, 노래나 영화 등의 이름은〈 〉로 표기했다.

· 원저에서 한자로 표기된 숫자는 아라비아 숫자로 바꾸었다. 다만 각주에서 인용된 서명 혹은 논문명에 포함된 것은 그대로 두었다.

한국의 독자 여러분께

졸저『일본국헌법의 탄생』이 김창록 교수님의 번역에 의해 한국의 독자 여러분을 만날 기회를 얻게 된 것을 참으로 기쁘게 생각합니다.

다만, 졸저는 원래 일본의 독자들을 위해 쓴 것이어서, 일본국헌법의 탄생과 한국의 관계에 관해서는 전혀 언급하고 있지 않습니다. 그런데 올해는 때마침 '한일병합 100년'에 해당하는 해입니다만, 일본국헌법의 탄생은 일본에 의한 한반도 식민지 지배의 종언을 의미하는 것이기도 했습니다.

그래서 이 기회에, 일본국헌법의 탄생에 즈음하여 과거 '일본 신민'이었던 한반도 인민의 일본에서의 선거권이 어떻게 다루어졌는지에 관해 개략적으로 적어보고자 합니다.

지금은 "과거 일본이 한반도를 '식민지'로 만들었다"라는 표현이 일반적으로 사용됩니다만, 과기 일본에서는 '식민지' 대신 '외지'라는 용어를 사용했습니다. 물론, "인도는 영국의 식민지이다"라는 표현은 당시의 일본에서도 사용되었습니다만, 일본의 식민지에 대해서는 '외지'라는 용어가 사용되었습니다. 외지란 '내지'(일본 본토) 이외의 지역을 가리키는 것이었으며, 명확한 법적인 정의는 없었습니다만 일반적으로 '조선, 대만, 관동주關東州, 남양군도南洋群島, 카라후토樺太'를 의미한 듯합니다. 외지의 법령을 '외지법'이라고 했으며, 조선의 지배를 위해서는 「조선총독부령」 등이 외지법으로서 발포되었습니다.

일본은 「한일병합조약」에 기초하여 "한국의 국호를 조선으로 한다"라는 칙령을 발포하여, 한반도의 인민을 '일본 신민'으로 만들었습니다. 그러나, 일본의 국적법은 한반도에서는 시행되지 않았습니다(대만에서는 시행되었습니다). 그럼에도 불구하고, 당시의 한반도 인민은 일본의 국적을 보유한 자로 간주되었습니다. 그래서, 1943년부터 일본의 병역 의무가 부과되었고, 그 2년 후부터는 일본의 중의원의원 선거의 선거권이 부여되었습니다.

전쟁 말기에 이르러 '전의 고양'을 위해서였다고 생각됩니다만, 1945년 4월의 중의원의원선거법의 개정을 통해, '외지'의 인민뿐만 아니라 '내지'에 거주하는 '외지' 출신자도 포함해서 처음으로 일본의 선거권을 부여한 것입니다. 선거법의 '별표'를 보면 '외지'에서는 카라후토 3인, 조선 23인, 대만 5인의 정수가 할당되어 있습니다. 그러나, 이 선거법은 공포되기는 했지만 시행은 되지 않은 채 패전을 맞게 되었습니다.

패전 후 일본 정부가 선거법 개정과 관련하여 우선 생각한 것은, '내지'에 거주하는 '외지' 출신자의 선거권을 폐지하는 것이었습니다. 그 이유에 관해, 당시 중의원의원으로서 선거법 개정에 열심이었던 키요세 이찌로오淸瀬一郎는, "조선인·대만인"은 일본의 도시 혹은 광산 지역에 살고 있고, "그들이 힘을 모으면 최소 10인 정도의 당선자를 내는 것은 매우 용이하다. 혹은 그 이상에 이를지도 모른다. …… 다음 선거에서 천황제의 폐절폐絶廢을 외치는 자는 아마도 국적은 조선에 두고 내지에 주소를 둔 후보자일 것이다"라고 말했습니다(水野直樹, 「在日朝鮮人台湾人参政権『停止』条項の成立」, 世界人権問題研究センター, 『研究紀要』第一号, 1996).

키요세 이찌로오는, 그 직후 극동국제군사재판(토오쿄오東京 재판)에서 변호단 부단장으로서 전쟁 당시 수상·육군대장이었던 토오죠오 히데키東条英機의 주임변호인을 맡았고, 그 후 1960년 일미안전보장조약 개정 당시에는 중의원 의장으로서 그 조약을 강압적으로 가결시킨 경력을 가지고 있는 인물입니다.

하지만 그러한 키요세에게도 같은 '일본 신민' 중에서 '조선인·대만인'에게만 선거권을 부여하지 않는 이유를 찾아내는 것은 그리 쉬운 일이 아니었습니다. 위에서 적은 것처럼, 1945년의 선거법은 '조선인·대만인'에게 시행되지는 않았지만 공포는 되어 있었기 때문입니다. 게다가 일본에 거주하는 다수의 '조선인·대만인'은 선거권을 행사하기를 바라고 있었습니다.

일본 정부는 그런 '조선인·대만인'으로부터, 다시 말해 법적으로는 패전 후에도 여전히 일본 국적을 가지고 있었던 '조선인·대만인'으로부터 선거권을 박탈하는 '논리'를 찾아내려고 한 것입니다. 그래서 생각해낸 것이 '외지법'의 존재였습니다. '외지인'도 '내지인'과 마찬가지 '일본 신민'으로 간주되었지만, 예를 들면 「호적법」은 내지에서만 유효한 법률이었고, '외지'에서는 예를 들면 '조선'에서는, 조선총독부령인 「조선호적령」(1922)이 발포되어 있었습니다. 그래서 1945년 12월의 선거법 개정에서는 "호적법의 적용을 받지 않는 자의 선거권 및 피선거권은 당분간 이를 정지한다"라는 조문을 추가했습니다. 이렇게 해서 내지법인 "호적법의 적용을 받지 않는 자", 즉 「조선호적령」의 적용을 받는 자의 선거권을 정지하는 방법을 생각해낸 것입니다.

그뿐만이 아닙니다. 일본국헌법 시행 전날인 1947년 5월 2일에는 마지막 칙령인 「외국인등록령」을 발포하여, '조선인·대만인'을, 아직 법적으로는 일본 국적 소유자임에도 불구하고, "외국인으로 간주"하는 것으로 했습니다.

총사령부(연합국 최고사령관 총사령부GHQ/SCAP)가 기초한 일본국헌법의 최초의 초안에는 외국인의 인권이 규정되어 있었습니다만(이 책 134면), 일본 정부는 그 규정을 삭제했습니다. 그리고 그 후 일본 정부의 안에서는 헌법의 '국민'을 '일본 국적 보유자'에 한정하여 외국인의 인권을 상당히 한정해버렸습니다(185, 257면). 이렇게 해서 일찍이 일본의 식민지화로 인해 일방적으로 '내지인'이 되었던 사람들은, 일본국헌법 아래에서도 인권의 울타리 밖에 놓이게 된 것입니다.

저자는 1960년대에 법학부 학생으로서 대학생활을 보냈습니다만, 당시의 수업에서도 사회에서도 외국인의 인권에 관해 혹은 구 식민지 인민의 인권에 관해 배우거나 논의한 일은 전혀 없었습니다. 유감스럽게도, 「한일조약」—이것은 저자의 학생시대에 조인된 것입니다만—에 관한 투쟁 과정에서도 여기에서 서술한 것과 같은 문제가 논의되는 일은 없었습니다. 외국인의 인권이 문제가 되기 시작한 것은 1980년대에 들어와 지문 날인이 커다란 사회 문제가 된 무렵부터입니다. 게다가 외국인의 지방참정권이 정치적인 쟁점이 되기 시작한 것은 작년 여름의 정권교체 이후의 일입니다.

위에서 설명한 것처럼, 1945년 12월의 선거법은 '조선인·대만인'의 선거권을 정지시킨 것이었지만, 동시에 그것은 일본인 여성에게 처음으로 참정권을 부여한 것이기도 했습니다. 그런데 우리 일본인들은, 구 식민지 인민의 선거권이 정부에 의해 주도면밀하게 '정지'된 사실은 전혀 알지 못한 채, 전후 오랜 기간에 걸쳐 이 '여성 참정권'에만 주목하였고, 그것을 '전후민주주의'의 상징이라고 믿어 의심치 않았습니다.

'한일병합 100년'에 즈음하여, 우리의 근현대 역사를 다시금 재검토하고, 국가를 넘어선 인간 상호간의 평화롭고 평등한 관계를 실현하기 위해 연구를 계속해가고자 다짐합니다.

2010년 7월

코세키 쇼오이찌

차례

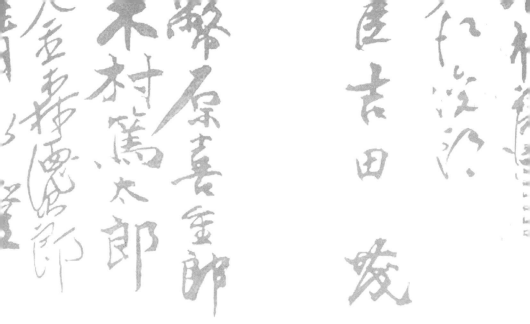

서문

구판인 『신헌법의 탄생』(中央公論社)를 세상에 내놓은 것은 1989년 5월의 일이었다. 원고를 쓰기 시작한 것이 언제쯤인지는 분명하지 않다. 하지만, 원고용지가 꽤 쌓이기 시작했을 무렵부터—그것은 저자에게 원고용지와 연필을 사용해서 원고를 쓰는 마지막 기회가 되었지만—쇼오와昭和 천황의 용태가 악화되기 시작했고, 그 후 원고를 완성하고 마지막으로 '맺음말'을 쓰고 있던 1월 초, 마침내 쇼오와의 시대가 끝나고 헤이세이平成의 시대로 바뀐 것은, 결코 잊을 수 없는 일로서 선명하게 기억하고 있다.

　　구판은 '헤이세이'와 함께 걸어온 셈인데, 그동안 여러 가지 새로운 사실이 발견되었고 또 독자에게 배우기도 하여, 구판을 고쳐써야 할 필요성을 느껴왔다. 다행히 기회가 주어져 구판을 고쳐쓰는 행운을 얻었다. 이 책이 구판과 다른 주요한 점을 시계열에 따라 적어두기로 한다.

무엇보다도 새로운 상황은, 쇼오와의 종인과 함께 쇼오와 천황과 관련된 일기 등이 공간된 것이다. 그중에서도 키노시타 미찌오木下道雄 시종차장侍從次長의 『측근側近 일지日誌』(文藝春秋, 1990)를 통해 알게 된 사실은 놀라운 것이었다. 저자는 구판을 쓰면서 일본국헌법이 천황제와, 특히 상징천황제와 어떤 관련성을 가지고 제정되었다는 것을 몇 가지 사실로부터 혹은 막연하게 느끼고 있었다. 그러나 저자는 천황제를 남겨두려고 한 맥아더의 헌법 구상이, 여러 외국, 특히 연합국에게 그렇게까지 심각한 현실을 만들어냈다는 사실에 관해 깊이 생각하지 않았다.

게다가, 전후戰後에 아무런 근거도 제시하지 않고 "헌법 제1조와 제9조는 바터barter 관계에 있다"고 주장하는 사람이 있었지만, 그것은 학문적으로는 검증되지 않았던 만큼, 그 '천황제'의 내실이 전쟁책임의 추궁과 관련이 있었고, 그 책임을 회피하는 수단이 '전쟁의 방기'였다는 사실에 접하고서, 새삼 상징천황제와 전쟁 방기라고 하는 한 짝을 이루는 현실의 중요성을 깨닫게 되었다.

구판에서 '막연하게' 느꼈던 것은 단지 자료가 없었기 때문만이 아니라 '보이는데도 보지 못하는' 인식 부족의 탓이었다는 사실도 깨닫게 되었다. 정부의 「헌법개정 초안 요강」이 발표된 1946년 3월 6일의 신문에는, 초안 요강과 함께 「수상 근화謹話」와 「칙어勅語」가 게재되어 있었다. 그 카피는 몇십 번, 아니 어쩌면 백 번 가까이, 꼼꼼하게 읽지는 않았다고 하더라도, 적어도 수없이 보아왔다. 그러나 실로 '막연하게'만 보아왔던 것이다.

그런데 위의 『측근 일지』를 읽고 있던 어느 순간, 문득 생각난 것이 있어서 다시 「칙어」를 손에 들고 한 자 한 자 새로 읽었을 때, 칙어 속의 누가 읽어도 고개를 끄덕이게 될 일본어 표현에서, '막연히'가 아니라 명확하게 일본국헌법 탄생의 의도를 비로소 인식할 수 있었던 것이다.

이 칙어가 계기가 되어, 30여 년 전에 미국의 공문서관에서 읽은 미국 통합참모본부JCS 문서를 다시 읽어보았다. 그 결과 헌법 제9조에 대한 맥아더의 의도에 30년 만에 갑자기 생각이 미쳤다. 이 문서(JCS 138/48)는 일본 재군비에 관한 것이었기 때문에, 30년 전에는 그 관점에서만 그 문서를 읽었고, 그래서 헌법 제9조와의 관계, 특히 제9조와 오키나와沖繩와의 관계에 생각이 미치지 못했던 것이다.

이 책의 구판에서는 상징천황제, 전쟁책임, 전쟁 방기를 각각 언급은 했지만 그 관계를 실증할 수 있을 정도에는 이르지 못한 채 '오리무중'의 상태에 머물러 있었다. 생각해보면, 그 셋의 관계가 헌법과 관련하여 명확한 형태로 부상하게 되기 위해서는 '헤이세이'의 시대를 기다리지 않으면 안 되었던 것이다.

저자를 비롯한 '전후민주주의' 세대는 '5월 3일'이라는 말을 들으면 '헌법기념일'이라고 조건반사적으로 반응하는 사람들이다. 헌법 시행 1년 전에 토오쿄오 재판이 개정된 일 따위는 공연히 무시해왔다. '어둠'을 쏘아 보지도, '사각'을 의식하지도 않았던 것이다.

물론 이러한 역사인식은, 캐롤 글럭Carol Gluck이 『역사를 통해 생각한다』(梅崎透 역, 岩波書店, 2007)에서 적고 있는 것처럼, "1991년의 진주만 공격 50주년은 예상대로 떠들썩하게 다루어졌지만, 그 한편에서 같은 해에 60주년을 맞은 만주사변은 공연히 무시되"던 것과 같은 것이다.

확실히, 이러한 인식은 어느 시대에도 어느 민족에게도 있을 수 있다고 할 수 있을 것이다.

다만, 잊어서는 안 되는 것은 "보이지 않는 역사는 보이지 않는 사상을 의미한다"는 것이다. 게다가 우리의 문제는 헌법 인식에 관한 것이다.

일본국헌법이라고 하면 제9조, 세9조라고 하면 '아시다芦田 수정'을 떠올려왔다. 중의원의 '아시다 소위원회'의 기록은 오랫동안 비밀로 취급되었다. 그것이 공개된 것은 1995년, 전후 50년이 되는 해의 9월이었다. 아시다

소위원회는 중의원에 상정된 정부의 헌법안을 심의해서 본회의에 상정할 최종안을 결정한 위원회였다. 다시 말해, 그 의사록은 일본국헌법의 각 조항에 대한 정책결정 과정을 알기 위해 없어서는 안 되는 것이었던 것이다.

게다가 그 속에는, 헌법 제9조의 초안이 무엇 때문에 수정되었는지를 해명할 수 있는 부분, 이른바 '아시다 수정'이 포함되어 있었다. 물론, 수정을 할 때 선도적인 역할을 한 아시다 히토시芦田均 위원장은 1950년대에 그 경위를 자신의 일기에 적었다고 말했지만, 그의 사후인 80년대에 공간된 일기에는, 아시다가 일찍이 "일기에 적었다"고 공언해온 내용과는 전혀 다른 내용이 적혀 있었다.

그뿐만 아니라, 비밀의사록은 일본 국내에서는 공개되지 않았지만, GHQ가 영역한 의사록을 가지고 있었고, 미국의 정보공개법에 따라 미국에서 영문의 의사록이 열람 가능하게 되었다. 그리고 그것이 다시 일역(중역)되어, 모리 키요시森清 중의원의원이 감역한 『헌법개정 소위원회 비밀의사록—미국 공문서 공개자료』(第一法規)로서 1983년에 공간되었다. 그런데 제9조에 관한 기술, 다시 말해 '아시다 수정'은 거기에서도 일기와 같은 내용이었다.

이 책의 구판을 쓸 당시에는 아직 비밀의사록이 미공개 상태였기 때문에 모리의 감역판을 사용했지만, 이번에는 마침내 비밀의사록(『帝国憲法改正案委員小委員会速記録—第九十回帝国議会衆議院』復刻版, 現代史料出版, 2005)을 열람할 수 있었다. 그런데 아시다 일기와 모리 감역의 의사록에서와 마찬가지로 비밀의사록에서도 일찍이 아시다가 주장한 것과 같은 기술은 발견되지 않았다.

소위원회 의사록이 공개된 후 확인한 결과, GHQ를 위해 영역하는 과정에서 '아시다 수정' 이외에도 중의원 혹은 정부의 입장에서 보아 적당하지 않다고 생각된 41개 부분이 삭제되었다는 사실이 판명되었다. 어떤 부분을 GHQ에게 숨길 필요가 있었던 것일까? 그것을 확인하고서, 제9조뿐만 아니라 일본국헌법 자체에 대해 몇 가지 관점이 있었다는 사실을 알게 되었다.

일본국헌법의 제정 과정뿐만 아니라 일본국헌법을 이해하는 데 중요한 의미를 가지는 소위원회 의사록을 반세기 가까이 비밀로 한 채 개헌과 호헌을 논하는 '미숙한 민주주의'를 경험해온 셈이다.

매스미디어는 반세기 만에 공개된 의사록을 크게 다루었지만, 반세기 동안이나 비밀에 붙여온 '우리들의 민주주의'에 대한 반성은 거의 발견되지 않았다. 그 공개에 즈음하여 저자는 "이번의 공개를 교훈 삼아, 정부 등이 검토하고 있는 정보공개법안에 입법정보를 포함시키는 등의 개혁을 할 것을 강하게 요망한다"고 썼지만(『아사히 신문』 1995.9.30), 1999년에 공포된 정보공개법에서는 공개 대상이 행정정보에만 한정되어, 저자의 지적은 완전히 무시되었다.

헌법 탄생의 시점과 비교하면, 우리들의 민주주의가 풍부한 내실을 갖추어온 측면도 있다는 점은 말할 것도 없지만, '참여민주주의'를 구체화하지 않은 것, 아니 지금도 별로 구체화하려고조차 하지 않는 것은—이 점은 자민당의 개헌안인 「신헌법 초안」 등을 통해서도 확실하게 알 수 있지만— 재고의 여지가 있을 것이다.

헌법조사회가 설치된 것도 일본국헌법의 제정 과정과 관련하여 많은 생각을 하게 했다. 헌법조사회는 1999년 8월 국회법의 일부 개정을 통해 설치하기로 결정되었으며, 다음해 1월에 중衆 · 참参 양원両院에 설치되었다.

저자에게 가장 놀라웠던 것은, 특히 중의원에서 헌법제정 과정이 조사회의 첫 테마가 된 것이었다. 헌법제정 과정을 연구과제로 삼고 있는 사람의 입장에서 이 테마가 선택된 것은 불쾌한 일은 아니었지만, '일본국헌법은 낡았다'고 주장한다면, 그 이전에 우선 일본국헌법의 문제점들을 총괄하는 것이야말로 해야 할 일이 아니었던가. 나아가, 헌법제정 과정으로 시작된 논의에서 몇 사람의 공술인이 '강요'의 유무만을 언급한 것도 놀라운 일이었다. 게다가, 그 언급에서 새로운 사실이 개진되었다면 모르지만, 연구자의 입장에서 보면 '정치 만담'에 가까운 것이었으니 더욱 놀라지 않을 수 없었다. 헌법제정 과정의 고찰이라는 '역사를 천착하는' 행위에 종사하는 사람들로부터 연구자다운 겸허하고도 사려 깊게 선택된 이야기를 들을 기회는 결국 마지막까지 없었다.

그럼에도 불구하고, 2005년에 공표된 『중의원 헌법조사회 보고서』는 1964년에 나온 내각 헌법조사회의 「보고서」와 비교하면 큰 변화가 있었다고 할 수 있을 것이다. 총론에 해당하는 장에서 "GHQ의 관여를 '강요'라고 문제 삼는 의견도 있었지만, 그 점만을 강조해서는 안 된다고 하는 의견이 다수 제시되었다"고 총괄하고 있는데, 이것은 일찍이 강요론 일색이었던 5, 60년대와 비교하면 큰 변화라고 할 것이다.

중의원 헌법조사회에서는 나카야마 타로오中山太郎 회장이 '인권 존중', '주권재민', '다시는 침략국가가 되지 않는다'라는 '나카야마 3원칙'을 내걸었다. 왠지 '맥아더 3원칙'을 염두에 둔 발상인 듯이 보이지만, '마쯔모토 4원칙'과는 분명 대비된다. 시데하라幣原 내각의 마쯔모토 조오지松本烝治 헌법문제조사위원회 위원장은 '천황의 통치권 총람은 불변', '의회의 의결을 필요로 하는 결의사항의 확대', '국무대신에게 모든 국무상의 권한 부여', '인민의 자유·권리의 보호'를 내걸었다. '나카야마 3원칙'은 확실히 이 마쯔모토 4원칙과 비교하면 '착실한' 원칙일지 모르지만, '낡은'

헌법을 바꾼다고 의욕을 보인 바에야, 맥아더 3원칙을 능가하는 3원칙을 제시해도 좋았던 것이 아닐까? 나카야마 3원칙은 맥아더 3원칙에 미치지 못할 뿐만 아니라, '다시는 침략국가가 되지 않는다'라는 원칙은, 얄궂게도 일찍이 "헌법 9조와 같이 모든 전쟁을 방기하는 것이 아니라 침략전쟁을 방기해야 한다"라고 주장한 공산당의 노사카 산조오野坂參三의 견해를 상기시키는 것이다.

중·참 양원의 헌법조사회에서의 심의가 진행되는 가운데, 2005년 자유민주당은 결당 50년을 맞았다. 그해 11월, 결당기념일이라는 '빛나는' 날을 택해 「신헌법 초안」이 발표되었다. 여러 가지 논의가 있었지만, 헌법제정이라는 관점에서 재검토해두고자 한다.

　결당 50년인 2005년, 헌법개정을 목표로 코이즈미 쥰이찌로오小泉純一郎 수상을 본부장으로 하는 '신헌법 제정 추진본부'가 설치되었다. 그 아래에서, 모리 요시로오森喜朗 전 수상을 위원장으로 하는 '신헌법 기초 위원회'가 「신헌법 초안」을 발표했다. 그에 관한 보도를 접하고서 저자는 우선 '자민당도 마침내 혁명정당으로 변신한 것인가'라고 고소를 금할 수 없었다. '신헌법 제정 추진본부'가 사용하는 '제정'이라는 용어는, 혁명이나 쿠데타와 같이 이전의 헌법과 단절하는 경우에 사용하는 것이며, 이전의 헌법과 단절하지 않고 이전 헌법의 개정 조항에 따라 헌법을 바꾸는 경우에는 '개정'이라는 용어를 사용한다.

　또 '신헌법'이라는 용어도 사용되고 있지만 발표된 초안은 아무리 보아도 '신헌법'이 아니라 일본국헌법 73조에 따라 헌법을 개정한 것이며, 게다가 그 후 자민당은 일본국헌법의 개정 절차에 따라 헌법을 개정하는 것을 전제로 해서 「헌법 개정 절차법」을 공포했으니, 「신헌법 초안」이 아니라

「일본국헌법 개정 초안」이라고 해야 하는 것이 아닌가?

일본국헌법이 탄생할 당시 제출된 것은 정식의 「제국헌법 개정안」이었다. 왜냐하면, 일본국헌법은 메이지 헌법 73조에 따라 개정된 헌법이었기 때문이다. 그러나, 일반적으로는 많은 사람들이 '신헌법'이라고 불렀다. 그것은, 일본국헌법이 메이지 헌법과는 이념이 전혀 달랐을 뿐만 아니라, 조문도 전적으로 다른 헌법이었기 때문이다. 그래서 헌법 앞에 '신新'이라는 글자를 붙였고, 그것이 널리 사용되어 정착된 것이다. 당시 '신일본'이라는 용어가 사용되었던 것과 마찬가지이다. 저자도 구판의 제목에는 '신헌법'이라는 용어를 사용했다.

그런데 자민당의 「신헌법 초안」의 경우, 장별(편성)을 살펴보아도, 일본국헌법과 다른 것은 "전쟁의 방기"를 "안전보장"으로 바꾼 것뿐이며, 다른 장은 일본국헌법과 전혀 다르지 않다. 그뿐만 아니라, 자민당이 그토록 싫어한 일본국헌법을 전면적으로 개정한 것이 아니라, 장별은 말할 것도 없고 많은 조문을 일본국헌법을 토대로 해서 부분 수정한 데 지나지 않는다. 도저히 '신헌법'이라고 부를 수 없는 것이다.

나아가, 이토록 일본국헌법에 기대어 문자 그대로 '개정'한 것이라면, 몇몇 외국의 헌법이 개정을 할 때 이전의 헌법에 관해 언급한 것처럼, 전문에서 일본국헌법에 관해 언급하여, 무슨 이유로 헌법을 개정하기에 이르렀는지를 명기해야 할 것이다. 개헌 반대세력이 존재하는 상황에서, '불마不磨의 대전大典'이 아닌 이상, 헌법개정의 이유를 명시하는 것은 민주주의적 절차로서 당연히 필요한 것이 아닌가? 물론, 일본국헌법은 메이지 헌법을 개정한 것임에도 불구하고, 그 전문에서 메이지 헌법을 무슨 이유로 개정하게 되었는지에 관해 전혀 언급하지 않고 있다. 그것은 당시가 실로 '혁명'의 시대였고, 게다가 전면 개정이었기 때문일 터이지만, 그럼에도 불구하고 저자는 일본국헌법의 전문에서 메이지 헌법을 개정하는 이유에 관해 언급했어야 했다고 생각한다.

90년대 이후에는, '논헌論憲'이라는 이름 아래 이루어진 헌법개정 논의가 정치가를 중심으로 큰 정치 문제로 발전했다. 이 20년간의 커다란 변화라고 할 수 있는 것이다. 구판을 세상에 내보냈을 때는, 개헌도 호헌도 완전히 잊혀졌던 시기였다. 아니 그보다는 오랫동안 여론이 '호헌' 쪽으로 기운 시기였다. 그랬던 것이 그 후 '논헌'을 거쳐서 '개헌'으로 움직인 것이다. 그래서, 저자가 구판의 마지막 부분에서 아래와 같이 적은 것은, 당시에는 어느 누구도 주목하지 않았지만, 지금 새삼 떠올리게 된다. "우리는 이제 '호헌의 시대'를 수동적으로 살아가는 것에 결별을 고하고, 인류가 70년대를 통해 만들어낸 환경권, 인종 평등, 정보의 자유 등 '새로운 인권'을 담은 '섀도shadow 헌법'을 내걸고 살아야 하는 시대를 맞고 있다고 할 수 있지 않을까?"

　일본국헌법에 새로운 이념을 추가하여 개정하는 것은 지금 당장은 가능할 리도 없다. 우리들은 '헌법'이라는 국민국가의 뼈대를 생각할 때, 국민국가 그 자체가 변하지 않을 수 없는 시대에 살고 있다는 점에 주목하지 않으면 안 된다. 정치학자 매리 칼도Mary Kaldor는 아래와 같이 말하고 있다. "글로벌라이제이션은 국가의 종언이 아니라 오히려 그 변용을 의미한다. 하나의 가능성은, 일방적으로 전쟁을 만들어내는 국가로부터, 내셔널한 레벨에서와 마찬가지로 글로벌한 레벨에서도 다국간 협조주의에 입각해서 법을 제정하는 국가로 변용하는 것이다." "글로벌, 내셔널, 로컬의 각 레벨에서 안전보장의 조건들을 제공하는 공적인 제도가 존재하지 않으면 안 된다."(山本武彦·宮脇昇·木村真紀·大西崇介 역,『グローバル市民社

会論』, 法政大学出版局, 2007)

　전쟁이나 안전보장이라는 면에서뿐만 아니라, 이제 모든 면에서 '국가'와 '국제'라는 틀 속에서 살아갈 수 있는 시대는 지나가고 있는 듯하다. 저자가 구판에서 "'새도 헌법'을 내걸고"라고 적은 것은, 일본국헌법에 대해 사고정지나 수동적인 상태에 빠지지 않고, 역사의 전환점에서 새로운 이념을 모색하고 끊임없는 논의를 이어가야 한다고 생각했기 때문이다. 일본국헌법이 탄생할 때, 바로 거기에 헌법연구회안을 만들어낸 소수의 사람들, 전전戰前의 엄혹하고 절망적인 시대에 희망을 잃지 않고 민주적인 헌법을 구상한 사람들이 있었기 때문에 우리들의 '전후'가 시작되었다는 사실을 새삼 떠올렸기 때문이다.

官報 號外　昭和二十一年十一月三日　日曜日

日本國憲法

內閣總理大臣　吉田

衆議院議長　山崎猛

芦田均

木村篤太郎

幣原喜重郎

金森

清水

印刷局

제1장 다양한 모색

코노에 후미마로의 맥아더 방문

헌법개정을 처음으로 입에 올린 사람은 맥아더Douglas MacArthur였다. 1945년 9월 13일 오후 5시, 히가시쿠니노미야東久邇宮 내각의 무임소장관 코노에 후미마로近衛文麿가 GHQ 본부가 있는 요코하마橫浜 항에 가까운 세관 빌딩을 방문했다. GHQ가 황거皇居 앞의 제1생명 빌딩으로 이전한 것은 9월 17일이어서, 아직 이 시점에는 요코하마에 있었고, 게다가 그것은 연합국 최고사령관 총사령부GHQ/SCAP(General Headquarters, the Supreme Commander for the Allied Powers)가 아니라 태평양 육군 총사령부GHQ/USAFPAC(General Headquarters, United States Army Forces, Pacific)였다. GHQ/SCAP가 설립된 것은 10월 2일이다.[1] 그러나 당일 일본 측에서는 이런 사정은 알 수도 없었고, 또 어째도 상관없는 일이었다. 어쨌든 코노에는 맥아더를 만날 필요가 있었다.

코노에 내각 당시의 서기관이었고 그 후에도 코노에의 측근이었던 미야타 켄지宮田健治는 "맥아더의 부름을 받고" 방문했다고 하지만,[2] 일본 측에게 이 방문은 그렇게 단순한 것은 아니었다. 정치평론가로 코노에의 브레인이라고 불렸던 이와부찌 타쯔오岩淵辰雄는 나중에 "우선 일본의 사정을 일본 측으로부터 맥아더에게 설명할 필요가 있다"고 생각하여 코노에에게 "회견을 신청하게 했다"[3]고, 저간의 사정을 설명했다. 이러한 이와부찌의 의견에는, 전시戰時부터 코노에와 행동을 같이 해온 코바타 토시로오小畑敏四郞 무임소대신도 찬성하고 있었다.[4] 확실히 히가시쿠니노미야 내각에서 코노에는 맥아더에게 회견을 신청하는 중책을 맡기에 적격이었다. 쿄오토京都 대학 재학 중 25세의 나이로 귀족원의원이 되고, 오랜 정치경력 중 약 3년에 걸쳐 수상을 지내고, 1919년의 파리 강화회의에는 전권단의 수행으로서 참가하고, 그 후에도 도미하는 등 당시로서는 파격적이라고 할 수 있는 풍부한 국제경험도 가지고 있었다.[5] 바로 그 때문에 정치경험이 부족한 히가시쿠니노미야 수상 아래에서 부총리 격인 무임소대신이 된 것이었다.

이렇게 해서 코노에는 맥아더의 의향을 탐지하기 위해, 말하자면 일본 측을 대표하는 형태로, 요코하마의 GHQ를 향한 것이었다. 그것은 토오죠오 히데키東条英機를 비롯한 전범戰犯용의자에 대한 체포 명령이 나온 지 이틀 후의 일이었다. 그러나 이 회담은 그다지 중요한 것은 되지 못했다. GHQ 측이 붙인 통역이 충분히 그 역할을 다하지 못했다는 것이 주된 원인인 듯이 이야기되고 있지만, 어쨌든 한 시간 정도로 끝났다.

두 번째 회담은 10월 4일에 열렸다. 장소는 토오쿄오東京 히비야日比谷의 제일 빌딩. GHQ의 본부였다. 그것도 6층에 있는 맥아더의 집무실 옆의 응접실이었다. 이번 통역은 오쿠무라 카쯔조오奧村勝藏. 바로 일주일 전에 맥아더와 천황의 회견 때 통역을 맡았던 사람이었다. 회견 시각은 첫 번째 회담과 마찬가지로 오후 5시였다. 그런데 20분 가까이 기다렸다고 한다. 처음에는 맥아더가 아니라 서덜랜드R. K. Sutherland 참모장이 대신 만난다고 했지만, 기다렸다가 들어간 방에는 맥아더와 서덜랜드, 게다가 조지 애치슨George Atcheson GHQ 정치고문까지 기다리고 있었다. 일본 측은 코노에와 통역인 오쿠무라뿐이었다.

20분이 늦어진 이유를 오쿠무라는 뒷날 "내 추측으로는, 코노에 공公의 이야기는 국무성 대표의 자격으로 와 있던 애치슨도 함께 듣는 편이 좋을 것이라고 생각하여, 당시 니혼바시日本橋의 미쓰이三井 본사 빌딩에 막 〔정치고문〕 사무소를 연 애치슨을 급히 부르기 위해 시간이 걸린 것이 아닐까"[6]라고 적고 있다. 꽤 정곡을 찌른 견해이다. 연락을 받고 자동차로 니혼바시에서 히비야까지 가는 데 걸린 시간이 20분이라는 이야기는 설득력이 있다고 할 것이다. 그러나 이유가 이것만은 아닌 듯하다.

이날 오후 6시, 맥아더가 일본 정부 앞으로 중대한 지령을 발했기 때문이다. 일반적으로 「인권 지령」이라고 불리는 이 지령은 정치범의 즉시 석방, 특고特高의 폐지, 탄압 법규의 폐지 등을 주된 내용으로 하는 것으로, 이 지령에 의해 다음날인 5일에 코노에도 그 각료의 한 사람인 히가시쿠니노미야 내각이 와해되고, 10일에는 토쿠다 큐우이찌德田球一 등 공산당원을 포함하는 3,000명의 정치범이 석방되었다. 당연히 맥아더는 「인권 지령」의 결재를 하고 난 다음에 회담에 임했다. 늦어진 이유가 이 때문은 아니었을까 하는 추측은 충분히 성립된다. 한편 코노에는 「인권 지령」이 회담 도중에 발포되었다는 사실 따위는 알 도리가 없었다.

마침내 회담이 시작되었다. 오쿠무라에 따르면 코노에 측에서 일방적으로 이야기하기 시작했다고 한다. 코노에는 전쟁책임이 군벌과 함께 맑시스트에게 있다면서 이렇게 말했다고 한다. "군벌이나 국가주의 세력을 도와 그 이론적인 뒷받침을 한 것은 맑시스트이며, 일본을 오늘날의 파국으로 이끈 것은 군벌세력과 좌익세력이 결합한 결과이다."[7]

아무리 맥아더가 반공주의자라고 할지라도, 이제 곧 자신이 석방하려고 하는 좌익정치범에게 전쟁책임이 있다는 코노에의 주장에는 놀라지 않을 수 없었으리라는 점은 상상하기 어렵지 않다.

어쨌든 코노에는 장황하게 이야기를 한 후 "조금 태도를 바꾸어" 맥아더에게 물었다고 한다. 오쿠무라는 이 장면을 아래와 같이 복원하고 있다.

"정부의 조직 및 의회의 구성에 관해 무언가 의견이나 지시가 있으면 듣고 싶다." 이 말을 들은 맥아더는 갑자기 정색을 하더니 특유의 군인식 어조로, "첫째, 일본의 헌법은 개정하지 않으면 안 된다. 헌법을 개정해서 자유주의적 요소를 충분히 도입할 필요가 있다"고 큰 소리로 단정하듯 말했다.[8]

실은 이 장면에서 맥아더가 '헌법개정'이라고 말했는지 여부가 나중에 큰 문제가 되는데, 외무성의 외교문서[9]를 보아도—이 또한 오쿠무라가 작성한 것이라고 생각되지만—, 맥아더가 "헌법은 개정할 필요가 있다. 개정해서 자유주의적 요소를 충분히 도입하지 않으면 안 된다"고 말한 것으로 기록되어 있다. 또한 만약을 위해 GHQ 측에서 동석한 애치슨 정치고문의 10월 10일자 국무장관 앞 서한을 보아도, "회담 석상에서 원수는 코노에에게 헌법은 개정되지 않으면 안 된다고 말했다"[10]라고 확실하게 적혀 있다. 아무래도 10월 4일의 이 회견에서 맥아더 측이 코노에에게 헌법을 개정하도록 제안한 것은 틀림없는 듯하다. 돌아오는 길 차 안에서 코노에는 오쿠무라에게 "오늘은 엄청난 말을 들었군"이라고 말했다고 한다.[11]

맥아더의 이 발언을 "엄청난 말"이라고 받아들인 것은 코노에만은 아니었다. 실은 애치슨도 마찬가지였다. 애치슨은 사무소에 돌아오자 워싱턴의 국무장관 앞으로 급히 짤막하게 아래와 같이 타전했다.

정치에 관심이 있는 일본인 사이에서 헌법개정 문제가 꽤 화제가 되고 있기 때문에, 이 문제의 최종적인 지시를 가능한 한 빨리 부탁드리고 싶다. 또 이 문제에서 미국 정부가 취하고 있는 생각의 방향을 알 수 있도록 〔헌법〕 초안의 개요를 타전해주기 바란다.[12]

코노에도 애치슨도 '엄청난 일'에 직면했다. 이들은 헌법개정을 향해 본격적으로 움직이기 시작했다. 특히 코노에는 무척이나 서두르고 있었다. 히가시쿠니노미야 내각은 이미 총사직했기 때문에 차기 내각이 성립되면 각료의 지위를 잃는다. 코노에는 아직 어쨌든 각료의 지위에 있었던 10월 8일, 애치슨을 방문했다. 이번에는 코노에의 옆에 당시 미국정치사연구의 제1인자였던 타카기 야사카高木八尺 토오쿄오 대학 교수와, 전시에 도오메이同盟 통신 편집국장을 지냈고 타카기와도 친교가 있었던 마쯔모토 시게하루松本重治, 그리고 비서인 우시바 토모히코牛場友彦가 대기하고 있었다.

애치슨은 아직 국무장관으로부터 회신을 받지 못한 상태였지만, 이번에는 꽤 구체적으로, 그러나 '비공식'이라고 양해를 구하는 것을 잊지 않고서, 자기의 견해를 말했다. 동석한 타카기의 메모에 따르면 그것은 9개 항목,[13] 애치슨의 국무장관에 대한 보고에 따르면 7개 항목[14]에 걸친 것이었고, 게다가 타카기는 메이지明治 헌법에서 개정해야 할 점으로 정리하고 있는 데 대해 애치슨은 메이지 헌법의 특징점으로 정리하고 있기 때문에 언뜻 보기에 다른 듯이 보이지만, 내용적으로는 거의 일치한다.

개정의 근본은, 국회는 국민에 의해 선출된 대의기관이 되지 않으면 안 되고, 내각은 국회에 대해 책임을 지며, 따라서 귀족원貴族院과 추밀원樞密院은 폐지된다는 것이며, 그 외에 천황의 육·해군 통수권을 비롯한 대권大權은 축소하고, 국회의 입법권은 확대하고, 인권을 보장하며, 경찰·교육의 중앙집권제를 폐지한다는 것 등이 요점이었다. 천황의 지위 그 자체에 관해서는 전혀 언급되지 않았다.

헌법개정 권한을 둘러싸고

회담이 끝나자 코노에는 즉시 키도 코오이찌木戸幸一 내대신內大臣을 방문했다. 그 자리에서 키도와 코노에는 헌법개정 작업을 내대신부內大臣府 고요오가카리御用掛의 자격으로 코노에가 담당하기로 의견을 모았다. 시데하라 키쥬우로오幣原喜重郎 내각의 출범은 다음날로 다가와 있었다. 코노에는 타카기를 데리고 그 걸음으로 사위이자 비서였던 호소카와 모리사다細川護貞의 집을 방문하여, 저녁식사를 함께 하면서 개헌 작업의 방책을 가다듬었다. 그 작업은 사사키 소오이찌佐々木惣一 쿄오토 대학 교수에게 부탁하기로 결정했다. 코노에가 쿄오토 대학 재학 시절에 사사키에게 배운 적이 있기 때문이었다. 호소카와는 즉시 사사키를 불러오기 위해 쿄오토로 출발했다.[15]

다음날인 9일, 코노에는 천황을 배알하여 그간의 자신의 행동에 관해 설명하고, 11일에 예정대로 내대신부 고요오가카리에 임명되었다. 그런데, 이것은 정확하게는 11일 정오의 일이었는데, 그날 저녁 5시에는 시데하라 새 수상이 맥아더를 방문했다. 그 자리에서 맥아더는 시데하라에게 세칭 '5대 개혁 지령'이라고 불리는 지시를 내렸다. 이틀 후인 13일 조간—당시 석간은 없었지만—을 보면 "원수의 견해"로서 "포츠담 선언을 이행하기 위해서 일본 국민이 여러 세기에 걸친 오랜 기간 동안 예속되어온 사회질서의 전통을 교정할 필요가 있을 것이다. 일본 헌법의 자유주의화 문제도 당연히 그 속에 포함될 것이다"라는 판단이 있었다는 사실이 소개되어 있고, 이어서 5대 개혁이 제시되어 있다.

그것은 한마디로 말하면 ① 부인 해방, ② 노동조합 장려, ③ 교육의 자유화·민주화, ④ 비밀탄압기구 폐지, ⑤ 경제기구의 민주화이다. 다시 말해, 맥아더가 헌법개정의 필요성을 이미 표명했음에도 시데하라 내각에 대한 5대 개혁 지령에는 그것이 포함되어 있지 않은 것이다. 게다가 이것은 머리기사도 아니다. 머리기사는 천황이 코노에를 내대신부 고요오가카리에 임명했다는 것이다. 물론 국민은 이 기사를 통해 비로소 코노에가 개헌 작업에 들어간다는 사실을 알게 되었고, 이미 두 차례에 걸친 맥아더·코노에 회담의 내용은 알려지지 않았기 때문에, 이 기사만 본다면 헌법개정은 천황이 코노에에게 명령하고 5대 개혁은 맥아더가 시데하라에게 명령했다고 읽히는 지면 구성이었다.[16] 그런데 이 격동의 10월 11일이 이와 같이 보도된 배경에 관해, 타카기는 후일 헌법조사회에서 아래와 같이 증언했다.

〔맥아더·시데하라 회담의〕 경우에는 반드시 헌법개정 문제가 나올 것이라고 예측되었기 때문에, 그 전에 우리는 보너 펠러스Bonner Fellers 준장을 통해서, 생각할 수 있는 예비공작을 했습니다. 즉 다가올 11일에 열리는 새로운 수상과의 회견 때에 맥아더가 요구할 것으로 예상되는 정치개혁의 항목에 헌법개정 문제까지 포함해서 같은 차원에서 요구하는 것은 바람직하지 않다. 헌법개정을 언급하는 것은 다른 형태로 하는 것이 바람직하다는 점에 대해 상대방의 주의를 환기하고, 맥아더가 지시하는 5개의 큰 개혁 항목, 예를 들면 부인의 지위 향상, 노동조합제도, 교육제도의 개선 문제 등과 동렬의 요구로서 다루지는 말아달라고 부탁하여 양해를 얻었습니다. 그 다음에 시데하라 수상이 만났습니다. …… 헌법개정은 일본 측에서 자주적으

로 고려하고 있다는 형태를 갖추기 위해 노력한 것입니다.[17]

당시의 신문이 모두 GHQ의 검열을 받고 있었기에 가능한 일이었는지도 모르지만, 미국정치사 연구자로서 오랫동안 미국 쪽에 인맥을 유지해온 타카기에게 어울리는 활약상이라고 할 수 있다. 그리고 GHQ가 일본 측의 자주적인 헌법개정에 매우 협조적이었다는 사실도 알 수 있다.

시데하라는 이 맥아더와의 회담 직후인 13일의 각의에서 급거 마쯔모토 죠오지松本烝治 국무대신을 위원장으로 하는 헌법문제조사위원회의 설치를 결정했다. 따라서 이 위원회의 설치 결정은, 맥아더와의 회담에서 맥아더가 '헌법의 자유주의화'를 언급했기 때문이라고 이해되는 경향이 있지만, 실은 그렇지는 않았던 듯하다. 후일 마쯔모토 자신이 자유당 헌법조사회에서 한 증언에 따르면, 맥아더와의 회담 당일인 11일의 각의가 한참 진행되고 있는 도중에(아마도 맥아더와의 회담 직전이라고 생각된다) 키도 내대신으로부터 시데하라에게 "코노에 공에게 헌법개정에 관한 일을 위임한다"는 전화가 걸려왔고, 13일에 코노에, 시데하라, 마쯔모토가 만난 자리에서, 마쯔모토는 헌법개정을 "담당하는 것은 내각 이외에는 있을 수 없다. 우리 쪽에서도 이미 그것은 생각하고 있다"고 말했다고 한다.[18]

이렇게 보면, 시데하라 내각이 서둘러 헌법문제조사위원회의 설치를 결정한 이면에는 코노에에게 선수를 빼앗기지 않겠다는 판단이 있었다고 생각된다. 이 13일에, 코노에의 사자使者인 호소카와를 따라 사사키 소오이찌가 상경했고, 고요오가카리의 칙령을 받아 오기쿠보荻窪의 코노에의 집으로 들어갔다. 신문도 각각 사설을 통해,『아사히朝日 신문』이 "흠정헌법의 민주화"라는 제목으로,『마이니찌每日 신문』이 "헌법개정의 긴요성"이라는 제목으로 헌법개정을 논했다.

이렇게 해서, 10월 중순의 단계에서 일찌감치 헌법개정을 향해 움직일 조건이 갖추어진 것이다. 다만 그것은 내대신부와 내각이 서로 경쟁하는 듯한 형세 속에서의 시동이었다.

경쟁이 공공연한 논쟁·대립으로 발전한 것은 내각 측, 즉 마쯔모토 위원장의 10월 15일의 담화에서부터였다.

> 헌법개정은 중요한 국무이다. 이토오伊藤〔히로부미博文〕공이 헌법을 기초할 당시에는 궁중宮中과 부중府中의 구별도 명확하지 않았고 헌법 이전의 상태였다. 그러나 지금은 헌법이 제정되어 있기 때문에, 정부가 이를 신중하게 조사하여 대권의 발동을 위해 보필하는 것은 국무대신의 책무이다. 이 중요한 국무를 누가 책임질 것인가? 폐하에게 책임이 없기 때문에 전적으로 국무대신이 책임질 일이다. 내대신부에서는 코노에 공을 중심으로 연구를 추진하고 있지만, 이것은 정부가 개정 초안을 성람聖覽하시도록 했을 때 조사를 하기 위한 준비라고 생각한다.[19]

이 담화는 다음날 각지에 보도되는데, 그중에서도 『마이니찌 신문』은 이 마쯔모토 담화 이상으로 크게 같은 취지의 미야자와 토시요시宮沢俊義 토오쿄오 대학 교수와 로오야마 마사미찌蠟山政道의 담화를 싣고, "헌법개정 문제에 일석一石"이라고 제목을 붙여 말하자면 특집으로 다루었다. 거기에서 미야자와는 마쯔모토보다 엄하게 내대신부의 개헌 작업을 비판하여, "정부와 내대신부 양쪽에서 각자 헌법개정안을 기초하는 것이 온당하지 못하다는 것은 너무나도 명료하다. 흠정헌법이라는 것을 오해해서 헌법의 개정은 정부의 보필이나 책임과 관계가 없는 무대 뒤에서 해야 하는 것인 듯이 해석하는 것은 우리 헌법이 정하는 입헌주의의 대원칙을 무시하는 것이라고 믿는다"[20]고 말했다.

이에 대해 사사키 소오이찌는 즉각『오오사카 마이니찌大阪每日 신문』(10월 21일자)에 반론을 실었다. 사사키는, 정부의 보필과 내대신부의 보필은 성질이 다르다고 하면서 아래와 같이 주장했다. "정부가 헌법개정에 관해 보필하는 것은, 천황이 헌법개정에 관해 실질적인 행위를 하시도록, 또는 실질적인 행위를 하시지 않도록 부탁드리는 것이다." 이에 대해 "내대신부에서 헌법개정에 관해 보필하는 것은 천황이 헌법개정에 관해 성려聖慮를 하시는 경우에, 내대신부가 생각하는 것을 말씀드려서, 올바르게 판단하시기 위한 자료로서 참고하시도록 부탁드리는 것이다."[21]

두 주장 모두 그 근거는 대일본제국헌법(메이지 헌법) 73조의 해석이었다. 73조는 "장래 이 헌법의 조항을 개정할 필요가 있을 때는 칙명으로 의안을 제국의회의 심의에 부쳐야 한다"고 규정하고 있었다. 어쨌든 "불마不磨의 대전大典"으로서 메이지 22년(1889)에 발포된 이래, 헌법개정은 단 한 번도 문제가 되지 않았고, 아니 문제로 삼는 것조차 불가능했고, 패전에 의해 비로소 문제가 된 것이기 때문에, '논쟁'이 일어난다고 해도 이상한 일은 아니지만, 사사키의 해석이 "국무는 국민의 눈 앞에서 내각의 책임으로 이루어져야 한다"는 책임정치의 원칙에서 벗어나 있었고, 내대신부 제도에 대한 비판이 결여된 것이었다는 지적[22]은 피할 수 없을 것이다. 내대신부에 의한 헌법개정에 대해서는『아사히 신문』의「사설」(10월 18일자) 등으로부터도 비판이 가해졌고, 전체적으로 볼 때 개정 권한이 내각에 있다는 주장이 많았다.

이렇게 해서 국내에서는 내대신부가 주도하는 헌법개정에 대한 비판이 높아지는 한편으로, 해외에서는 특히 미국에서 코노에가 헌법개정을 담당하는 것에 대해 강한 비판이 제기되었다. 10월 26일자『뉴욕 헤럴드 트

리뷴』지는 프랭크 켈리 기자의 토오쿄오발 기사에서 이 사실을 전한[23] 후,
아래와 같은 사설로 맥아더의 책임을 엄하게 추궁했다.

극동에서 미국이 저지른 어이없는 실패 중에서 가장 심한 것은 코노에 공작
을 일본의 신헌법 기초자로 선택한 것이다. …… 만일 공작이 전범으로서
이미 옥중에서 재판을 기다리고 있다면 반대할 이유는 전혀 없다. 그가 미
국 측으로부터 정식으로 인정받아 일본의 민주헌법의 기초자로 정해졌다
는 것은 참으로 어이없는 일이다.[24]

코노에에 의한 헌법개정 구상은 그 개시와 함께 내외의 비판에 직면하
게 되었다. 그래도 코노에는 사사키와 함께 개헌 작업에 돌입했다. 그것은
맥아더의 시사를 받았다는 '신분보장'이 있었기 때문이다. 그런데, 이것이
흔들리게 되는 것이다.

코노에 등, 초안 기초에 착수
코노에는 사사키와 함께 마침내 헌법개정 초안 작성 작업에 착수했다. 장
소는 하코네箱根 미야노시타宮の下의 나라야奈良屋 별관. 그 3층을 통째로
빌려 사사키와 그의 조수인 이소자키 타쯔고로오磯崎辰五郎 리쯔메이칸立
命館 대학 교수 등이 작업을 했고, 당시 미야노시타에서 가까운 오다하라小
田原 이리우다入生田의 별장에서 살고 있었던 코노에도 거의 매일같이 개
정안에 관해 사사키와 토의를 거듭했다.

그런데 코노에는 왜 사사키를 데리고 하코네에 틀어박히지 않으면 안
되었던 것일까? 앞서 마쯔모토 죠오지가 내대신부=코노에에 의한 헌법개
정을 비난하며 이번 개정은 메이지 헌법을 제정할 때와는 다르다고 했지

만, 코노에의 머릿속에서는 흠정헌법 제정의 패턴이 떠나지 않았던 것으로 생각된다. 메이지 헌법의 초안은 몇 가지 있지만, 그중에서 가장 메이지 헌법에 가깝다고 일컬어지는 초안은 「나쯔시마夏島 헌법」이다. 메이지 천황에게서 헌법안을 기초하라는 명령을 받은 이토오 히로부미는, 1889년 6월, 이토오 미요지伊東巳代治, 카네코 켄타로오金子堅太郎, 그리고 나중에는 이노우에 코와시井上毅를 동반하고, 요코하마 카나자와金沢의 여관 아즈마야東屋에서 초안 심의를 시작했다. 그런데 이 아즈마야에 도둑이 들어 초안이 든 가방을 도난당하고 말았다. 가방 속의 돈은 결국 발견되지 않았지만, 다행히 초안은 가까운 밭에 버려져 있어서 심각한 사태는 모면할 수 있었다. 이토오는 이후 이 숙소를 떠나, 근처 카나자와 앞바다에 있는 무인도 나쯔시마에 만든 별장(현재는 매립되어 옷파마追浜 공장단지가 되어 있지만, 기념비가 서 있다)에서 작업을 계속하여 안을 완성했다. 이것이 나쯔시마 헌법이다.[25]

코노에의 경우 장소의 선정까지 포함해서 메이지 헌법의 제정을 모방한 행동이었다고 할 수 있을 것이다.

그런데, 사사키가 하코네에서 작업을 계속하고 있는 동안에도, 타카기는 토오쿄오에서 GHQ와 접촉하는 일을 게을리 하지 않았다. 타카기는 아래와 같이 서술하고 있다. "[10월] 25일에 만났을 때는, '최근 워싱턴으로부터 온 정보에 근거해서 다소 보충한다'면서 상당히 상세한 이야기가 있었습니다."[26] 이 회담에는 타카기와 우시바, 그리고 GHQ 측에서—그보다는 국무성 측에서라고 하는 편이 정확할지도 모르지만—애치슨 휘하의 에머슨. K. Emmerson과 피어리R. T. Fearey가 동석했다. 이 회담에서 에머슨이 "상당히 상세한 이야기"를 한 것은 당연했다. 타카기와 에머슨이 패전 전부터 친한 사이이기도 했지만, 에머슨은 앞서 언급한 국무장관의 훈령을

17일에 입수하고 그것에 기초하여 23일에 자기의 견해를 정리해서, 각서의 형태로 맥아더에게 보고한 상태였다.[27]

국무장관의 훈령은 극히 간명하게 아래와 같이 서술하고 있었다.

이 문제에 관한 성내省內 관계자의 태도를 정리하면 아래와 같다.

일본의 헌법이 넓은 범위의 대표를 선출하는 선거권에 기초하여, 선거민에게 책임을 지는 정부를 규정하도록 개정되는 것이 보장되지 않으면 안 된다. 통치의 집행 부문은 선거민으로부터 그 권한이 나오고, 또 선거민과 완전한 대의제에 기초하는 입법부에 대해 책임을 진다는 규정이 마련되어야 한다. 만일 천황제가 남겨지지 않는 경우에는 천황제에 대한 헌법상의 규제는 분명 불필요하겠지만, 그 경우에도 아래의 점들이 필요하다.

(1) 재정과 예산에 대한 의회의 완전한 통제.

(2) 국가원수의 행위는 명백하게 위임된 권한에만 따르는 것.

만일 천황제가 남겨지는 경우, 위에서 언급한 점들에 더하여 이하의 규제가 필요하게 될 것이다.

(1) 천황에게 권고와 조언을 하는 내각은, 대의제에 기초하는 입법부의 조언과 동의에 의해 선출되며, 또 입법부에 대해 책임을 진다.

(2) 입법기관에 대한 거부권은, 귀족원이나 추밀원과 같은 다른 기관에 의해 행사되지 않는다.

(3) 천황은 내각이 제안하고 의회가 승인한 헌법의 개정을 발의한다.

(4) 입법부는 자신의 의사로 개회하는 것이 인정된다.

(5) 장래 인정될 것이라고 생각되는 군의 어떤 대신도 문관이 아니면 안 되며, 군인이 천황에게 직접 상주하는 특권은 제거된다.[28]

타카기는 이 훈령을 받고 회담에 임한 에머슨으로부터 헌법개정에서 최대의 초점이 되는 천황제에 관해 "궁극적으로는 일본 국민의 의사에 의해 결정되어야 한다, 즉 결코 밖으로부터 강요할 성질의 일이 아니다"[29]라는 결론을 끌어내고, 이것을 코노에에게 전했다.

즉 이 시점에 애치슨 등을 통해 GHQ로부터 코노에 측이 끌어낸 헌법개정의 기본 구상은 국민주권의 확립이며, 그 한도 내에서의 천황제 개혁이었다. 이 GHQ 측의 개헌 구상은 코노에에게도 받아들여질 수 있는 것이었다. 이로써 어쨌든 '천황제 호지護持'의 전망은 선 것이다.

맥아더, 코노에를 해임

그런데 GHQ는 11월 1일 밤에 돌연 "코노에 공은 연합군 당국에 의해 이 (헌법개정의) 목적을 위해 전임專任된 것은 아니다"라는 성명을 발표했다. 이 성명은 3일자로 신문에 보도되었다. GHQ의 성명은 "코노에 공은 수상대리의 자격으로 일본 정부는 헌법을 개정하도록 요구받을 것이라는 취지의 통달을 받은 것이다"라고 하여, 이미 내각이 바뀐 이상 코노에에게는 그임무가 없다고 지적하고, "시데하라 새 수상에게 헌법개정에 관한 총사령부의 명령을 전했다"[30]고 밝혔다.

2일 오후에 기자회견을 한 코노에는, 10월 4일 맥아더로부터 헌법개정의 시사를 받았다고 밝히면서도, "특별히 나 개인이 명령 내지 위촉을 받은 것은 아니다. 내가 이 대임을 담당하게 된 것은 어디까지나 일본 측의 결정에 따른 것이다"[31]라고 했지만, GHQ의 성명은 코노에 측에 헤아릴 수 없는 동요를 가져왔다. 타카기는 우시바와 함께 신문 발표 다음날인 4일, 일요일임에도 불구하고, 에머슨을 방문했다. 그런데 우시바에 따르면, "이때의 태도는 참으로 표변한 것이었습니다. 참으로 표변해서 말이지요. 겨우 몇 분 만에 결렬되었습니다."[32]

그도 그럴 터이다. 코노에에 대한 GHQ의 방침은 180도 바뀌어 있었다. 이미 애치슨은 노먼E. H. Norman에게 코노에의 전쟁범죄에 관한 조사를 명령한 상태였다. 노먼은 그 보고서를 타카기 등이 에머슨을 만난 다음 날인 5일에 애치슨에게 제출했다.[33]

노먼은 선교사의 아들로서 15세까지 일본에 체재했고, 『일본에서의 근대국가의 성립』(1940)을 비롯하여 많은 저서를 집필한 일본근대사 전문가였으며, 일본의 패전과 함께 캐나다 외무성의 외교관으로서 캐나다인의 소집 해제 업무에 종사하는 동시에 GHQ 대적對敵 첩보부 조사·분석과장으로서 근무하고 있었다. 노먼은 이 상당히 긴 보고서의 마지막을 아래와 같은 문장으로 맺었다.

코노에의 공직 기록을 보면 전쟁범죄인에 해당한다는 강한 인상을 받게 된다고 할 수 있다. 그러나 그 이상으로 그가 공무에 주제넘게 참견하고, 일단의 잘 훈련된 정치전문가를 이용하여 책략을 꾸미고, 권력을 더 얻으려고 획책하고, 중요한 요직을 차지하고, 총사령관에 대해 자신이 현 상황에서 불가결한 인간인 듯이 암시하여 도망갈 방도를 찾으려고 하고 있는 것은 참기 어렵다.

　한 가지 확실한 것은, 그가 어떤 중요한 지위를 차지하도록 허용되는 한, 잠재적으로 가능한 자유주의적, 민주주의적 운동을 저지하고 좌절시켜버릴 것이라는 점이다. 그가 헌법기초위원회를 지배하는 한, 민주적인 헌법을 작성하려고 하는 진지한 시도는 모두 우롱당하게 될 것이다. 그가 손을 대는 것은 모두 잔해로 변하고 만다.[34]

코노에의 운명은 크게 암전되기 시작했다. 9일에는 전략폭격조사단으로부터 소환을 당하여, 토오쿄오 만灣에 떠 있던 안콘Ancon 호에서 그 조사단원인 폴 배런Paul Baran에게 심문을 받는다. 그 자리에서는 중국 침략, 미일 개전 전야의 정책결정 책임에 관해 상당히 엄한 심문이 이루어졌지만, 코노에는 처음부터 끝까지 그 책임을 모두 군부와 토오죠오 히데키에게 전가했다.[35]

그러나 이 소환과 신문은 코노에에게는 상당히 마음에 사무쳤던 듯, 그는 매우 비관적인 심경에 빠져 호소카와 모리사다에게 "미국이 저런 사고방식으로 나온다면 일본 황실은 이미 끝났다"고 말했다고 한다.[36]

그런데 11월 1일의 GHQ 성명은, 10월 9일의 시데하라 내각 성립 이후에도 GHQ가 코노에 측과 만나 시사를 주었기 때문에, 분명 사실에 부합되지 않는 것이다. 코노에에게 개헌을 시사한 데에 대한 내외의 비판이 너무나도 엄했기 때문에, GHQ가 서둘러 정책을 변경했다고밖에는 생각할 도리가 없다. 그런데 이 점에 관해, 10월 4일의 맥아더와 코노에의 회견에서 맥아더가 헌법개정을 언급했다는 것은 통역의 오역이었다는 주장이 점령 종료 후 상당히 널리 유포되었다. 그 출처는 와일즈H. E. Wildes의 『토오쿄오 선풍旋風』(1954)인 듯하다. 와일즈는 이렇게 적고 있다.

아마도 가장 유명한 번역 관련 사건은 헌법에 관한 것일 터이다. 일본에 도착한 직후 맥아더는 전 수상인 코노에 후미마로와 협의했다. 점령군 측의 여러 가지 요청에 관해 이야기를 나누던 중, 코노에는 맥아더에게 '정부 구성'의 변경에 관해 무언가 의견이 있느냐고 물었다. 그 말의 의미는, 육해군 대신과 문관의 관계를 어떻게 할 것이냐는 것이었다. 그런데 통역은 '구성'이라는 단어를, 그대로 영어로 직역해서 constitution으로 옮겼던 것이다. 맥아더는 다시 그것을 고유명사로 받아들였다. 그 이전에는, 1889년의 메이지 헌법을 대체하지 않으면 안 된다는 등의 생각에는 거의 주의가 기울여지지 않았던 것인데, 맥아더는 '말씀하신 것처럼 Constitutional change는 필요할 것이다'라고 대답했다.[37)]

왠지 매우 그럴 듯한 이야기이다. 게다가 저자인 와일즈가 GHQ 민정국GS(Government Section)의 의회 · 정치과에 소속되어 있었고, 나중에 「맥아더 헌법」이라고 불리는 GHQ 헌법 초안을 작성한 사람들 가운데 한 명이었다는 점을 고려하면 더욱 신빙성이 더해지지만, 그는 10월 4일 회견 당시의 당사자는 아니다. 당사자들의 기록에서는, 앞서 소개한 것처럼, 통역인 오쿠무라뿐만 아니라 애치슨도 맥아더가 헌법개정이 필요하다고 말했다고 적고 있다.

그렇다면 와일즈는 이 이야기를 어디서 들은 것일까? 놀랍게도 이 오역설은 애치슨에게서 나온 것이었다. 애치슨은, 위의 국무장관 앞 서한에서 "원수는 헌법은 개정되지 않으면 안 된다고 말했다"라고 적은 지 겨우 한 달도 지나지 않은 11월 5일(다시 말해 노먼으로부터 코노에의 전범 용의에 관한 보고서를 받은 바로 그날), 트루먼 대통령에게 이렇게 적어 보냈던 것이다.

합중국과 일본의 신문에서 비판받고 있는 코노에 공의 행동의 배후에는 기묘한 이야기가 있습니다. 저는 10월 4일 코노에 자신이 요청한 맥아더 방문에 동석했습니다만, 원수는 일본 정부의 '행정기구'를 개혁해야 한다고 말했는데, 코노에의 통역은 (통역 자신이 나중에 저에게 이 사실을 인정했습니다만) 정확한 일본어 통역을 생각해내지 못하고 생각나는 대로 원수의 말을 '헌법은 개정되어야 한다'라고 통역해버린 것입니다.[38)]

아무래도 오역설의 출처는 애치슨이었다고 보아도 좋을 듯하다. GS
에 있었던 와일즈는 어떤 방법으로든 이 애치슨의 전신을 알았을 것이다.
요컨대 코노에에게 헌법개정을 맡긴다는 판단이 잘못이었다는 사실을 깨
달은 애치슨은, 그 책임을 통역의 오역 탓으로 돌린 것이다. 통역인 오쿠
무라로서는 참으로 불명예스러운, 얼토당토않은 누명이었다는 사실을 알
수 있다.

코노에는 실의에 빠진 가운데서도 개정안 작성을 서둘렀다. GHQ의
코노에에 대한 태도가 급변한 것도 큰일인데, 마침내 내대신부 자체가 폐
지된다는 사실이 알려지기에 이르렀다. 게다가 코노에와 사사키의 헌법개
정 구상은 일치하지 않았다. 타카기의 조언을 받아 GHQ의 의향을 고려
한 개헌안을 생각하고 있었던 코노에와, 그런 정치적 배려를 싫어하는 사
사키 사이에 공동의 개헌안을 만드는 것도 곤란하게 되었다. 그래서 코노
에는 조문화를 하지 않고, 사사키와는 별도로「요강」(코노에안案)을 작성했
다. 그것은 우선 "제1 제국헌법 개정의 필요 유무"에서 "우리나라의 이번
패전에 비추어 국가의 장래를 건설하는 데 기여하기 위해 제국헌법을 개정
할 필요가 있다. 단지 그 해석·운용에만 의지해서는 안 된다"라고 한 다
음, "개정의 요점"으로 9개 항목을 열거하고 있다. 그중 주요하다고 생각
되는 것은 아래와 같다.

1. 천황의 통치권 행사는 만민萬民의 익찬翼贊에 의한다는 취지를 특히 명
   확하게 한다.
2. 천황의 헌법상의 대권을 제한한다는 주지主旨 아래
   1) 제국의회로 하여금 스스로 해산을 제의할 수 있게 할 것, 제국의회를
      대신할 수 있는 헌법사항심사회(양원의 의원으로 조직한다)로 하여금

직접 천황에게 소집을 주청할 수 있게 할 것, 그리고 함부로 해산을 반복하지 못하게 할 것.

2) 긴급명령에 관해서는 미리 헌법사항심의회에 자문할 것.(이하 생략)

3. 군의 통수 및 편제도 국무라는 점을 특히 명확하게 한다.(이하 생략)

4. 신민臣民의 자유를 존중한다는 주지 아래

1) 현행 제국헌법에서와 같이 신민은 법률의 범위 내에서만 행동의 자유를 가진다는 인상을 불식시킬 필요가 있다.

2) 외국인도 원칙적으로 일본 신민과 동등한 취급을 받는다는 것을 특히 명기한다.(이하 생략)[39]

한눈에 명확한 것처럼, 메이지 헌법의 기본적 통치구조는 그대로 남겨진 한편으로, 애치슨의 시사와 국무장관의 훈령의 영향이 농후하게 반영되어 있다.

한편, 사사키는 완전하게 조문화된 「헌법안」(사사키안)을 작성했다. 메이지 헌법을 편제의 기본에 두고 거기에 '자치'(지방단체의 자치)를 추가하여 총 100개조로 구성한 개정안이었다. 그러나 국가통치의 기본 구조는 코노에안보다 훨씬 메이지 헌법에 가까웠다.

제1조 대일본제국은 만세일계萬世一系의 천황이 통치한다.
제2조 황위皇位는 황실전범皇室典範이 정하는 바에 따라 황남자손皇男子孫이 이를 승계한다.
제3조 천황은 신성하여 범해서는 안 된다.
제4조 천황은 국가의 원수로서 통치권을 총람總攬하고 이 헌법의 조규條規에 따라 이를 행사한다.[40]

천황에 관한 이 1조부터 4조까지는 메이지 헌법과 단 한 자도 다르지 않다. 또 인권 조항을 보면, 예를 들어 표현의 자유는 메이지 헌법에서는 "일본 신민은 법률의 범위 내에서 언론·저작·인행印行·집회 및 결사의 자유를 가진다"(29조)라고 되어 있었던 데에 비해, 사사키안에서는 "일본 신민은 언론·저작·인행·집회 및 결사의 자유를 가진다. 공익을 위해 필요한 제한은 법률이 정하는 바에 따른다"라고 규정되어 있어서, 메이지 헌법의 법률에 의한 전면적 유보를 공익 목적에 한정한 데에 지나지 않고, 여전히 법률에 의한 유보를 규정하고 있었다.

이것은 인신人身의(체포, 수색으로부터의) 자유, 신서信書, 신교信敎의 자유 규정에 관해서도 완전히 마찬가지였다. 확실히 "인간으로서의 필수적인 생활을 향유할 권리" 등 메이지 헌법에서는 전혀 찾아볼 수 없는 생존권 규정도 있지만, 전체적으로 볼 때 메이지 헌법의 기본틀을 벗어나는 것은 아니었다고 할 수 있을 것이다.

이렇게 해서 코노에는 「요강」을 11월 22일에 천황에게 상주上奏하고, 사사키는 「헌법안」을 24일에 천황에게 진강進講하여, 일단 그 목적을 달성했다. 사사키가 진강한 날, 내대신부는 폐지되었다. 사사키의 고요오가카리 임무의 종료는 또한 동시에 내대신부 자체의 종언을 의미했다. 코노에의 운명은 더욱 가혹했다. 그는 12월 6일 전범용의자가 되었고, 16일에는 스기나미杉並 구 오기쿠보의 자택에서 청산가리를 마시고 자살했다.

전근대적인 토양

이렇게 해서 코노에에 의한 개헌 구상은 좌절되었다. '전쟁범죄'의 엄중함을 알게 된 2개월간이었다. 코노에 측에는 '전쟁범죄'는 고사하고 포츠담 선언을 수락하여 연합국에게 점령당해 있다는 현실 인식조차도 극히 희박했다고밖에는 말할 도리가 없다. 포츠담 선언에는 "일본국 국민을 기만하여 그들로 하여금 세계 정복에 나서는 과오를 범하게 한 자의 권력 및 세력"의 제거, "일체의 전쟁범죄인"의 처벌이 명백하게 열거되어 있었다. 그럼에도 불구하고, 코노에는 새로운 헌법의 제정자가 될 자격이 있다고 생각한 것이다. 천황제의 개혁에 대한 인식은 더더욱 없었다. 타키가와瀧川 사건의 투사 사사키도 '자유주의자' 타카기도, 메이지 헌법 아래의 천황제에 대한 비판적 관점은 거의 가지고 있지 않았다. 천황제는 의심할 여지가 없는 영구불변의 체제였던 것이다.

타카기가 미국정치사의 제1인자로서 코노에의 개헌 작업에서 GHQ의 개혁 구상을 끌어낸 점은, 그 후의 정부의 개헌 작업과 여러 민간단체들의 개헌 작업을 살펴보아도 그러한 역할을 한 인물은 달리 찾을 수 없는 만큼, 높이 평가되어도 좋을 것이다. 그러나 이 타카기에게조차 천황제는 전후戰後에도 선택의 여지가 없는 불변의 존재였다. 타카기는 코노에안이 상주된 다음달인 12월, 아마도 외무성에서 한 것이라고 생각되는 연설에서 이렇게 말했다. "이 제도야말로 사회적으로는 우리 국민생활의 중심이고, 정치적으로는 우리 국체國體의 기초, 또 우리 헌정의 중추 이념을 이룬다고 하지 않을 수 없다. 그 유지가 우리 국민의 총의임은 의심할 바 없다."⁴¹⁾

사사키에게도 천황제는 불변의 존재였다. 그것은 사사키안의 천황에 관한 주요 조항이 메이지 헌법과 단 한 자도 다르지 않다는 사실로부터 명백하다. 그런데도 이 사사키안을 놓고 호헌파 헌법학자인 타바타 시노부田畑忍가 "반동시反動視하는 것은 용납할 수 없다"고 하는 것은 놀라운 일이 아닐 수 없다. "물론 천황제 유지라는 입장을 관철하고 있다는 점에서, 사사키의 개정안이 보수적이라는 사실은 부정할 수 없을 것이다. 그러나 입헌주의 또는 민주주의를 철저하게 관철하기 위해 고려하고 있는 점이 적지 않다는 사실도 또한 인정하지 않으면 안 된다. 그 의미에서 이것을 반동시하는 것은 허용되지 않는다."[42]

타바타는 사사키의 제자이다. 사사키가 내대신부로부터 칙명을 받고 코노에의 개헌 작업을 개시했을 때, 그것에 대해 정면으로 반대한 것은 마쯔모토 죠오지, 미야자와 토시요시 등 헌법문제조사위원회의 멤버들이었다. 그 위원회의 주요 멤버는 거의 토오쿄오 대학 출신으로 채워져 있었다. 타바타의 입장에서는 나중에 토오쿄오 대학 출신의 헌법학자가 사사키안을 "반동시"한 것이 참기 어려웠을 것이다.

게다가 타바타가 사사키안을 지나치게 높게 평가한 배경으로는, 이 개헌 작업이 모두 쿄오토 대학 출신으로 채워져 있었다는 점도 놓칠 수 없다. 코노에는 물론, 코노에가 개헌 작업을 위한 인선을 상담한 키도 내대신도, 사사키를 데리러 간 호소카와 모리사다도, 모두 쿄오토 대학 출신이었다. 타카기는 토오쿄오 대학 출신이었지만, 법학부 중에서도 법률학과가 아닌 정치학과 출신이었다. 당시 토오쿄오와 쿄오토 사이에는 지적인 교류가 거의 없어서 태평양의 동쪽과 서쪽 정도의 거리가 있었다. 공통의 토론장조차 없는, 일국일성一國一城의 주인이 '전국 공통'의 헌법을 만들려고 했던 것이다. 일본공법학회라는 전국 공통의 학회가 만들어지는 것은 1948년이다. 코노에에 의한 개헌 구상은 뜻밖에도 일본 헌법학계의 전근대성을 드러내게 된 것이다.

맥아더가 코노에에게 헌법개정을 시사한 것은 모색의 시작이었다. 그러나 맥아더는 상대를 잘못 알고 있었다. 그리고 코노에에게 시사를 준 것이 본국에서 그토록 반발을 사리라고는 생각하지 않았을 것이다. 맥아더는 이 모색 이후 헌법개정을 향한 궤도를 다소간 수정하고 가드를 굳힌다. 본국 정부에 직결된, 국무성이 파견한 애치슨 정치고문을 헌법개정 문제에서 배제하기 시작한 것이다.

애치슨은 11월 7일 국무장관 앞으로 서한을 보내, "맥아더 원수와 원수의 추밀원, 다시 말해 원로와 같이 행동하는 막료와 바탄Bataan 클럽의 멤버는, 가능하면 이 문제에서 국무성을 제외하기를 바라고 있습니다"[43]라고 적었다. 애치슨은 이 서한을 전보가 아니라 항공우편으로 보냈다. 전보 케이블은 모두 GHQ에 장악되어 있어서 전문이 새어나갈 것이기 때문이었다. 전보로 보내지 않고 1주일이나 걸리는 항공편을 택했다는 사실에서 사태의 심각성을 엿볼 수 있다. 그 뒤 맥아더는 헌법 문제를 GHQ 내부에서 다루는 방향으로 나아간다.

한편 일본 측에서는 코노에에 의한 헌법개정이 좌절된 가운데, 정부의 헌법문제조사위원회가 주도권을 잡는다. 내대신부와의 경쟁에서 이긴 것이지만, 실은 이 시점이야말로 조사위원회가 향후의 헌법개정의 방향을 정할 수 있는 중요한 분기점이었다고 할 수 있을 것이다. 코노에 측이 애치슨 등으로부터 끌어낸 개헌 구상에는, 나중에 GHQ가 작성한 GHQ안과 맥이 통하는 조문이 몇 개 있었다. 따라서 마쯔모토 등 헌법문제조사위원회가 코노에 등에게 반발하는 것을 넘어서 코노에안을 참작하여 초안을 기초했더라면, GHQ의 헌법 구상에 접근할 가능성은 있었던 것이다.

제2장 민권사상의 복권

헌법연구회의 탄생

헌법은 늘 역사의 전환점에서 태어난다. 그 의미에서는 구세력의 대표자인 코노에가 헌법을 기초하는 것 자체가 이례이며, 새로운 시대를 담당할 사람들에 의해 헌법이 만들어지는 것이 당연했다고 할 수 있을 것이다. 그러나 전후가 혁명으로 시작된 것이 아니고, 구세력이 여전히 정권의 자리에 있었기 때문에, 헌법은 '관官'이 만든 헌법 초안과 '민民'이 만든 헌법 초안으로 나뉘었다. 후자는 '민간 초안'이라고 불린다.

   이 '민간 초안'이라는 용어가 언제부터 사용되기 시작했는지는 확실하지 않다. 일본헌법사에 비추어 말하면, 메이지 헌법의 초안이 만들어지기 이전에 저 자유민권운동의 과정에서 만들어진 초안이 있지만, 이것은 '사의私擬헌법'이라고 불렀다. 일본 근대화의 역사 속에서 일본국헌법의 제정 과정을 생각하려고 한다면, '민간 초안'이라고 부르기보다 오히려 '사의헌법'이라고 부르는 편이 좋지 않을까 생각된다. '사의헌법'이라는 용어는, 메이지 헌법 제정사 속에서 자유민권운동이 잊혀진 것과 마찬가지로 이제는 잊혀져버렸다고 할 수 있을 것이다. 확실히 『코오지엔広辞苑』(제6

판)에는 올라 있지만, 이미 사어일지도 모른다.

메이지 유신과 전후 개혁 중 도대체 어느 쪽이 민중이 더 많이 국가의 변혁에 종사했는지 혹은 종사하려고 했는지, 이것을 비교하는 것은 그렇게 쉽지 않다고 생각되지만, 민간 헌법 초안을 통해 보는 한, 전후 개혁은 메이지 유신에 미치지 못한다. 사의헌법은 68개가 있었던 것으로 확인되지만,[1] 전후의 민간 초안은 10여 종에 지나지 않는다. 물론, 완전히 조문화되지는 않은 듯하지만, 아동문학가 사가와 미찌오寒川道夫가 「신일본 건설 헌법 초안」을 옛 군수공장의 노동조합에서 만들었다[2]고 적고 있는 것처럼, 아직 발견되지 않은 무명의 헌법 초안이 있을 가능성을 생각하면, 마치 이로카와 다이키찌色川大吉가 100년 후에 「이쯔카이찌五日市 헌법 초안」을 발견한 것처럼 앞으로 민간 초안이 새롭게 발견되겠지만, 그래도 사의헌법의 수를 웃도는 일은 없을 듯하다.

민간 초안을 생각할 때, 우선 잊어서는 안 되는 것은 타카노 이와사부로오高野岩三郎이다. 타카노는 1906년 토오쿄오 대학 교수가 되어 통계학을 강의했지만, 노동운동가인 형 후사타로오房太郎의 영향을 받아 노동 문제에 관심을 가지게 되어, 50대에 토오쿄오 대학 교수를 그만두고, 1920년 오오하라大原 사회문제연구소를 만들어 스스로 소장이 되었다. 1871년생이므로 패전을 맞은 때는 이미 74세의 고령이었지만, 압정에서 해방되자 물을 만난 고기처럼 활동을 개시했다. 9월에 들어서자마자 사회당의 재건을 목표로 아베 이소오安部磯雄, 카가와 토요히코賀川豊彦와 함께 호소문을 발표하는 한편, 민주주의적 사회와 문화의 건설을 목표로 '일본문화인연맹'을 결성했다.[3]

사회당은 10월 25일 재건을 위한 준비위원회 전체회의를 개최하는데, 여기에서 이미 헌법개정 문제가 다루어졌다.[4] 공산당의 「신헌법의 골자」

발표가 11월 11일에 이르러서인 데 비해 사회당이 상당히 이른 단계에 헌법개정에 관심을 보인 배경에는 타카노의 노력이 있었다고 생각된다.

나아가 타카노는 10월 29일 일본문화인연맹의 창립준비회 때, 의제가 거의 종료된 다음, 출석해 있던 젊은 재야 헌법사연구자 스즈키 야스조오鈴木安藏에게 다가가 "민간에서 헌법제정의 준비, 연구를 할 필요가 있으니 해달라"고 제안했다. 압정 아래에서 타카노 이상으로 쓰라린 경험을 하며 헌법사 연구를 계속해온 스즈키에게 이것은 무척 감명 깊은 제안이었음에 틀림없다. 스즈키는 그날의 일기에 "노老박사의 의기意氣가 장대하다 할 것이다"[5]라고 적었다. 이것이 헌법연구회가 만들어지게 되는 발단이었다. 비록 작은 지식인 그룹이었지만, 나중에 GHQ가 초안을 작성할 때 이 연구회가 기초한 초안이 커다란 영향을 미친 것으로 알려져 있다.

이때 스즈키는 41세. 타카노와는 아버지와 아들 정도의 나이차가 있었고 게다가 첫 만남이었다. 거기에는 이 두 사람을 연결한 인물이 있었다. 평론가 무로후세 코오신室伏高信이다. 스즈키가 타카노의 제안을 받아들이자, 옆에 있던 무로후세가 "곧바로 하자, 장소는 신세이新生 사社를 제공하겠다"고 제안했다고 스즈키는 뒷날 회상하고 있다.[6]

무로후세는 생긴 지 얼마 안 되는 신세이 사의 고문을 맡고 있었다. 신세이 사는 미나토港 구區 우찌사이와이內幸 정町의 빌딩 한켠에 있었고 월간지 『신세이新生』를 패전의 해 11월부터 막 발행하기 시작한 참이었다. 시대는 실로 일본에게 '신생'이었다. 점령 초기 일본의 잡지 등을 소장하는 미국 메릴랜드 대학 맥켈딘McKeldin 도서관에서 조사해보면, '신세이'라는 이름이 붙은 잡지는 무려 20여 종(동인지, 청년서클지를 포함하여)이나 된다.[7] 이름뿐만 아니라 책의 스타일도 당시로서는 참신한 A4판의 얄팍한 월간지였다.

이렇게 해서 젊은 스즈키를 중심으로 신세이 사의 회의실을 근거지로 삼고, 게다가 사장인 아오야마靑山에게서 자금원조까지 받아 헌법연구회의 활동이 시작되는 것인데, 헌법연구회의 방향과 활동을 결정한 요인은 이것만은 아니었던 듯하다. 스즈키의 회상에서는 타카노와의 관계만이 강조되어 있지만, 스즈키가 당시 쓴 글을 읽으면 또한 GHQ의 인맥이 떠오른다. 스즈키는 창간된 지 얼마 되지 않은 『신세이』에 「헌법개정의 근본 문제」라는 제목의 논설을 실어, "나 자신 이 (헌법개정) 문제의 심각성에 다소 놀란 것은, …… 전후 두 차례에 걸친 연합국 측 인사와의 회담에 의한 것임을 솔직히 고백한다"[8]고 밝히고, "모 외교관"과 "워 커레스판던트"(War Correspondent: 종군특파원)를 만난 결과 헌법개정의 근본 문제에 관해 깊이 생각하게 되었다고 적고 있다.

여기에서 말하는 "모 외교관"이란, 글에서는 이름이 감추어져 있지만, 코노에에 대한 전범 의견서를 쓴 캐나다의 외교관으로, 당시 GHQ의 대적첩보부에 있었던 노먼이다. 노먼은 9월 22일 스즈키의 집을 방문했다.[9] 거기서 노먼은 "'국체'에 대한 근본적인 비판이 철저하게 이루어지도록 하는 것이 일본의 민주주의화의 전제라고 생각한다"고 스즈키에게 말했다고 한다.[10]

또한 "워 커레스판던트"가 누구인지는 명확하지 않지만, 이 특파원은 스즈키에게 메이지 헌법 3조의 "천황은 신성하여 범해서는 안 된다"라는 조문은 "개정할 필요가 없는가라는 질문"을 했다. 이에 대해 스즈키가 "국가의 원수에 대한 규정으로서는 당연하고, 특히 일본 국민의 국민적 감정에 비추어 이 조문의 개폐는 하지 않는 편이 적당하다고 대답"하자, 특파원은 "신헌법은 천황까지 포함하여 일체에 대한 국민의 비판의 자유를 보장해야 함에도 불구하고 이 조문을 존치하는 것은 모순이라고 생각한다"[11]고 반론했다고 한다. 요컨대 스즈키는 헌법연구회의 활동을 개시하기에 앞서 GHQ의 헌법에 대한 기본적인 생각을 알 수 있는 기회를 가졌던 것이다.

11월 5일의 헌법연구회 첫 모임에는 타카노, 스즈키, 무로후세 외에 스기모리 코오지로오杉森孝次郎, 모리토 타쯔오森戸辰男, 이와부찌 타쯔오 등이 참가했다. 모임을 거듭하면서 스즈키 요시오鈴木義男, 이마나카 쯔기마로今中次麿, 키무라 키하찌로오木村禧八郎가 참가한 적은 있지만, 이 사람들이 주요 멤버였다. 그중에서도 스즈키 야스조오가 단 한 명의 헌법학자—그렇다고 해도 당시에는 뒤에서 서술하는 것처럼 법학계 안에서는 도무지 '학자'와는 먼 재야의 인물에 지나지 않았지만—였다는 사정도 있어서, 가장 중요한 멤버였다.

스즈키는 노먼을 만난 직후인 10월 2일의 일기에 "헌법개정의 원고를 쓰다"[12]라고 적었고, 15일에는 도오메이 통신(현재의 쿄오도오共同 통신)의 취재를 받았다. 18일에는 『토오쿄오 신문』에 「헌법의 어디를 바꾸어야 하는가」라는 제목의 인터뷰 기사가 실렸다. 코노에 · 사사키의 개헌 작업이 진척되고 있는 것을 주목한 행동이라고 생각되지만, 스즈키는 당시로서는 드물게 실천적인 헌법학자였다. 그것은 스즈키의 반생과 떼기 어렵게 결합되어 있는 듯하다.

헌법연구회의 사람들

스즈키는 1904년 후쿠시마福島 현에서 태어나, 구제旧制 2고二高를 나와 철학자가 되려고 니시다 키타로오西田幾太郎 등이 있는 쿄오토 대학 문학부에 입학했지만, 맑스주의에 관심이 깊어져 '쿄오다이京大 사회과학연구회'(社硏)에 가입하여 무산자 교육에 관여했다. 얼마 되지 않아 경제학부로 옮겼고, 운동을 계속하는 가운데 치안유지법(1925) 적용 제1호 사건인 '가

쿠렌(学連) 사건'에 연루되어 유죄 판결을 받아 쿄오토 대학을 퇴학했다.

옥중에서 국가학에 관심이 깊어진 스즈키는 출옥과 함께 헌법의 역사적 연구에 몰두하여, 20대에 프랑스, 독일, 일본의 헌법사를 비판적으로 검토한 『헌법의 역사적 연구』(1933)를 출간했다. 이후 헌법사, 비교헌법사를 중심으로 연구를 진행했으며, 『현대 헌정의 문제들』(1937) 때문에 출판법 위반으로 문초를 당했고, 이후 『자유민권 · 헌법발포』(1939) 등 자유민권 운동에 대한 연구를 계속하면서 패전을 맞았다.[13] 그 사이에 대학에 자리를 얻은 적이 없는 완전한 재야 연구자에 지나지 않았다.

스즈키에게 패전이란 단지 언론의 자유의 회복에 머물지 않고, 자신의 비판 대상인 메이지 헌법의 개정을 실천에 옮길 호기였다. 게다가 그가 해석학이 아니라 헌법사, 특히 자유민권기의 사의헌법 연구자였기 때문에, 패전이 가지는 역사적 의미를 분명하게 인식했다고 할 수 있다.

이러한 경력을 가진 스즈키는 분명 타카노에게 적절한 인재였을 것이다. 다만 이 두 사람을 연결한 사람이 무로후세였다는 사실은 언뜻 보기에 의외라고 생각된다. 무로후세는 나이로는 타카노와 스즈키의 중간이지만, 평론가라고는 해도 타카노나 스즈키와는 그 사상적 경력이 달랐다. 타이쇼오(大正) 데모크라시가 한창이던 무렵 민본주의에 기울어 논단에 등장했지만, 전시의 분위기가 깊어지는 가운데 신체제운동(新體制運動)에 협력했고, 히틀러의 『나의 투쟁』을 번역하기도 했다(1940년 출간). 그러나 전황이 좋지 않다고 판단하자 일변하여 반군(反軍) 쪽으로 방향을 틀었고, 그 때문에 집필이 금지(1942)된 상태에서 패전을 맞았다.[14]

이와 같이 기회를 살피는 데에 민첩한 경력 탓에 패전에 따른 '민주화'의 시대를 일찌감치 알아채고 헌법개정을 향해 타카노와 스즈키에게 접근하게 되었다고 생각할 수 있을 것이다.

물론 무로후세는 패전 전부터 정계의 흑막이라고 일컬어진 이와부찌를 이 헌법연구회에 끌어들이는 것을 잊지 않았다. 이와부찌는 이미 서술한 것처럼 코노에로 하여금 맥아더를 만나게 하여 GHQ의 방침을 탐지하도록 한 인물이다. 다만 관직이 없었던 탓도 있어서 재야정신은 확실했던 듯 코노에에 의한 개헌에 대해 매우 비판적이었고, 한편으로 시데하라 내각이 할 생각이 없다면 "이 일은 민간에서 여론을 일으키는 수밖에 없다고 생각했다"고 헌법연구회에 참가한 동기를 이야기하고 있다.[15]

모리토는, 타카노에게는 타카노가 토오쿄오 대학을 사임하기 직전에 발생한 '모리토 사건' 이래의 말하자면 동지였고, 이 사건으로 유죄를 선고받자 토오쿄오 대학에서 쫓겨나 타카노가 있던 오오하라 사회문제연구소에 들어갔고, 패전 후에도 타카노의 제안에 응하여 사회당의 결성에 참여했다. 그 후 중의원의원, 카타야마 테쯔片山哲 내각의 문부대신이 되지만, 어쨌든 패전까지의 대부분의 기간 동안 타카노와 행동을 함께 했기 때문에, 이 연구회의 멤버가 된 것은 또한 자연스러운 일이었다고 할 수 있을 것이다.

마지막으로 스기모리는 무로후세보다 몇 년 연상이지만 거의 같은 연배로, 와세다早稻田 대학 문학부 철학과를 졸업하고 교수가 되어 철학을 강의했지만, 오히려 평론가로 세상에 알려진 존재였다. 스기모리에게 상당히 호의적인 평가에 따르면, "〔타이쇼오 말기부터 쇼오와 초기에 걸쳐〕스기모리는 저널리즘 세계에서 최고의 스타였으며, 그 개성이 강한 문장, 독창적인 사고력, 다채롭고 다면적이고 종합적인 학문적 시야의 면에서 다른 이의 추종을 불허했다. …… 당시의 저널리즘에는 무로후세 코오신, 쯔찌다 쿄오손土田杏村, 하세가와 뇨제칸長谷川如是閑 등도 있었지만, 그들은 그의 앞에서는 난장이와 같이 무미건조한 존재였다"[16]고까지 평가되고 있다.

하지만 그 "무미건조한 존재"인 무로후세의 말을 들으면, 스기모리는 문장이 엉망인 "파쇼적 사상가의 한 전형"[17]이 된다. 어느 평가가 정당한 것인지 여기에서는 결론을 내릴 수 없지만, 스기모리는 양쪽의 평가를 받을 측면을 아울러 가지고 있었던 듯하다. 스기모리는 패전 직후 『세계 인권의 원칙』(1947.1)을 출간했는데, 거기에서 「신일본 건설 강령(사안私案)[18]을 공표했다. 이 강령은 모두 15개 원칙으로 되어 있는데, 신일본 건설의 제1원칙으로 "최선의 세계관, 즉 사회이론의 민족적 확립"을 들고, 그것을 "본질적 우수 문화주의"에 따르는 것이라고 한다. 그러나 그것은 일본 민족의 우수성을 의미하는 것이 아니라 "근대의 여러 사상"을 받아들이는 것을 의미한다.

그러면 "그 근대의 여러 사상이란 무엇인가?" "그것은 과학주의, 개인주의, 민주주의, 사회주의 그리고 민족주의이다"라고 한다. 이 의미에서는 상당히 다원적인 가치관을 인정하는 국가 구상을 가지고, 따라서 포츠담 선언의 인권존중주의를 높이 평가하면서, "기초적 인권에 대한 존경은, 인류성人類性을 깊고도 넓게 이해하고 그것을 잘 처리한다는 의미를 포함하고 있는 것이다"라고 하고 있다. 이러한 스기모리의 "독창적인 사고력"은 최종적으로는 "세계공화국의 창설"로 연결된다.

이와 같이 헌법연구회는 좌익 지식인을 중심으로 보수파도 포함하는 꽤 리버럴한 모임이었다고 할 수 있을 것이다.

헌법연구회안의 기초

이들의 두 번째 모임은 11월 14일에 열렸고, 이후 매주 수요일 오후에 정례회를 가지는 것으로 하여 세 번째 모임이 11월 21일에 열렸다. 이 시점에서 원칙적 토의를 마치고, 이후 스즈키가 토의를 토대로 「신헌법 제정의

근본 요강」(이른바 제1안)을 완성했다.[19]

우선 헌법제정 절차에 관해서는 "일본헌법은 폐지되고, 새롭게 민주주의적 원칙에 기초하는 헌법이 제정되어야 한다. 물론 이때, 흠정헌법주의는 문제가 될 수 없고, 국민 자신의 헌법제정회의에 의해 결정되는 것이 당연하다"라고 하여, 메이지 헌법의 개정에 의하지 않고, 제국의회와는 별개의 헌법제정회의를 설치하여 거기에서 헌법을 제정하는 방법을 제시했다. 또 통치권은 "국민으로부터 나온다"라고 하여 천황의 통치권을 부정했지만, 주목의 대상인 천황제에 관해서는 "우리의 주장으로는 일본이 공화제가 되는 것이 바람직하다. 그러나 현재의 과도적 단계의 실태에 비추어 당분간 민주주의적 성격이 강한 입헌군주제가 타당하다고 생각한다"라고 하여 개혁에 의한 존속을 제시했다. 그러나 이 "민주주의적 성격"의 강조로 인해, 예를 들면 황위 계승에 관해서 "계속 세습제로 하지만 즉위에 관해 의회의 승인을 거치고 의회에 대해 헌법 준수의 서약을 해야 하는 것으로 한다"라고 하는 등 세부적인 제어장치를 규정하도록 하고 있었다. 여기에서 명백하게 자유민권기의 헌법 초안들의 영향을 발견할 수 있다. 스즈키는 위의 『신세이』에 기고한 논문에서 "일본헌법의 개정에 관해 오늘날 우선 고려해야 하는 것은 민주주의적인 자유민권가들의 헌법의견이다"라고 하여, 릿시샤立志社의 「일본헌법가안日本憲法見込案」(1881)에서 "짐은 즉위 후에는 일본헌법을 보호하고 그에 따라 일본의 안녕을 유지할 것을 중서衆庶에게 서약한다"라고 정하고 있었던 것 등에 주목하고 있다.[20]

인권 조항도 메이지 헌법의 규정을 일변시키기로 했다. 메이지 헌법에서는 국민은 천황의 신하인 '신민'에 지나지 않았지만, "국민이라는 개념이 확립되어야 하는 것이 당연"하다고 하고, 나아가 메이지 헌법이 신민에게 보장한 인권은 "법률의 범위 내"라든가 "신민으로서의 의무에 위배되지 않는 한" 등의 유보가 붙은 것이었지만, "종래와 같은 유보는 일체 폐지해야 한다"라고 하여 전면적인 인권보장 조항을 담기로 했다. 그러나 참정권, 정신적 자유권, 인신의 자유 등의 규정에는 언급하고 있지 않고, 담아야 할 인권을 아래와 같이 서술하고 있다.

> 단순한 자유, 권리 일반이 아니라, 새롭게 아래와 같은 구체적인 권리들이 규정되어야 한다고 생각한다.
> 1. 신정부 수립권
> 2. 노동권 및 노동권에 기초하는 결사의 자유, 노동피호권勞働被護權
> 3. 휴식권
> 4. 양로, 질병, 실업 시의 피호권
> 5. 단지 노동자·농민뿐만 아니라 중산계급의 생활권
>   바이마르 헌법 제119조에서 규정한 것과 같은 결혼생활에서의 남녀동권의 규정은, 특히 이 점에 관해 봉건적 전통이 강한 일본에서 필요하다.
> 6. 예술, 학술, 교육의 자유와 보호의 규정
> 7. 남녀평등의 보증
> 8. 민족적 차별의 철폐·완전한 평등의 권리 보증
>   또한 바이마르 헌법 제148조와 같은 교육 내지 문화 건설의 근본 방침을 명시하는 것이 필요하다고 생각한다.

읽어보면 알 수 있는 것처럼, 바이마르 헌법을 모범으로 삼고 사회권·생존권을 중시한 것이라고 볼 수 있다. 입법, 행정, 재정의 항목에 관해서도 큰 개혁이 포함되어 있지만, 눈에 띄는 특색은 없다. 특색이 있다면 그것은 오히려 사법 쪽일 것이다. "재판관은 공선公選"으로 하고, "철저

한 배심제가 마련되어야 한다"라고 되어 있다. 메이지 헌법 아래에서 배심제가 없었던 것은 아니고, 1923년에 배심법이 만들어져 배심제가 실시되었지만 1943년 이후 오늘날에 이르기까지 정지상태에 있다는 사정을 생각할 때,[21] "철저한 배심제"는 다른 헌법 초안과 비교해도 큰 특색이라고할 수 있을 것이다.

이 제1안에 대해 11월 29일의 회합에서 다시 퇴고가 이루어졌다. 우선천황의 지위에 관해 논의가 집중되었다. 그래서 제2안에서는 꽤 간명하게하여, 우선 "일본의 통치권은 국민으로부터 나온다"라고 정하고, 이어서 "천황은 영예의 연원으로서 국가적 의례를 담당한다"라고 정리했다. 인권에 관해서는, 정신적 자유권의 총설적 규정으로서 "학술, 언론, 종교 등의자유를 저해하는 어떠한 법령도 발포할 수 없다"라는 1개 항을 추가했다.나아가 국민의 의무로서 "민주주의 및 평화사상에 기초하는 인격 완성, 사회도덕 확립의 의무"가 포함된 것은 주목할 만하다.

사법에 관해서, 제1안에서는 "재판관은 공선"으로 했지만, 모리토가 "대심원(大審院: 최고재판소)만이라면 모르지만, 다른 재판소는 재판소구성법 등 법률의 규정을 만들어 정하는 것이 좋을 것이다"라고 제안하여, 그것에 따라 수정되었다. 나아가 헌법제정 절차에 관해서도, 모리토가 "실질은 어쨌든 형태상 현행 헌법의 개정이라는 형식을 취하지 않으면 안 된다.악법이라도 법이라고 하는 원칙에 비추어 일단 개정하고, 그것에 기초하여다시 신헌법을 만드는 것, 다시 말해 두 번의 헌법개정이 필요하다"라고 제안하여, 이 방법에 따르기로 했다.

이에 따라 우선 표제가 「신헌법 초안 요강」으로부터 「헌법개정 요강」으로 바뀌고, 마지막에 "10년 후 새롭게 헌법회의를 소집"하여 헌법을 제정하는 것으로 하여, 개정안을 잠정적인 성격을 가지는 것으로 자리매김했다. 스즈키는 이렇게 수정하는 데 찬성하면서, "나 자신도, 이 정도의 헌법이 시행되면, 10년 동안 국민은 사상적으로도 필연적으로 일보 전진하여 공화제의 국가형태를 요망하게 될 것이라고 생각한 것이었다!"[22]라고, 후일 감회에 젖어 적고 있다.

이렇게 해서 만들어진 제2안은, 12월 1일자로 관계자에게 발송되었다. 이에 대해 오오우찌 효오에大內兵衛가 재정, 회계 항에 대한 의견을 제시했다. 오오우찌는 재정학자로서, 모리토와 거의 같은 세대의 토오쿄오 대학 재정학부 교수였으나 모리토 사건으로 토오쿄오 대학에서 쫓겨났고, 2년 후 복직하지만 다시 '교수 그룹 사건'으로 쫓겨났다가, 패전과 함께 막 복직한 상태였다. 제2안에는 확실히 재정, 회계의 항이 불충분했기 때문에, 오오우찌의 제안을 대부분 받아들여 제3안(최종안)을 작성했다.

최종안을 정리할 때는, 우선 인권 조항에서 국민의 권리로서 제1안의 단계부터 "신정부 수립권"을 규정하고 있었지만—이것은 미국 독립선언 이래의 이른바 '혁명권'이라고 생각된다—, 무로후세로부터 "너무 온당하지 못한 것 아닌가"라는 의견이 나와 삭제하기로 했다.[23] 한편 인신의 자유의 기본이라고도 할 수 있는 "고문의 금지"가 추가되고, 또 생존권 규정은 "국민은 건강하고 문화적인 수준의 생활을 할 권리를 가진다"라고 상당히 간명하게 바꾸었다. 이 규정은 나중에 사회당의 제안으로 현행 헌법의 개정안에 추가되어, 거의 같은 형태로 헌법 25조로서 오늘날까지 생명을 이어오고 있다. "회계 및 재정"에는 오오우찌의 제안대로 예산 단년도單年度 방식과 회계검사원의 설치가 포함되었다. 예산 단년도 방식은 오랫동안 다년도에 걸치는 전쟁비용으로 고생한 경험을 반영한 것이었다.

이와 같은 과정을 거쳐, 마침내 최종안의 정서에 들어갔다. 이 시점에서 명칭이 다시 「헌법개정 요강」에서 「헌법 초안 요강」으로 바뀌었는데,

스즈키는 이 작업으로부터 초안 발표에 이르기까지의 정황을 이렇게 적고 있다.

지금도 그때의 일은 선명하게 떠오르는데, 지금과는 달리 난방이 전혀 되지 않는 빌딩의 방은 추웠고, 게다가 별도로 서기가 있는 것도 아니었고, 수정한 부분이 있으면 전부 처음부터 정서하지 않으면 안 되었기 때문에, 당시 내가 아직 젊었지만, 다소 번거로운 작업이었다.

정서한 것을 두 통 가지고, 회의에서의 합의에 따라 스기모리 씨와 무로후세 씨 그리고 나, 이렇게 세 사람이 수상 관저로 갔고, 수상이 부재중이라고 해서 비서관에게 신신당부하며 전달했다. 그 걸음으로 기자실에 들러 발표하고 돌아왔다.

총사령부에는 영어를 잘하는 스기모리 씨에게 부탁했다. 스기모리 씨가 돌아와서 한 보고로는, 관련 창구의 계원에게 건넸다고 했다. 영역문은 만들지 않았기 때문에, 일본어문으로 된 것을 제시한 것이다.

당시에는 검열제도가 있어서, 하루가 지난 12월 28일의 각지各紙 1면에 일제히 전문이 보도되었다.[24]

스즈키는 여기에서 두 가지 중요한 사실을 말하고 있다. 하나는 발표일이 12월 26일이라는 것. 이것은 흔히 연구서 등에도 "27일"이라고 적혀 있고, 스즈키가 그의 다른 저서에서 "26일"을 강조했지만[25] 그 후에도 "27일"이라고 기재되어왔기[26] 때문에, 이렇게 적는 것도 무리는 아니다. 하지만 GHQ에 제출한 영역에는 날짜가 "27일"이라고 적혀 있다. 스즈키는 "영역문은 만들지 않았다"고 여기에서 적고 있고, 종래에도 일반적으로 그렇게 믿어져왔지만, GHQ 민정국에서 헌법 기초에 중요한 역할을 한 앨프레드 허시Alfred R. Hussey의 보존문서(허시 문서)를 보면, 놀랍게도 일본인이 썼다고밖에는 생각할 수 없는 펜글씨의 일본어문과 영어문 양쪽의 「헌법 초안 요강」이 「헌법 초안강憲法草案綱」으로서 포함되어 있다. 게다가 날짜는 "쇼오와 20.12.27 발표"[27]라고 되어 있다. 이러한 문서가 나오고 보면 아무래도 영문으로 만들어서 제출했다고 생각하는 편이 좋을 듯하다.

스기모리의 영역일까? 펜글씨의 필기체로 쓴 이 문서는 GHQ의 번역통역부(ATIS: Allied Translation and Interpreters Service)가 작성한 것이라고는 도저히 생각되지 않는다. 이 헌법연구회에 의한 영역과 GHQ 정치고문부의 영역의 비교는 양자의 헌법관의 차이를 반영하는 것이기 때문에 실로 흥미로운 것이지만, 그 분석은 뒤로 미루고 우선 이 안에 대한 GHQ의 평가를 살펴보기로 하자.

GHQ는 이 헌법연구회안에 깊은 관심을 표했다. 12월 26일(27일일지도 모르지만)이라면, 미국인들에게는 크리스마스 휴가를 즐기고 있을 무렵이다. 게다가 오랜 전쟁에서 해방된 후 처음 맞는 크리스마스였다. 그런데도 GHQ는 쉬고 있지 않았다. 놀랍게도 12월 31일에는 ATIS가 번역을 완성했다. 커트니 휘트니Courtney Whitney 민정국장에게 초안의 영역을 보인 마일로 라우엘Milo E. Rowell 육군 중령은 "민간의 초안 요강을 토대로 하고, 몇 가지 점을 수정하여, 연합국 최고사령관이 만족할 문서를 작성할 수 있다는 것이 당시의 내 의견이었다"[28]라고 하고 있다. 라우엘은 그 후 GHQ가 초안 작성에 나섰을 때 중심적 역할을 담당한다. 다음해 1월 2일에는 벌써, 이 번역에 기초하여 애치슨 정치고문이 평가를 덧붙여 국무장관에게 보고서를 보냈다.[29] 한편 민정국 행정부도 상세하게 분석해 1월 11일자로 맥아더에게 보고서를 제출했다.[30] 그 내용은 뒤에서 소개하기로 하고 이 헌법연구회안에 주목하고 있던 또 하나의 단체를 소개하기로 하자.

아나키스트의 인권선언

그것은 아나키스트들이었다. 스즈키의 회상에 따르면, 헌법연구회가 1월 16일에 회합을 가졌을 때 이와사 사쿠타로오岩佐作太郎가 출석하여, "헌법 전문으로 인권선언을 내세워주기 바란다"며 "하나의 안을 프린트로 만들어와 제출했다"는 것이다. 이와사는 1879년 찌바千葉 현 쬬오세이長生 군에서 태어나, 토오쿄오 법학원(쮸우오오中央 대학)을 졸업한 후 미국에 건너가 사회주의자가 되었고, 다이갸쿠大逆 사건 당시 미국에서 천황과 정부에 공개질문장을 보냈다. 그리고 1914년에 귀국해 아나키스트 운동에 들어섰다. 오오스기 사카에大杉栄 등과는 달리 이론가로서보다 실천가로서 운동을 지도하였고, 패전 후인 1947년에는 일본아나키스트연맹의 회장이 되었다. 그 이와사가 제출한 안은 「일본 국민의 인권선언」이라는 제목으로, 아래와 같이 적혀 있었다.

사람에 의한 사람의 지배, 사람에 의한 사람의 착취를 기반으로 하는 이기적인 국가조직은 단연 폐기하고 그 대신에 인간성에 의거하는 개인의 자유 발의와 발안과 자유 연합에 의한 신생명과 신사회의 출현을 맞이할 수 있는 모범을 세계에 제시해야 한다.

하나. 우리는 인간이다.

하나. 우리는 인간성에 의거하고, 무릇 절대적으로 자유이다.

그 누구도 지배하지 않고, 그 누구도 착취해서는 안 된다.

하나. 우리는 사실의 앞에서 일체 평등이다.

어머니 대지는, 그대가 아직 노동하지 않기 때문에 젖을 주지 않겠다고는 말하지 않고, 또 태양은 그대가 태만하기 때문에 혹은 죄가 있기 때문에 빛을 주지 않겠다고는 말하지 않는다.

무릇 동포에게는 평등하게 빵을 주어야 한다. (이하 생략)[31]

아나키스트는 원래는 국가도 권력도, 따라서 법도 인정하지 않는다. 이와사 자신이 이 「인권선언」 직후에 쓴 논문 「국가의 생명과 사회혁명」에서 이렇게 서술하고 있다.

> 지금 우리나라는 혁명 아니면 망국의 기로에 서 있다. 나는 일본인이다. 일본을 사랑한다. 일본을 망하게 하고 싶지 않다. 그 때문에, 단지 도의盜衣 도식盜食을 업으로 삼는 정부뿐만 아니라, 강권과 법률로 국민을 질곡에 빠뜨리고, 도탄의 고통 속에 내던지고, 조국을 누란의 위기에 몰아세우고 있는 국가를 폐기하고, 그 헌법정치를 단연 방기放棄할 것을 제안하는 것이다.[32]

"헌법정치를 단연 방기해야 한"다고 하는 사람이 헌법 전문을 제안하는 것은 분명 논리모순이지만, 그것은 이와사에게 패전 후의 출발이란 「인권선언」을 제출하고 싶을 만큼 해방감이 느껴지는 시대였고, 또 헌법연구회안이 말하자면 '권리의 장전'으로서 그 해방감을 구현했다고 생각되었기 때문이 아닐까?

타카노 이와사부로오의 안

확실히 헌법연구회는 폭넓은 지식인을 모았다. 그런 만큼 "본원적 공화주의자"인 타카노 이와사부로오에게 천황제를 부정하지 않는 헌법연구회안은 찬성하기 어려운 것이었다. 자신이 제안하여 만든 연구회의 안이 자신의 바람과는 다른 것이 되어버린 것은 분명 유감스러운 일이었을 것이다. 타카노는 헌법연구회안이 거의 굳어진 11월 하순부터 「일본공화국헌법 사

안 요강」의 집필에 착수했다. 현재 호오세이法政 대학 오오하라 사회문제
연구소에 남아 있는 모필로 쓴 요강에는 "1945년 11월 21일"이라고 적혀
있고, 행을 바꾸어 "12월 10일"이라고 적혀 있다. 이것은 11월 21에 집필
하고, 12월 10일에 가필했다는 뜻인 듯하다. 헌법연구회안은 이 시점에는
발표되지 않았지만, 타카노는 스즈키에게 "당분간 공표하지 말자"[33]고 말
하며 건넸다고 한다. 그 요강은 우선 처음에 "근본 원칙"으로서 "천황제를
폐지하고, 그 대신에 대통령을 원수로 하는 공화제를 채용"이라고 되어 있
다. 이 요강이 "대통령제 헌법"으로 알려진 이유이다. 이어서 "참고 북미합
중국헌법, 소비에트연방헌법, 스위스연방헌법, 독일바이마르헌법"이라고
적혀 있다. 당시 전 세계 헌법의 기본 유형이 완벽하게 참조되어 있다.[34]

타카노가 이것을 공표한 것은 다음해인 1946년 잡지『신세이』2월호
에서였다. 공표된「사안 요강」은 명칭이「개정 헌법 사안 요강」으로 바뀌
고 조문 등에도 약간의 변화가 있지만, 무엇보다도 이 공표가 의미가 있었
다고 생각되는 것은, 헌법연구회의 일원으로서 이미 초안 요강에 서명하고
발표했으면서 왜 사안을 발표하게 되었는가에 대한 꽤 긴 이유가 붙어 있
는 것이다. 게다가 이 부분은 "사로잡힌 민중"이라는 표제 아래 아래와 같
은 문장으로 시작된다.

> 미국 연합군사령부의 눈에는 우리 국민은 거의 제도濟度하기 어려운 사로
> 잡힌 민중으로 비칠 것이라고 상상되지만, 나 자신의 눈에도, 매우 주제넘
> 은 말이지만, 또한 마찬가지로 비친다. 그것은 왜인가!? 이 점에 관해 우선
> 우리 집안의 이력에 관해 말하고자 한다.[35]

이렇게 서술하고, 아버지가 죽은 뒤 형 후사타로오가 가계를 떠받치

기 위해 도미하여 고생을 하면서 각지에서 노동자로서 일하는 가운데 노동 조합운동에 투신하게 되는 과정을 적은 다음, "죽은 형의 노동조합운동은 자연발생적이다. 그것과 꼭 마찬가지로 또한 나의 민주주의관은 자연발생 적이다"라고 적어, 자기의 사상체험을 이야기한다. 타카노는 1871년생이 다. "나의 청소년 시대에는 우리나라에 불란서풍의 자유민권론이 매우 왕 성하였고, 국회 개설 요망의 목소리가 천하를 풍미했다." 즉, 아직 천황제 가 확립되지 않은 시대에 성장한 타카노의 입장에서 보면, 민주주의는 당 연한 것이고, 메이지 말기부터 패전에 이르는 시기의 천황제야말로 이상 한 것이었던 것이다. 바로 그 때문에 하염없이 천황제에 사로잡혀 있는 민 중이 이상하게만 생각되었던 것이다. 천황제의 폐지는 공산당과는 다른 의 미에서 당연한 것이었다.

> 지금 시세는 급변하여, 구시대는 홀연히 소실되고, 데모크라시의 신시대가
> 우리나라 전역을 뒤덮기에 이른 것이다. 우리의 만족 이 이상 없다고 하지
> 않을 수 없다. 그럼에도 불구하고 우리 국민의 대다수가 여전히 데모크라시
> 의 진의를 알지 못하고, 여전히 일종의 미신우상적迷信偶像的 숭배의 마음
> 을 고집하는 것은, 나와 같은 자연발생적인 민주정치관을 품은 자에게는,
> 오히려 기이하여 이해하기 어려운 일이 아닐 수 없다. 곧 사로잡힌 민중이
> 라고 소리지르지 않을 수 없는 까닭이다.[36]

타카노는, 헌법연구회안이 국민의 합의를 얻기 위해서는 현실적이라 고 생각하면서도, 기껏해야 타이쇼오 데모크라시 시대를 알 뿐 자유민권 시대는 알지 못하는 모리토, 오오우찌, 스즈키 등과는 달리, 패전 후라는 시대에 대해 특별한 정열을 품고 있었다. 타카노는 패전 후라는 시대를 타

이쇼오 데모크라시가 아니라 자유민권운동의 연장선상에서 구상하고 있었다. 오오우찌가 공화제에는 찬성하지만 국민감정에 비추어 시기상조라고 말했을 때, 타카노는 "오오우찌도 그런가"라고 쓸쓸하게 쓴웃음을 지었다고 한다.[37]

　　공산주의자를 제외하고는 국민 모두가 "일종의 미신우상적 숭배의 마음"에 "사로잡"혀 있던 때에, 타카노는 혼자서 그 「사안」을 내걸고 천황제 폐지를 주장했던 것이다. 사안은 우선 "주권은 일본 국민에게 있다"라고 국민주권주의를 규정하고, 이어서 그 국민이 대통령을 선출하며(대통령제), 대통령의 3선은 금지되는 것으로 하고 있다. 또 국민의 권리에 관해서는 법률에 의한 유보를 붙이지 않고 있다. 사법제도에는 배심재판을 도입하고 있다. 이것들은 "북미합중국헌법"을 참조한 것이라고 보아도 좋을 것이다. 한편 "토지는 국유로 한다", "공익상 필요한 생산수단을 의회의 의결에 따라 점차 국유로 한다"라는 등의 사회주의헌법의 규정, 그중에서도 휴양권, 8시간노동제의 규정 등에서 "소비에트연방헌법"(스탈린 헌법)의 영향도 다수 발견된다.

　　타카노는 이 사안이 "불비한 점, 결점이 많다는 것은 나 자신 마음속으로 자각하고 있"다고 하면서, 1920년에 웹Sidney J. Webb 부부가 『대영사회주의국大英社会主義國의 구성(컨스티튜션)』을 저술한 것처럼 "나도 또한 다소 이를 모방하여 우리나라에서 마찬가지의 기도를 해보려고 생각하고 있다"[38]고 적었지만, 이해 말에는 NHK 회장에 취임하여 매우 다망한 가운데 그 기회를 얻지 못한 채 1949년 4월에 세상을 떠났다.

사회당안

타카노와 관련하여 또 하나 사회당안을 살펴볼 필요가 있다. 사회당이 꽤 이른 단계에서 헌법개정 문제를 다루었다는 사실은 이미 서술했다. 그러나 그 후에는 공산당과의 통일전선 문제 등으로 시간을 허비한 탓에, 헌법 초안을 기초하기로 결정한 것은 상당히 뒤늦은 1946년 1월 18일이었다. 기초위원으로는 하라 효오原彪를 중심으로, 헌법연구회의 타카노, 모리토에 더해 카타야마 테쯔, 스즈키 요시오, 운노 신키찌海野晋吉, 쿠로다 히사오黑田寿男, 나카무라 코오이찌中村高一, 미즈타니 쬬오자부로오水谷長三郎, 마쯔오카 코마키찌松岡駒吉가 이름을 올렸다.[39]

이 좌우가 균형을 이룬 기초위원들에 의해 「신헌법 요강」이 2월 23일 발표되었다.[40] 이 「요강」은 그 모두에서 "신헌법 제정의 세 가지 기준"을 제시하고, 첫 번째 기준을 "신헌법을 제정하여 민주주의 정치의 확립과 사회주의 경제의 단행을 명시한다"고 했지만, 유감스럽게도 "명시"와는 거리가 먼 것이었다. 우선 "민주주의 정치의 확립"이라는 점에서 보면, "주권과 통치권"은 아래와 같이 규정되어 있다.

주권　　주권은 국가(천황을 포함하는 국민협동체)에 있다.
통치권　통치권은 이를 분할하여, 주요 부분을 의회에, 일부를 천황에게 귀속(천황대권 대폭 제한)시키고, 천황을 존치한다.

요컨대 국민주권주의조차 부정하고 있다. 그 때문에 참정권에 관한 구체적인 규정도 없고, 사법에 대한 국민의 참가 규정(배심, 참심 등)도 보이지 않는다. 오히려 그 특징은 국민의 생존권을 주창한 점에서 발견된다. "국민은 생존권을 가진다. 그 노후의 생활은 국가의 보호를 받는다", "국민은 노동의 의무를 진다. 노동력은 국가의 특별한 보호를 받는다" 등은, 바이마르 헌법의 영향을 엿보이게 하는 표현이기는 하지만, 역시 주목해도 좋을 것이다. 사형 폐지도 다른 초안에서는 그다지 발견되지 않는 것이다.

한편, "사회주의 경제의 단행"의 경우도 "명시"와는 거리가 멀어서, "소유권은 공공의 복리를 위해 제한된다"라는 1개항이 발견될 뿐 타카노 사안에는 훨씬 미치지 못한다.

그러나 이 사회당안은 실로 좌우의 타협의 산물에 다름 아니며, 특히 천황제에 관해서는 「요강」의 "통치권"에서 발견되는 군민동치주의君民同治主義에 당내 의견이 일치하고 있었다고는 도저히 생각되지 않는다. 뒤에서 서술하는 헌법간담회안을 작성한 이나다 마사쯔구稻田正次에 따르면, 군민동치 규정은 헌법간담회안에서 힌트를 얻어 운노 신키찌가 제안한 것이라고 한다. 사회당안을 보도한 위의 『아사히 신문』이 "천황은 의례적 대표"라고 큰 제목을 붙인 것은 너무나도 엉뚱해서 무심코 쓴웃음을 짓게 된다. 당내뿐만 아니라 신문조차도 오해하고 있었던 것이다.

1945년 말에 창간된 『민포오民報』라는 신문이 있다. 도오메이同盟 통신 전 편집국장인 마쯔모토 시게하루가 사장이었고, GHQ도 그 논설을 중시하여 헌법제정에도 상당히 중요한 역할을 한 신문이다. 그 『민포오』가 아직 발표되지 않은 사회당안에 관해 아래와 같은 예측기사를 썼다.

> 헌법 초안의 대강으로서, 특히 통치권에 관해, 카타야마 서기장 및 위원 중의 중심 인물인 하라 효오 씨 등은, 국민생활을 규율하는 근본 사항은 모두 의회의 기능에 속하게 하고, 영예의 상징으로서의 권능, 즉 은사恩赦, 대사大赦, 외교상의 국가대표권 등은 이를 국민 영예의 상징인 천황대권에 속하게 하려는 의견을 가지고 있는 듯하며, 이 선에서 요강의 입안도 이루어질 듯하다.[41)]

요컨대 논의의 단계에서는 헌법연구회안에 가까운 "의례"적 지위를 "상징"으로서 남기는 유력안이 있었다는 것이 된다. 이 "상징"이라는 지위와 용어가 어떻게 해서 위원으로부터 나온 것인지는 확실하지 않다. 다만 위원은 아니지만 당시의 사회당에서 논객으로 알려진 카토오 칸쥬우加藤勘十가 그 무렵 잡지에 "정치론으로서의 헌법론"이라는 제목의 글을 실어 신헌법에서의 천황의 지위에 관해 아래와 같이 적었다는 것은 주목할 필요가 있을 것이다.

천황은 어디까지나 그 생성의 연역에 비추어 민족화친의 상징으로서 제전祭典·의례적 존재여야 할 터이다. 천황제가 역사적 소산이고 절대적인 것이 아니라는 사실은 역사가 여실히 증명하는 것이다. 즉, 역사상 천황의 지위는 누누이 위기에 직면했던 적이 있다. 이런 경우에 천황의 지위를 보존한 까닭은, 천황이 절대적 존재이기 때문이 아니라 그 시대마다의 민족의 공통감정, 공동의 이해가 역사적 존재로서의 천황을 폐지함으로써 생기는 혼란을 피해 천황을 옹호함으로써 민족적 통일을 유지할 수 있다고 생각했기 때문이라고 생각한다. 위와 같은 개관의 귀결로서, 민족화친을 상징하고, 정치적으로 무권한이며, 어디까지나 민족적 의례, 영예를 대표하는 대표자로서 원수의 지위를 유지하는 것은 결코 부자연스럽지도 않을뿐더러 불합리하지도 않다고 믿는다.[42]

이 글은 『지론時論』이라는 몇 년 후에 폐간된 소잡지小雜誌에 실린 적도 있지만, 그 후 거의 주목받지 못했다. 하지만, 그 말미에 "[1945년] 11월 10일 향리에서"라고 적혀 있고, 천황은 "의례를 담당한다"고 한 헌법연구회안이 발표되기 전에 나온 것이라는 점에 우선 주목하고 싶다. 게다가 일본국헌법의 "국민통합의 상징"과 매우 유사한 "민족화친의 상징"이 제안되어 있다는 점, 또 뒤에서 상세하게 서술하는 것처럼 카토오가 GHQ에서 높이 평가되고 있었다는 점을 고려하면, 매우 중요한 의미를 가지는 것이었다.

천황의 "상징으로서의 지위"는, 헌법이 시행된 후 40년이 지난 오늘날에도, GHQ의 발명품인 듯이 간주되며, 심지어 "상징"을 "심벌"의 번역어라고 생각하는 경향이 강하다. 그러나 실은 사회당 안에는, GHQ가 "상징"을 생각하기 훨씬 이전에, "상징"으로 하는 안이 존재했던 것이다. 그와 동시에 카토오가 "상징"을 일본의 독자적인 "역사적 소산"으로 파악하고, 현행 헌법이 규정하는 "국사國事행위"를 넘어선 존재로 보고 있다는 점도 잊어서는 안 될 것이다. 요컨대, "상징"이 GHQ에 의해 "심벌"이라고 번역되어 GHQ안에 등장했고, 그 후 정부안에서 "상징"으로 번역되었을 가능성을 부정할 수 없는 것이다.

공산당안

다음으로 공산당안인데, 공산당안의 경우 다른 정당의 경우와는 초안에 대한 자리매김이 꽤 다르다. 패전에 의해 합법정당이 된 공산당은 1945년 11월 8일부터 제1회 전국협의회를 개최하여, 거기에서 우선 「신헌법의 골자」를 발표했다. 「골자」는 아래의 6개 항목이다.

1. 주권은 인민에게 있다.
2. 민주의회는 주권을 관리한다. 민주의회는 18세 이상의 신거권, 피선거권의 기초 위에 입각한다. 민주의회는 정부를 구성하는 사람들을 선거한다.

3. 정부는 민주의회에 대해 책임을 진다. 의회의 결정을 수행하지 않거나 또는 그 수행이 불충분하거나 혹은 왜곡된 경우, 기타 부정한 행위를 한 경우에는 즉시 중지시킨다.

4. 인민은 정치적, 경제적, 사회적으로 자유이며 또 의회 및 정부를 감시하고 비판하는 자유를 확보한다.

5. 인민의 생활권, 노동권, 교육을 받을 권리를 구체적 설비를 갖추어 보증한다.

6. 계급적 및 민족적 차별의 근본적 폐지[43]

이 「골자」는 다음날의 『아사히 신문』 등에 발표되었다. 때마침 정부가 헌법문제조사위원회를 설치하고, 헌법연구회도 초안 작성에 돌입한 때였다. 분명 「골자」는 문자 그대로 골자에 지나지 않고, 요강화조차 되지 않았고, 내용적으로도 공산당으로서는 당연한 것이었다고 할 수 있지만, 어쨌든 이 시기에 헌법 구상을 공표한 것은 공산당뿐이었기 때문에, 정부에 대해서는 어쨌든, 헌법연구회의 타카노, 스즈키에게는 어느 정도의 영향을 주었다는 사실은 부정할 수 없을 것이다.

하지만 그 후 공산당은 다른 정당이나 개인이 잇달아 초안을 발표한 1946년 1월부터 3월 사이에, 이 「골자」를 조문화한 초안 등을 발표하지 않았다. 우선은 '민주혁명'을 성취하는 것이 선결과제이고, 헌법은 그 정부형태에 기초하여 만들어져야 한다고 생각했기 때문일 것이다.

그러나 그러고 있는 가운데 정부는 GHQ안을 바탕으로 한 정부안 요강을 3월에, 이어서 정부안 전문을 4월에 공표하였고, 그 심의를 위한 제국의회도 6월 20일에 개회하게 되었다. 요컨대, '위로부터의 혁명'이 맹렬한 속도로 진행되기 시작한 것이다. 결국 공산당은 상당히 뒤늦은 6월 28일,

완전히 조문화된 초안을 작성하여 발표하게 되었다.

이와 같은 역사적 배경 때문에 공산당안은 정부의 일본국헌법 초안에 대한 대안으로서의 성격을 강하게 가지고 있었다고 생각된다. 이 공산당안에는 「신헌법 (초안)」이라는 표제表題 위에 「신헌법 초안의 발표에 즈음하여」라는 제목의 중앙위원회 헌법위원회의 성명이 붙어 있다. 원안은 손으로 쓴 등사본으로 외무성 외교사료관[44]과 미국 공문서관[45]에 그대로 남아 있다. 전단조차도 손으로 쓴 것은 없어진 지금, 이 원본에서는 전후의 민중의 에너지가 전해져온다.

초안은 전문과 100개조로 되어 있다. 정부 초안도 전문과 100개조로 되어 있었기 때문에 양적으로는 거의 비슷하다. 그러나 정부 초안에서 발견되는 "제1장 천황"은 당연히 없고, "제1장 일본인민공화국헌법"이라고 시작하여 국가의 기본 구조가 규정되어 있다. "전쟁의 방기"도 없지만, "어떠한 침략전쟁도 지지하지 않으며, 또 이에 참가하지 않는다"고 되어 있다. 다만 교전권, 군대편제권, 병역의 의무 등 군에 관한 규정은 없다. 당연한 이야기이기는 하지만, 전체적으로 스탈린 헌법의 영향이 강하다. 예를 들면 제9조는 아래와 같이 규정되어 있다.

인민은 민주주의적인 일체의 언론, 출판, 집회, 결사의 자유를 가지며, 노동쟁의 및 시위행진의 완전한 자유를 인정받는다.

이 권리를 보장하기 위해 민주주의적 정당 및 대중단체에 대해 인쇄소·용지·공동건축물·통신수단 기타 이 권리를 행사하기 위해 필요한 물질적 조건을 제공한다.

이것은 "표현의 자유"를 단지 국가가 개입하지 않는다는 의미에서만 보장하는 '부르주아적 자유권'과 달리 "필요한 물질적 조건을 제공하는" 현실의 자유권이라고 일컬어지는 것으로서, 공산당안에서만 발견되는 것 (「골자」에서도 발견된다)인데, 아래의 스탈린 헌법 125조와 매우 닮았다.

> 노동자의 이익에 적합하고, 또 사회주의 제도를 견고하게 할 목적으로, 소
> 련동맹의 시민에게 법률에 의해 아래의 사항들이 보장된다.
> (1) 언론의 자유, (2) 출판의 자유, (3) 집회 및 대중집회의 자유, (4) 가
> 두행진 및 시위운동의 자유
> 시민의 이들 권리는, 노동자 및 그 단체에 대해, 인쇄, 용지, 공공건조물,
> 가로街路, 통신수단 및 기타 이들 권리를 행사하기 위해 필요한 물질적 조
> 건을 제공함으로써 보장된다.[46]

그 외에 휴식권, 노동하는 부인의 보호, 보육소 설치 등에 의한 노동의 보장, 18세 이상의 선거권 등도 모두 스탈린 헌법의 영향을 받은 것이라고 보아도 좋을 것이다. 물론 스탈린 헌법으로부터뿐만이 아니고, 주택의 보장, 그중에서도 "대저택의 개방, 차가인借家人의 보호" 등은 바이마르 헌법 (155조)의 영향을 받은 것으로 생각되며, 사형 폐지, 배심제 도입 등은 독자적인 것이거나 혹은 영미법의 영향을 받은 것이라고 생각된다.

보수정당의 안

'신헌법'으로 이어지는 몇 가지 민간 초안을 소개했지만, 이것들은 단체에 의한 것이든 개인에 의한 것이든 여전히 소수파의 견해에 지나지 않았다. 그래서 다음으로 지배적 정당이었던 자유당과 진보당의 안을 살펴보기로 하자.

자유당, 즉 일본자유당은, 구 정우회政友會 계열을 중심으로 1945년 11월에 하토야마 이찌로오鳩山一郎를 총재로 하여 결성되었고, 그 직후에 헌법개정특별조사회를 설치하여 초안 작성 작업에 돌입했다. 거기에서 만들어져 다음해 1월 21일에 총회에서 결정된 것이 이른바 자유당안인 「헌법개정 요강」이다.

그 안은 다음날 신문에 전문이 발표되었는데, 그 천황 조항은 아래와 같았다.[47]

1. 통치권의 주체는 일본 국가이다.
2. 천황은 통치권의 총람자이다.
3. 천황은 만세일계이다.
4. 천황은 법률적 및 정치적 책임을 지지 않는다.

한눈에 알 수 있는 것처럼, 메이지 헌법의 천황 조항과 거의 다른 부분이 없다. 확실히 천황과 관련해서는 다른 부분에서 천황대권의 폐지를 규정하였고, 또 인권 조항을 보면 "사상, 언론, 신교, 학문, 예술의 자유는, 법률에 의해서도 함부로 제한할 수 없다"고 하여 메이지 헌법의 규정과 다른 점이 발견되지만, 총체적·기본적으로는 메이지 헌법형型이라고 보아도 좋을 것이다.

이에 대해 『마이니찌 신문』은 다음날인 23일의 사설에서, 우선 "자유당의 헌법개정안은 한마디로 말하면 현재의 대세에 순응한 안이다"라고 적은 후, "헌법은 영구불변일 수는 없다고 하더라도, 적어도 눈앞의 한 시대만을 목표로 삼는다거나 기준으로 삼는 것은 헌법개정 문제에 관해 가장 경계하지 않으면 안 될 것이다"[48]라고 비판했다.

이 개정안이 어떤 작업 과정을 거쳐 작성된 것인지에 관해서는 사토오 타쯔오佐藤達夫의 『일본국헌법성립사』 제2권(1964)에 상세하게 분석되어 있지만, 위의 헌법개정특별조사회의 위원이 안도오 마사즈미安藤正純, 카나모리 토쿠지로오金森德次郎, 아사이 키요시淺井淸, 요시다 히사시吉田久, 히가이 센조오樋貝詮三, 쿠레 후미아키吳文炳, 하세가와 뇨제칸 등 7명이었다는 사실은 중요하다. 이 7명 중 위원장인 히가이는 중의원의원 입후보 준비 때문에, 쿠레는 니혼日本 대학 총장이었기 때문에 전혀 출석하지 않았고, 안도오가 정무조사회장으로서 의장을 맡았고, 하세가와는 대국적 입장에서 의견을 개진했고, 전 대심원 부장인 요시다는 사법에 관심을 가졌다. 요강 작성에 전반적으로 깊이 관여한 사람은 아사이(케이오오慶応 대학 법학부장)와 카나모리(전 법제국 장관)였다고 한다.[49] 이것은 실로 흥미로운 일이다. 카나모리는 반년 후에 요시다 시게루吉田茂 내각의 헌법문제 담당 국무대신이 되어, 의회에서의 답변을 통해 자유당안과는 전혀 다른 '신헌법'의 열성적인 옹호자이자 최대의 해석자가 되기 때문이다.

다음으로 진보당안은, 2월 14일의 총무회에서 승인되어 다음날 신문에 발표되었다. 신문 발표[50]를 보면, 「요강」이라고 되어 있을 뿐 안의 제목은 붙어 있지 않다. 그 내용은, 그 당의 다른 정책과 마찬가지로, '진보'와는 정반대로 메이지 헌법과 거의 다른 곳이 없다. 천황의 대권을 의회의 심의를 거치게 하는 등 몇 가지 수정은 발견되지만, "신민의 권리"에 이르러서는 표현의 자유 등의 "자유를 제한하는 법률은 공안의 유지를 위해 필요한 경우에 한해 제한할 수 있다"고 되어 있을 정도로 메이지 헌법적이어서 조금의 '진보'성도 발견할 수 없다는 것은 얄궂은 일이라고 할 수밖에 없다.

헌법간담회안

자유당안과 진보당안이라는 두 보수정당의 안에 이어 헌법간담회안이 발표된다. 민간 초안의 기초 과정에 헌법학자가 거의 관여하지 않았고, 예외적으로 헌법연구회안에 헌법사 전공의 스즈키 야스조오가 관여했다는 사실은 이미 적었지만, 헌법간담회의 중심에는 이나다 마사쯔구가 있었다. 이나다는 스즈키와 마찬가지로 메이지 헌법 제정사를 연구한 헌법학자로서 당시 토오쿄오 문리과대학(나중의 토오쿄오 교육대학, 현재의 쯔쿠바筑波대학)의 조교수였다. 이나다는 전시에 일찌감치 전쟁이 끝나면 헌법개정이 필요하다고 생각하고 있었다. 패전이 이미 결정적인 상태가 된 5월의 일기에 「전후에 단행할 정치조직의 개혁 요강」이라는 제목의 메모를 적어, 메이지 헌법에서 개정해야 할 점을 열거했다.[51] 이 구상에 기초하여 패전 이후 이나다는 친하게 지내던 정치가인 오자키 유키오尾崎行雄에게 헌법개정의 필요성을 호소하는 편지를 보냈지만, 오자키로부터는 "나는 헌법은 개정할 필요가 없다고 생각합니다"라는 답이 돌아왔다. 그래서 이나다는 혼자서 사안을 정리하여 12월 24일에 이미 조직되어 있던 시데하라 내각의 헌법문제조사위원회에 제출했다. 헌법개정 사안은 "대체로 영국 헌법을 모범으로 삼고…… 미국 헌법의 조항을 모방한 것"이었지만, 메이지 헌법의 조장条章을 그대로 두고 그 개정할 점을 부기한 것이었다. 그것은 위의 사회당안과 마찬가지로 "군민동치"를 기본으로 하고, 인권의 보장을 확충하는 것이었다. 이어서 이나다는 운노 신키찌(변호사)에게 권유하여 함께 사안의 퇴고를 거듭했다. 이것은 1월 말의 일로, 운노는 이미 사회당의 헌법기초위원의 한 사람이었다. 이 이나다 사안의 "군민동치"라는 생각이 사회당으로 흘러들어갔다는 것은 이미 적었지만, 헌법간담회안은 이 두 사람에 의해 만들어졌다고 해도 좋을 듯하다. 최종안이 만들어진 단계에서 이와나미 시게오岩波茂雄(이와나미 서점의 창업자)의 별장으로 이나다가 오자키를 방문하였고, 찬성의 뜻을 표시한 오자키와 이와나미가 서명했다.

이렇게 해서 헌법간담회안은 3월 4일에 정부에 제출되었다. 제출된 초안에는, 완전히 조문화된 「일본국헌법 초안」(총 90개조)과 함께 「설명문」이 붙어 있었다. 「초안」은 이나다의 「사안」과 요점에서는 다르지 않지만, 편제에 관해서는 주의할 만하다. 제1장은 "총칙"이라고 하여 여기에서 군민동치를 규정하고, 그 뒤에 "제2장 국민의 권리의무", "제3장 천황"이라고 이어진다. 그런데 이 "제1장 총칙"을 적을 때 운노가 아래의 1개조를 넣자고 제안했다고 한다.

제5조 일본국은 군비軍備를 가지지 않는 문화국가로 한다.

이것은 결국 그 안에서 삭제되게 되는데, 이나다는 그 경위를 이렇게 회상하고 있다.

일본국은 군비를 가지지 않는 문화국가로 한다라는 제5조는 군축평화주의를 강조한 운노 씨의 독자적인 제안이었는데, 나와 운노 씨가 협의할 때, 내가 이 조문을 삭제하고 그 대신에 전문에서 평화주의를 강조하면 어떨까라는 의견을 말한 데 대해, 운노 씨는 자신의 입장을 고집하지 않고 선선히 동조했다. 지금 생각하면, 운노 씨의 '군비를 가지지 않는' 운운의 제안은 유지해야 했으며, 이것을 삭제해버린 것은 실로 애석한 일이다.[52]

오래 전부터 맥아더의 '강요'라고 일컬어져온 현행 헌법의 "전쟁의 방기"도, 비록 불충분한 규정이기는 했지만, 안으로서는 일본 측의 민간 초안 속에 존재하고 있었던 것이다.

마지막으로 토오쿄오 제국대학 헌법연구위원회에 관해 언급해두기로 하자. 이 위원회는 난바라 시게루南原繁 총장의 발안으로, 위원장에 미야자와 토시요시, 특별위원에 타카기 야사카, 스에히로 이즈타로오末弘厳太郎, 와쯔지 테쯔로오和辻哲郎 등 6명, 위원에 법학부 7명, 문학부 3명, 경제학부 3명, 계 20명의 교수·조교수로 발족했다.[53] 마치 기라성과 같이 빛나는 위원회의 발족이지만, 아무래도 시기가 늦었다. 1946년 2월 14일 발족이기 때문에, 그 20일 후에는 정부안 요강이 발표되어버린다. 그 때문에 이 위원회는 당초 메이지 헌법의 조사·검토를 생각하고 있었지만, 독자적인 안을 내기 전에 정부안이 나오는 바람에 실질적으로는 공표된 정부안을 검토하고서 활동을 끝내게 된다.

다양한 민간 초안을 검토해보면, 뒤에 나오는 GHQ안에 상당히 가까운 안이 있었다는 사실을 알 수 있다. 분명 이들 안은 어느 것이나 작은 그룹에 의해 기초된 것에 지나지 않았다. 그러나 격동의 시대에는 소小가 대大를 제압한다. 수나 양으로 모든 것이 결정되지는 않는다. 그중에서도 가장 GHQ안에 가깝고, 게다가 뒤에서 서술하는 것처럼 GHQ로부터 높은 평가를 받은 안은 헌법연구회안이었다. 헌법연구회의 중심에는 타카노 이와사부로오와 스즈키 야스조오가 있었다. 타카노는 자유민권기의 민권사상의 숨결을 맡으며 성장했고, 스즈키는 자유민권기의 헌법사상을 연구하며 전시를 보냈다. 이렇게 생각하면, 헌법연구회안이란, 자유민권기의 헌법사상이 반세기에 걸친 탄압과 힘든 싸움을 한 끝에 이 두 사람의 역사의 계승자를 통해 복권된 것이라고 할 수 있을 듯하다.

제3장 국체 호지에 나선 법학자들
─헌법문제조사위원회의 사람들

헌법문제조사위원회의 설치

정부에 헌법문제조사위원회가 설치된 것은 1945년 10월 25일이었다. 설치의 동기가 시데하라 내각이 헌법개정을 하기로 결단을 내렸기 때문이 아니라 내대신부의 헌법개정 작업이 본격화되었기 때문이었다는 사실은 이미 서술했다. 게다가 이 위원회가 헌법개정을 목적으로 삼고 있지 않았다는 것은, '조사위원회'라는 그 명칭에서도 엿볼 수 있지만, 위원장인 마쯔모토 죠오지 국무대신 자신이 이 위원회의 성격을 이렇게 설명했다. "이 조사회는 학문적인 조사연구를 주안으로 하는 것이기 때문에, 혹시나 개정의 필요가 있다는 결론에 도달하더라도 곧바로 개정안의 기초 작업을 하는 것은 생각하고 있지 않다."[1) 게다가 이 위원회는 「관제官制」(행정기관의 설치 등을 정한 법규)에 의하지 않고 각의요해閣議了解로 결정된 비공식 기구였다.[2)

그렇다고는 해도, 그 위원의 면면을 보면 실로 호화스러웠다. 도중에 위원의 교체가 있었지만 주요 위원은 바뀌지 않았다. 당초의 위원은 다음과 같다.

위원장	마쯔모토 죠오지(국무대신, 전 토오쿄오 대학 교수)
고문	시미즈 토오루淸水澄(추밀원 부의장, 학사원學士院 회원)
	미노베 타쯔키찌美濃部達吉(학사원 회원, 전 토오쿄오 대학 교수)
	노무라 쥰지野村淳治(전 토오쿄오 대학 교수)
위원	야자와 토시요시(토오쿄오 대학 교수)
	키요미야 시로오淸宮四郎(토오호쿠東北 대학 교수)
	카와무라 마타스케河村又介(큐우슈우九州 대학 교수)
	이시구로 타케시게石黑武重(추밀원 서기관장書記官長)
	나라하시 와타루楢橋渡(법제국 장관)
	이리에 토시오入江俊郎(법제국 제1부장)
	사토오 타쯔오佐藤達夫(법제국 제2부장)
보조원	교오부 토오루刑部莊(토오쿄오 대학 조교수)
	사토오 이사오佐藤功(토오쿄오 대학 강사)

쿄오토 대학 관계자는 없지만, 처음에는 사사키 소오이찌가 예정되어 있었다. 그런데 사사키는 이미 내대신부 고요오가카리로서 코노에의 개헌 작업에 참가하고 있었기 때문에 사사키가 "거부"했다[3]고 한다. 따라서 본래는 제국대학의 주요한 헌법학자들을 모두 위원으로 할 생각이었던 듯하다.

그런데 어째서 헌법과는 도무지 인연이 없는 마쯔모토가 위원장이 된 것일까? 마쯔모토는 패전 전부터 상법학자로서는 이름이 높았지만, 국가학, 정치학, 헌법학에 관한 저작은 전혀 없다. 그간의 사정을 마쯔모토는 후일 이렇게 적고 있다.

헌법개정 작업에 내가 관여를 한 것에 관해서는, 처음부터 내가 하고 싶다든가 그것에 관여한다든가 하는 생각은 진혀 없었던 깃입니다. 분명 1945년 10월 초순이었습니다. 어느 날 밤, 당시의 외무대신 요시다 군……이 우리 집에 와서, 이번에 내각이 바뀌어 시데하라 씨가 수반이 되는 내각이 성립되는데 매우 중요한 내용을 가진 성省을 두 개 겸임해주지 않겠느냐고 이야기를 했습니다. …… 〔나는〕 도저히 그런 중요한 일은 할 수 없다고 거절했습니다. 그러나, 그러면 뭐라도 좋으니 내각에 참여만이라도 해주지 않겠는가라는 이야기도 있었고, 또 당시 마침 무임소대신이라는 제도가 만들어져 있어서, 그런 국가비상시에 그냥 손 놓고 있을 수도 없었기 때문에, 무임소대신 정도라면 참여하겠다고 그 자리에서 승낙했고, 그 결과 무임소대신이 되었습니다. …… 당시의 내각에 법률가로는 이와타 쮸우조오岩田宙造 군이 사법대신, 내가 무임소대신, 그 외에도 법률가는 있었지만, 두 사람 모두 실은 헌법 전공이 아니었고, 특히 나는 헌법은 잘 몰랐지만, 여러 가지 이야기를 한 결과, 또 이와타 군은 사법성 일이 상당히 많았기 때문에, 나에게 주임을 맡으라고 하는 쪽으로 이야기가 모아져, 10월 십몇 일인가의 각의에서 수락한 것입니다.[4]

인용이 꽤 길어졌지만, 마쯔모토가 위원장에 취임한 것은 적임이었기 때문이라기보다는 말하자면 '뺄셈의 선택'이었고, 각료가 된 배경에는 요시다의 강한 요청이 있었다는 사실을 알 수 있다. 요컨대, 마쯔모토는 요시다의 취향에 맞는 정치가풍의 학자였던 것이다. 그것은 마쯔모토의 경력을 보면 잘 알 수 있다.

마쯔모토 위원장의 프로필
마쯔모토는 1877년생이니, 요시다 시게루의 1년 선배이다. 1909년 토오쿄오 대학 교수가 되었고, 전공은 상법이었다. 1913년부터 법제국 참사관을 겸임했다. 1919년 만철滿鐵 이사가 되어 토오쿄오 대학을 사임하였고, 나중에 만철의 부사장이 되었다. 1923년 제2차 야마모토 곤베에山本權兵

衛 내각에서 법제국 장관, 1932년 사이토오 마코토斎藤実 내각에서 상공대신을 지냈다. 변호사이기도 해서, 전공을 살려 "다수의 회사의 감사, 상담역相談役을 지내, 재계의 법률적 대변자로서 으뜸"[5]이라는 평가까지 있었다.

한편 집안도 훌륭해서, 아버지는 철도청 장관을 지냈고, 아버지가 미국 유학을 마치고 귀국한 후에 태어나서, 미국 초대 대통령인 조지 워싱턴의 이름을 빌려 죠오지烝治라고 이름지었다고 한다. 코이즈미 신조오小泉信三(케이오오기쥬쿠慶応義塾 대학장)가 손위 처남, 타나카 코오타로오田中耕太郎가 사위이다.

마쯔모토의 인물평은 다양하지만, "머리가 좋다"라는 점과 "자신만만한 사람이다"라는 점에서는 모두 일치한다. 마쯔모토의 제자의 한 사람인 상법학자 스즈키 타케오鈴木竹雄(토오쿄오 대학 교수)는 1938년의 상법 개정 작업에 참가했는데, "이들 회합은 거의 마쯔모토 선생의 독무대였다. 의견을 내고 반대의견을 논파하고 조문을 기초하시는 그 능란함. 당대 최고의 명민한 두뇌라고 일컬어진 것도 실로 당연한 일이어서 시종 머리가 숙여졌다"[6]고 회상하고 있다.

또 헌법문제조사위원회에서 보조원으로서 마쯔모토를 섬긴 헌법학자 사토오 이사오는, 마쯔모토의 위원회 운영을 이렇게 회상하고 있다. "마쯔모토 선생은 이 위원회를 문자 그대로 주재하셨다. 당시 나는 상법학자인 선생이 비전공자이면서도 참으로 헌법학자라고 불러도 좋을 만큼 폭넓고도 정치한 논의를 하시는 것을 보고 경탄했다. 탁월한 학자는 어떤 분야에서도 두드러진다는 것을 선생이 입증하시는구나라고 느꼈다. 선생의 위원회 운영을 보고 내가 또 하나 느낀 것은 선생이 매우 자신감이 강한 분이라는 것, 즉 어떤 사항에 관해서도 확신에 찬 자신의 의견을 가지고 계신다는 것이었다."[7]

두 사람 모두 마쯔모토의 한참 후배이고, 게다가 마쯔모토가 세상을 떠났을 때 추도의 마음을 담아 쓴 평가들이기 때문에 상당히 삼가는 표현으로 되어 있지만, 학자로서의 마쯔모토의 일하는 모습이 전해져온다.

그런데 위원회에서 이 '머리가 좋고' '자신만만한 사람'인 마쯔모토에게 대항할 수 있는 논객은 미노베와 젊은 시절의 미야자와였다.

미노베는 1945년 10월 하순 『아사히 신문』에 헌법개정 문제에 관해 3회에 걸친 연재논문을 기고하여 "오늘날의 핍박逼迫한 비상사태 아래에서…… 헌법의 개정은 피할 것을 절망切望하여 마지않는다"[8]며 당면한 개정에 반대하였고, 이어서 『마이니찌 신문』을 통해 개정에 의하지 않는, 메이지 헌법의 범위 내에서의 의회제도 개혁을 제안했다.[9]

미야자와도 또한 스승인 미노베와 거의 같은 입장을 취해, 헌법개정에는 반대였다. 미야자와는 1945년 9월 28일에 외무성에서 포츠담 선언의 수락과 헌법·법령의 개정에 관해 강연을 했는데, 거기에서 미야자와는 포츠담 선언에 나와 있는 영토의 변경, 군대의 해소, 민주적 경향의 조성, 이 세 가지 점에 대해 이야기했다. 우선 영토의 변경에 관해서는 헌법상 규정이 없기 때문에 개정의 필요는 없다고 하였고, 이어서 군대의 해소에 수반하여 병역의 의무, 계엄 및 비상대권을 정한 조항은 "존재이유를 상실한다"라고 했지만, 민주적 경향의 조성에 관해서는 "제국헌법은 민주주의를 부정하는 것이 아니다"라고 하였고, "더 한층 발전하기를 기대하기 때문에" 개정하는 편이 좋은 점으로서 천황의 대권 사항, 의원議院제도, 재판제도, 이렇게 세 가지를 들었다.

그리고 마지막으로, "잠정헌법의 존재는 고려된다"라고 하면서도, "헌법을 경솔하게 개정해서는 안 된다"라고 하여, 개정에는 신중한 입장임을 분명히 했다.[10] 이 강연은 일반인에게는 알려지지 않은 것이었다고 생각되지만, 미야자와는 거의 같은 취지의 견해를 『마이니찌 신문』을 통해서도 밝혔다.[11]

요컨대, 헌법문제조사위원회는 헌법개정 문제에 관해 거의 의견이 같은 주요 멤버에 의해, 따라서 '머리가 좋고' '자신만만한 사람'인 마쯔모토의 주도하에 운영되었다고 보아도 좋을 듯하다.

조사기관에서 개정기관으로

위원회에는 고문 이하 전원이 참가하는 총회와 고문을 제외하고 위원만 참가하는 조사회가 있었고, 총회는 1945년 10월 27일부터 다음해 2월 2일까지 7회, 조사회는 10월 30일부터 다음해 1월 26일까지 15회 열렸다. 총회에서는 대부분 큰 방침과 연구과제를 정리하고, 그것에 기초하여 조사회에서 작업을 하는 식으로 운영되었다.[12]

10월 27일의 제1회 총회에서는 상당히 기본적인 논의가 이루어졌다. 우선 마쯔모토가 위원회의 목적으로서 "헌법개정의 요부要否에 관해 논의하는 것은 지금은 불필요하다고 생각한다"라고 설치 당시에 밝힌 견해를 반복했다. 그러나 고문의 한 사람인 노무라 쥰지는 포츠담 선언에서 말하는 "민주주의적 경향의 부활·강화"와 관련하여 "민주주의의 철저화에 관련해서는, 제1조와 제4조도 건드리지 않을 수 없는 것 아닌가? 미국은 반드시 이것을 건드리려 할 것이다"라고 했다. 메이지 헌법 제1조는 "대일본제국은 만세일계의 천황이 통치한다"라고 황통皇統의 연속성을 규정한 것이고, 제4조는 "천황은 국가의 원수로서 통치권을 총람하고 이 헌법의 조규에 따라 이를 행사한다"라고 천황주권을 규정한 것이었다. 요컨대 이 2개 조문을 개정하는 것은 메이지 헌법을 근본적으로 변경하는 것에 다름 아니다. 이에 대해 마쯔모토는 아래와 같이 말했다.

"포츠담 선언에서는, 이 문제는 일본인의 자유의사에 기초하여 결정할 것이라고 하고 있기 때문에, 미국이라고 해도 명령하고 강제할 수는 없다. 일본인의 총의는 산과 같이 움직이지 않는 것이다. 따라서 제1조와 제4조를 건드릴 필요는 없다. 제1조와 제4조를 건드리지 않으면 데모크라틱하지 않다라는 따위의 일은 있을 리가 없다. 개정할 점은 많다고 하더라도, 이 문제는 불변이라고 생각한다."[13] '자신만만한 사람 마쯔모토'를 엿보게 하는 발언이지만, 미노베도 이에 찬성했기 때문에 위원회는 마쯔모토의 방침에 따라 나아가게 되었다.

이러한 총회의 뜻을 받아들여 제1회 조사회가 열려, 위에서 언급한 제1조와 제4조를 "문제 없음"이라고 제외한 외에, 메이지 헌법의 전 조항에 걸쳐 검토가 이루어졌고, 이것을 미야자와가 "연구과제"로서 정리했다. 여기에서 중요한 것은, 모든 검토는 메이지 헌법으로부터 출발하고 있고, 여러 외국의 헌법과 메이지 헌법을 비교한다고 하는 기초 작업이 결여된, 시야가 좁은 '연구'의 출발점이 만들어졌다는 것이다. 여러 외국의 헌법규정이나 입법례가 조사된 적은 있었지만, 그것은 최종 단계에서의 일이며, 게다가 거의 참고된 기미가 발견되지 않는다.

그런데, 헌법개정을 전제로 하지 않고 시작된 조사위원회였지만, 맥아더가 코노에를 해임한 직후인 11월 10일, 시데하라 수상에게 전원이 오찬에 초대받은 후에 열린 제2회 총회에서, 마쯔모토 위원장은 아래와 같이 위원회의 목적을 변경하여 말했다.

일본을 둘러싼 내외의 정세는 실로 절실하며, 정치적으로 아무 일도 없이 끝나지는 않을 것으로 생각된다. 따라서, 헌법개정 문제가 매우 가까운 장래에 구체화될 것이라는 것도 당연히 예상하지 않으면 안 된다. 예를 들면, 그 경우에도 결코 허둥대지 않도록 준비는 해두지 않으면 안 된다. 요컨대, 헌법개정의 필요는, 안으로는 어쨌든 밖으로부터 요청이 있는 경우, 언제라도 그것에 대응할 수 있도록, 우선은 큰 문제를 연구하는 데 머무르고, 참으로 어쩔 수 없다고 생각되는 조항을 깊이 파고들어 가지 않으면 안 된다.[14]

이 시점에서, 헌법문제조사위원회는 결정적인 전환을 요구받아 '큰 문제', '절실한 조항'을 깊이 파고들게 되었다. 이후 2회의 총회와 3회의 조사회를 통해 거의 메이지 헌법 전반에 걸친 심의를 마치고, 그때까지의 회합에서의 의견을 정리한 프린트를 11월 24일에 배포했다.[15] 그것을 보면, 이 시점에 이르러서도 메이지 헌법 제1조와 제4조는 앞서 노무라에게 제시한 마쯔모토의 위의 의견과 같이 "개정의 필요 없음(다수)"라고 되어 있어서, 본질적인 변화는 없다. 달리 주요한 논점으로서 아래의 점이 열거되어 있다.

첫째는 천황의 대권 사항의 제한이다. 예를 들면, 메이지 헌법 제8조는 천황은 "긴급한 필요에 따라 제국의회 폐회의 경우에 법률에 대신할" 긴급 칙령을 발할 권한이 있다고 규정하고 있었는데, 이것을 "제국의회의 상치常置위원회의 자문을 거칠 것"이라고 수정하는 의견이 다수를 차지한 것이다. 마찬가지로 천황의 육해군 통수권(11조), 육해군 편제 및 군비軍費 결정권(12조)도 "육해군"을 "군"으로 바꾸고, 군의 편제 및 군비를 "법률로 정한다"라고 한 개정안이 제출되었다고 되어 있다. 나아가 "전시 또는 국가사변의 경우"의 천황대권(31조)은 "삭제해야 함(다수)"라고 되어 있다.

둘째는 인권 조항의 개정이다. 물론 대단한 개정이 이루어진 것은 아니다. 예를 들면, 신교의 자유와 관련하여 "안녕질서를 방해하지 않고, 또 신민으로서의 의무에 위배되지 않는 한 신교의 자유를 가진다"(21조)라고 되어 있던 것을 "법률의 범위 내에서 신교의 자유를 가진다"라고 바꾼 정도이다. 오히려 "외국인도 원칙적으로 일본 신민과 마찬가지의 취급을 받는다는 취지를 정하는 것은 타당하지 않다(다수)"라고 되어 있는 점이, 뒤에서 나오는 정부 초안과 관련하여 주목된다.

그런데 이상과 같은 위원회 내부의 논점 정리를 마치고, 제89 제국의회도 폐회되기 직전인 12월 8일. 이날은 기이하게도 일미日米 개전開戰 4주년에 해당하는데, 아마도 마쯔모토는 그것을 의식하지 않은 채, 의회에서의 질문에 대한 답변의 형태로 헌법개정의 방향을 처음으로 공표했다. 그것은 나중에 '마쯔모토 4원칙'으로 알려지게 된다. 4원칙의 개요는 아래와 같았다.[16)]

첫째, 천황이 통치권을 총람하신다는 대원칙에는 아무런 변경도 가하지 않을 것.

둘째, 의회의 의결을 요하는 사항을 확대할 것. 그 결과로서 종래의 이른바 대권 사항을 어느 정도 제한할 것.

셋째, 국무대신의 책임을 국무의 전면에 걸치는 것으로 하고, 국무대신 이외의 자가 국무에 대해 개재介在할 여지가 없도록 할 것. 그리고 동시에 국무대신은 의회에 대해 책임을 지도록 할 것.

넷째, 인민의 자유·권리의 보호를 강화할 것. 즉 의회가 관여하지 않은 법규에 의해 그것을 제한할 수 없도록 할 것. 또 다른 한편으로, 그 자유와 권리의 침해에 대한 구제 방법을 완전한 것으로 만들 것.

이 답변에 관해 마쯔모토는 나중에 "아무 말도 하지 않는 것은 오히려 좋지 않은 것 아닌가, …… 대체적인 이야기만 해두자고 생각한 것입니다. …… 나는 누구와도 상담하지 않았다. 또 적은 것도 아무것도 없었다"[17]라고, 준비하지 않은 가벼운 발언인 듯이 말하고 있지만, 위의 경위를 보면 도저히 그렇게는 생각되지 않는다. 시데하라 수상과 위원회의 회식을 계기로 개정의 방향을 내세우고 그 후 위원회 내부에서 메이지 헌법 전반에 걸친 심의를 하여 그 다수의견을 답변의 형태로 표명한 것이 분명하며, 적어도 마쯔모토가 중심이 되어 추진해온 위원회의 다수의견을 반영한 것이라고 보아도 좋을 것이다. 이 마쯔모토의 답변에 대해, 전시하의 익찬선거에서 선출된 의원들로부터는 두세 사람의 예외를 제외하고 논전이라고 할 만한 것은 거의 아무것도 제기되지 않았다. 또 신문 등 매스컴의 보도도 논평다운 것은 극히 적었다.

이렇게 해서 헌법문제조사위원회는 12월 26일에 이해의 마지막 총회인 제6회 총회를 개최하게 되었다. 거기에서는 시종 소수의견을 제시해온 노무라 고문이 B5 용지 130면(약 6만 자)에 이르는 「헌법개정에 관한 의견서」[18](통칭 노무라 의견서)를 제출했지만, 심의에 직접 도움이 되지도 못한 채[19] 사실상 무시되었다. 이것을 마지막으로 마쯔모토는 12월 31일 밤 "내가 기초하는 수밖에 없다"라고 생각하여, 자동차로 카마쿠라鎌倉의 별장에 가서, 거기에서 칩거하며 1월 1일부터 3일 밤까지에 걸쳐 기초 작업을 했다.[20] 이 마쯔모토 사안私案은 「헌법개정 사안」이라는 이름으로 1월 4일 완성되었고, 뒤에 미야자와가 「요강」의 형태로 정리하고, 마지막으로 다시 마쯔모토가 가필하여 「헌법개정 요강」이 되었다. 이것이 이른바 마쯔모토 갑안甲案이다.

한편, 1월의 첫 사흘이 지난 4일부터, 미야자와·이리에·사토오, 이렇게 3명의 위원은 조사회 소위원회를 열어, 미야자와가 작성한 갑·을 두 개의 개정안에 대한 심의를 시작했다. 그 소위원회에 위의 마쯔모토 갑안이 제출되었다. 이때의 소위원회의 분위기를 보조원의 한 사람이었던 사토오 이사오는 이렇게 말하고 있다.

메이지 헌법	미야자와 갑안
제1조 대일본제국은 만세일계의 천황이 통치한다.	제1조 일본국은 군주국으로 한다.
제2조 황위는 황실전범이 정하는 바에 따라 황남자손이 계승한다.	제2조 천황은 군주로서 이 헌법의 조규에 따라 통치권을 행사한다.
제3조 천황은 신성하여 범해서는 안 된다.	제3조 황위는 황실전범이 정하는 바에 따라 만세일계의 황남자손이 계승한다.
제4조 천황은 국가의 원수로서 통치권을 총람하며, 이 헌법의 조규에 따라 이를 행사한다.	제4조 천황은 그 행위에 관해 책임을 지지 않는다. (별안別案) 누구라도 천황의 존엄을 모독할 수 없다.
제8조 천황은 공공의 안전을 유지하거나 또는 그 재앙을 피하기 위해 긴급한 필요에 따라 제국의회 폐회의 경우에 법률에 대신할 칙령을 발한다. 이 칙령은 다음 회기에 제국의회에 제출해야 한다. 만일 의회에서 승낙하지 않을 때는 정부는 장래에 그 효력을 상실한다는 것을 공포해야 한다.	제8조 천황은 공공의 안전을 유지하거나 또는 그 재앙을 피하기 위해 긴급한 필요에 따라 제국의회 폐회의 경우에 제국의회 심의위원회의 심의를 거쳐 법률에 따른(대신할-저자) 칙령을 발한다. 이 칙령은 다음 회기에 제국의회에 제출해야 한다. 만일 의회에서 승낙하지 않을 때는 정부는 장래에 그 효력을 상실한다는 것을 공포해야 한다.
제11조 천황은 육해군을 통수한다.	제11조 삭제
제12조 천황은 육해군의 편제 및 상비병액常備兵額을 정한다.	제12조 삭제
제28조 일본 신민은 안녕질서를 방해하지 않고 신민으로서의 의무에 위배되지 않는 한에서 신교의 자유를 가진다.	제28조 일본 신민은 신교의 자유를 가진다. 공안을 유지하기 위해 필요한 제한은 법률이 정하는 바에 따른다. 신사神社가 향유하는 특전은 폐지한다. (별안) 국교國敎는 존재하지 않는다.
제31조 본장에서 열거한 조규는 전시 또는 국가사변의 경우에 천황대권의 시행을 방해하지 않는다.	제31조 삭제

마쓰모토 갑안(헌법개정 요강)	마쓰모토 을안(헌법개정안)
	제1조
	(A안)(제1조) 일본국은 만세일계의 천황이 통치권을 총람하고 이 헌법의 조규에 따라 이를 행사한다.
	(제4조) 삭제
	(B안)(제1조) 일본국의 통치권은 만세일계의 천황이 총람하고 이 헌법의 조규에 따라 이를 행사한다.
	(제4조) 삭제
	(C안)(제1조) 일본국은 군주국으로 하고 만세일계의 천황을 군주로 한다.
	(제○조) 천황은 통치권을 총람하고 이 헌법의 조규에 따라 이를 행사한다.
	(D안)(제1조) 일본국은 만세일계의 천황이 이에 군림한다.
	제2조 삭제
1. 제3조에 "천황은 신성하여 범해서는 안 된다"라고 되어 있는 것을 "천황은 지존이므로 범해서는 안 된다"로 바꿀 것.	제3조
	(A안) 천황은 통치권 행사에 관해 책임을 지지 않는다.
	(제2항) 천황의 일신—身은 범해서는 안 된다.
	(B안) 천황은 국가의 원수이며 범해서는 안 된다.
	(C안) 천황의 일신은 범해서는 안 된다.
3. 제8조 소정의 긴급 칙령을 발하기 위해서는 의원법議院法이 정하는 바에 따라 제국의회 상치위원의 자문을 거칠 필요가 있도록 할 것.	제8조 천황은 공공의 안전을 유지하거나 그 재앙을 피하기 위해 긴급한 필요에 따라 국회 폐회의 경우에 국회 상치위원회에 자문하여 법률에 대신할 칙령을 발한다.
	이 칙령은 다음 회기에 국회에 제출해야 한다. 만일 국회에서 승낙하지 않을 때는 정부는 장래에 그 효력을 상실한다는 것을 공포해야 한다.

5. 제11조 중에 "육해군"이라고 되어 있는 것을 "군"으로 바꾸고, 제12조의 규정을 바꾸어 군의 편제 및 상비병액은 법률로 정하도록 할 것(요강 21 참조)	제11조 삭제
	제12조 삭제
9. 제28조의 규정을 바꾸어 일본 신민은 안녕질서를 방해하지 않는 한 신교의 자유를 가지도록 할 것.	제28조 일본 국민은 신교의 자유를 가진다. 공안의 유지를 위해 필요한 제한은 법률이 정하는 바에 따른다.
10. 일본 신민은 본장 각조에 열거한 경우 외에는 무릇 법률에 의하지 않고서 그 자유 및 권리를 침해당하지 않는다는 취지의 규정을 둘 것.	
11. 비상대권에 관한 제31조의 규정을 삭제할 것.	제31조 삭제

소위원회에서는, 그런 것(마쯔모토 사안과 같은 소폭 개정)으로는 안 되는 것이 아닌가라는 논의가 나왔습니다. 그래서 개정점이 많은 대규모의 개정안도 준비해야 하는 것이 아닌가라는 식으로 이야기가 되었고, 그것이 예의 〔마쯔모토〕 갑안, 을안 2개의 안 중 〔마쯔모토〕 을안이 된 것인데, 이것은 실제로는 미야자와 선생의 안인 것입니다.[21]

이렇게 해서 갑안·을안이 완성된 1월 26일의 제15회 조사회를 마지막으로 조사회의 활동이 끝났고, 개정안은 각의에 회부되었다. 우선 1월 29일의 각의에서 마쯔모토가 개정안의 심의를 제안했고, 다음날인 30일부터 31일, 2월 1일, 이렇게 연일 임시 각의가 열리게 되었다. 각의는 우선 천황조항부터 심의를 시작하여, "지존"보다 "존엄"이 좋다거나 아니 "지존"이면 된다는 등 각료로부터 다양한 의견이 나왔지만, 거기에서는 전체적으로 보아 1조부터 4조까지에 관한 대폭적인 수정이나 반대 의견은 나오지 않았다. 그러나 군의 통수에 관해서는, 아시다 히토시芦田均 후생대신으로부터 군은 국민의 대표(수상)에게 복종해야 한다는 반대의견이, 이와타 사법대신으로부터 삭제하는 것이 어떤가라는 의견이 나왔다.[22]

『마이니찌 신문』의 특종

이러한 축조심의가 각의에서 이루어지고 있던 2월 1일 아침, 『마이니찌 신문』이 「헌법문제조사위원회 시안試案」 전문을 1면 머리기사로 보도했다. 이 경악할 만한 보도에 대해, 마쯔모토는 즉각 그날의 임시 각의에서 "이 안은 단지 연구의 과정에서 만든 하나의 안에 지나지 않는다"라고 위원회 안임을 부정하였고, 나아가 정부에서는 나라하시 서기관장이 "조사위원회의 안과는 전혀 관계가 없는 것"이라고 담화를 발표하는 등 오로지 정부안이 아님을 강조했다.

그러나 『마이니찌 신문』이 특종보도한 「시안」은 미야자와 갑안이었다. 자세하게 검토하면 미야자와 갑안과도 다소 다르지만, 그것은 특종보도한 기자가 서둘러 옮겨적는 과정에서 생긴 오기라고 생각된다. 오기를 제외하면 미야자와 갑안과 일치한다. 그런 의미에서는 분명 마쯔모토 갑안도 을안도 아니었다. 그러나 그 세 안을 비교해 보면, 거기에는 기본적인 틀에서 거의 차이가 없다. 요컨대 어느 것이나 메이지 헌법을 기본으로 하여 다소의 수정을 가한 것일 뿐이었다. 따라서 미야자와 갑안이 특종보도된 것은, 이른바 「정부안」이 특종보도된 것이나 거의 다름이 없었던 것이다.

「시안」에 대한 평가는 매우 나빴다. 「시안」을 보도한 『마이니찌 신문』 스스로가 "너무나도 보수적, 현상유지적인 것에 지나지 않는다는 점에 실망하지 않는 사람이 적을 것이라고 생각한다"[23]고 평했을 정도였다. GHQ의 평가는 더욱 나빴다. 이 「시안」을 알게 됨으로써 GHQ의 헌법개정에 대한 태도는 기본적으로 변한다. 그러나, 여기에서는 왜 이러한 안을 만들게 되었는지, 그 배경을 탐색해보기로 한다.

우선 무엇보다도 마쯔모토를 중심으로 하는 헌법문제조사위원회의 멤버가 포츠담 선언 수락의 의미, 패전의 의미, 민주화 정책의 의미를 전혀 이해하지 못했다는 점을 지적하지 않으면 안 된다. 시데하라 내각에 직접 관련된 GHQ의 민주화 정책만 생각해보아도, 내각 성립 직후에 맥아더가 시데하라에게, 위에서 서술한 것처럼 이른바 「5대 개혁 지령」을 발하여 부인해방, 노동조합의 장려, 교육의 민주화, 탄압기구의 폐지, 경제기구의 민주화를 지시했고, 게다가 시데하라 내각은 이를 받아들여, 이 시점까지 이미 일부에 관해서는, 예를 들면 노동조합법의 제정, 중의원의원선거법의 개정에 의한 부인참정권의 도입(둘 다 1945년 12월)과 같이 법 개정까지 했던 것인데, 세 개의 「조사위원회안」에는 그 어느 것에도 이러한 권리 규정이 전혀 발견되지 않는다. 천황제에 관해서도 천황 자신이 1946년 1월 1일, 신격神格 부정을 선언했기 때문에, 메이지 헌법 1조부터 4조까지를 그대로 두거나 작은 수정만 하고서 끝낼 상황이 아니었던 것이다. 이 점에서는, 위의 코노에 그룹 쪽이 타카기 야사카를 중심으로 훨씬 더 '점령상황'를 의식하고 있었다고 할 수 있다.

그 타카기가, 1946년 1월 26일, 바로 마쯔모토 갑안·을안이 헌법문제조사위원회에 제출된 날, 수상 관저에 있는 마쯔모토를 방문해 GHQ의 의향을 청취하는 편이 좋겠다고 진언한 적이 있었다고 한다. 그런데 마쯔모토는 "어디까지나 이 개정이라는 것은 자발적으로 자주적으로 하는 것이기 때문에, 앞으로도 미국의 의향을 묻거나 협의할 필요는 없다고 생각한다"[24]고 일축했다고 한다. 마쯔모토의 '자신만만함'을 엿보게 하는 광경이지만, 거기에는 마쯔모토의 사상이 반영되어 있다고 해도 좋을 것이다.

나중에 타카기는 차분한 어조이기는 하지만 마쯔모토 등을 비판하여 "[헌법문제조사]위원회는 개정에 관한 미국 측의 견해를 살펴려 하지 않았기 때문에 실패할 운명이었습니다. 정부의 [헌법문제조사]위원회는 3개월에 걸쳐 개정 작업을 했습니다만, 그 사이에 한 번도 미국 측과 접촉하지 않았고, 또 한 번도 그 회의의 상황을 일반 국민에게 알리려고 하지 않았습니다"[25]라고 적고 있다.

또 조사위원회안은 위에서 서술한 민간 초안도 완전히 무시한 것이었다. 민간 초안 중 적어도 헌법연구회안과 이나다안은 1945년 12월 말에 정부에 제출되어 있었기 때문에 충분히 알 수 있는 입장이었다. 나아가 민간 초안 중 헌법연구회안과 타카노 사안과 사회당안에 직접 관여하여 지도적 역할을 한 타카노 이와사부로오와 시데하라 수상은 토오쿄오 대학을 1895년에 함께 졸업한 동창생이었다. 그 동창생들은 '28회'를 조직해서 매월 28일에 모임을 가지고 있었고, 타카노도 시데하라도 그 회원이었다.[26] 분명 타카노와 시데하라는 사상적으로는 양극단에 있었지만, 그래도 시데하라 정권 아래에서 타카노가 NHK 회장에 취임했다는 사실을 생각하면 두 사람의 사이는 결코 나쁜 상태는 아니었다고 할 수 있을 것이다. 따라서 시데하라가 민간의 여러 초안에 관해 의견을 들으려고 했다면 언제라도 들을 수 있는 관계였던 것이다.

그런데 민간 초안의 기초자들은 모두 외국의, 그중에서도 특히 미국, 소련, 독일(바이마르)의 헌법에 관심을 가지고 그것들을 참조해서 기초를 했지만, 마쯔모토의 경우에는 전혀 달랐다. 마쯔모토는 모든 출발점을 메이지 헌법에 두었다. 뿐만 아니라 외국의 헌법을 참고한 것은 오로지 민간 초안을 공격하기 위해서였다. 조사위원회가 끝날 무렵, 마쯔모토는 위원에게 바이마르 헌법을 조사하도록 명령했는데, 그 목적은, 민간 초안 기초자가 "바이마르 헌법을 그대로 도입하려"고 하고 있지만, 그것은 "독일의 민주주의에 도움이 되지 않고, 나치스 정권에" 도움이 되었던 데 지나지 않은 것이며, 그 사실을 설명하기 위해 조사해둘 필요가 있다[27]는 것이었다.

바이마르 헌법의 국가긴급권 규정이 나치스에게 이용된 것은 사실이지만, 사회권 규정을 새롭게 인정하여 노동자를 비롯한 약자에게 "인간이 마땅히 누려야 할 생활의 보장"을 한 그 획기적인 의의는 부정하기 어렵고, 게다가 제1차 세계대전의 패전국 독일과 제2차 세계대전의 패전국 일본의 유사성을 생각하면, 바이마르 헌법은 도움이 되었으면 되었지 비판의 표적으로 삼을 것은 아니었을 터이다. 하지만, '만방무비萬邦無比'의 대일본제국에서 높은 자리에 올랐던 마쯔모토에게는 그 부분이 보이지 않았을 것이다.

살리지 못한 조직

마쯔모토를 정점으로 젊은 미야자와 토시요시, 이리에 토시오, 사토오 타쯔오가 중심이 되어 작성한 마쯔모토 갑안·을안에 대해서는, 헌법문제조사위원회 내부에서조차 이론이 있었다. 그 가장 대표적인 것이 위에서 언급한 「노무라 의견서」이다.

노무라는 이 6만 자에 이르는 장문의 의견서에서, 마쯔모토 등의 헌법개정론을 간접적으로 비판하여 아래와 같이 적고 있다.

일본 국민의 자유로운 의사에 따라, 종래의 입헌군주제를 그대로 답습하기로 하고, 일본의 현재의 헌법제도를 획기적으로 크게 개정하지 않더라도, 미국·영국·소련·중국 네 나라는 이에 관해 이의를 제기하지 않을 것이라고 대수롭지 않게 여기며 낙관하고 있는 사람도 없지는 않다. 그러나 연합국은 일본국의 최종적인 정치형태를 어떻게 할 것인가라는 문제의 결정을 만연漫然히 일본 국민의 자유의사에 일임하고 있는 것은 아니며, 그 일본 국민의 자유의사에 따라 이루어지는 최종 결정이 포츠담 선언에 준거하는 것을 절대적 필요조건으로 하고 있는 것이다.

…… 포츠담 선언서의 조항을 검토해보면, 일본국의 최종적인 정치형태의 결정에 관해 일본 국민은 완전히 의사의 자유를 가지는 것이 아니며, 일본 국민이 이에 관해 의사의 자유를 가진다고 하는 것에 대해 중대한 부담이 부수되어 있는 것이다. 중대한 부담이란 무엇인가? 그것은 일본 국민이 민주정치(데모크라시)를 실행하는 것이 필요하다는 것에 다름 아니다.

노무라는 이렇게 적고서 아래와 같은 일대 개혁안을 제시했다. 우선 메이지 헌법 1조부터 4조까지를 폐지하고 대통령제를 도입한다, 재판제도를 개혁하여 기소배심(대배심)을 포함하는 배심제를 도입한다, 행정재판소를 폐지한다, 토지의 국유화와 함께 중요 산업의 국유화를 단행한다, '신민'의 권리를 확대하여 노동권·휴양권·생존권·교육권 등을 추가한다는 것 등이었다.[28] 확실히 장문이어서 도리어 개요를 알기 어렵게 만들어 개정안에 포함되기 어려웠던 듯도 보이지만, 부하린의 『공산주의의 ABC』 등 패전 전에 널리 읽힌 맑스주의 해설서를 인용하는 등, 마쯔모토의 '기술주의技術主義'에 대항하여 넓은 시야에서 중량감 있는 「의견서」를 대치시키려고 한 의욕이 엿보인다.

노무라를 장로라고 한다면 젊은 보조원이라고 할 수 있는 사토오 이사오도 마쯔모토 등과는 다른 헌법개정 구상을, 세다가 상당히 이른 단계부터 가지고 있었다. 하지만 노무라와는 달리 「의견서」를 제출한 것은 아니었고 또 제출할 수 있는 입장도 아니었지만, 그에 관한 논문이 집필된 것이 조사위원회의 보조원으로 임명된 직후였다는 점에 주목하고자 한다.

소잡지에 발표된 그 논문[29]에서 사토오는 우선 헌법 '개정 불요불급론'을 비판했다. 이것이 실질적으로는 '개정 불요불급론'의 입장을 취하고 있던 미노베·마쯔모토·미야자와 등에 대한 비판을 의미한다는 것은 말할 것도 없을 것이다. 사토오도 개정의 필요를 '패전'이라는 사태에서 구했다. 그 주장은 활기차고 실로 명쾌하다.

현재의 헌법개정 작업은 대동아전쟁에서 우리나라가 패배한 결과로서 연합국에 의해 요구되고 있는 것이라고 하는 엄연한 사실을 어디까지나 잊어서는 안 된다고 생각한다. …… 애당초 신헌법을 잠정헌법으로 할 것인지 영구헌법으로 할 것인지를 선택할 권리 그 자체도 현재의 우리나라는 가지고 있지 않다고 할 수 있다. 우리나라가 할 수 있는 것은 단지 현재의 우리나라가 처해 있는 상태를 기초로 해서 하나의 헌법을 만드는 것뿐이다.

이렇게 서술하고서 사토오는 신헌법의 구상을 아래와 같이 제시했다. 우선 첫째는 영토의 변경에 수반되는 법체계상의 변경, 둘째는 비무장화에 수반되는 메이지 헌법의 군사 조항의 삭제, 그리고 셋째는 "헌법개정의 중심적 과제"가 되는 "민주주의적 요소의 강화"였다. 그러나 사토오는 천황제의 폐기는 "허용되지 않는 것"이라고 생각했고, "천황의 통치권을 전제로, 입법·행정·사법의 여러 권한의 총람자인 천황의 지위를 범하지 않고, 천황통치 아래에서 가급적 최대한 민의를 기본으로 하는 정치형태"를 구상했다. 따라서 그 내용은 천황의 대권 사항의 제한, 의회의 개혁, 의원내각제의 확립 등에 초점이 맞추어져, 내용적으로는 반드시 '새로운 헌법'은 되지 못했다.

마쯔모토를 중심으로 운영되어온 조사위원회가 만일 겸허한 자세로 위원회 안팎의 의견을 받아들이려고 했다면, 이와 같이 나름대로 풍부한 구상이 있었던 것이다. 그럼에도 불구하고 이것들을 무시한 것은 마쯔모토의 '자신만만함'이라는 개성 때문이기도 했겠지만, 무엇보다도 마쯔모토 등이 천황제에 '사로잡힌 민중'의 정점에서 '메이지 헌법'을 고집한 데에 가장 큰 원인이 있었다고 할 수 있을 것이다.

헌법문제조사위원회의 제헌 스타일을 보고 있으면, 천황제의 정치구조가 보기 좋게 떠오른다. 위원의 명확한 책임 분담도 없이, 모든 것이 '사적인 세계'에서 추진되었다. 조사위원회의 설치 자체가 관제가 아니라 각의요해에 의한 것이었다는 점은 이미 서술했는데, '조사'가 아니라 '개정'에 착수한 1945년 11월 이후에도 그대로 진행되었고, 다음해 1월 중순 관제안이 작성된 적은 있었지만 결국 공포되지 않았다.[30]

게다가 위원회의 운영도 조직적이라기보다 사적으로 이루어졌다. 「마쯔모토안」이란 명칭에 의해 상징되는 것처럼, 갑안은 마쯔모토가 카마쿠라의 별장에 칩거하며 만들었다. 이 점은 코노에가 하코네에 칩거한 것과 같지만, 더 멀리는 메이지 헌법을 기초할 때 이토오 히로부미가 요코하마 나쯔시마의 별장에 칩거한 것과도 같다. 한편 마쯔모토 을안은 사실상 미야자와안으로 미야자와·사토오 타쯔오·이리에 토시오, 이렇게 세 사람이 거의 만들었다. 이 점은 뒤에서 서술하는 GHQ안의 기초 과정과 참으로 대조적이다. GHQ안은 헌법의 몇 개의 장章마다 소위원회를 구성하고, 거기에서 만들어진 초안을 토대로 운영위원회에서 통일된 안을 만들었다.

'공적인 세계'를 '사적인 세계'로 대체한 데 따른 가장 큰 추태는, 「시안」이 『마이니찌 신문』에 특종보도된 후의 일일 것이다. 특종보도가 된 1946년 2월 1일 이후, GHQ가 개정안을 제출하라고 정부에 요구했기 때

문에, 각의는 마쯔모토가 GHQ와 교섭하도록 결정했다. 그래서 마쯔모토
는 2월 8일, 그 첫머리가 "정부가 기안한 헌법개정안의 대요大要……"로
시작되는 「설명서」를 GHQ에 제출했다. 그런데 "정부가 기안한 헌법개정
안"은 2월 4일의 각의에서 결정되지 않았던 것이다.[31]

일반적으로 「정부안」이라고 불리는 마쯔모토안은, 정식으로 정부에
의해 결정된 것이 아니라 기껏해야 헌법문제조사위원회의 안에 지나지 않
았다. 게다가 그 위원회라는 것이 관제에 근거한 것이 아니라는 의미에서
는 공식적인 것이 아니었다. 그럼에도 불구하고, 이 '적법절차'를 거치지
않은 사안에 의해, 최고법규인 한 나라의 헌법의 제정 과정은 운명의 갈림
길에서 크게 방향을 틀게 되는 것이다.

제4장 GHQ안의 기본 설계

극동위원회의 설치

GHQ가 내밀히 헌법 초안의 기초에 착수한 것은 언제부터일까? 맥아더가 코노에와 시데하라에게 헌법개정의 시사와 지시를 했다는 것은 이미 서술한 대로이다. 하지만 이것은 어디까지나 일본 정부의 기초에 의한 헌법개정을 전제로 한 것이었다.

1945년, 이해는 맥아더에게는 분명 '파란 눈의 대군大君'에 어울리는 시대였다. 맥아더 위에 있는 것은 미국 본국 정부, 그중에서도 통합참모본부JCS(Joint Chiefs of Staff)뿐이었다. 게다가 그 JCS에서 육군참모총장의 지위에 있었던 드와이트 아이젠하워Dwight D. Eisenhower가 그의 과거의 부하였다는 점을 생각하면, 실로 '대군' 이외의 그 무엇도 아니었다고 할 수 있을 것이다.

연합국은 맥아더에 대해 완전히 무력했다. 전쟁이 끝나면서 일본의 관리방식을 둘러싸고 발생한 미소의 대립으로, 미국이 제안한 극동자문위원회FEAC(Far Eastern Advisory Commission)는 소련에 의해 보이콧당했다. 1945년 10월 2일에 설치된 FEAC는, 점령의 "정책, 원칙 및 기준의 작성"

등을 담당하여 "참가국 정부에 대한 권고를 책임지는"[1] 기관에 지나지 않았기 때문에, 사실상 점령정책을 전혀 구속하지 못했다.

따라서 맥아더는, 11월 말의 단계에서 FEAC의 대표가 다음해 이른 시기에 일본을 방문하겠다고 타진해왔을 때는, 점령정책에 대해 "권고"밖에 할 수 없고, 게다가 소련 대표가 참가하지 않는 이 기관의 방문을 "기꺼이 환영한다"고 타전했던[2] 것이다.

그런데 그 직후부터 일본의 관리 방식은 크게 변화하기 시작했다. 12월 16일부터 모스크바에서 시작된 미 · 영 · 소 3국 외상회의는, 구 추축국의 점령관리 방식에 관해 토의한 결과, 대일對日 관리기구를 개조하여 FEAC 대신에 극동위원회FEC(Far Eastern Commission)를 설치하기로 하고, 27일에 「극동위원회 및 연합국 대일이사회 부탁 조항」에 조인했다. 그 부탁 조항은, 위원회 참가국을 미국 · 영국 · 중국 · 소련 · 프랑스 · 독일 · 네덜란드 · 캐나다 · 오스트레일리아 · 뉴질랜드 · 필리핀 등 11개국으로 하고, 위원회의 임무를 점령정책의 "정책, 원칙 및 기준을 작성하는 것", "연합국 최고사령관에 대해 발하여진 지령……행동을……검토하는 것"으로 징하고, 그것을 위해 미국 정부는 "이 지령을 최고사령관에게 전달할 것. 최고사령관에게는 위원회의 정책 결정을 표명하는 지령을 집행하는 임무가 부과될 것"이라고 정하고 있었다.[3]

요컨대 맥아더는 FEC의 아래에 위치하여 그 결정에 따르게 된 것이다. 맥아더가 이러한 내용에 반대했다는 것은 말할 것도 없다. 그래서 위원회는 당초 토오쿄오에 설치되게 되어 있었지만 워싱턴으로 장소가 변경되었고, 그 대신에 그 파견기관이 대일이사회ACJ(Allied Council for Japan)라는 이름으로 토오쿄오에 설치되게 되었다. 또한 미국은 위와 같이 소련에게 양보하는 대신에 "긴급 사항이 발생"했을 때 중간지령을 내릴 권한을 가졌으며, 미·영·중·소는 결정에 대한 거부권을 가졌다.

다만 헌법 문제는 예외로서 미국에게 중간지령권이 부여되지 않았다. "일본국의 헌정기구의 근본적 변혁……또는 전체로서의 일본국 정부의 변경을 규정하는 지령은 극동위원회에서 협의하여 의견의 일치를 본 후에만 발포될 것"이라고 되어 있어서, 헌법개정이라는 "일본국의 헌정기구의 근본적 변혁"(the fundamental changes in the Japanese constitutional structure)은 맥아더의 독단으로는 할 수 없고, 극동위원회의 결정에 따라, 그 지령에 기초하여 맥아더가 실시하게 된 것이다.

비밀리에 진행한 예비작업

연합국에 의한 대일 관리 방식이 크게 전환된 1945년 말, 일본 국내의 헌법개정 움직임 또한 하나의 전환점에 접어들어 있었다.

우선 코노에 그룹의 동향이다. 이른바 코노에안은 11월 1일의 맥아더 성명 이후인 11월 22일에 천황에게 상주되었지만, 그 행방에 신경을 쓰고 있던 GHQ에서는, 나중에 민정국 행정부에서 헌법개정에 중요한 역할을 하게 되는 마일로 라우엘 육군 중령이 12월 10일에 종전終戰연락중앙사무국 정치부장 소네 에키曾禰益를 제1생명 빌딩(GHQ 본부)으로 불러, 코노에안이 정식으로는 정부에 전달되지 않았다는 사실을 확인했다.[4]

다음으로 정부의 헌법문제조사위원회의 동향인데, 이미 서술한 것처럼 신문 등에서 그 활동 경과가 발표되기도 해서, GHQ는 상당히 이른 단계부터 마쓰모토안의 골격을 알고 있었다고 생각된다. 예를 들면, 애치슨 정치고문은 11월 29일에 GHQ의 케이블을 이용하여, 위원회는 헌법개정의 총괄 단계에 이르렀고 초안은 1월 중순에 발표될 전망이지만, 메이지 헌법 1조부터 4조까지는 변경이 없을 것[5]이라는 상당히 정확한 내용을 국무장관에게 보고했다.

정부 측의 이러한 동향에 더하여, 12월 말에는 민간단체의 초안이 차례차례 발표되기 시작했다. 그중에서 GHQ가 가장 주목한 것이 헌법연구회안이었다. 이 안이 신문에 발표된 것은 12월 28일이었는데, 31일자로 참모2부G2 소속의 번역통역부ATIS에 의해 일찌감치 번역이 이루어졌지만,[6] 민정국 행정부에서는 이 번역에 불만이 있었던지 새로 번역했고, 다음해 1월 11일자로 라우엘 중령이 상세한 「소견」[7]을 기초했다. 이 「소견」에는 휘트니 민정국장도 서명했기 때문에, 이 초안을 민정국이 상당히 중시했고 또 그 「소견」의 내용은 거의 민정국의 견해였다고 보아도 좋을 것이다.

「소견」은 각 조문을 분석한 다음, "현저히 자유주의적인 규정들"로서 국민주권주의, 노동자 보호, 국민투표제도, 단년도 예산, 회계검사원제도, 소유권의 제한, 잠정헌법(10년 기한)을 든 다음, "이 헌법 초안에 담겨 있는 조항들은 민주주의적이어서 찬성할 수 있는 것이다"라고 높이 평가하고, 추가해야 할 조항으로서, 헌법의 최고법규정, 인신의 자유 규정, 그중에서도 특히 피고인의 인권보장 등을 들었다. 헌법연구회안에 대해 즉각적이라고는 할 수 없다고 하더라도 상당히 빨리 적확한 판단을 할 수 있었던 배경에는, 라우엘이 1개월 전에 이미 「리포트: 일본의 헌법에 관한 예비적 연구와 제안」[8]을 정리했다는 점도 포함될 수 있을 것이다.

이렇게 해서 정부의 헌법문제조사위원회의 초안 공표가 눈앞에 다가오고 민간 초안이 발표되기 시작한 1월 7일에, 국무·육·해군 3성 조정위원회SWNCC(State-War-Navy Coordinating Committee)는 「일본 통치체제의 개혁」[9]이라는 제목의 문서(SWNCC 228)를 승인하여, 11일에 맥아더에게 "정보"로서 송부했다. SWNCC는 1944년에 설치된 미국의 대외정책 결정기관으로 3성의 차관보급에 의해 구성되어 있었다. 이 문서가 GHQ의 헌법 기초에 준 영향은 매우 크다. GHQ에서 기초를 시작한 2월 6일의 민정국 회합에서는 "구속력 있는 문서로서 취급되어야 한다"[10]는 것이 확인되었으며, "일본국헌법의 원액原液"[11]이라는 평가조차 있다.

그 문서는 매우 길지만, 그 내용을 요약하면, 모든 통치권에 국민의 의사가 반영되고 기본적 인권이 보장되는 것이 필요하며, 따라서 천황제의 폐지 또는 개혁이 필요하다는 것이었다. 그리고 마지막에 맥아더에 대해 아래와 같은 경고라고도 할 수 있는 한 문장이 덧붙여져 있었다. 맥아더 자신이 나중에 GHQ 헌법 초안을 일본 정부에 '강요할' 때 몇 번이나 이 문서를 떠올리기라도 하듯이 사용한 문장이다. "최고사령관이 앞에서 열거한 개혁들의 실시를 일본 정부에게 명령하는 것은, 최후의 수단인 경우에 한정되지 않으면 안 된다. 왜냐하면, 위의 개혁들이 연합국에 의해 강요된 것이라는 사실을 일본 국민이 알게 되면, 일본 국민이 장래에라도 그것들을 받아들이고 지지할 가능성은 현저하게 옅어질 것이기 때문이다." 참으로 의미심장한 문장이다.

그런데 이 「SWNCC 228」을 받고서 맥아더가 처음으로 한 중대 결정은, 천황을 전범에서 제외하는 것이었다. 천황의 전범 문제는, 소련·오스트레일리아·뉴질랜드·필리핀 등 천황이 전범이라고 주장하는 국가들이 참가하는 FEC가 활동을 시작하기 진에 처리해둘 필요가 있었다.

토오쿄오 재판을 앞두고

우선 맥아더는 토오쿄오 재판에 대비해서 이른바 「토오쿄오 재판 조례」, 정식으로는 「극동국제군사재판소 헌장」을 1946년 1월 19일에 자신의 권한으로 발포했다. 유럽의 전쟁범죄를 심판한 뉘른베르크의 「국제군사재판소 헌장」이 미·영·프·소 4개국에 의한 협정이었던 데 비해 큰 차이가 있지만, 그 외에도 "피고인의 책임"에 기본적인 차이가 있었다.

뉘른베르크 국제군사재판소 헌장 제7조는, "국가의 원수이든 정부 각 성의 책임 있는 지위에 있는 관리이든 묻지 않고, 피고인의 공무상의 지위는 그 책임을 해제하거나 또는 형을 경감하는 것으로서 고려되지 않는다"라고 정하고 있었다.

이에 반해, 극동국제군사재판소 헌장 제6조는 "그것이 언제이든 묻지 않고, 피고인이 보유한 공무상의 지위 또는 피고인이 자신의 정부 또는 상사의 명령에 따라 행동했다는 사실은, 그 자체가 당해 피고인으로 하여금 그 소추된 범죄에 대한 책임을 면하게 하기에 충분하지 않은 것으로 한다"라고 정했다.

토오쿄오 재판에서는, "피고인의 책임"으로부터 "국가의 원수", 즉 천황의 책임이 누락되어 있었다. 요컨대 이 단계에서 맥아더는 천황의 전쟁 책임을 면책할 생각을 하고 있었다고 볼 수 있는 것이다.[12]

이어서 맥아더는, 11월 29일자로 통합참모본부로부터 천황의 전쟁범죄 행위의 유무에 관한 정보·자료를 수집하도록 지시를 받은[13] 데 대해, 전쟁범죄에 해당하는 증거는 발견되지 않았다는 취지의 아래와 같은 회신을 1946년 1월 25일에 아이젠하워 육군참모총장 앞으로 보냈다.

……지령을 받고서 천황에 대해 취할 수 있는 형사상의 조치에 관해, 주어진 조건 아래에서 조사가 이루어져왔다. 과거 10년간 일본제국의 정치 결정과 천황을 다소라도 결부지우는 명확한 활동에 관한 구체적이고 중요한 증거는 전혀 발견되지 않았다. …… 천황을 기소하면, 틀림없이 일본인들 사이에 격렬한 동요를 불러일으킬 것이며, 그 반향은 예측할 수 없다.

우선 점령군을 대폭 증강하는 것이 절대적으로 필요하게 된다. 그러기 위해서는 최소한 10만 명의 군대가 필요할 것이며, 그 군대를 무기한 주둔시키지 않으면 안 되는 사태도 충분히 있을 수 있다.[14]

이렇게 맥아더가 천황 히로히토裕仁의 전범 제외라는, 천황제 그 자체의 존폐, 즉 장래의 일본의 국가체제에 관련된 결정을 내릴 무렵, 점령 개시 이후 4개월이 지나 군정으로부터 민정으로 이행하는 점령행정의 전환기를 맞은 GHQ의 내부에서는 제복制服 그룹과 문민 그룹 사이의 심각한 대립이 표면화되고 있었다.

복원復員 업무, 군대·군사기구의 해체 등 군정이 종료되고, 포츠담 선언이 주창한 또 하나의 점령 목적인 민주주의의 강화, 인권의 보장, 평화적 정부의 수립을 추진해가기 위해서는, 그 방면의 전문가, 즉 문민이 필요하게 된다. 민정국은 이 필요성을, 본국 정부의 점령정책과 관련하여, 꽤 이른 단계부터 생각하고 있었다.

윌리엄 크리스트William E. Crist 민정국장은 1945년 11월 1일자의 각서에서 민정국 행정부(부장 찰스 케이디스Charles L. Kades 대령)를 개편하여 실시반operation group과 계획입안반planning group으로 나눌 것을 제안했다.[15] 이 각서가 나온 날은 마침 통합참모본부 지령 「일본 점령 및 관리를 위한 연합국 최고사령관에 대한 항복 후 초기의 기본 지령」(JCS 1380/15)[16] 이 결정된 날이기도 했다. 크리스트 국장의 개편안은 실시반은 에릭슨Erickson을 반장으로 하여 그 아래에 사법·대외·국내 문제를 다루는 과를 두고, 계획입안반은 프랭크 헤이즈Frank E. Hays 행정부 차장이 통할하며, 보엔 스미스Bowen Smith를 반장으로 하여 그 아래에 문민의 계획입안 전문가 20명을 두고 비군사화, 분권화, 봉건적·전체주의적 행정의 제거, 민주주의적 경향의 강화 등에 관한 입안을 한다는 것이었다.

이 개편안을 받은 헤이즈는 1월 22일에 더욱 구체적인 작업계획을 입안했다.[17] 그것에 따르면, 위의 「JCS 1380/15」의 정책을 실시하기 위해 그 정책에 따라 계획입안반을 다시 17개의 프로젝트로 나누고 상당히 세세한 인원 배치까지 하고 있다. 헌법개정은 제3프로젝트에 해당하는데, 그 부분에서는 아래와 같이 당시의 GHQ의 헌법개정 일정을 시사하는 중요한 기술이 발견된다.

(3) 민주주의를 기초로 한 정부의 수립에 필요한 헌법 및 개혁
　　담당자　라우엘이 예비적 연구를 하고 있다. 재차 존 매슬랜드John Masland
　　　　와 케네스 콜그로브Kenneth Colegrove에 의해 연구된다.
　　시기와 필요성　이 프로젝트에 주어진 기간은 일본인이 일본 정부에 의해 제
　　　　안되는 초안을 비판하는 입장에서 스스로 하게 되는 헌법개정의 진
　　　　행상황에 따라 결정된다.
　　섭외　라우엘. 새로운 통고가 있을 때까지 일본인과의 협의는 하지 않는다.

요컨대 나중에 헌법개정을 담당하게 되는 행정부에서는, 1945년 말부터 민주화 개혁의 실시에 대비하여 인원의 증강과 기구 개혁을 입안했고, 1월 중순에는 정부의 헌법 초안이 나오는 경우에 대한 대응태세를 갖추기 시작했다는 사실을 알 수 있다. 게다가 위에서 인용한 헤이즈의 안을 보는 한, 이 단계부터 이미 정부의 개정안으로 충분하다고는 생각하고 있지 않았고, 그것에 대해 국민 측으로부터 대안이 나올 것이라고 예상하고 있었다. 게다가 그것에 대한 GHQ로부터의 관여는 당분간 삼간다는 것이었다.

FEC 방일단과의 회합

헤이즈가 위의 개혁안을 작성하기 며칠 전, GHQ가 자신의 헌법 초안 준비에 착수한 것과 밀접한 관련을 가진다고 생각되는 회합이 있었다. 그 회합에는 민정국의 주요 멤버가 거의 대부분 참가했다. 그 회합은 극동자문위원회FEAC의 방일단과 민정국의 회합으로서 1월 17일에 열렸다. FEAC라고 했지만, 이 기관은 이미 서술한 것처럼 며칠 후에 FEC로 개편되게 되어 있었기 때문에 사실상은 FEC와의 회합이었다고 보아도 좋을 것이다. 이 회합의 GHQ 측 의사록에도 "민정국과 FEC의 회합"[18]이라고 되어 있다.

거기에 출석한 GHQ 측의 멤버는 휘트니 새 민정국장, 케이디스 행정부장, 허시, 라우엘 등 11명, FEC 측은 프랭크 맥코이Frank R. McCoy 의장(미국 대표)과 넬슨 존슨Nelson T. Johnson 사무국장을 비롯하여 소련을 제외한 10개국 대표 11명이었다. 거기에서 필리핀 대표인 토먼 콘페소Toman Confesor와 케이디스가 아래와 같은 흥미있는 응수를 했다.

콘페소   당신들은 헌법개정에 관해 검토하고 있습니까?

케이디스 하고 있지 않습니다. 민정국은, 헌법개정은 일본 통치구조의 근본적 변경에 관한 장기적인 문제이고 귀 위원회의 권한의 범위에 속하는 것이라고 생각하고 있습니다.

콘페소   우리 위원회의 제1회 회합에서, 우리는 총사령부의 대변인으로부터 민정국이 헌법을 연구하고 있다는 취지의 말을 들었습니다만, 그것은 착오입니까?

케이디스 귀측에 약간의 오해가 있었던 것이 틀림없습니다. 민정국은, 합중국 [통합]참모본부가 발포한 점령의 초기 단계에 관한 기본 지령을 수행할 목적으로, 일본 정부 내부의 구조에 관한 정책을 수립할 때에는 최고사령관에게 조언을 했습니다. 〔그러나〕 헌법에 관한 일이 이 일의 일부라고는 생각하지 않았습니다. 헌법에 관한 일은 귀 위원회의 부탁 조항의 범위에 들어 있다고 생각했습니다.[19]

이 응수를 읽는 한, 케이디스는 각별히 대비를 한 듯이 보인다. "검토하고 있습니까Are you considering……?"라는 질문을 받고서 "하고 있지 않습니다No"라고 대답한 것은 아무래도 이상하다. 이미 서술한 것처럼 코노에와 시데하라에게 영향력을 행사해왔고, 정부의 개정 작업에도 관심을 유지해왔으며, 민정국 내부의 조직개혁도 시작하려고 하고 있었다. 그 점들은 전혀 언급하지 않고 "귀 위원회의 부탁 조항의 범위"라고 대답한 데에서는 부자연스러움조차 느껴진다. 케이디스가 이때 굳이 이렇게 대답한 것은 GHQ가 헌법개정에 전혀 관심이 없다는 인상을 FEC에게 주어 안심시키기 위해서였을까, 그렇지 않으면 전혀 예측하지 못한 질문에 놀라, FEC가 헌법 문제에 관심을 가지고 있다는 사실을 알고서 논의가 깊어지는 것을 피한 것일까?

그런데 이 FEC와 GHQ의 회담에는 아무래도 이해할 수 없는 면이 있다. 왜냐하면 헌법 문제를 둘러싸고 중요한 발언을 한 필리핀 대표 콘페소는, 실은 GHQ의 세 거두巨頭 맥아더, 휘트니, 윌러비C. A. Willoughby의 회상록 모두에[20] 등장하는 필리핀의 애국자이기 때문이다. 세 권의 책의 콘페소에 관한 전시하의 서술 또한 기묘하게도 완전히 일치하는데, 콘페소는 일본 점령하의 필리핀에서 파나이 섬(필리핀 군도의 중앙에 위치하는 중간 규모의 섬)의 지사로서 일본군에 저항했고 반일 게릴라부대 측에 섰던 애국자로 묘사되어 있다. 모든 책에 콘페소의 활동이나 편지가 인용되어 있지만, 회견을 했다는 기술은 없다. 그러나, 이렇게 후일의 회상록에서 일치하여 언급되게 되는 "애국자"가, 일본군과의 싸움에서 살아남아 토오쿄오에 왔고 그래서 만나게 되었는데, 특별히 다른 FEC 대표와는 별도로 만나는 일은 없었을까? 만났다고 보는 것이 자연스러울 것이다.

어쨌든 이 콘페소의 질문은 GHQ가 자신의 헌법 초안의 기초를 결행하는 하나의 계기가 되는데, 사전에 만났다고 한다면, 콘페소의 질문은 이미 GHQ와 협의를 끝낸 것이 되고, 상당히 이른 단계에서 자신의 헌법 초안을 생각하고 있던 GHQ가, 그 계기를 만들기 위한 질문이었다는 것이 된다. FEC와의 회담, 그중에서도 콘페소의 질문은 완전히 우연이었는가 아니면 준비된 것이었는가, 풀리지 않는 수수께끼이다.

그런데 이 FEC 방일단은 귀국 직전인 1월 29일에는 맥아더와 회견했다. 회견은 2시간 반 동안이나 이어졌고, 게다가 맥아더가 중심이 되어 상세하고도 솔직하게 의견을 말했다고 한다.[21] 존슨(FEC 사무국장, 미국)이 작성한 의사록은 요록의 형태로 되어 있기 때문에 헌법 문제가 어느 쪽에서 제기되었는지 분명하지 않지만, 배상 문제 다음에 제기된 헌법 문제에 관해, 맥아더는 케이디스와 달리 "명령도 지시도" 내리지 않았지만 "시사"는 주었다고 아래와 같이 말했다.

헌법개정 문제는, 모스크바 협정에 따라 나의 손을 떠나버렸다. 앞으로의 작업이 어떻게 진행될 것인지 전혀 알지 못한다. 내가 일본에서 최초의 지령을 내렸을 때는, 이 문제에 관한 권한은 나에게 있었다. 나는 시사를 주었고, 일본인은 나의 시사에 기초하여 작업을 시작했다. 한 위원회가 헌법개정을 할 목적으로 만들어졌지만, 이 작업에 대한 GHQ 측의 관여에 관해 최고사령관은 어떤 행동도 취하지 않고 있다. 나는 어떤 명령도 지시도 내리지 않고 있으며, 시사를 주는 데에만 한정하고 있다. …… 헌법의 내용이 아무리 훌륭해도, 무력에 의해 일본에 강요된 헌법은, 무력이 존재하는 한 유지되겠지만, 군대가 철수하고 일본인이 자유를 얻게 되면, 그와 동시에 일본인은 그 헌법을 폐지해버릴 것이다. …… 나는 이렇게 믿어 의심치 않는다.[22]

맥아더의 이 발언은 과연 무엇을 의미하는 것일까? 인용의 마지막 부분을 보면, GHQ가 헌법을 작성하고 그것을 강요할 의사가 없다는 것을 전달하려 했다고도 생각되지만, 오히려 일본 정부에 "시사"를 준 사실을 FEC에 전하는 것이 목적이었다고도 생각된다. 한편 존슨도 장시간에 걸친 회견의 의사요록에서 이 헌법 문제에 관한 맥아더의 발언에 상당한 분량을 할애하고 있다는 점을 생각하면, 맥아더의 이 발언을 상당히 중시했다고 생각된다. 왜냐하면 동석한 뉴질랜드 대표 칼 베렌슨Carl Berendsen이 본국의 외무대신에게 보낸 보고서에서는 헌법 문제에 관한 맥아더의 발언이 전혀 발견되지 않기 때문이다.[23]

'특종'인가 '누설'인가

이렇게 해서 FEC 방일단이 2월 1일 요코하마 항을 통해 일본을 떠난 바로 그날, 『마이니찌 신문』은 저 유명한 「헌법문제조사위원회 시안」을 특종보도했다. 이 「시안」이 영역된 것은 2월 2일이지만, 그 사실을 안 휘트니의 행동은 민첩했다. 영역을 기다리지 않고, 2월 1일 중에 서둘러 아래의 두 개의 문서를 작성했다.

그중 하나는 맥아더 앞으로 보낸 「최고사령관을 위한 메모: 헌법 개혁에 관해」라는 제목의 문서이다. 메모치고는 장문이지만, 첫 부분에 모든 내용이 다 담겨 있다.

1. 일본의 통치기구에 관해 헌법상의 개혁을 한다는 문제는, 급속하게 클라이맥스를 향해 치닫고 있다. 일본의 헌법개정안이 정부의 위원회나 사적인 위원회에 의해 몇 가지 기초되었다. 다음 선거 때 헌법개정 문제가 중요한 쟁점이 될 가능성이 크다.

이와 같은 정황 아래에서, 나는 각하가 최고사령관으로서 일본의 헌법구조에 대한 근본적 변혁의 문제를 처리함에 있어서 어떤 범위의 권한을 가지는가, 일본 정부에 의해 이루어지는 제안에 대해 승인 또는 거부를 할 수 있는가, 혹은 또 일본 정부에 대해 명령 또는 지령을 내릴 수 있는가라는 문제에 관해 고찰했다. 나의 의견으로는, 이 문제에 관한 극동위원회의 정책 결정이 없는 한―말할 것도 없이 위 위원회의 결정이 있으면 우리는 그것에 구속되지만―각하는 헌법개정에 관해 일본의 점령과 관리에 관한 다른 중요 사항의 경우와 마찬가지의 권한을 가지는 것이다.[24]

요컨대 「시안」을 읽은 휘트니는, FEC가 헌법개정의 정책 결정을 하기 전이라면 GHQ에게 헌법개정의 권한이 있다고, 위의 「부탁 조항」을 해석한 것이다. 상당히 무리한 해석이다. 이 점은 나중에 FEC와의 사이에서 논의되게 되는데, 그에 관해서는 뒤에서 언급하기로 한다.

이어서 휘트니는 민정국 내부의 행정조직의 개혁에 착수했다. 휘트니는 우선 이전에 크리스트 전 민정국장이 제안하고 헤이즈 행정부 차장에 의해 구체화된 개혁안을 "합리성이 결여되어 있다"는 이유로 1월 28일 거부했고,[25] 2월 1일에 케이디스 행정부장이 급거 행정부를 아래와 같은 6개의 과로 구성한다는 안을 제출했다.[26]

a. 입법·섭외과 b. 정당과 c. 정무과 d. 지방정부과 e. 의견과 f. 심사·보고과

실은 이 조직개혁안은, 뒤에서 살펴보는 것처럼 2월 4일에 민정국 행정부가 '헌법제정회의'가 되었을 때 행정부 안의 새로운 과의 구성과 인사가 발령되는데, 그때의 안이었다.

휘트니는 『마이니찌 신문』의 특종보도를 기다리고 있었던 듯이, 이 특종보도와 동시에 GHQ에 의한 헌법 초안 기초에 돌입했다. GHQ가 아무리 정부를 독촉했다고 하더라도, 정부안이 각의 결정을 거쳐 공표되기까지는 상당한 시간이 필요했을 것이다. 그렇게 해서 공표되었다고 해도, 위의 헤이즈의 제안에 따르면 국민의 비판에 의한 수정이 필요했을 것이고, 하물며 FEC를 만족시키는 초안이 될 리는 없었을 것이다. 그렇다면 GHQ가 '시사'를 줄 수밖에 없게 되는데, 그렇게 해서 FEC가 받아들일 수 있는 초안으로 만들기는 매우 어려웠을 것이다. 게다가 그 작업은 공개된 공간에서 이루어지게 되기 때문에 '시사'를 주기만 한다면 한층 긴 시간이 필요했을 것이고, 서두르려고 하면 '시사'의 범위를 넘어서지 않을 수 없었을 것이고, 어느 쪽이든 활동을 개시한 FEC의 개입을 불러오게 되었을 것이다.

'마이니찌 특종보도'는 이러한 사태를 일거에 회피할 수 있게 해주었던 것이다. '마이니찌 특종보도'의 영역문에 첨부된 2월 2일자 문서 마지막에서 휘트니가 맥아더에게 아래와 같이 진언하고 있는 것이야말로, 그것이 가지는 의미를 실로 잘 표현하고 있다.

나는, 헌법개정안이 정식으로 제출되기 전에 그들에게 지침을 주는 편이, 우리가 받아들이기 어려운 안을 그들이 결정해버리고 그것을 제출할 때까지 기다린 다음 처음부터 다시 시작하도록 강제하는 것보다, 전술적으로 더 낫다고 생각한 것입니다.[27]

이렇게 생각해보면, 『마이니찌 신문』의 특종보도는 정부안을 비공식적으로 발표하게 하여 GHQ뿐만 아니라 국민에게도 정부안을 알리고, 그 평가가 낮다는 점을 정부에게 납득시키고, 정부의 정식 초안 이전에 GHQ안을 제시하여 '지침'을 주고, 초안을 급속하게 작성하게 할 수 있는 절호의 기회가 되었다는 사실을 알 수 있다. 물론, 만일 이 특종보도가 GHQ에게 불리한 것이었다면 검열을 통해 게재를 금지할 수 있었기 때문에 GHQ에게 불리한 것이 아니었다는 사실은 확실하지만, 이토록 적시에 이루어진 것이고 보면, 이것은 '마이니찌 특종보도'가 아니라 GHQ에 의한 '마이니찌에 대한 누설'이 아니었는가라는 의문조차 생긴다고 해도 이상하지 않다.

이 점에 관해, 헌법제정 과정을 연구해온 영미법학자 타나카 히데오田中英夫가 1973년에 『마이니찌 신문』의 담당기자 니시야마 류우조오西山柳造와 인터뷰를 하여 아래와 같은 증언을 얻었다.

> 1월 31일에 내가 〔마쯔모토〕위원회의 사무국에서 특종을 얻었습니다. ……사무국에 있었기 때문에 '얻었다'. 단지 그것뿐입니다. ……2월 1일 조간에 보도된 것은, 단지 1월 31일에 취재했기 때문일 뿐입니다.[28]

니시야마 기자는 그 후에도 인터뷰나 회상록에서 몇 차례나 특종보도였다는 사실을 증언했다.[29] 물론 저널리스트와 연구자들도 거의 예외 없이 특종보도설을 취해온 것은 말할 것도 없다.

그런데 2002년이 되어, 오랫동안 헌법제정 과정을 연구해온, 미국에 주재하는 프리랜서 데일 헬러거스Dale Hellegers가 대저를 출간하여 아래와 같이 누설설을 주장했다. "맥아더 원수의 2월 1일자 신문개황press summary은, 마이니찌 신문의 (헌법문제조사위원회 시안에 관한) 기사를 언급하지 않았다. 쿄오도오 통신도 지지時事 통신도 민정국에 영역을 보내지 않았다. …… 그날 저녁식사 후 새로 착임한 민간인 전문가 사이러스 피크 Cyrus Peake 박사에게, …… 정치고문부의 오랜 친구가 '오늘 마쯔모토가 문서를 흘렸다(Matsumoto leak[원문대로—역자] in the paper today)'고 아무렇지도 않은 듯이 전했다."[30]

이 증언은 저자인 헬러거스가 1972년에 피크로부터 들은 것으로 되어 있다.[31] 완전히 새로운 설이지만, 마쯔모토가 흘렸다고 해도, GHQ가 그 사실을 알려면 마쯔모토 자신이 혹은 마이니찌의 니시야마 기자가 GHQ 측에 전하지 않으면 안 되는데, 유감스럽게도 그 가능성은 거의 없다고 하지 않으면 안 된다.

그러나 "신문개황"이 "마이니찌"를 언급하지 않았고 "쿄오도오 통신도 지지 통신도 민정국에 영역을 보내지 않았다"는 점은 신경이 쓰인다. 어차피 자료 고증이 진척되는 과정에서 명확해지겠지만, 제정 과정의 본질에 관련되는 것이라는 점만은 틀림없다.

휘트니로부터 지금이라면 헌법개정의 권한이 있다는 진언을 들은 맥아더는 다음날인 3일에 GHQ 내부에서 헌법을 기초할 때의 원칙—나중에 '맥아더 3원칙'이라고 불리는 원칙—을 휘트니에게 제시했고, 다음날인 4일에 휘트니는 민정국 행정부원을 모아 초안 작업에 들어갔다. 이러한 점들을 고려하면, GHQ가 헌법 초안의 기초를 결의한 것은 늦어도 2월 1일이었다고 볼 수 있을 것이다.[32] 그렇다고 하더라도 '마이니찌 특종보도'에 의해 GHQ 내부가 일변한 것은 아니다. GHQ 내부에서는 참모부와 각축을 벌여온 민정국이 그 헤게모니를 잡기를 바라고 있었다. 요컨대 제헌 능력이 없는 일본 정부 대신에 민정국이 그 '대사업'을 장악하기를 바라며 나름대로 준비를 했던 것이고, 다른 한편으로 FEC와의 관계에서도 방일단과의 회견에서 헌법 문제가 부상한 이래 이미 GHQ 내부에서의 관심사였던 것이다. 헌법 문제를 어떻게 처리할 것인가에 관해, GHQ 내부에서는 1월 중순 무렵부터 말하자면 발화점에 이르러 있었고, 2월 1일의 '마이니찌 특종보도'로 점화되어 기초에 착수하게 되었다고 할 수 있을 것이다.

'맥아더 3원칙'의 제시

1946년 2월 3일, 헌법제정사에서 한 획을 긋게 되는 이날은 맑게 갠 일요일이었다. 맥아더는 휘트니에게 「맥아더 3원칙」으로 알려진 헌법개정의 필수요건을 제시했다.

> 1. 천황은 국가의 최고위의 지위에 있다.[*]
>
>   황위는 세습된다.
>
>   천황의 직무 및 권능은 헌법에 기초하여 행사되며, 헌법에 제시된 국민의 기본적 의사에 부응하는 것으로 한다.
>
> 2. 국권의 발동인 전쟁은 폐지한다. 일본은, 분쟁 해결을 위한 수단으로서의 전쟁, 나아가 자신의 안전을 지키기 위한 수단으로서의 전쟁도 방기한다. 일본은 그 방위와 보호를 바야흐로 세계를 움직이고 있는 숭고한 이상에 맡긴다.
>
>   일본이 육해공군을 가지는 권능은 장래에도 고려되지 않으며, 교전권이 일본군에게 부여되지도 않는다.

---

[*] "천황은 국가의 최고위의 지위에 있다Emperor is at the head of the state"라고 번역했지만, "최고위"를 "원수"라고 번역한 문헌도 있다. is the head of the state가 아니라 is at the head of the state라고 되어 있기 때문에 "최고위"라고 번역했다.

3. 일본의 봉건제도는 폐지된다. 귀족의 권리는 황족을 제외하고 현재 생존

　하는 자 1대 이상은 미치지 않는다.

　화족의 지위는 앞으로는 어떤 국민적 또는 시민적 정치권력도 수반하

　지 않는다.

　예산의 형태는 영국의 제도를 모델로 삼을 것.[33]

이 맥아더 3원칙을 받고서 휘트니는 다음날인 2월 4일에 민정국 행정부의 전 직원을 모아 놓고 아래와 같이 연설했다.

지금부터 일주일간 민정국은 헌법제정회의의 역할을 하게 된다. 맥아더 장

군은 일본 국민을 위해 새로운 헌법을 기초하는, 역사적 의의가 있는 일을

민정국에 위탁하셨다. 민정국의 초안의 기본은 맥아더 장군이 약술하신 3

원칙이어야 한다.[34]

휘트니는 이렇게 말하고 나서 위의 맥아더 3원칙을 소개했다.

널리 알려져 있는「맥아더 3원칙」이지만, 새삼 음미해보면, GHQ가 본국 정부로부터 지시받아온 정책과 모순되는 부분이 있다는 사실을 깨닫게 된다. 휘트니 민정국장은「맥아더 3원칙」을 받은 다음날인 2월 4일에 민정국 회합을 열어, 참가한 위원에게 우선「맥아더 3원칙」에 대해 말했다.

뒤이어 자유토론 과정에서 아래와 같은 합의가 이루어졌다. "새로운 헌법을 기초함에 있어서는, 주권을 완전히 국민에게 부여한다고 하는 점을 강조해야 한다. 천황의 역할은 사교적 군주의 역할에 국한해야 한다. 국제연합 헌장을 명시적으로 언급할 필요는 없지만, 국제연합 헌장의 원칙들은 우리가 헌법을 기초할 때 염두에 두어야 한다."

또, 「2월 6일 민정국 회합 의사요록」에 따르면, "SWNCC 228은 구속력이 있는 문서로서 취급되어야 한다. 각 소위원회의 장은 그 소위원회의 제안이 이 문서에 모순되는지 여부를 체크할 책임을 지는 것으로 한다"고 되어 있어서, SWNCC 문서를 중시한 것이 확실하다. 그 문서는 「3원칙」과 관련하여 몇 가지 점을 언급하고 있다.

우선 천황제에 관해, "결론" 부분에서 "현재의 형태로 유지하는 것", 즉 메이지 헌법의 규정을 그대로 유지하는 것은 "일반적으로 합치되지 않는다"고 보고 있다. 그리고 "일본인이 천황제를 폐지하거나 혹은 더 민주주의적인 방향으로 그것을 개혁하도록 장려·지지"하지 않으면 안 되며, 한편 "일본인이 천황제를 유지한다고 결정한 때는", 천황은 "내각의 조언에 기초해서만 행동"하고 "군사에 관한 권능을 모두 박탈"당한다고 명기되어 있다.

다음으로 전쟁 방기에 관해서는, 그 문서의 "결론" 부분에서는 전혀 언급되어 있지 않다. "고찰" 부분에서, 군부가 가지는 문제, 즉 육해군 통수권과 육해군대신 현역무관제現役武官制가 지적되어 있다.

이 점들을 「3원칙」과 비교해보면, 천황제에 관해서는, 그것을 유지하기로 하는 경우의 SWNCC 문서의 방향은 거의 「3원칙」에 가깝고, 민정국의 회합에서도 "사교적 군주"라고 본 점 등은 "최고위"에 가까운 것이라고 할 수 있다. 또 이 책에서도 「민간 초안」을 소개하면서 일본인도 "최고위"에 가까운 관념을 가지고 있었다는 사실을 소개했다. 나아가, 오랜 세월에 걸쳐 상징천황제를 연구해온 타카하시 히로시高橋紘는, 다수의 사실을 제시한 다음 "'상징'은 일본의 개념"이라고 하고, GHQ의 주도면밀한 조사와 준비가 이루어져왔다는 점을 논증하고 있다.[35]

이에 비해, 「3원칙」에서 정한 "전쟁의 방기"는 SWNCC 문서에서는 전혀 모습을 드러내고 있지 않으며, 회합에서도 "국제연합 헌장의 원칙들"을 염두에 둔다는 정도의 언급이 있었을 뿐이다.

나아가 SWNCC 문서에서는 국민주권 혹은 국민주권을 실현하는 입법·행정기관의 바람직한 모습, 인권 조항 쪽에 많은 관심을 보이고 있다. 이에 비해, 「3원칙」은 국민주권이나 인권에 대해 직접적으로는 전혀 언급하지 않고, "봉건제도의 폐지"만 언급하고 있는 데 그친다.

일반적으로 「맥아더 3원칙」은 SWNCC 228 문서에 따르고 있는 것처럼 이해되는 경우가 많지만, 자세히 검토해보면 차이가 명백하다.

「맥아더 3원칙」도 GHQ안도 미국 본국 정부의 지시에 근거하지 않은 것이 이러한 결과를 낳았다고 할 수 있을 것이다. 그러면 '근거하지 않은 것'이 GHQ안이나 「맥아더 3원칙」에 어째서 독자성을 초래한 것인가? 이에 관해서는 뒤에서 해명하기로 한다.

기초위원들

실질적 작업은 다음날부터였지만, 이날 이미 2월 1일자로 케이디스가 제안한 행정부를 6과로 하는 안이 그대로 승인되어 행정부 6과의 과장과 과원이 발령을 받았고, 나아가 헌법 초안 작성 작업반(위원회)이 만들어졌다.[36]

운영위원회	C. L. 케이디스 육군 대령
	A. R. 허시 해군 중령
	M. E. 라우엘 육군 중령
	R. 엘러먼Ruth Ellerman 양
입법권에 관한 위원회	F. E. 헤이즈 육군 중령
	G. J. 스워프Guy J. Swope 해군 중령
	O. 하우기Osborne Hauge 해군 중위
	G. 노먼Herbert Norman 양

행정권에 관한 위원회	C. H. 피크
	J. I. 밀러Miller
	M. J. 에스먼Milton J. Esman 육군 중위
인권에 관한 위원회	P. K. 로스트Pieter K. Roest 육군 중령
	H. E. 와일즈
	B. 시로터Beate Sirota 양
사법권에 관한 위원회	M. E. 라우엘 육군 중령
	A. R. 허시 해군 중령
	M. 스톤Margaret Stone 양
지방행정에 관한 위원회	C. G. 틸튼Cecil G. Tilton 육군 소령
	R. L. 마컴Carlos Marcum 해군 소령
	P. O. 키니Philip O. Keeney
재정에 관한 위원회	F. 리조Frank Rizzo 육군 대위Captain
천황·수권授權 규정에 관한 위원회	J. A. 넬슨George A. Nelson Jr. 육군 중위
	R. A. 풀Richard A. Poole 해군 소위
전문	A. R. 허시 해군 중령

요컨대 전체를 통할하는 조직인 운영위원회 아래 8개의 위원회를 조직한 것이다. 여기에서 헌법 초안 기초에 관한 미국과 일본의 차이가 역연히 나타난다고 할 수 있을 것이다. 일본 측의 기초를 다시 한 번 되돌아보면, 천황에게 기초를 의뢰받은 코노에는 사사키의 도움을 빌려 하코네에서 칩거하면서 초안을 작성했다. 물론 사사키와 분담도 하지 않았다. 정부의 헌법문제조사위원회도 마찬가지였다. 위원회는 이름뿐이고, 마쯔모토 갑안은 거의 마쯔모토 혼자서 역시 카마쿠라의 별장에서 칩거하면서 작성했다. 마쯔모토 을안은 미야자와의 원안에 이리에와 사토오가 참여하여 만들어졌다.

이에 반해 미국 측은 맥아더가 3원칙이라는 기본 원칙을 휘트니에게 명령하고, 휘트니는 모든 작업을 행정부에 맡겼다. 행정부는 케이디스를 중심으로 운영위원회를 만들고, 그 아래에 위원회를 두어 분담하여 기초 작업을 했다. 기초 작업을 한 회의실에 자물쇠는 채웠지만, 케이디스가 자료를 가지고 혼자서 여관에 칩거하지는 않았다. 요컨대 GHQ는 개인적이 아니라 조직적으로 기초 작업을 한 것이다. 또 하나, 천황도 시대하라 수상도 코노에나 마쯔모토에게 기초를 명할 때 원칙을 제시하지 않았다. 결과적으로 볼 때 원칙은 군이 말하자면 천황제의 호지였고, 원칙의 틀은 모두 메이지 헌법에 있었고, 개정이란 극히 기술적인 것이었고, 그 기술이야말로 바로 법학자가 발휘할 수 있는 것이라고 생각했을 것이다. 그래서 원칙이 제시되지 않았을 것이지만, 이 점도 원칙=사상을 제시하여 기초 작업을 하게 한 맥아더와 크게 다른 점이다.

운영위원의 프로필

이렇게 해서 마침내 민정국 행정부에서의 기초가 시작되는 것인데, 위의 직함으로 보면 "군인이 만든 헌법"이라고 해석될 수도 있기 때문에 운영위원의 약력을 소개해두기로 하자.[37](연령은 1946년 1월 현재)

찰스 케이디스

육군 대령. 뉴욕 주 뉴버그 출신. 40세. 코넬 대학, 하버드 대학 로스쿨 졸업. 호킨스, 델라필드 앤드 롱펠로Hawkins, Delafield and Longfellow 법률 사무소(뉴욕 시) 근무(1930-33). 연방공공사업국 법무직원Assistant General Counsel to the Federal Public Works Administrator(1933-37), 합중국 재무성 법무직원(1937-42). 1942년 4월부터 병역 복무. 보병학교Infantry School, 지휘참모학교Command and General Staff School 졸업 후, 육군성 민사국 Civil Affairs Division에서 근무한 다음, 제7군 및 제1공정대의 G-5부에 배속되어 남프랑스에 진격, 알프스 작전, 라인란트 작전에 종사. 훈공장勳功 章을 수여받음.

앨프레드 허시

육군 중령. 매사추세츠 주 프리머스 출신. 44세. 하버드 대학(정치학 전공), 버지니아 대학 로스쿨 졸업. 주요 대학을 우등으로 졸업한 사람들의 모임인 파이 베타 카파Phi Beta Kappa의 멤버. 1930년부터 42년 9월에 병역에 복무할 때까지 변호사 실무에 종사. 그 사이 매사추세츠 주의 1심재판소인 Superior court의 에쿼티 부部(chancery)의 보조재판관(auditor 혹은 special master)으로 근무. 또 지방공공단체에서(선거에 의해 혹은 임명에 의해) 다양한 지위에 취임. 해군에서는 태평양 지역의 수륙양용부대 훈련기관에서 보급 · 수송 · 법무 등을 담당. 프린스턴 대학에 설치된 해군군정軍政학교, 하버드 대학에 설치된 민정훈련학교Civil Affairs Training School를 졸업.

마일로 라우엘

육군 중령. 캘리포니아 주 프레즈노 출신. 42세. 스탠퍼드 대학 졸업 후, 하버드 대학 로스쿨에 입학, 2학년 때 스탠퍼드 대학 로스쿨로 전입학하여 졸업. 1926년부터 43년 7월에 병역에 복무할 때까지 프레즈노에서 변호사 실무에 종사. 특히 회사가 정부기관과의 관계에서 처리하지 않으면 안 되는 법률 문제를 전문으로 함. 그동안 로스앤젤레스에서 합중국 법무관assistant U. S. attorney으로 근무. 군무에 복무하면서 헌병총사령관 관할 학교Provost Marshal General's School, 육군군정학교, 시카고 대학에 설치된 민정훈련학교를 졸업하고, 이 민정훈련학교 및 뉴기니 우로 베이Oro Bay의 민정분교에서 강사를 지냄. 또 태평양 지역 육군 제30부대의 지휘도 맡음. 그 용맹한 행동에 대해 청동훈장이 수여되었고, 필리핀 정부로부터 군공軍功훈장을 수여받음.

이것을 보면, 운영위원회의 3인은 전시에 군무에 복무했다고는 해도, 모두 로스쿨을 나와 변호사로 활동한 경험을 가진 법률가였다. 나아가 3인의 연령에도 주목할 필요가 있을 것이다. 모두 40대 전반. '한창 일할 나이'였다는 것은 말할 것도 없지만, 저 미국의 1930년대, 대공황과 뉴딜로 이어진 위기의 시대인 동시에 사상적으로 자유로웠던 시대에 20대의 청년기를 보낸 사람들이었다.

GHQ는 위와 같은 체제로 다음날인 5일부터 실질적인 작업에 착수했다. 어쨌든 1주일 만에 안을 만들었기 때문에, 그것은 실로 살인적인 작업이었다. 운영위원회에서 비서 역을 맡았고, 나중에 운영위원의 한 사람인 허시와 결혼하게 되는 엘러먼은 그 작업의 모습을 이렇게 회상한다.

제일〔생명〕상호相互 빌딩의 맨 위층에 간이식당이 있었고, 거기에서 샌드위치를 선 채로 먹으면서 밤을 새워 작업했다. 동틀녘에 숙소에 돌아와 샤워를 하고 1시간 정도 선잠을 잔 후, 정각 8시에는 전원이 모여 초안 작성 작업을 했다. 여자인 나도 마찬가지였다.[38]

제5장 GHQ안의 기초

'전쟁 방기'의 발안자

통칭 맥아더 초안이라고 불리는 GHQ안에서 가장 특징적인 것은 전쟁 방기 조항—현행 헌법 제9조—일 것이다. 이 조문이 어떤 과정을 거쳐 작성되었는가라는 문제는 지금도 최대의 논쟁점이 되어 있다. 전쟁의 방기는 「맥아더 3원칙」 속에 명확하게 제시되어 있고, 그 점에서 문제는 없지만, 그 발안자가 시데하라라고 맥아더가 말한 시점부터 시데하라설이 부상했다. 맥아더가 이렇게 말한 것은, 한국전쟁의 최고사령관에서 해임되어 귀국한 지 1개월 후인 1951년 5월 5일에 상원 군사 · 외교합동위원회의 청문회에서 증언할 때였다.

이 증언은 "우리들은 45세인 데 대해 일본인은 12세의 소년과 같은 존재일 것입니다"[1]라고 '일본인 12세설說'을 주창하여 일본인에게 상당한 쇼크를 줌으로써 유명해진 일련의 증언 가운데 나왔다. 맥아더는 여기에서 그치지 않고 1964년에 집필한 자신의 『회고록』에서도 시데하라설을 주창했다.

시데하라 수상과의 회담은 「3원칙」을 제시하기 조금 전의 일이다.

시데하라 남작은 1월 24일(1946년) 정오에 나의 사무소를 방문하여 나에게 페니실린에 대해 감사한다고 말했는데, 그 다음에……나는 남작에게 무엇을 걱정하고 있는가라고 묻고, 그것이 고충이든 어떤 제의이든 수상으로서 자신의 의견을 말하는 데 조금도 거리낄 필요가 없다고 말했다.

…… 수상은 그때, 신헌법을 작성할 때 이른바 '전쟁 방기' 조항을 포함시키고, 그 조항에서 일본은 군사기구를 일체 가지지 않는다고 정하고 싶다고 제안했다. 그렇게 하면, 구 군부가 언젠가 다시 권력을 잡기 위해 동원할 수단을 미연에 없애고, 또 일본에게는 다시 전쟁을 일으킬 의지가 절대 없다는 것을 전 세계에 납득시키는 이중의 목적이 달성된다는 것이 시데하라의 설명이었다.[2]

바로 그 1월 24일에 시데하라의 친구가 시데하라·맥아더 회담의 내용을 남겼다.

(시데하라는) 전 세계가 전력을 가지지 않는다는 이상론을 시작하여, 전쟁을 전 세계가 하지 않게 되기 위해서는 전쟁을 방기하는 수밖에 없다고 생각한다고 말하기 시작했다. 그러자 맥아더가 갑자기 일어서서 두 손으로 손을 잡고 눈 가득히 눈물을 머금은 채 '말씀하신 그대로다'라고 말했기 때문에 시데하라는 순간 깜짝 놀랐다고 한다. …… 맥아더는 가능한 한 일본에게 도움이 되고자 생각하고 있었던 듯한데, 본국 정부의 일부, GHQ의 일부, 극동위원회에서는 매우 불리한 논의가 나오고 있다. 특히 소련, 네덜란드, 오스트레일리아 등은 의외로 천황을 두려워하고 있었다. …… 그래서 천황제를 폐지하는 것을 물론, 천황을 전범으로 기소해야 한다고 강고하게 주장하기 시작했던 것이다. 이 일에 관해 맥아더는 매우 곤란해하고 있었던

듯하다. 그래서 가능한 한 빨리 시데하라의 이상인 전쟁 방기를 전 세계에 대해 성명하고, 일본 국민은 더 이상 전쟁을 하지 않는다는 결심을 보여 외국의 신용을 얻고, 천황을 심벌로 한다는 것을 헌법에 명기하면, 다른 나라들도 이러쿵저러쿵 하지 않고, 천황제 쪽으로 결단을 내릴 수 있을 것이라고 생각한 듯하다. …… 이것 이외에 천황제를 이어갈 수 있는 방법은 없는 것이 아닌가라는 데 두 사람의 의견이 일치했기 때문에 이 초안을 관철하기로 시데하라도 결심한 것이라고 한다.[3)]

이 회담록은, 시데하라의 친구이자 추밀고문관인 오오다이라 코마쓰찌大平駒槌의 딸, 하무로 미찌코羽室ミチ子가, 시데하라가 오오다이라에게 이야기한 내용을 오오다이라로부터 듣고서 적어 남긴 것(하무로 메모)이다. 여기에서 헌법 9조의 발안자는 시데하라라는 주장이 생겨났다.[4)] 그 후 케이디스 등에 대한 인터뷰, 라우엘 문서와 허시 문서의 공개 등이 이어지면서, 연구자들 중에서 '케이디스-허시설'[5)], '휘트니-케이디스설'[6)]이 제기되어, 연구는 서서히 샅샅이 뒤져 증거를 '발견'해내는 '철저한 실증주의草の根實証主義'의 방향을 향하고 있다. 이런 가운데 케이디스 자신이 최근에는 "당시 모두 전쟁 방기라든가 평화주의에 관해 같은 생각을 하고 있었고, 이 생각이 누구에 의해 또 어디에서 시작되었는지 특정하기는 어렵다"[7)]고 이야기하기 시작했다.

'전쟁 방기'의 역사적 맥락

그러나, 누가 이야기를 시작했는지에 관해 보물찾기를 하기 전에 금맥金脈이 어디쯤 있는지를 찾아낼 필요가 있을 것이다. 우선 초안 기초의 단계에서 주목되는 것은 전쟁 방기를 기초하는 위원회가 위의 분담표에는 없다는 점이다. 실은 전쟁 방기 조항은 처음에는 본문에 둘 예정이 아니었다. 전문 속에 두기로 하고 위의 분담표와 같이 허시가 혼자서 기초했다. 이렇게 해서 만들어진 전문에 대해 맥아더가 지시를 내려 아래의 부분을 본문으로 옮겨[8] 제1조로 했다.

　제1조 ① 국권의 발동인 전쟁은 폐지한다.
　　　　② 어떤 나라든 다른 나라와의 분쟁해결 수단으로서는, 무력에 의한
　　　　　위하威嚇 또는 무력의 행사는, 영구히 방기한다.
　　　　③ 육군 · 해군 · 공군 기타의 전력을 가지는 권능은 장래에도 부여되지
　　　　　않으며, 교전권이 국가에 부여되지도 않는다. (①②③은 인용자)

　이러한 경위를 생각하면, 맥아더가 얼마나 '전쟁의 방기'를 중요시했는지 알 수 있다.

　그런데 GHQ 초안에서는 이 한 조를 위해 장을 설정하고, 이것을 '제1장 천황' 뒤에 두어 '제2장 전쟁의 방기'라고 하고, 위의 제1조를 제8조로 했다. 이와 같은 편제를 취한 이유에 관해, 휘트니는 "이 〔전쟁 방기의〕 원칙을, 헌법 초안의 제1장이 아니라 제2장으로 한 것은 천황 및 천황이 일본 국민의 마음의 중심에 자리잡고 있다고 하는 지위에 경의를 표한 것입니다. 나 자신으로서는 이 원칙이 결정적 중요성을 가진다는 점에 비추어, 전쟁의 방기를 신헌법 초안의 제1장에 두고 싶다고 생각했을 정도입니다"[9]라고 말했다. 이렇게 해서 '전쟁의 방기'는 제2장이 되지만, 휘트니도 이것이 "결정적 중요성을 가진다"고 생각하고 있었던 것이다. 이와 같이 추적해보면, 발안자가 누구였는지는 어쨌든, GHQ 측이, 게다가 맥아더와 휘트니라고 하는 최고권력자가 그것을 매우 중시하고 있었던 것만은 틀림없

다. '전쟁의 방기' 조항은 다른 헌법에서 비슷한 예를 발견할 수 없다고 흔히 이야기된다. 그러나 그 정도로 당돌한 것인가? '전쟁의 방기'라는 개념이 법률상 처음으로 등장하는 것은 제1차 세계대전 후의 부전不戰조약(전쟁 방기에 관한 조약, 1928)에서이다. 부전조약은 그 제1조에서 "체약국은 국제분쟁 해결을 위해 전쟁에 의지하는 것을 비난한다는 것과, 그 상호관계에서 국가의 정책 수단으로서의 전쟁을 방기한다는 것을 그 각각의 인민의 이름으로 엄숙하게 선언한다"라고 정하고 있다.

이것은 위의 안 제1조 ①에 해당한다. 그러나 위의 안에는 나아가 "어떤 나라든 다른 나라와의 분쟁해결 수단으로서는, 무력에 의한 위하 또는 무력의 행사는, 영구히 방기한다"(②)라고 되어 있다. 즉, 위의 안의 '전쟁의 방기'는 부전조약의 '전쟁'뿐만 아니라 '무력에 의한 위하 또는 무력의 행사'에까지 확대되어 있다는 것을 알 수 있다. 이것은 부전조약의 체약국이었던 일본이 중국에 대해 군대 이동·전투행위를 반복했음에도 불구하고, 선전포고를 하지 않았다는 이유로 그것을 '만주사변滿州事變', '지나사변支那事變' 따위로 부르며 '전쟁'이 아니라고 한 것과 같은 탈법행위를 극복하기 위해[10], 국제연합 헌장(1945년 6월 26일 조인)이 정한, 단지 전쟁뿐만 아니라 널리 무력에 의한 분쟁의 해결을 경계한 규정을 이어받은 것이라고 생각할 수 있다. 국제연합 헌장은 그 가맹국의 행동 원칙을 아래와 같이 정하고 있다.

모든 가맹국은, 그 국제관계에 있어서, 무력에 의한 위하 또는 무력의 행사를, 다른 국가의 영토 보전 또는 정치적 독립에 대해서도, 그리고 국제연합의 목적과 양립하지 않는 다른 어떤 방법에 의해서도 삼가지 않으면 안 된다. (제2조 4, 강조는 인용자)

GHQ안의 기초에 착수한 2월 4일, 휘트니 민정국장은 민정국의 회합에서 "국제연합 헌장을 명시적으로 언급할 필요는 없지만, 국제연합 헌장의 여러 원칙은, 우리가 헌법을 기초할 때 염두에 두어야 한다"[11]고 말했는데, 이러한 사고방식을 이 초안 제8조에서 발견할 수 있다. 연합국United Nations 점령군이 국제연합United Nations 헌장을 중시하는 것은 생각해보면 당연한 일이다.

그런데 '전쟁의 방기' 규정이 헌법에 등장한 것은 일본국헌법이 처음일까? 최근 필리핀 헌법을 연구한 나카가와 쯔요시中川剛는 세계 최초로 '전쟁의 방기'를 규정한 헌법은 필리핀의 1935년 헌법이라고 하고 있다.[12]

> 필리핀은 국책 수행의 수단으로서의 전쟁을 방기하고, 일반적으로 확립된 국제법의 여러 원칙을 국가의 법의 일부로서 채용한다.(제2조 2절)

이해의 11월 15일에 미국령 필리핀 군도는 이 헌법에 의해 '필리핀 연방'으로서 10년 후의 완전 독립을 향해 출범했다. 게다가 맥아더는 독립의 날 직전에 필리핀 국민군의 군사고문에 취임했다.[13] 맥아더가 GHQ 초안을 만들 때 필리핀의 이 1935년 헌법이 머릿속에 있었을 것이라는 점은 충분히 생각할 수 있는 것이다.

이렇게 보면, 일본국헌법을 식민지 헌법인 듯이 생각하고, 헌법 9조(전쟁 방기)를 완전히 군사적으로 생각해버리는 경향은 다소 단락적短絡的이다. 일본의 경우 오키나와가 이미 미군의 통치 아래에 있었고, 후술하는 것처럼 맥아더는 오키나와의 요새화를 전제로 본토의 비무장화를 생각했다는 점을 잊어서는 안 된다. 어쨌든 발상의 기점은 필리핀 헌법에서 찾을 수 있다.

'전쟁 방기'의 기초자

9조에 관련된 몇 가지 점을 정리해보고자 한다. 우선, '시데하라인가 맥아더인가'라는 점이다. 시간적으로 생각하면, 맥아더의 『회고록』은 상당히 시간이 지난 다음에 작성된 것이라는 점을 염두에 두지 않으면 안 될 것이다. 그러나 「하무로 메모」의 내용은 『회고록』과 거의 일치한다. 하지만 「하무로 메모」는 그 후에 나온 '맥아더 3원칙'에 등장하는 천황의 문제를, 게다가 3원칙에서조차 천황을 '국가의 최고위'라고 하고 있는데도, 3월이 되어서야 나오는 헌법개정 초안 요강의 '심벌'(상징)이라고 적고 있는 점 등 모순점도 있다.

나아가, 시데하라가 발안자라고 한다면, 시데하라의 각료인 마쯔모토 헌법문제조사위원회 위원장이 12월의 단계에 중의원에서 공표한 '마쯔모토 4원칙'에 '전쟁의 방기'는 전혀 흔적도 발견할 수 없다는 것, 게다가 후술하는 것처럼 '전쟁의 방기'를 포함하는 GHQ안이 시데하라 정권에게 제시되었을 때 시데하라가 마쯔모토와 함께 GHQ안에 반대했다는 것과 모순된다.

또, '역사적인 문맥'에서 보아도, '전쟁의 방기'를 규정한 조약·헌법을 발견할 수는 있지만, 9조 2항에서 규정하고 있는 "육해공군 기타의 전력"을 전면적으로 보유하지 않는 것으로 한 예는 발견할 수 없다. 물론 당시의 미국 정부의 대일정책에서도 발견할 수 없다.

이렇게 생각해보면, 설령 '발안자'가 맥아더 이외의 다른 사람이었다고 해도, '기초자'는 맥아더 이외에는 달리 없을 것으로 생각되는 것이다.

이미 「하무라 메모」에도 있었던 것처럼 9조는 '천황제'와 밀접한 관계가 있고, 나아가 맥아더에게 '전쟁의 방기'는 무조건적인 것이 아니라 중대한 제약이 있는 것이었는데, 이 점에 대해서는 뒤에서 살펴보기로 한다.

인권 조항의 기초

다음으로 GHQ안의 커다란 특징은 그 인권 조항이다. 그 안은 전체 92개 조로 구성되는데, 인권 규정은 그중 31개조에 이르러 전체의 3분의 1을 차지하고 있다. 이 부분을 담당한 사람은 말할 것도 없이 '인권에 관한 위원회'의 3인이다. 이 3인의 경력[14]을 보면, 연령에 차이는 있어도 모두가 경험이 풍부하다.

3인 중 중심적 위치에 있었던 로스트는 캘리포니아 출신으로 47세. 네덜란드의 라이덴 대학 의학부를 졸업한 후, 시카고 대학에서 인류학과 사회학을 연구하여 박사학위를 받았다. 이어서 남캘리포니아 대학에서 국제관계·법률·경제를 연구하고, 인도와 아메리카의 대학에서 교편을 잡고, 소련 정부의 잉여물자거래국 등에서 근무한 후, 1942년 2월 이래 병역에 복무하여, 네덜란드 해군 및 오스트레일리아 해군과의 연락을 담당하는 장교를 지냈다.

와일즈는, 일본에서는 『토오쿄오 선풍』(시사통신사, 1954)의 저자로서 알려져 있는 인물로 델라웨어 출신의 55세. 하버드 대학에서 경제학을 배우고, 졸업 후 펜실베이니아 대학에서 석사·박사학위를 취득하고, 이어서 템플 대학에서 인문학 박사학위를 취득. 벨 전화회사의 사원, 신문기자, 고교 교사, 잡지 주필 등을 경험. 1924-25년에 케이오오 대학에서 경제학을 강의하였으며, 『일본의 사회동향Social Currents in Japan』(1927) 등 일본관계 저서를 출간한 일본통.

마지막으로 베아테 시로터는 빈 출생의 약관 22세. 피아니스트로 토오쿄오 음악학교(현재의 토오쿄오 예술대학) 교수인 아버지와 함께 5세 때부터 10년간 일본에서 지냈다. 밀즈 대학(캘리포니아) 졸업 후, 일본어 능력을 살려 『타임』지의 외신부 일본과 및 정부의 외국경제국에서 근무했다.

3인의 공통점으로서 우선 주목되는 것은 여러 가지 풍부한 경험이 있었음에도 불구하고 법률을 전공했거나 직업으로 삼은 적은 한 번도 없었다는 점이다. 그러나 그들, 특히 로스트와 시로터는 전간기戰間期의 긴장된 국제사회 속에서 여러 나라를 돌아다녔고 또 다양한 전공과 직업을 경험했기 때문에, 인권이라고 하는 인종과 민족을 넘어선 '인간의 천부의 권리'를 기초하기에는 입법기술만을 체득한 법률가 이상으로 적합한 자격을 가지고 있었다고도 할 수 있을 것이다. 한편 와일즈와 시로터는 패전 전의 일본에 체재한 경험이 있는 이른바 일본통이었으며, 메이지 헌법 아래에서의 일본의 인권 상태를 피부로 느낀 경험이 있었다.

GHQ의 인권 규정이, 메이지 헌법과 달리 국적이나 인종에 얽매이지 않은 규정으로 되어 있는 것은 이러한 3인의 체험과 관계가 없지 않을 것이다. 이 3인이 기초한 안에는 아래와 같은 2개의 조문[15]이 포함되어 있었다.

> 제　조 모든 자연인은 법 앞에 평등하다. 인종·신조·성별·카스트 또는 출신국에 따라 정치 관계·경제 관계·교육 관계 및 가족 관계에서 차별이 이루어지는 것을 수권授權 또는 용인해서는 안 된다.(이하 생략)
> 제　조 외국인은 법의 평등한 보호를 받는다. 범죄와 관련해 소추당한 때에는, 자국의 외교기관 및 스스로 선택한 통역의 도움을 받을 권리를 가진다.

이것은 '국민의 권리'를 훨씬 뛰어넘어 '인간의 권리'를 규정한 것이었다. 게다가 이들 조문은 결코 소위원회의 독자적인 발상이 아니라 상당히 기본적인 미국의 정책이었다는 점이 주목된다. 미국 정부는 1946년 1월 7일자로 「일본 통치체제의 개혁」(SWNCC 228 문서)을 결정하여, 즉시 맥아더에게 송부했다. 표제에서도 알 수 있는 것처럼 헌법에 대한 기본적인 정책문서라고 볼 수 있다. 이 문서는 '결론' 부분에서 인권에 관해 아래와 같이 서술하고 있다.

> 일본 신민 및 일본의 통치권이 미치는 범위 안에 있는 모든 사람(to Japanese subjects and to all persons within Japanese jurisdiction) 쌍방에 대해 기본적인 인권을 보장한다.[16)]

이들 문서에 담긴 사고방식은 국적 보유자=인권의 보유자라고 하는 국민국가적인 사고방식으로부터 벗어나기 시작한 것이었다고 할 수 있을 것이다. 물론 일본뿐만 아니라 일본과 유사한 전후를 시작한 독일(연방공화국 기본법〔1949〕)도, 권리 주체를 '독일인'에서 '누구든지'로 바꾸어 규정함으로써 외국인을 권리 주체에 포함시키는 경우가 많았다. 뒤에서 서술하는 것처럼, 일본 정부는 앞의 조문에서 "출신국National Origin"을 삭제하고, 뒤의 조문 전부를 삭제해버렸다. 그러나 이 2개 조문은 2월 8일의 운영위원회와의 협의에서는 거의 문제가 되지 않았고, 다소의 수정만 거쳐 아래와 같은 형태로 GHQ 최종안에 담겼다.

제13조 모든 자연인은 법 앞에 평등하다. 인종 · 신조 · 성별 · 사회적 신분 · 카스트 또는 출신국에 따라 정치 관계, 경제 관계 또는 사회 관계에서 차별이 이루어지는 것을 수권 또는 용인해서는 안 된다.
제16조 외국인은 법의 평등한 보호를 받는다.

나아가 또한 메이지 헌법 아래에서 무권리 상태에 놓여 있었던 '여성의 인권'에 관해서도 인권위원회의 안에는 상당히 구체적인 규정이 담겨 있었다.[17]

> 제 조 가정은 인류사회의 기초이며, 그 전통은 좋든 나쁘든 나라 전체에 침투한다. 그 때문에 혼인과 가정은 법의 보호를 받는다. 혼인과 가정은 양성兩性이 법률적으로도 사회적으로도 평등하다는 것은 당연하다[는 사고]에 기초하고, 부모의 강제가 아니라 상호 합의에 기초하고, 또 남성의 지배가 아니라 〔양성의〕 협력에 기초해야 한다는 것을 여기에 규정한다. 이들 원리에 반하는 법률은 폐지되고, 그 대신에 배우자의 선택, 재산권, 상속, 주거의 선택, 이혼 및 혼인과 가정에 관한 기타의 사항을, 개인의 존엄과 양성의 본질적 평등의 견지에 입각해서 규정하는 법률이 제정되어야 한다.

상당히 긴 조문인데, 여기에는 남성중심적인 일본의 가정을 개혁하고자 하는 결의가 담겨 있다. 위의 맥아더 3원칙에는 "봉건제도는 폐지된다"라는 1개 항은 포함되어 있었지만, 가족제도나 여성에 관해서는 언급되어 있지 않다. 이 조문에는 일본의 가정에서 여성의 지위가 낮다는 사실을 알고 있던 와일즈와 시로터의 생각, 그중에서도 여성으로서 소녀시대에 일본에서 지낸 경험을 가지고 있는 시로터의 생각이 반영되어 있다. 이 조문에 대해서는 운영위원회에서도 이론이 없었고, 다소 손질되어 GHQ 안의 23조가 되었다. 이어서 여성을 사회복지의 면에서 보호하는 규정이 준비되었다.

제 조 법률은 생활의 모든 면에 관해 사회의 복지 및 자유, 정의 및 민주주의의 증진과 신장을 지향해야 한다. …… 이 목적을 달성하기 위해 국회는 아래와 같은 법률을 제정하는 것으로 한다.

임신 및 유아의 보호를 담당하는 모친을 보호·원조하고, 유아 및 아동의 복지를 증진하고, 적출이 아닌 자와 양자 및 지위가 낮은 자를 위해 정당한 권리를 확립하는 입법.(이하 생략)

시로터는 기초를 할 때 "바이마르 공화국과 스칸디나비아 국가들의 헌법과 법률이 가장 좋은 지침이 되었다"[18]고 회상하는데, 분명 위 규정은 바이마르 공화국 헌법 161조와 흡사하다.[19] 그러나 이 조문은 운영위원회의 반대에 부딪혔다. 운영위원회는 "이러한 규정은 제정법이 정하는 데 따라야 하는 것이며 헌법이 관여할 것이 아니다"라고 생각한 것이다. 이에 대해 인권위원회의 중심인물이었던 로스트는 정열적으로 반론했다. "일본에서는 이러한 규정을 삽입하는 것이 특히 필요하다. 왜냐하면, 일본에서는 지금까지 국민의 복지에 대해 국가가 책임을 진다는 관념이 없었기 때문이다. 이 관념이 일반적으로 받아들여지는 것을 촉진하기 위해서는 헌법을 통해 그것을 강조해둘 필요가 있다. 현재 일본에서는 부인은 동산動産과 마찬가지이고, 아버지가 변덕을 부리면 서자가 적출자에 우선하고, 쌀의 풍작이 나쁠 때는 농민은 딸을 팔 수도 있는 것이다."[20] 여기에는 여성과 어린이의 인권을 무시해온 일본을 잘 알고 있는 인권위원회 멤버의 "개혁자적 정열이 현저하게 나타나 있다"[21]고 할 수 있을 것이다.

운영위원회와의 의견 차이는 좀처럼 좁혀지지 않은 듯하다. 최종적으로는 휘트니 민정국장의 판단에 따르게 되었다. 휘트니는 "사회입법에 관한 세세한 점은 생략하는 편이 좋지만, 사회보장제도를 두어야 한다고 하는 일반적인 규정은 두는 편이 좋다"[22]는 판단을 내렸다. 휘트니의 판단에 따라 GHQ의 최종안은, 인권위원회의 위 초안의 총론적 규정은 거의 그대로 남겨졌지만, 임부 · 유아 · 아동 · 서자 · 양자의 보호 입법 부분을 전면 삭제한 형태가 되었다.

기초를 담당한 베아테 시로터는 이 잊기 어려운 억울한 심정을 뒷날 아래와 같이 회상하고 있다. "내가 쓴 '여성의 권리'는 격론 과정에서 무참하게 하나씩 잘려나갔다. 하나의 조항이 삭제될 때마다, 불행한 일본 여성이 그만큼 늘어나는 듯이 느껴졌다. 아픔을 동반한 억울한 마음이 나의 전신을 옥죄었고, 그것이 어느 순간엔가 눈물로 바뀌었다."[23]

지방자치의 원형

마지막으로 GHQ안의 또 하나의 특징으로서 지방자치제도를 들어두기로 하자. 일본에는 이 시점까지는 지방자치라는 제도가 존재하지 않았다. 따라서, 이미 살펴본 것처럼 숱한 헌법 초안을 살펴보아도 지방자치에 대해 언급한 것은 단 하나뿐이다. 그 하나는 의외로 사사키 소오이찌안[24]이다. 사사키는 1장 3개조를 두고 있다. 이미 서술한 것처럼 오늘날의 개념에 비추어 본다면 지방자치와는 상당히 다르고, "국가가 필요하다고 인정할 때는" 지방단체를 둘 수 있다고 한 데 지나지 않는 것이지만, 그것은 역시 획기적인 것이었다고 할 수 있을 것이다.

지방자치에 관한 장은 지방행정에 관한 위원회의 틸튼, 마컴, 키니가 담당했다. 틸튼은 애리조나 주 출신으로 당시 44세. 캘리포니아 대학과 하버드 대학 비즈니스스쿨을 졸업. 하와이 대학과 코네티컷 대학에서 가르친 적이 있고, 저술업에 종사한 적이 있으며, 컨설턴트와 물가통제국의 행정관이 된 적도 있다. 극동의 경제 · 행정에 관해 연구하고, 일본 · 중국 ·

조선을 여행한 적이 있다.[25] 이 경력을 보는 한 일본의 지방행정에 관해 전혀 예비지식이 없었던 것은 아니지만, 결코 그 방면의 전문가가 아니었다는 것만은 확실하다. 그래서 틸튼은 일찌감치 1945년 10월 하순부터 토오쿄오 대학 타나카 지로오田中二郎 교수(행정법)를 초빙하여 일본의 지방제도에 대해 배우기 시작했다. 타나카는 "매주 많을 때는 3회 정도, 보통은 1, 2회의 비율로 약 30회에 걸쳐"[26] 다음해 3월까지 GHQ를 드나들었다고 한다. "원래, 거의 아무런 예비지식 없이 작업을 해왔을 것입니다만, 이야기를 듣고는 점차 실정을 확인하고 또 다음 이야기를 듣는 작업을 거듭했기 때문에, 그 다음해 1월경에는 상당한 전문가가 된 듯하다고 생각했습니다."[27] 타나카는 이렇게 회상하고 있다.

　이 틸튼 등에 의해 기초된 위원회 원안은 3개조로 되어 있었고, 장의 제목은 Local Gevernment라고 되어 있었다.[28] 이것을 어떻게 번역할 것인지, '지방정치'라고 할 것인지 '지방행정'이라고 할 것인지 망설이게 되지만, 일단 '지방행정'이라고 번역하기로 한다. 어쨌든 '지방자치'는 아니었다고 생각되기 때문이다. 그 제1조는 "도도부현都道府縣, 시市, 정町 및 촌村의 정부"는 과세 · 징세권, 경찰 설치 · 유지권 등의 권한을 가진다고 되어 있었으며, 그것을 위해 제2조에서 "헌법 및 국회가 제정한 법률과 조화되도록 법률 및 명령" 제정권을 부여한다고 규정되어 있었다. 제3조에서는 도도부현 시정촌의 수장과 의원의 공선이 규정되어 있었다.[29] 그런데 이 위원회안은 운영위원회와의 회합에서 "불충분하다는 이유로 기각되었고 운영위원회에 의해 새로운 안이 작성되었다."[30] 운영위원회안과 GHQ 최종안 사이에는 내용의 면에서 거의 변함이 없기 때문에, 여기에서는 GHQ 최종안[31]을 제시해둔다.

제8장 지방행정

제86조 도도부현 지사, 시장, 정장 기타 하위의 정치체의 법인으로서 과세
　　　권을 가지는 조직의 모든 수장, 도도부현 및 시정촌의 의회 의원 및
　　　도도부현 및 시정촌 기타의 관리 중 국회에서 정하는 자는 각각의
　　　자치체 내에서 주민의 직접선거에 의해 선출된다.

제87조 도, 시 및 정의 주민은 자신의 재산, 사무 및 행정을 처리할 권리 및
　　　국회가 제정하는 법률의 범위 내에서 자신의 기본법charters을 정할
　　　권리를 박탈당하지 않는다.

제88조 일반법을 적용할 수 있는 도, 시 또는 정에 적용되는 지방적인 또는
　　　특별한 법률은 그 지방자치체community의 유권자 과반수의 동의
　　　를 조건으로 하지 않으면 국회는 이를 제정해서는 안 된다.

GHQ 최종안은, 우선 86조에서 도도부현 시정의 수장과 도도부현 시정촌의 의원 등의 공선제를 규정하고 있는데, 이것은 위원회안 3조와 큰 차이가 없다. 다음으로 87조에서 도시정에 기본법charters 제정권을 부여하고 있는데, 이것은 위원회안과 기본적으로 다르며, 도시정都市町과 도부현道府縣을 구별하여(촌에 관해서는 불명) 도시정에 자치를 보장하는 것이다. 도부현에 기본법 제정권을 부여하지 않은 이유는, "일본은 너무 작아서, 주권州權이라는 것은 어떤 형태로도 인정할 수 없고, 또 지방단체Local Communities의 보호는 의회와 재판소에 맡겨도 괜찮다고 생각된"[32] 때문이라고 한다. 여기에서 말하는 기본법charters은 미국의 지방제도에서 말하는 주의 밑에 있는 군county에 보장된 charter(일반적으로는 '헌장'이라고 번역되는 경우가 많다)를 의미하는 것으로 생각되지만, 그것을 통해 어느 정도의 자치권의 보장을 구상하고 있었는지는 명확하지 않다. 그리고 GHQ안

88조는 현행 헌법 95조(지방자치특별법)에 거의 그대로 살려지게 된다.

이렇게 해서 운영위원회와 각 위원회는 회합을 통해 각 위원회안을 검토해갔다. GHQ안은 그 외에도 토지 국유, 일원제 국회를 규정한 아래와 같은 조항을 포함하고 있었다.

> 제28조 토지 및 일체의 천연자원에 대한 종국적 권한은 국민 전체의 대표로서의 자격을 가지는 국가에게 있다. 토지 기타의 천연자원은, 국가가 정당한 보상을 지불하고 그 보존·개발·이용 및 규제를 확보하고 증진하기 위해 이를 수용하는 경우에는, 이와 같은 국가의 권리에 복종하는 것으로 한다.
> 제41조 국회는 선거된 의원에 의한 일원一院으로 구성하고, 의원의 정수는 300인 이상 500인 이하로 한다.

다만 마지막 41조의 일원제는 일본 정부와의 "거래의 재료로서 도움이 될지도 모른다"[33]는 케이디스의 판단에 따라 추가되었다고 한다. "우리들이 일원제를 제시하고 일본 측이 그 채용에 강하게 반대하는 경우에는, 이 점에 관해 양보함으로써 좀 더 중요한 점을 주장할 수 있도록"[34] 하려고 했다는 것이다.

편제상의 특징

이와 같이 GHQ안은 메이지 헌법과도 그 아류인 마쯔모토안과도 근본적으로 다른 내용을 가진 것이었다. 하지만 그 편제(장별章別)은 거의 완전히 메이지 헌법을 답습하고 있다. 이 점에 관해 민정국의 공식 견해에서는 "전체의 구성, 장의 제목 등의 점에서는 메이지 헌법에 따른다는 것이 충분히 양해되었다"[35]고 서술되어 있을 뿐이며, 또 민정국이 조문 작성 작업에 착수한 2월 6일의 민정국 회합에서 케이디스가 "천황의 지위를 규정하는 조항은 전문의 바로 뒤에 와야 한다"[36]고 말한 적이 있기는 하지만, 왜 이러한 편제로 할 필요가 있었는지 반드시 명확하지는 않다.

메이지 헌법	GHQ 초안
제1장 천황	제1장 천황
제2장 신민의 권리 의무	제2장 전쟁의 방기
제3장 제국의회	제3장 국민의 권리 및 의무
제4장 국무대신 및 추밀고문	제4장 국회
제5장 사법	제5장 내각
제6장 회계	제6장 사법
제7장 보칙	제7장 재정
	제8장 지방행정
	제9장 개정
	제10장 최고법규
	제11장 승인

천황을 비록 '상징'으로나마 남긴 것은 사실이지만, 역시 국민주권을 채택한 헌법 초안이었기 때문에, 메이지 헌법의 편제를 답습할 필요는 전혀 없었을 터이다. 예를 들면, '벨기에국 헌법'[37](1831)은 "형식적으로는 군주제를 취하면서도, 그 기본 원리는 민주주의와 자유주의"[38]에 기초한 헌법으로 알려져 있는데, "제1편 영토 및 그 구분", "제2편 국민 및 그 권리", "제3편 권력"으로 이어지며, 제3편의 "제1장 의원議院"에 이어지는 "제2장 국왕 및 대신"에서 국왕의 지위와 권한이 규정되어 있다.

　GHQ 초안이 이와 같이 메이지 헌법을 답습한 편제를 취한 이유는, 기본적으로는 신헌법을 제정한다는 입장을 취하지 않고 메이지 헌법을 개정한다는 입장을 취한 것과 관련이 있다. 그러면 왜 '개정'한다는 입장을 취한 것일까? GHQ 민정국의 공식 견해인「일본의 정치적 재편성Political Reorientation of Japan」은 헤이그 육전법규陸戰法規와의 관계 때문이라고 설명하고 있다. 위 법규 43조는 이렇게 규정하고 있다.

> 국가의 권력이 사실상 점령자의 손으로 옮겨간 이상은, 점령자는 절대적인 지장이 없는 한 피점령자의 현행 법률을 존중하고, 가능한 한 공공의 질서 및 생활을 회복·확보하기 위해 취할 수 있는 일체의 수단을 다해야 한다.

이 규정에 대해 민정국은 "순수하게 법률적인 견지에서는, 현행 헌법의 틀 내에서는 전면적인 개정을 위한 기구는 존재하지 않았고, 그러한 기구를 만드는 것은 헤이그의 규약을 어기는 군사점령자의 부적당한 간섭이라고 생각될 염려가 있었다"[39](강조는 인용자)고 판단하고 있다. 즉 헤이그 육전법규에 따라 "현행 법률(메이지 헌법)을 존중"하게 되었고, 게다가 메이지 헌법이 전면 개정의 절차를 규정하고 있지 않았기 때문에 법적 계속성을 확보하기 위해 메이지 헌법의 개정이라는 형식을 취했다는 것이다.

그런데, 이러한 GHQ의 헌법개정론은 GHQ 자신의 일본 점령에 관한 국제법 해석과 크게 모순되는 것이었다. 위의 민정국의 공식 견해를 제시한 문서에서는, 다른 부분에서 일본 점령을 아래와 같이 법적으로 자리매김하고 있다. 즉 그 문서에서는 "일본의 항복과 전쟁에서 승리한 연합국 군대에 의한 점령은 국제법상으로 새로운 문제를 제기했다. …… 과거의 군사점령의 통상의 사례……의 경우, 어느 경우에도 점령군에 의해 부과된, 국가조직상의 주요한 변혁은 포함되어 있지 않았다. …… 일본에서의 일본인에 의한 정치적 개혁—헌법개정—의 기초는 포츠담 선언에 있다"[40]라고 서술한 다음, 포츠담 선언을 이렇게 해석하고 있다. "일본 국민이 스스로의 개혁을 수행할 것이라고 연합국이 기대했다는 사실은 〔포츠담 선언에〕 처음부터 명백하게 밝혀져 있었다. 이 명백한 선언에 따라, 합중국 정부는 연합국 최고사령관으로서 일본을 점령 중인 맥아더 원수를 지휘하기 위해 초기 전후정책지령을 작성했다."[41]

요컨대, 일본 점령은 "과거의 군사점령의 통상의 사례"와는 달리 "지장이 없는 한 피점령국의 기본적인 국내법을 그대로 존중한다고 규정한 헤이그 규약 43조와 같은 원칙을 어느 정도는 변경하게 될 것이라고 하는 새로운 국제법상의 문제를 제기했다"[42]고 해석할 수 있을 것이다. 이 점은 GHQ에서 헌법 초안을 기초할 때, 휘트니가 맥아더에게 진언한 1946년 2월 1일자의 각서에서 "현재 〔맥아더〕 각하는, 일본의 헌법구조에 대해 각하가 적당하다고 생각하는 변혁을 실현하기 위해 어떠한 조치도 취할 수 있는, 무제한의 권한을 가지고 계신다"[43]고 서술하고 있는 것과도 일치한다.

따라서 헌법제정 절차에 관해서도, "헤이그 조약(육전법규) 및 적국 영토의 점령에 관한 국제관습법은 교전 중의 점령belligerent occupation에 적용되는 것"[44]이라고 해석하여, 제정 절차의 근거를 헤이그 육전법규에서 구하지 않으면, 편제에 관해 메이지 헌법을 모방할 필요는 없었던 것이다. 그러면 왜 제정 절차만 헤이그 육전법규에 따른 것일까? 그것은 절차에 관해서는 논리보다 현실정치를 중시했기 때문이라고 생각된다. 위에서 인용한 민정국의 공식 견해를 다시 한 번 주의 깊게 읽어보면, 아래와 같이 적혀 있다. "〔헌법의 전면개정—즉 제정은〕 헤이그의 규약을 어기는 군사점령자의 부적당한 간섭이라고 생각될 염려가 있었다."[45]

'절차상으로는 국제법을 가능한 한 중시하여 온건하게, 그러나 내용상의 변혁은 래디컬하게'라고 생각한 것이, GHQ의 편제를 이렇게 메이지 헌법을 답습한 보수적인 것으로 만들어버린 것이다.

제6장 제2의 '패전'

마쯔모토안에 대한 평가

민정국은 극비리에 헌법 초안의 기초 작업을 서두르는 한편으로, 일본 정부에 대해 정부안의 제출을 요구했다. 2월 8일이 되어 정부 헌법문제조사위원회의 마쯔모토 죠오지 위원장은 「헌법개정 요강」과 함께 그 설명서를 GHQ에 제출했다. 하지만 GHQ 측은 이것을 정식으로 접수한 것이라고는 이해하지 않은 듯하다. 즉 "일본 측으로부터 비공식적으로 제출되었다"[1]고 이해한 것이다. 나아가 이 「헌법개정 요강」을 정부안으로는 인정하지 않은 듯하다. GHQ 문서에서는 '정부안'이라는 기술을 발견할 수 없으며, 마쯔모토가 제출한 「개정안」은 「마쯔모토 갑안甲案」이라고 되어 있다.[2]

그것은 어쨌든, 이 마쯔모토안을 받은 민정국 행정부는, 때마침 GHQ안의 작성이 끝난 2월 12일자로 비판을 위한 '각서'를 정리했다.[3] GHQ안의 기초를 끝낸 때인 만큼, 비판의 관점은 상당히 명확했다. 비판의 기축을 포츠담 선언에 두고, "포츠담 선언의 여러 목적을 충족했다고 할 수 있는지" 여부를 10개 항목으로 정리했다.

그 제1항목에서는, 천황의 지위를 다루어 아래와 같이 정리했다.

"일본국 국민이 자유롭게 표명한 의사에 따라 평화적 경향을 가지는 동시에 책임 있는 정부가 수립"(포츠담 선언 12항)되는 것. 이것은 주권이 국민에게 있다는 것을 의미한다.

〔코멘트〕

a. 제1장의 제1조 내지 제6조에 관해서는, 제3조의 "신성하므로"라는 단어를 "지존이므로"라고 개정하려고 하고 있는 데 지나지 않는다. 이렇게 하면, 주권은 지금까지와 마찬가지로 완전히 천황에게 속하게 되어, 주권에 관한 관념에는 기본적으로는 변경이 가해지지 않게 된다.

b. 제5조에 대해서는 전혀 개정이 제안되어 있지 않아, 천황은 여전히 입법권을 행사하게 되어 있다.

c. 제7조에 의해 천황은 여전히 중의원을 해산할 수 있다. 마쯔모토안(요강 2)은 이 점에 대해 실질적 변경을 가하는 것이 아니다.

이하 국민주권, 입법부의 권한, 인권, 지방자치 등에 걸쳐 정리되어 있다. 이와 같이 민정국의 각서는 포츠담 선언과 대비하여 마쯔모토안을 전면적으로 비판한 것이었다.

GHQ안의 전달

헌법 초안의 기초를 끝내고 마쯔모토안에 대한 각서를 작성한 GHQ는 마침내 2월 13일을 맞이한다. GHQ와의 교섭에 깊이 관여한 사토오 타쯔오 법제국 제1부장은, 뒷날 헌법제정사를 되돌아보며 "이날이야말로 '일본국 헌법 수태受胎의 날'이라고 할 만한 역사적인 날"[1]이라고 기록하고 있다.

하지만, 일본 정부에게 "이날"은 위의 2월 8일에 제출한 마쯔모토안에 대한 회답을 받는 날에 다름 아니었다. GHQ안이 제시되리라는 것은

상상도 하지 못했다. 회담장인 아자부麻布의 외무대신 공관 선룸sunroom
에서는 요시다 외무대신, 마쯔모토 국무대신, 시라스 지로오白洲次郎 종전
연락사무국 참여參與, 하세가와 모토키찌長谷川元吉 외무성 통역관이 테
이블 위에 마쯔모토안을 펼쳐놓고 GHQ의 스태프를 기다리고 있었다. 정
각 10시, 그곳에 휘트니 민정국장이 케이디스, 헤이즈, 허시를 거느리고
나타났다.

이 회담에 관해서는 일본 측과 GHQ 측 양쪽의 회담록이 남아 있다.
일본 측의 회담록은 전문 약 800자, 작성자의 서명은 없지만, 아마도 하세
가와 통역관이 작성한 것이라고 생각된다.[5] 한편, GHQ 측의 회담록은 양
적으로는 일본 측의 약 7배, 작성자로서 케이디스, 라우엘, 허시가 서명했
다.[6] 그러나 내용상으로는 큰 차이점은 없다.

양쪽의 회담록을 토대로 회담을 재현해보면, "우선 '위트니'(휘트니)가
입을 열어 일본 측의 안은 전혀 수락하기 어려워 자신들 쪽에서 초안을 작
성했다면서 지참한 초안을 제시했다." 일본 측 기록은 회담의 모양을 이렇
게 적기 시작하여, 그 후 곧바로 "마쯔모토 국무상이 일독한 후"라고 이어
진다. 그러나 GHQ 측 기록은 GHQ안을 받은 일본 측의 모습을 이렇게 적
고 있다. "휘트니 장군의 이 발언을 접하고 일본 측 사람들은 확실히 망연
한 표정을 드러냈다. 특히 요시다 씨의 얼굴은 경악과 우려의 빛을 띠었다.
이때의 전체적인 분위기는 극적 긴장으로 가득 차 있었다."

마쯔모토안에 대한 회신이 있을 것이라고만 생각하고 있었던 4인을
향해 휘트니는 입을 열자마자 "일본 측의 안은 전혀 수락하기 어려워 우리
쪽에서 초안을 작성했다"고 말한 것이다. 의표를 찔려 "망연한 표정"을 짓
고 있는 4인의 앞에 케이디스 등에 의해 GHQ안이 배포되었다. GHQ안은
세로 33센티 가로 20센티의, B4판보다 꽤 세로가 긴 리걸 사이즈라고 불

리는 용지에 타이핑되어 있었고, 21매가 하나의 철을 이루고 있었다. GHQ 측은 이것을 20부 작성하고, 거기에 일련번호를 붙여, 1번과 2번을 맥아더에게 제출하고, 3, 4, 5번을 민정국에 각각 보관하고, 6번부터 20번까지의 15부를 가져온 것이었다. 두꺼운 종이였으니 상당한 두께였을 것이라고 생각된다. 우선 요시다에게 '6'이, 그리고 마쯔모토에게 '7'이, 하세가와에게 '8'이 배포되었다. 번호는 표지 오른쪽 아래에 작게 기재되어 있었지만, 그것을 알아챌 여유가 있는 사람은 일본 측에는 아무도 없었다.

마지막으로 시라스에게 '9'부터 '20'까지가 한꺼번에 건네진 다음, 케이디스는 "일본국헌법 초안, 문서번호 6번부터 20번까지 15부, 케이디스 대령으로부터 수령했습니다"[7]라고 타이핑된 한 장의 종이를 시라스에게 건네며 서명을 요구했다. 시라스는 메모를 하기 위해 가지고 있던 연필로 사인해서 케이디스에게 돌려주었다.[8] 이어서 휘트니는 "나도 내 부하들도 여기에서 퇴석하여 당신들이 자유롭게 이 문서를 검토하고 토의할 수 있도록 하고자 합니다"[9]라고 말하고 공관의 정원으로 나갔다. 이때는 GHQ 측의 기록에 따르면 10시 10분이었다고 한다. 이렇게 해서 2, 30분이 경과한 다음 GHQ 측이 다시 선룸에 들어와 회담이 재개되었다. 여기에서 휘트니는 이 GHQ 초안을 제시하는 의미를 말했다. 일본 측의 기록은 그것을 요약해서 아래와 같이 적고 있다.

'위'(휘트니)는, 이 안은 내용과 형식 모두 결코 귀측에 강요할 생각이 없지만, 실은 '맥아더' 원수가 미국 내부의 강렬한 반대를 뿌리치고 천황을 옹호하기 위해 비상한 고심과 신중한 고려를 하여 이것이라면 괜찮겠다고 생각하는 안을 작성한 것이며, 또 최근의 일본의 정세를 보면 이 안은 일본 민중의 요망에도 부합하는 것이라고 믿는다고 말했다.[10]

요컨대, 휘트니는 GHQ안을 일본 측에 강요할 생각은 없지만, 이것은 천황 옹호를 위한 것이고, 게다가 일본 민중의 의식에 합치되는 것이라고 말했다는 것이다. GHQ 측의 기록도 거의 같으며 큰 줄기에서는 차이가 없지만, 실로 구체적으로 생생하게 그 장면을 재현하고 있다. 뒷날 논란이 되는 점이기도 하므로, 길지만 인용을 해둔다.

휘트니 장군은 아래와 같이 말했다.

…… 최고사령관은, 최근 각 당이 공표한 정강이 헌법개정을 주된 목적으로 하고 있다는 사실, 그리고 국민들 사이에서 헌법개정이 필요하다는 인식이 서서히 높아지고 있다는 사실을 알았습니다. 국민이 헌법개정을 획득할 수 있도록 한다는 것이 최고사령관의 뜻하는 바입니다.

당신들이 알고 있는지 모르지만, 최고사령관은 천황을 전범으로 조사해야 한다는 다른 나라로부터의 압력, 이 압력은 서서히 강해지고 있습니다만, 이와 같은 압력으로부터 천황을 지키려고 하는 결의를 굳게 가지고 있습니다. 지금까지 최고사령관은 천황을 보호해왔습니다. 그것은 그가 그렇게 하는 것이 정의에 합치된다고 생각했기 때문이며, 앞으로도 힘이 닿는 한 그렇게 할 것입니다. 그러나 여러분, 최고사령관이라고 해도 만능은 아닙니다. 하지만 최고사령관은, 이 새로운 헌법의 여러 규정이 받아들여진다면, 실제 문제로서는 천황은 안태安泰하게 될 것이라고 생각하고 있습니다.

…… 최고사령관은 저에게 이 헌법을 당신들의 정부와 당에 제시하고, 그 채용에 관해 고려할 것을 구하고, 또 당신들이 원한다면 이 안을 최고사령관의 완전한 지지를 받은 안으로서 국민에게 제시해도 좋다는 취지를 전하도록 지시했습니다. 하지만 최고사령관은 이것을 당신들에게 요구하고 있

는 것은 아닙니다. 그러나 최고사령관은 이 안에 제시된 여러 원칙을 국민에게 제시해야 한다고 확신하고 있습니다. 최고사령관은, 가능하면 당신들이 그렇게 할 것을 바라고 있습니다만, 만일 당신들이 그렇게 하지 않으면 자신이 그렇게 할 작정입니다.[11]

이어서 마쯔모토 국무대신이 GHQ안의 일원제에 관해 질문했고, 마지막으로 이 회담이 있었다는 사실과 GHQ안이 전달되었다는 사실을 비밀로 할 것을 양측이 합의했는데, 이것을 제안한 것은 일본 측의 기록에 따르면 휘트니이고, GHQ 측의 기록에 따르면 요시다로 되어 있다. 이것이 기록상 유일하게 다른 점이다. 회담은 11시가 넘어서 끝났다.

위와 같이, 이 2월 13일이라는 '수태고지의 날'의 장면은 양측의 공식 기록을 살펴보는 한 거의 일치하며 다툴 여지는 거의 발견되지 않는다. GHQ가 일본 측에 '강요'했다고 단정할 정도는 아니다. 오히려 휘트니는 '강요'가 아니라고 강조했고, 일본 측도 이것을 기록으로 남기고 있다. 이 점이 문제가 되는 것은 시간이 조금 지난 뒤의 일이다. 오히려 이 2월 13일부터 수일간은 일본 측은 '패전'의식이 희박했으며 낙관적이었다. 특히 마쯔모토는 활달했다.

요시다는 표면에는 나오지 않는다. 오로지 비서인 시라스가 GHQ와의 사이를 왕복했다. 시라스는 18세에 영국으로 건너가 케임브리지 대학을 졸업했고, 그 후 영국 대사였던 요시다를 알게 되어 '음지의 인물陰の人'로서 요시다와 행동을 같이 했다. 영어를 잘 구사할 뿐만 아니라 "입바른 소리를 서슴없이 마구 한다는 점이 요시다의 마음을 사로잡았다."[12] 따라서 GHQ와의 교섭에는 실로 적격이었다.

케이디스는 시라스가 '음지의 인물'이었다는 점을 드러내는 이런 에피

소드를 소개하고 있다. "그는 거의 매일 우리의 오피스에 들렀습니다. 게다가, 이그제큐티브 오피서를 통하지 않고, 뒷문으로 들어와서 도어를 노크하고, '밀크맨입니다. 밀크 필요 없습니까?'라고 말하며 들어왔습니다."[13] 영국에서는 3시경이 되면 밀크맨이 홍차와 쿠키를 가지고 종을 울리며 오피스를 돈다. 시라스다운 기지와 도량이다. 그러나 헌법제정과 관련된 이 역할은 결과적으로는 '궂은 역汚れ役'이었기 때문에, 요시다가 자신이 표면에 나서지 않고 시라스에게 그 역할을 하게 함으로써 그의 정치생명에 얼마나 큰 도움을 얻었는지는 이루 헤아릴 수가 없다. 시라스가 없었다면 요시다는 그로부터 수개월 뒤에 수상이 되지 못했을지도 모른다.

정부의 대응

시라스는 그날(2월 13일) 오후와 다음날인 14일에 연거푸 GHQ 본부로 휘트니를 방문했다. 회담의 내용은 확실하지 않지만, 다음날인 15일에 휘트니에게 제출한 영문편지로부터 거의 그 내용을 알 수 있다. 이 편지는 통칭 '지프 웨이 편지jeep way letter'[14]라고 불리는 것인데, 편지에서는 놀랍게도 "마쯔모토 박사는 젊은 시절에는 상당한 사회주의자였다"라며 애처로울 정도로 마쯔모토의 진보성을 선전하고, GHQ 초안에 대해 "매우 쇼크"를 받았지만 GHQ안과 마쯔모토안은 "정신의 면에서는 하나"라며, 아래와 같이 적고 있다.

"그(마쯔모토)를 비롯한 각료들은, 귀하의 안(GHQ안)과 그들의 안(마쯔모토안)은 같은 목적을 지향하고 있지만, 선택한 길에 아래와 같은 큰 차이가 있다고 생각하고 있습니다. 귀하의 길은 직선적·직접적인 것으로서 매우 미국적입니다. 그들의 길은 돌아가는 길로서 꼬불꼬불 구부러지고 좁은 일본적인 길이 되지 않을 수 없습니다. 귀하의 길은 에어웨이airway(항공로)라고 할 수 있을 것이고, 그들의 길은 울퉁불퉁한 길을 달리는 지프 웨이라고 할 수 있을 것입니다."

능란하게 비유를 사용하면서, 마쯔모토안은 결코 보수적인 것이 아니고, 양측의 초안에 차이는 없으며, 그 과정에 차이가 있을 뿐 목적은 동일하다고 강조하여 상대방을 구슬리려고 시도한 것이었지만, 이번에는 그렇게는 되지 않았다. '이번에는'이라고 적은 것은, 궁지에 몰리면 상대와의 사상적인 대립은 피하고 공손한 자세로 상대를 구슬려 자기편으로 만드는 것은 일본 보수정치가의 상투수법이며, 포츠담 선언을 수락할 때에도 그 선언이 천황제를 언급하지 않았다고 해서 그것을 "천황의 국가통치의 대권"은 변경하지 않는 것이라고 해석하고,[15] 국민에게는 "국체를 호지할 수 있었"다고 공언하여, 어떻게든 점령하의 상황을 반년이나 그럭저럭 지내왔던 전력이 있기 때문이다.

휘트니는 다음날인 16일에 시라스에게 편지를 써서, 다시 한 번 지금 GHQ안을 받아들이지 않으면 "외부로부터 일본에 대해 헌법이 강요될 가능성이 꽤 있고", 그 경우에는 GHQ안을 통해 "최고사령관이 유지할 수 있도록 도모하고 있는 전통과 기구조차도 떠내려 보내버리는 결과가 될 것이다"[16]라고, GHQ안이 천황제를 보호하는 최종안이라는 사실을 이해하지 못하는 일본 정부에 대해 경고를 거듭하였고, '지프 웨이 편지'에 대해서는 전혀 관심을 보이지 않았다.

한편, 마쯔모토는 시라스와는 다른 방법으로 GHQ와의 접촉을 시도했다. 마쯔모토는 실로 의기양양해하고 있었다. 마쯔모토에게 GHQ안은 법률을 모르는 아마추어의 안에 지나지 않았다. 특히 13일의 회담 때 GHQ안의 일원제에 관해 질문한 데 대한 휘트니의 대답은 전혀 조리가 없었다고 생각하고 있었다. 뒷날 마쯔모토는 아래와 같이 회상하고 있다. "내가 알고 있는 바에 따르면, 큰 나라에서 일원제를 취하고 있는 경우는 거의 없는 듯한데, 어떤 이유로 이렇게 하려고 하는가라고 말하자, …… 일본에는 미국과 같이 주州라는 것이 없다. 따라서 상원을 인정할 필요는 없다. 일원제가 오히려 간단하다. 심플이라는 단어를 사용하여 그런 대답을 했다. 이것은 의회제도를 전혀 알지 못하는 사람의 대답이다."[17]

그래서 '법학박사 마쯔모토 죠오지'가, '이원제는 체크 기능을 위해 필요한 것이에요'라고 가르쳐주었다. 그것을 듣고, "저쪽에서 온 4인은 얼굴을 마주보며 '과연'이라고 생각한 듯합니다. 처음으로 이원제라는 것이 어떤 것인지, 체크 앤드 밸런스check and balance라는 것이 어떤 것을 말하는 것인지를 알았다는 듯한 표정을 지었기 때문에 그저 놀라울 뿐이었습니다. 그리고 이런 사람들이 만든 헌법이라면 큰일이라고 생각한 것입니다."[18]

참으로 '자신가自信家' 마쯔모토다운 해석방식이다. 그러나 이 GHQ안의 일원제는, 이미 서술한 것처럼, 작성의 최종 단계에서 일본 정부와의 "거래의 재료로서 도움이 될지도 모른다"는 매우 전략적인 고려에 따라 케이디스가 삽입한 것이었다. 그러나 '자신가' 마쯔모토에게는, "우리가 생각한 대로 되었군"이라고 생각하며 마쯔모토를 바라본 상대의 얼굴이 "'과연'이라고 생각한" 얼굴로 보인 것일 터이다. 세상 물정 모르는 사람의 자신감만큼 무서운 것은 없다. 마쯔모토는 우쭐해졌다. 그래서 상대는 "아무래도 헌법이라는 것을 잘 모르는 것이 아닌가, 의원議院제도도 모르는 듯하니, 조금 가르쳐주는 것이 좋지 않겠는가"[19]라고 생각하여, 「헌법개정안 설명 보충」이라는 제목으로 마쯔모토안을 재설명하는 문서를 작성해서 2월 18일에 시라스를 통해 전달했다.

「헌법개정안 설명 보충」[20]은 우선, "전 세계 민주주의적 헌법의 전형"으로서 합중국 헌법과 영국 헌법을 들 수 있지만 둘의 형식은 다르다고 서술한 다음, 아래와 같이 적고 있다. 즉, 그와 같이 형식이 다른 것은 "양국의 역사, 국정國情 및 민정民情"의 차이에 따른 것이며, "원래 한 나라의 법제는 독자적으로 발달하는 부분이 많다." 완전히 민주주의적인 헌법이라고 해도 바이마르 헌법과 같이 "목적을 달성하지 못했을 뿐만 아니라 오히려" 히틀러의 등장을 불러온 것처럼 "비민주주의적으로 남용된" 경우도 있다. "헌법은 국정과 민정에 따라 적절하게 제정된 경우에만 기대하는 바람직한 결과를 가져올 수 있다." 앞서 제출한 나의 개정안은 "외관상으로는 분량이 적고 또 미온적으로 보일 것이다. 확실히 위의 개정안은 형식적으로는 현행 헌법에 가능한 한 적게 언급함으로써 국민 대다수를 차지하는 보수파 또는 중간파 사람들의 쓸데없는 반감을 피하고자 했다. 그렇지만 위의 안은 실질적으로는 영국식 의회민주주의의 방향을 향해 상당히 대폭 걸음을 옮긴 것"이다. 마쯔모토는 이렇게 자신의 안의 "진보성"을 설파하고서, "이것을 비유적으로 말하면 위 개정안은 다수의 국민으로 하여금 삼키게 하기 어려운 쓴 약을 달콤한 껍질로 싸서 삼키게 하려는 것이다"라고 주장했다.

또한 마쯔모토는, 분명히 매스컴의 평판은 좋지 않지만, 그것은 매스컴이 "급진적 사상"에 물들어 있기 때문으로, "침묵하는 다수의 보수적 사상을 간과하는 것은 위험하다"며 "소리 없는 소리"에 귀를 기울이라고 경고하고, 마지막으로 시라스와 마찬가지로, GHQ안을 "정치하게 연구한 결과 그 형식은 우리 쪽이 제출한 개정안과 전혀 다르지만, 거기에 담긴 근본적인 주의主義의 면에서는 두 안 사이에 반드시 처음 볼 때 느끼는 것과 같은 큰 차이가 있는 것이 아니라고 생각하기에 이르렀다"고 글을 맺었다.

마쯔모토의 사자인 시라스로부터 이 「설명 보충」을 받은 휘트니는, 마쯔모토안은 검토할 만한 가치가 없는 것이라고 답한 다음 GHQ안이 각의에 회부되었는지를 질문하여, 시라스가 회부되었다고 대답하자(실은 회부되지 않았다), 국민의 요구에 부응하여 GHQ안을 수정하는 것은 상관없지만 내각이 48시간 이내에 수락을 결정해야 한다고 압박하고, 만일 그렇게 하지 않으면 GHQ는 "직접 국민에게 이 헌법[초안]을 제시하고, 곧 치러질 선거전에서 이 건을 주요 쟁점의 하나로 삼을 것이다"[21]라고 최후통첩을 전달했다. 일본 정부에게 이제 더 이상 저항할 수단은 없었다.

마침내 각의에 보고

GHQ안을 전달받고서 5일이나 지난 상황에서도 각의는 열리지 않았고, GHQ안을 알고 있었던 사람은 시데하라 수상과 GHQ안을 전달받은 4인 뿐이었다. 이렇게 해서 온갖 방책이 다한 후 마침내 2월 19일이 되어 각의가 열렸다. 일이 여기에 이르자 마쯔모토도 의기소침해져 있었다. 각의에 출석한 후생대신 아시다 히토시는 그때의 모습을 이렇게 일기에 적고 있다. "정례 각의가 오전 10시 15분에 열렸다. 창백한 표정의 마쯔모토 죠오지 선생이 발언을 청하여, 극히 중대한 사건이 발생했다고 말씀하셨다."[22] 그 다음에 마쯔모토가 2월 13일 회담의 모습을 보고한 사실이 상당히 상세하게 적혀 있다. 마쯔모토의 보고에 대해 미쯔찌 쮸우조오三土忠造 내무대신과 이와타 사법대신이 시데하라 수상과 함께 "우리는 이것을 수락할 수 없다"고 말했다고 한다. 그러나 아시다는 꽤 냉정했던 듯하다. 그 자신은 "만일 미국 측의 안이 발표된다면 우리나라의 신문은 반드시 그것을 추종하여 찬성할 것이다. 그때 현 내각이 책임을 지지 못한다며 사직하면, 미국 측의 안을 승낙하는 자들이 나올 것이 분명하다, 그리고 다가올 총선거의 결과에도 큰 영향을 줄 것이라는 점은 매우 염려해야 할 것이라고"[23] 발언했다고 한다.

이와 같이 각의의 의견이 모아지지 않아, 결국 시데하라 수상이 맥아더를 방문하게 되는데, 그 전에 이 각의에서 마쯔모토가 보고한 내용이 뒷날 큰 문제가 된다. 그 내용은 곧 2월 13일의 휘트니의 발언인데, 다시 한 번 『아시다 히토시 일기』를 인용하면, 마쯔모토는 아래와 같이 보고했다고 한다. "그 자리에서 Whitney가 이런 취지의 말을 했다. '일본 측의 안은 전혀 unacceptable하다. 따라서 다른 안을 Scap(연합국 최고사령관)에서 작성했다. 이 안은 연합국 측에서도 MacArthur도 승인했다. 하지만, 이 안을 강제하는 것은 아니다. 일본 국민이 진정으로 요망하는 안이라고 생각한다. MacArthur는 일본 천황을 지지하며, 이 안은 천황 반대자로부터 천황의 person을 보호할 유일한 방법이다.'"[24] (강조는 인용자)

그런데, 마쯔모토는 당시의 수기를 토대로 자유당 헌법조사회에서 증언(1954년 7월)하면서, 휘트니가 "이것(GHQ안)이 아니면 천황의 신체를 보장할 수 없다"[25]라며 GHQ안의 수락을 다그쳤다고 말했다. 일본국헌법이 GHQ에 의해 "강요"되었다고 하는 주장이 전후 오랫동안 일관되게 반복되어왔는데, 그 궁극의 논거는 이 증언에서 나온 것이다. 게다가 마쯔모토는 이 점을 강조했던 듯하다. 아시다와 함께 각의에 출석했던 이리에 토시오 법제국 장관은 이에 대해 아래와 같이 적고 있다.

〔마쯔모토의 보고에 따르면, 휘트니는〕 만일 이 안을 일본 측이 거부한다면 엠퍼러의 퍼슨에 관해서도 중대한 변경을 하지 않으면 안 되는 것이 아닌가라고 말했다. (주註, 이 '엠퍼러의 퍼슨'이라는 휘트니의 표현은 마쯔모토 씨의 가슴을 강하게 때려서, 나중까지도 잊기 어려울 징도로 매우 인상적이었다고 마쯔모토 씨는 이리에게도 말하고, 또 다른 장소에서도 말씀하셨다.)[26]

그러면 실제로는 어땠을까? 이미 길게 인용한 일본과 GHQ 양쪽의 공식 기록을 살펴보는 한, 마쯔모토가 말한 것과 같은 표현은 발견되지 않는다. 당일 회담에 동석한 요시다, 시라스, 하세가와, 라우엘, 허시도 "그런 발언은 기억나지 않는다"며 부정하고 있다고 한다.[27] 남는 것은 각의 보고인데, 아시다에 따르면 "이 〔GHQ〕안은 천황 반대자로부터 천황의 person을 보호할 유일한 방법"이라고 말했다고 되어 있고, 이리에에 따르면 "이 안을 일본 측이 거부한다면 엠퍼러의 퍼슨에 관해서도 중대한 변경을……"이라고 말했다는 것이 된다.

여기에서 양자에 공통인 것은 "천황의 person"="엠퍼러의 퍼슨"이라는 표현을 마쯔모토가 사용했다고 하고 있는 점이다. 이 점은 마쯔모토의 증언에서의 "천황의 신체"와 일치한다. 다만, 문제는 "엠퍼러의 퍼슨"이라는 표현을 사용했는지의 여부가 아니라 마쯔모토의 증언과 같이 협박하듯이 사용했는가의 여부이며, 『아시다 히토시 일기』에서는 오히려 반대로 천황을 보호하기 위한 경고처럼 사용되어 있고 내용적으로는 회의록과도 일치한다. 마쯔모토의 증언을 뒷받침하는 자료는 어디에도 없다.

그러나, 가령 마쯔모토의 증언이 옳다고 하면, 그런 말을 들은 2월 13일의 시점부터 그 '강요'에 의해 마쯔모토는 상당히 심각한 상태에 빠져 있었어야 한다. 그렇지 않았다면 앞뒤가 맞지 않는다. 그런데 이미 살펴본 것처럼 적어도 2월 18일까지는 마쯔모토는 자신만만하여 GHQ에게 "조금 가르쳐주는 것이 좋다"고 생각하고 있었을 정도이다. 이렇게 보면, 가령 마쯔모토가 2월 19일의 각의에서 13일의 장면을 그의 증언과 같이 보고했다고 해도, 그것은 18일자의 「설명 보충」이 GHQ에 의해 전혀 받아들여지지 않고 반대로 48시간 이내라는 기한이 붙은 회답을 요구받은 가운데, 2월 13일에 휘트니가 "이 새로운 헌법의 여러 규정이 받아들여진다면……

천황은 안태하게 된다"고 말한 것을, "이것(GHQ안)이 받아들여지지 않으면 천황의 신체를 보장할 수 없다"고 말한 것으로 믿어버리는 정신상태가 만들어졌다. 혹은 GHQ안을 받아들이지 않을 수 없게 된 이유를 협박에서 구했다고 해석하는 것이 가장 타당하지 않을까?

한편, 19일의 각의에서는 시데하라가 맥아더를 만나는 것으로 결정했지만, GHQ로부터는 18일에 '48시간 이내에 회답하라'라는 명령이 내려져 있었기 때문에, 19일 오후에 시라스가 다시금 GHQ를 방문하여 휘트니에게 회답의 기한을 22일까지로 연기해달라고 부탁했고, 그것이 받아들여졌다. 이때 휘트니는 맥아더에게 각서를 전달했는데, 기한을 연기해준 이유를 이렇게 적고 있다.

저는, 시라스 씨에게 48시간의 연기는 충분히 이유가 있다. 왜냐하면 이 헌법 초안을 충분히 이해하면, 그것이 천황의 존엄과 일신을 보호하여(protecting the dignity and person of the Emperor) 수정된 형태로 천황제를 지키게 하는 것이며, 세계의 여러 국민들 속에서 도덕적 리더십을 쥐게 하는 것이고, 연합국으로부터 커다란 호의를 얻을 수 있게 하는 것이라는 사실을, 각료가 눈치챌 것이 확실하다고 믿기 때문이라고 말했습니다.[28]

여기에는 GHQ안이 가지는 정치적 의미가 참으로 잘 나타나 있는데, 실은 이것과 거의 같은 내용을, 아직은 겉으로 드러나지 않고 있는 요시다 시게루가 3개월 후에 수상이 되어 귀족원에서 이야기했다.[29] 즉, 일본 정부가 GHQ안의 정치적 의도를 이해하는 것은 상당히 시간이 지난 후의 일인 것이다.

GHQ안의 수용

이렇게 해서 2월 21일에 시데하라 수상은 GHQ 본부로 맥아더를 방문하여, 3시간에 걸친 회담에서 맥아더의 긴 연설人演說에 납득하고 돌아와, 다음날인 22일 아침의 각의에서 이를 보고했다. 이리에 법제국 차장에 의하면 이때의 모습을 아시다 후생대신이 '기록筆錄'했다고 한다. 그것에 따르면 맥아더는 시데하라에게 아래와 같이 말했다.

우리는 일본을 위해 성심성의로 일을 도모하고 있다. 천황을 배알한 이래 어떻게 해서든 천황을 안태하게 하고자 염원하고 있다. 시데하라 남男(원문 그대로)이 국가를 위해 성의를 가지고 일하고 있다는 점도 알고 있다. 그러나 Far Eastern Commission(극동위원회)의 Washington에서의 토의 내용은 실로 유쾌하지 못한 것이었다는 보고에 접하고 있다. 그것은 총리가 상상할 수 없을 정도로 일본에게 불쾌한 것이라고 듣고 있다. 자신도 과연 언제까지 이 지위에 머무를 수 있을지 의심스러운데, 그 이후가 어떻게 될지를 생각할 때 자신은 불안해서 견디기 어렵다.

소련과 호주는 일본의 복수전을 우려하여 극력 이를 방지하고자 노력하고 있다.

…… 우리가 Basic Forms(원문 그대로)라고 하는 것은 초안 제1조에 전쟁을 방기한다고 규정하는 것이다. …… 전쟁을 방기한다고 성명하여 일본이 Moral Leadership을 쥐어야 한다고 생각한다.

시데하라는 이때 중간에 끼어들어, Leadership이라고 말씀하셨지만 아마도 아무도 follower가 되지 않을 것이라고 말했다.

MacArthur는,

"followers가 없어도 일본은 잃을 것이 없다. 이것을 지지하지 않는 자가 나쁜 것이다. ……"

　제1조〔천황의 상징적 지위와 국민주권〕와 전쟁 방기가 요점이기 때문에 기타에 관해서는 충분히 연구의 여지가 있는 듯한 인상을 받았다고, 총리는 매우 상대방의 태도에 대해 이해를 표시하는 의견을 말씀하셨다.[30]

　시데하라의 이 보고에 대해, 이리에에 따르면 각의의 "의견이 일치되었고"[31], 아시다에 따르면 마쯔모토는 사실상 반대했지만 시데하라, 미쯔찌 내무대신, 소에지마 센파찌副島千八 농림대신, 아시다 후생대신이 사실상 받아들인다는 의견을 말했다고 한다. 어쨌든 이 각의를 통해 GHQ안을 받아들이고 이를 기초로 정부안을 만드는 방향으로 나아갔다.

　그런데 각료들은 GHQ안을 어느 정도 이해하고 있었던 것일까? '천황은 상징이다', '전쟁은 방기한다'. 이 정도의 이해는 있었을지 모르지만, GHQ안의 수락을 각의의 결정으로 하기 이전에, GHQ안을 입수한 적이 있는 각료는 시데하라 수상과 요시다 외무대신, 그리고 마쯔모토 국무대신, 이렇게 단 3인에 지나지 않았던 것이 아닐까? GHQ 측이 정부에 초안을 15부 전달했다는 사실은 이미 서술했다. 확실히 각료 전원에게 전달되기 위해서는 몇 부가 부족하지만, GHQ가 15부를 전달한 배경에는 복사기라는 훌륭한 기계가 없었던 당시에 각의에서 곧바로 논의할 수 있도록 하려는 배려가 있었다고밖에 생각할 수 없다.

　그런데, 각의에서 이것이 배포된 흔적은 전혀 발견할 수 없다. 외무성의 기록[32]을 보면 2월 13일에 요시다에게 전달된 6번은 시데하라에게 전달되었고, 7번은 그대로 마쯔모토가 가지고 있었고, 하세가와 봉역관의 8번이 요시다에게 돌려졌고, 9번은 나중에(2월 26일) 사토오 타쯔오 법제국 제1부장에게 전달되었고,[33] 10번은 기록상으로는 요시다에게 전달되었다고 되어 있지만 실제로는 시라스에게 전달되었다고 생각하더라도, 나머지는 모두 외무성 문서과장이 가지고 있었던 듯하다. 그러면 원문은 어쨌든 번역문은 어떻게 된 것일까? 놀랍게도 GHQ안의 수락을 결정한 2월 22일의 각의에서 "[GHQ안의] 제1장 천황, 제2장 전쟁 방기 부분을 외무성이 번역한 일역문을 처음으로 각의에서 배포하고, 그것을 참고하여 설명했고", "2월 26일의 각의에서는 처음으로, 미국 측 안(GHQ안) 전문의 일역문(외무성의 가역假譯) 등사판을 배포"[34]했다고 한다.

2월 19일의 각의에서는 13일에 GHQ안이 전달되고 6일이 지났음에도 불구하고 일역문이 없는 상태에서 논의를 했고, GHQ안의 사실상 수락을 결정한 22일의 각의에서는 일역문은 1장과 2장밖에 마련되어 있지 않았던 것이다.

확실히, 비밀을 유지하기 위해서는 문서는 배포하지 않는 법이다. 그 의미에서는 이것은 좋은 방책이었을지도 모른다. 그러나 그 이상으로 조직적으로 논의를 하는 관습이 없었던 것이다. 이 헌법제정 과정을 통해, 코오에안도 마쯔모토안도 실질적으로는 모두 사적으로 진행되어온 것이다. 그리고 마침내 이 마지막 순간이 되어서도, 냉정하게 논의할 토대조차 마련되어 있지 않았던 것이다. 천황제를 옹호하는 것, '국체의 호지' 이외에 사상다운 사상을 서로 다투는 헌법 논의는 없는 채, 역사의 톱니바퀴는 GHQ안의 수락 쪽으로 크게 움직인 것이다.

이것은 8월 15일에 이은 제2의 패전이었다. '강요'란, 무력에 의한 패전에 이은 정치이념과 역사인식의 패배, 헌법사상의 결정적 패배를 의미했다.

제7장 일본화를 위한 고투

일본안의 기초

GHQ안의 수락을 마지못해 결정한 일본 정부는, 마침내 이것을 기초로 '일본안'의 작성에 착수했다. 이것은 실로 '일본안'이라고 불릴 만한 것이다. 왜냐하면, 일반적으로 정부안은 'GHQ안을 번역한 것이다'라고 흔히 이야기되지만, 정부안을 만드는 과정은 결코 GHQ안에 충실했던 것은 아니며, 그 과정에서 오히려 법제국 관료의 교묘한 '일본화'가 발견되기 때문이다.

GHQ안의 최초의 일역문은 마쯔모토 죠오지 국무대신에 의해 만들어져 2월 22일의 각의에서 보고되었다. 그러나 이것은 완역문이 아니라 제1조부터 제9조까지를 번역한 것으로서, '제1장 천황'이 GHQ안보다 1개조 늘어나 8개조로 되어 있었고, '제2장 전쟁의 폐지'가 9조(전쟁의 방기)였다(이하 이것을 마쯔모토 시역試譯문이라고 부른다). 그 후 26일의 각의에서 외무성의 번역문이 제출되었다. 이것은 완역이었고, 마쯔모토 시역문과 달리 원문에 충실하며 직역에 가까웠다.

이 두 개의 번역문을 토대로, 26일의 각의 결정에 따라 마쯔모토 국무대신 아래 2월 27일부터 이리에 토시오 법제국 차장과 사토오 타쯔오 법

제국 제1부장이 조수를 맡아 3월 11일 완성 예정으로 새로운 조문화 작업이 시작되었다.[1]

기초 작업의 장소로는 수상 관저 안의 방송실이 사용되었다. 이곳은 녹음 등을 할 때 특별하게 사용되는 외에는, 고령의 시데하라가 낮잠을 잘 때 사용할 뿐 아무도 사용하지 않는 방이었다. 방음장치가 된 방송실은 확실히 낮잠을 자기에 최적이었을 터이지만, 비밀리에 작업을 할 방으로서도 최고의 장소였음에 틀림없다. 사토오 타쯔오는 기초 작업의 모습을 이렇게 적고 있다.

이 작업에 관해서는 엄중한 비밀 유지가 요청되어 있었기 때문에, 부내部內의 동료들과 상담할 수 없었고 널리 참고서의 도움을 빌릴 수도 없었다. …… 어쨌든 기한이 정해진 일이었기 때문에 정신없이 맥아더 초안(GHQ 초안)을 곁눈으로 응시하며, 이리저리 혼자서 궁리하면서 연필을 움직이는 것이 고작이었다.[2]

기초는, 마쯔모토 시역문의 제1, 2장에 사토오가 기초한 제2장(국민의 권리 및 의무)을 더하여 '초고'로 하고, 그것에 마쯔모토가 기초한 제4장(국회), 제5장(내각)을 '2고稿'로 하여 순차적으로 진행했다. 그 사이에 두 번 정도 회합을 가졌다. 출석자는 말할 것도 없이 마쯔모토, 이리에 그리고 사토오였다. 이것은 헌법문제조사위원회에서 마쯔모토안을 기초할 때의 멤버와 거의 일치하며, 미야자와 토시요시가 빠졌을 뿐이다. 미야자와는 이 무렵부터 마쯔모토, 이리에, 사토오 등과 같은 정부 측의 인물로서는 행동하지 않게 되었고, 뒤에서 서술하는 것처럼 다른 입장에서 행동을 개시하게 된다.

그런데 당초 3월 11일까지 기초를 완성할 예정이었지만, GHQ는 그 사이에 작업을 좀 더 서두르라고 계속 독촉했다. 마침내 3월 2일에 사토오 등은 영역을 하지 않고 일문을 정리하여 GHQ에 제출하기 위해 등사쇄 30부를 인쇄했다.[3] 이렇게 해서 만들어진 안이 흔히 '일본안' 혹은 '3월 2일 안'이라고 불리는 최초의 시안이었다. 여기에서는 이것을 '일본안'이라고 부르기로 하고, 아래에서 개요를 제시하기로 한다.

'일본안'[4]은 GHQ안과 달리 '전문'이 없다. 편제(장별章別)도 몇 가지 다른 부분이 있다. 두 안의 비교를 위해 그중 몇 개의 조문을 대조하면 아래와 같다. 또 GHQ안(영문)은 당시에는 위에서 서술한 것처럼 외무성 번역문에 따르고 있었지만, 타나카 히데오田中英夫의 번역문[5]이 GHQ안을 좀 더 정확하게 옮기고 있기 때문에, 여기에선 타나카의 번역문을 이용한다.

GHQ안	일본안[6]
제1조 천황은 일본국의 상징이며, 일본 국민 통합의 상징이다. 이 지위는 주권을 가지는 국민의 총의에 기초하는 것이며, 그 이외의 어떤 것에 기초하는 것도 아니다.	제1조 천황은 일본 국민 지고至高의 총의에 기초하여 일본국의 상징 및 일본 국민 통합의 표장標章으로서의 지위를 보유한다.
제2조 황위는 세습하는 것이고, 국회가 정하는 황실전범에 따라 계승된다.	제2조 황위는 황실전범이 정하는 바에 따라 세습하여 이를 계승한다.

GHQ안 제1조는 천황의 "지위는 주권을 가지는 국민의 총의(his position from the sovereign will of the people)에 기초한다"고 되어 있었는데, 일본안 제1조에서는 "천황은 일본 국민 지고의 총의에 기초하여"로 바뀌었다. 요컨대 GHQ안이 국민주권을 명확하게 내세우고 있었던 데 대해, 일본안에서는 '주권'을 피하고 '지고'를 사용하고 있다. 이것은 실은 상당히 의도적인 선택이었다.

이미 서술한 것처럼, GHQ안의 번역으로서 외무성 번역문과 마쯔모토 시역문이 작성되어 있었는데, 외무성 번역문에서는 "그 지위를 인민의 주권의사로부터 받고"[7]라고 되어 있었고, 마쯔모토 시역문에서는 꽤 의역하여 "천황은 민의에 기초하여"[8]라고 되어 있기는 했지만, 둘 다 국민의 의사로 천황의 지위가 결정된다고 해석할 수 있는 것이었다. 그런데 이들 번역문을 본 시데하라 수상의 의견에 따라, 그다지 귀에 익지 않은 '지고'라는 용어로 정정되게 된 것이다.[9] 뒤에서 서술하는 것처럼, 이 점은 의회 개회 후에 큰 문제가 되었고, 결국 현행 헌법과 같은 형태로 GHQ안으로 되돌아가게 된다.

제2조의 경우 GHQ안과 일본안 사이에 큰 차이가 없는 듯이 보이지만, 거기에는 결정적인 차이가 있다. GHQ안은 "국회가 제정하는 황실전범"이라고 규정하여, 황실전범은 국민의 대표에 의한 국회에서 정하는, 다시 말해 법률의 일종이라고 규정하고 있지만, 일본안에는 "국회가 제정하는"이라는 부분이 없다. 이런 형태라면 메이지 헌법 제2조 "황위는 황실전범이 정하는 바에 따라 황남자손이 이를 계승한다"와 다르지 않다. "황남자손"이 삭제된 데 지나지 않는다. 그것은 헌법상 남녀평등 조항과 모순되기 때문에 삭제한 것이며, 황실전범을 법률로 하지 않고 칙령 또는 정령으로 한 점에서는 같은 것이었다. 일본안은 천황 조항에 관해서 가능한 한 메이지 헌법에 가까운 용어를 사용하고자 부심했다. 예를 들면 GHQ안 제6조는 "천황은 내각의 조언과 동의가 있을 때만(only on the advice and with the concent) 국민을 위해 아래의 국무를 수행한다(이하 생략)"라고 되어 있었는데, 일본안에서는 "천황은 내각의 보필에 의해 국민을 위해……"라고 했다. 이것도 메이지 헌법 제55조의 "국무 각今 대신은 천황을 보필하고……"를 염두에 둔 것이라고 생각된다.

다음으로 "전쟁의 방기"를 살펴본다.

GHQ안	일본안
제8조 국권의 발동인 전쟁은 폐지한다. 어떤 국가든 다른 국가와의 사이의 분쟁 해결의 수단으로서는, 무력에 의한 위하 또는 무력의 행사는, 영구히 방기한다. 육군·해군·공군 기타의 전력은, 장래에도 부여되지 않으며, 교전권은 국가에 부여되지 않는다.	제9조 전쟁을 국권의 발동으로 인정하고 무력의 위하 또는 행사를 타국과의 사이의 쟁의 해결의 도구로 삼는 것은 영구히 이를 폐지한다. 육해공군 기타의 전력의 보유 및 국가의 교전권은 이를 인정하지 않는다.

용어상으로는 두 안에 차이가 있지만 내용상으로는 거의 차이가 없다고 할 수 있을 것이다.

인권의 메이지 헌법화

다음으로 평등권과 관련해서는, 위에서 GHQ안의 작성 과정을 소개할 때 외국인의 인권을 평등하게 보호·보장하고 있는 것을 GHQ안의 하나의 특별한 장점이라고 서술했는데, 거기에 아래와 같은 변화가 발견된다.

GHQ안	일본안
제13조 모든 자연인(All natural persons)은 법 아래 평등하다. 인종·신조·성별·사회적 신분·카스트 또는 출신국(national origin)에 의해, 정치적 관계, 경제적 관계 또는 사회적 관계에서 차별받는 것을, 수권하거나 용인해서는 안 된다. 화족 칭호의 수여는 앞으로는 국민적 또는 시민적인 정치권력을 수반하지 않는 것으로 한다.	제13조 모든 국민은 법률 아래 평등하며, 인종·신조·성별·사회적 신분 또는 문벌에 의해 정치상, 경제상 또는 사회상의 관계에서 차별받지 않는다. 작위, 훈장 기타의 영전은 특권을 수반하지 않는다.

귀족으로서의 권리는, 황족의 경우를 제외하고, 현존하는 자의 1대에 한정하는 것으로 한다. 영예, 훈장 기타의 영전의 수여는 어떤 특별한 특권도 수반해서는 안 된다. 현재 이를 보유하거나 장래에 이를 받는 자의 1대에 한하여 그 효력을 가지는 것으로 한다.	
제16조 외국인은 법의 평등한 보호를 받는다.	제14조 외국인은 균등하게 법률의 보호를 받을 권리를 가진다.

우선 GHQ안 13조의 "모든 자연인"이 일본안 13조에서 "모든 국민"으로 변화함으로써 "카스트 또는 출신국"이 "문벌"로 바뀌고, 13조에서의 평등 보호의 대상은 "모든 국민"에 한정되게 되었다. 다만, 14조에서 외국인의 인권을 GHQ안과 거의 동일하게 보장하고 있기 때문에 전체적으로는 GHQ안과 다르지 않다고 생각된다. 다만, 이 단계에서는 "국민" 개념이 불명확하지만, 나중에 "국민"이 법적으로 정의되고 14조가 전문 삭제되기에 이르러서는 외국인의 인권은 헌법의 보호 대상의 바깥에 놓인다. 이에 관해서는 뒤에서 서술한다.

그러나 GHQ안과 일본안을 비교할 때, 인권 규정의 최대의 차이점은 자유권일 것이다. '표현의 자유'를 예로 들어 비교해보자.

GHQ안은 극히 무제한적으로 헌법상의 권리로서 표현의 자유를 인정하는 데 대해, 일본안은 "안녕질서를 방해하지 않는 한도에서" 혹은 "법률이 정하는 바"에 따라 표현의 자유를 인정하고 있는 데 지나지 않는다. 이 규정을 기초할 때 메이지 헌법 29조(표현의 자유)를 염두에 둔 게 아닐까? 메이지 헌법과 거의 다름이 없다.

나아가 GHQ안의 인권 조항 중 일본안에서 완전히 삭제된 것도 있다. 그것은 GHQ안 28조의 토지 국유화 조항, 그리고 GHQ의 인권위원회 중

GHQ안	일본안
제20조 집회·언론·출판 기타 일체의 표현의 자유는, 이를 보장한다. 검열은 이를 해서는 안 된다. 통신의 비밀은, 이를 침해해서는 안 된다.	제20조 모든 국민은 안녕질서를 방해하지 않는 한도에서 언론·저작·출판·집회 및 결사의 자유를 가진다. 검열은, 법률이 특히 정하는 경우를 제외하고 이를 할 수 없다. 제21조 모든 국민은 신서信書 기타의 통신의 비밀을 침해당하지 않는다. 공공의 안녕질서를 유지하기 위해 필요한 처분은 법률이 정하는 바에 따른다.

에서 베아테 시로터 등이 상당히 강조한 여성의 인권과도 관련된 사회권 조항이다. GHQ안 24조 중 보통교육의 무상화와 아동 혹사의 금지, 노동조건의 입법화는 일본안에 담겼지만, 공중위생의 개선 의무, 사회보장제도의 의무화 조항은 삭제되었다.

또 GHQ안 중 전달된 시점부터 마쯔모토 국무대신이 반대한 국회의 일원제는, 일본안에서 "국회는 중의원 및 참의원의 양원兩院으로 성립된다"라고 이원제로 변경되었다. 또 참의원의원의 선출 방법에 관해서는 "지역적 또는 직능별" 선출의원과 내각임명의원의 두 종류로 했다(45조). 이 점에 관해서는, 귀족원에 대신하여 '참의원'이라는 새로운 명칭이 마쯔모토안에서 일관되게 사용되어왔다(시안, 갑안, 을안)는 점, 선출 방법은 마쯔모토 을안에 규정되어 있다는 점 등을 고려하면, 여기에서는 마쯔모토 구상이 상당히 부활했다고 보아도 좋을 것이다.

마지막으로 지방자치에 관해 언급해둔다. GHQ안의 지방자치에 관한 장에 대해서는 이미 기술했는데, 일본안은 GHQ안을 대폭 변경했다. 우선 장의 표제가 "지방행정(Local Government)"으로부터 "지방자치"로 바뀌었고, 다음으로 GHQ안이 "부현府縣" "시정市町" 등 구체적으로 자치

단체를 열거하여 그 권한을 규정한 데 대해, 일본안은 이를 모두 폐지하고 "지방공공단체"라는 새로운 포괄적 단체 개념을 만들어냈다. 이 장의 기초도 마쯔모토, 이리에, 사토오 3인이 했는데, 사토오는 GHQ안의 "부현", "시정"과 같이 "헌법에서 그렇게까지 고정하는 것은 지나치게 갑갑하다는 생각에서" '지방공공단체'라는 용어를 생각해냈다[10]고 적고 있다. 그러나 변경은 이에 머물지 않았으며, '지방자치'에 관한 장의 첫머리에 전혀 새로운 하나의 조문이 삽입되었다.

> 제101조 지방공공단체의 조직 및 운영에 관한 규정은 지방자치의 본지本旨에 기초하여 법률로 이를 정한다.

요컨대 지방자치가 무엇인지는 헌법사항으로 하지 않고 모두 법률(나중에 만들어지는 지방자치법)에 맡긴 것이다. 사토오는 나중에 "이 장의 기초에 관해서는 최초의 조문(101조)의 표현 방법에 가장 고생했다"[11]고 서술했지만, 이 조문을 삽입한 의의는 '지방자치의 일본화'라는 점에서 이루 헤아릴 수 없는 것이다.

철야 교섭

이렇게 해서 '일본안'은 완성되었다. 3월 2일 토요일이었다. 완성된 안은 등사로 30부 인쇄되었다. GHQ에는 월요일인 3월 4일 오전 10시에 마쯔모토 국무대신이 전달하도록 되어 있었다.

4일 아침, 마쯔모토는 등청한 사토오에게 돌연 GHQ에 함께 가자고 요구했다. 사토오는 "그다지 내키지 않은 채 대신과 동행했다."[12] 회의장은 GHQ 본부가 있는 제일생명 빌딩 6층 602호실이었다. 6층은 제일생명 빌딩의 가장 높은 층이었으며, 맥아더를 비롯하여 막료장, 부관, 민정국의 집무실이 있는[13] GHQ의 말하자면 심장부에 해당하는 층이었다. 방에 들어가자 시라스 지로오, 외무성의 번역관 하세가와 모토키찌 그리고 오바타 카오루小畑薫가 와 있었다.

마쯔모토는 우선 휘트니와 만나 일본안을 건네고 "이 안 자체는 아직 각의를 거치지 않았기 때문에 결코 결정안은 아니다. 내가 낸 시안에 지나지 않는다"[14]고 전했다. 그러나 GHQ의 작업은 실로 솜씨가 좋았다. 일본측의 2명의 번역관에 대해 GHQ 측도 2명의 번역관을 붙여 즉각 작업에 착수했다. 작업에 착수하는 동시에, 케이디스는 일본안에 '전문'이 붙어 있지 않은 것을 발견하고, 사토오에게 "전문을 빼서는 안 된다. 전문은 맥아더 초안(GHQ안) 그대로 붙여라"[15]라고 강한 어조로 말했다. 처음부터 험악한 형세였다. 사토오는 할 수 없이 외무성이 가역한 '전문'을 붙이기로 했다. 그러나 형세는 점점 더 험악해질 따름이었다.

천황 조항의 번역이 끝날 즈음에 케이디스는 시라스를 불러, GHQ안의 제1조에서는 천황의 지위는 국민의 총의에 기초한다고 한 다음 "그 이외의 어떤 것에도 기초하지 않는다"라고 되어 있는데 일본안에는 그것이 없다, 나아가 GHQ안의 제2조에서는 "국회가 제정하는 황실전범"이라고 되어 있는데 일본안에서는 "국회가 제정하는"이란 부분이 빠져 있다고 상당히 예리한 지적을 했다.[16] 다만 국민주권을 "국민 지고"라고 한 부분은 sovereign(주권)이라고 번역해뒀기 때문에 눈치채이지 않은 채 지나갔다.

그러나 번역이 진행되면서 케이디스는 점점 더 화를 냈다. 내각의 on the advice and with the concent를 "보필"이라고 한 점도 지적되었다. 마쯔모토도 입 다물고 있지 않았다. 그 각각에 대해 이유를 들어 반론했다. 그러나 그것은 어떻게 보더라도 GHQ를 납득시킬 수 있는 것이 아니었다.

다만 '자신가' 마쯔모토의 입장에서 보면 케이디스만큼 자신에게 반론을 제기하는 남자는 지금껏 만난 적이 없었음에 틀림없다. 게다가 케이디스는 마쯔모토의 입장에서 보면 40세 안팎의 '애송이'에 지나지 않았다. 마쯔모토의 긴 인생 경험에 비추어 보면, 자신의 주장을 따르지 않는 젊은 학자, 즉 제자는 없었으며, 항상 논의는 자신이 중심에 서서 이끌어왔기 때문에, 케이디스와의 논의 과정에서 마쯔모토가 얼마나 화가 났을까! 한편 마쯔모토가 화내는 모습을 보고 케이디스는 얼마나 놀랐을까!

뒷날 마쯔모토는 이렇게 회상하고 있다. "이때 상대(케이디스)는 매우 격해져서, 손이 부들부들 떨려 탁자가 흔들리는 지경이 되었습니다. 그래서 나도 격해져서, 도저히 시라스 군에게 통역을 시킬 수 없었기 때문에, 결국 나의 브로큰 잉글리시로 응수했습니다. 도대체 당신은 일본에 일본어를 고치러 온 것인가, 그런 말까지 했습니다. 그러자 상대는 매우 화가 나서, 도저히 안 되겠으니 그 정도로 하고 밥을 먹자고 해서 점심을 먹었습니다. 그때 먹은 것은 군대의 식사로, 콩 아니면 그 비슷한 것에 돼지고기가 조금 들어간 통조림으로 참으로 맛이 없는 것이어서, 밀랍을 씹는다는 말이 있습니다만, 참으로 밀랍을 씹는 것처럼 맛이 없는 것이어서 먹을 기분도 생기지 않았지만, 먹었습니다."[17]

당시 GHQ 사람들이 평균적인 일본인의 식사보다 맛이 없는 음식을 먹었다고는 생각되지 않지만, 애송이가 싫은 나머지 식사까지 맛이 없었을 것이다. 식사가 끝나자 마쯔모토는 사토오에게 "경제각료 간담회가 있어서"[18]라는 말을 남기고 수상 관저로 돌아가버렸다. 그러나 이것은 그저 구실에 불과했던 듯하다. 마쯔모토 자신이 돌아간 이유를 이렇게 말하고 있다.

"조문 하나하나를 논의하다가는 종장에는 서로 치고받을지도 몰라, 돌아가자고 마음먹고, 나는 일이 있다고 말하고 돌아간 것입니다."[19] 그 뒤

마쯔모토는 서기관을 통해 GHQ에 있는 사토오에게 "건강상의 이유로 갈 수 없으니, 군君이 적당하게……"[20]라는 말을 전했을 뿐 다시는 GHQ에 모습을 나타내지 않았다. 이렇게 해서 통역을 제외하면 혼자 남겨진 사토오의, 문자 그대로 고군분투가 시작된다. 번역 작업은 저녁 무렵까지 이어졌다.

6시가 지났을 무렵 돌연 '오늘밤 안에 확정안을 작성하게 되었다. 휘트니 준장은 12시까지 기다린다. 만일 그때까지 완성되지 않으면 내일 아침 6시까지 기다린다고 한다'는 내용을 〔GHQ 측이〕 제의해왔다.

나(사토오)는 그날 단지 번역을 돕는다는 생각으로 준비도 없이 대신을 수행했던 것이고, 게다가 일본안 자체가…… 말하자면 작성 중인 미정고였고, 천천히 회를 거듭하여 절충하면서 정정해가는 것을 예정하고 있었기 때문에, 이 제의를 듣고 매우 놀랐다.[21]

그러나 사토오는 물러서지도 않고, 아니 물러서지도 못하고, 민정국 원들을 상대로 절충을 계속했다. 일본안의 축조심의였다. 이 무렵이 되면 GHQ 측의 인원도 꽤 많아졌다. 사토오는 절충을 할 때 30부 등사인쇄해서 연번을 붙인 일본안의 4호를 곁에 두었는데, 거기에는 난외에 "약 17인 회의"[22]라고 연필로 적혀 있다. 케이디스, 허시, 리조를 비롯한 민정국원들의 눈빛이 반짝이고 있었다. GHQ 측의 통역은 GHQ안을 기초하는 과정에서 '인권위원회'에서 분투했던 '여성'인 베아테 시로터가 맡았다. 시로터의 통역은 사토오에게 만족할 만한 것이었다. "일본어도 잘 알고 머리도 좋아서 나의 뜻을 그대로 전해주었다"[23]고 한다.

그렇다고는 해도 이렇게 많은 민정국원들에게 둘러싸인 채 혼자서 대응하는 사토오의 모습은 분명 '강요' 이외의 그 무엇도 아니었음에 틀림없다. 뒷날 '강요론'의 계기를 만든 인물이기도 한 로버트 워드Robert E. Ward(당시 미국 미시건 대학 정치학 교수)는, 1957년의 논문에서 이 장면을 꽤 상세하게 소개하고(다만 거기에서는 "적어도 16인의 민정국원과 다수의 번역·통역자"라고 되어 있다), "대다수의 일본인의 정치이념이나 정치적 경험에 적합할 것 같지 않은 헌법을 일본인에게 강요한 것은, 긴 안목으로 보아 민주주의를 위한 일이 아니었다고 해도 좋다"[20]는 결론을 내리고 있다. 이 결론은 지금의 관점에서 보면 그렇게는 말할 수 없다고 해도, 이 장면은 인원수라는 점에서 이상했을 뿐만 아니라 시간적으로도 밤을 새우고 다음 날 아침부터 저녁 무렵까지 이어진 비정상적으로 긴 시간이었다.

그러나 사토오는 마지막까지 끈덕지게 견디며 버텼고, 결코 기가 꺾이지 않았다. "제2장 전쟁의 방기"는 큰 대립 없이 약간의 자구 수정으로 끝났다. 이어서 제3장 "인권"이었다. 앞에서 일본안 13조는 GHQ안 13조에서 "출신국"을 삭제한 것이었지만, GHQ안 16조를 그대로 일본안 14조로 남겨 외국인의 인권을 보장하는 것으로 했다고 서술했는데, GHQ 측은 즉각 이 "출신국"을 삭제한 데 대해 추궁했다. 이에 대해 사토오는 GHQ안 16조의 존재이유를 역으로 추궁하여 외국인의 인권 보호는 일본 국민과 평등하다는 상대의 회답을 얻어내고, 그렇다면 특별히 외국인의 인권 보호 규정을 둘 필요는 없다고 밀어붙여, 일본안 14조를 삭제하고 13조에 외국인의 인권도 포함시키기로 하는 합의를 이끌어냈다. 그 결과 등장한 것이 아래와 같은 '새로운 13조'였다.

모든 자연인은 일본 국민이든 아니든 묻지 않고 법률 아래 평등하며, 인종·신조·성별·사회적 신분 혹은 문벌 또는 국적에 의해 정치적, 경제적 또는 사회적 관계에서 차별받지 않는다.

요컨대 "모든 국민은"을 삭제하고 GHQ안에 있었던 "모든 자연인은"을 부활시키는 동시에, GHQ안에 있었던 "출신국"에 따른 차별의 금지를 "국적(Nationality)"에 따른 차별의 금지로서 부활시키는 한편, 일본안 14조의 외국인의 일반적 보호 규정을 싹둑 잘라내는 데 성공한 것이다. 그러나 사토오는 이렇게까지 끈덕지게 버티었음에도 "곤혹스러운 모양새가 되었다"[25]고 생각한 듯하다. 하지만 이 판은 그렇게 수습되었다. 그리고 다음날, 뒤이어 의회 개회 후, 이렇게 3단계를 밟아, 외국인 보호 규정을 헌법조문에서 완전히 삭제하게 되는 것이다.

그런데, GHQ와의 심의가 마침내 "자유권"에 접어들었을 때, 일본안의 영역을 읽은 GHQ 측은 "일본안의 제3장은 맥아더 초안(GHQ안)과 완전히 다르다. 이것을 심의해도 의미가 없다"[26]고 말했다. 그도 그럴 것이, 앞서 "표현의 자유"에서 소개한 것처럼 일본안의 규정은 GHQ안과는 다르고 메이지 헌법의 규정에 가까워, GHQ 측으로서는 그런 형태로는 표현의 자유를 보장할 수 없다고 생각하지 않을 수 없었던 것이다.

일본안에 "안녕질서를 방해하지 않는 한도에서"를 삽입한 이유에 관해 사토오는 "obscene picture(외설 도화) 등에 대해서는, 일본안처럼 법률에 의한 예외를 인정해둘 필요가 있다고 생각한다"[27]고 주장했지만, GHQ 측은 "남용의 위험이 있기 때문에"[28]라는 이유로 상대해주지 않았고, 결국 다른 자유권 규정도 포함해서 거의 GHQ안대로 되어버렸다. 나아가 사회권 규정부터 공중위생, 사회보장제도의 조항을 삭제한 점에 관해서도 GHQ는 양보하지 않아 결국 새롭게 23조에서 이것을 부활시켰다.

모든 생활범위에서 법률은 사회적 복지·공공위생·사회적 안녕·자유·정의 및 민주주의의 향상발전을 위해 입안되어야 한다.

여기에서 "사회적 안녕"이라고 되어 있는 것은 지금의 "사회보장(social security)"를 말하는데, 어쨌든 이렇게 조문마다 "5장 내각", "4장 국회", "6장 사법"의 순서로 축조심의를 거듭한 것이다. 사토오가 일본안에 손으로 써서 정정을 하고, GHQ와의 심의를 마친 부분은 대기하고 있던 키우찌 시로오木內四郎 내각 부서기관장이 차례로 수상 관저에 보냈다. "4장 국회"를 마쳤을 때는 "창밖의 하늘에 동틀 무렵의 기운이 비쳐왔다."[29] 결국 철야 심의가 되어버린 것이다. 그러나 아직 "6장 사법" 이하가 남아 있었다. 7시 무렵 아침식사를 마치자 다시 심의가 시작되었다.

그러나 6장 이하에 관해서는 더 이상 일본안은 도움이 되지 않았다. 일본안의 등사인쇄에 적어넣어 정정하는 것은 그만두고, 새로운 패지에 한 행을 띄우고 적은 다음 정정을 하는 경우에는 그 옆에 적는 방법을 취했다.[30]

이렇게 해서 GHQ와의 일본안 심의는 3월 5일 오후 4시에 가까스로 종료되었다. 사토오는 4일 오전 10부터 한 숨도 자지 못한 채 작업을 마치고 30시간 만에 GHQ를 나와 수상 관저로 돌아왔다. 사토오는 뒷날 적은 수기의 마지막에서 이때의 기분을 이렇게 적고 있다.

…… 준비도 없는 상태에서 미력微力으로 일을 맡았고, 게다가 시간이 극단적으로 제약되어 상세하게 상대의 의향을 물어 논의를 할 여유가 없었던 것은 참으로 유감스럽다. 어쩔 수 없는 사정으로 인한 것이라고는 해도, 이 중대한 책무를 만족스럽게 수행할 수 없었던 죄를 돌아보니 송연悚然한 마음이 들어, 깊이 고개를 숙이고 관저에 들어간다.[31]

그러나, 사토오의 이 30시간에 걸친 고투는, 보수 정권의 법제국 관료로서 훌륭하게, 실로 다른 사람이 대신할 수 없는 역할을 한 것으로서, 사토오는 그것을 통해 GHQ안의 일본화에 성공했다고 보아도 좋을 것이다. 사토오는 마쯔모토와 달리 이 국면에 임하여 자기가 할 수 있는 역할을 충분히 알고 있었다. 즉, GHQ의 헌법이념—맥아더 3원칙(천황, 전쟁 방기, 봉건 조항의 폐지)—에 관해서는 쓸데없이 GHQ와 다투는 것을 피하고, 극히 법기술적인 면에서 최후의 지점까지 보수체제에 유리한 혹은 일본의 법전통에 정합적인 그러한 저항을 시도한 것이다.

그 첫째는 용어이다. "국민주권"을 피하고 "국민 지고"를 사용한 것, GHQ안에 Japanese people이라고 되어 있었고 외무성 가역에 "일본 인민"이라고 되어 있었던 부분을 모두 "일본 국민"으로 하여, 뒷날 '국민'을 법률(국적법)로 규정할 길을 여는 노력을 한 것 등은 그 전형일 것이다. GHQ안의 기초에는 참여하지 않았지만, 민정국 특별보과관으로서 GHQ 내부에서 좌파의 입장을 명확하게 취하고 있던 토머스 비슨Tomas A. Bisson은 "교섭에서는 민정국이 준비한 영문 초안의 문어체의 공식 번역문이 사용되었다고 하는 사실이다. 민정국원이 헌법의 일본어 텍스트를 승인하는 작업을 하는 데 무엇보다도 필요했던 것은, 일본어에 숙달되어 있는 것이었다. 이러한 교섭에서는, 고도의 훈련을 받은 일본인 관료는 소수라도 다수의 2세 번역관이나 통역관을 충분히 능가할 수 있다고 생각해도 지장이 없을 것이다"[32]라고 평했다.

둘째로 간명한 헌법이라는 구실 아래, 헌법 조문으로부터 가능한 한 구체적 권리 규정을 빼서 헌법상의 권리로 하지 않고 법률에 위임하는 방법을 취한 것이다. 일본안 101조의 지방자치 규정의 사토오에 의한 기초도 이것에 해당한다.

옥쇄한 마쯔모토 죠오지

그런데 이 3월 5일은, 사토오가 자책하는 마음으로 "깊이 고개를 숙이고" 관저에 들어선 이상으로, 오랫동안 천황제에 사로잡혀온 마쯔모토야말로 '패전'을 실감하게 된 날이었음에 틀림없다.

마쯔모토는 3월 4일 점심 무렵이 지나 GHQ를 나선 후, 더 이상 GHQ 와의 교섭 자리에 돌아오지 않았다. 뿐만 아니라, 4월에 시데하라 내각이 총사직할 때까지 국무대신 자리에 있었지만, 더 이상 헌법에 관해 적극적인 발언을 하는 일조차 없었다. 뒷날 마쯔모토는 "실은 나는 지금의 헌법에 무엇이라고 적혀 있는지 본 적이 없습니다. 그만큼 나는 헌법이 싫어진 것입니다"³³⁾라고 말했지만, 마쯔모토에게 있어서 3월 4일의 케이디스와의 절충은 법률가로서의 패전, 혹은 옥쇄玉碎라고 하는 편이 좋을지도 모를 것이었다. 마쯔모토의 사위이자 토오쿄오 대학 교수(상법)을 거쳐 나중에 요시다 내각에서 문부대신이 되었고, 그 뒤 최고재판소 장관을 지낸 타나카 코오타로오田中耕太郎는, 마쯔모토의 인물과 학문에 관해 이렇게 말하고 있다.

〔마쯔모토 선생은 성질이 조급했기 때문에〕 낚시 같은 느긋하게 즐기는 오락에는 흥미를 가질 리가 없다. 그렇다고 해서 바둑이나 장기와 같은 내기도 싫어한다. 이것은 극단적으로 지기 싫어하는 성격의 소산이다. 그러나 세 끼 밥보다 좋아하는 법률론이나 소송사건은 필경 내기 아닌가? 분명 그것은 내기에 틀림없다. 그러나 선생은 이 내기에서는 누구에게도 지지 않을 자신이 있었고 항상 승리는 자신 편에 있다고 확신하고 있었기 때문에, 유일한 스포츠로서 즐긴 것이다. 소송에서 졌다고 해도, 그것은 재판관의 머리가 나쁜 탓으로 돌릴 수 있는 것은 물론이다.

······ 선생의 헌법의 성격에 관한 전망이 GHQ 측의 방침과 정면으로 충돌하여, 실컷 불쾌한 경험을 하고, 선생의 입장에서 볼 때 비극적인 결과로 끝난 것도, 그런 데서 유래한 것은 아닌가라고 생각한다. 선생의 헌법에 대한 관념은 19세기적, 순법률적, 소극적인 것이었다. 하지만 시대가 요구하는 헌법은 내용적인 정치원리를 가지고, 정당의 최대공약수를 제시하는 것이 아니면 안 되었다. 그러나 설령 선생이 충분히 적임이 아니었다고 해도, 그 이외에 누가 그런 요구를 충족시킬 수 있었을까? 선생의 사고방식이나 머리 쓰는 방식은 사회과학적 또는 철학적, 사상적이라기보다는 자연과학적이라는 느낌이 든다. 그것은 아마도 부친이자 탁월한 기술가인 공학박사 마쯔모토 소오이찌로오松本莊一郎로부터 물려받은 소질일 것이다.[34]

마쯔모토는 분명 논리('머리가 좋다')와 법기술(법해석)이 법률가가 갖추어야 할 자질의 전부라고 생각한 듯하다. 새로운 시대의 획을 긋는 인권사상 따위는 법률가에게는 아무래도 좋은 것이고, 모든 것은 지금 존재하는 '조문'에서 출발하여, 그 다음은 천황제 이데올로기 아래에서 그것을 의심하지 않고, 그것에 의해 보호되면서 살아가는 것에 어떤 의문도 가지지 않았던 듯하다. 그러나 GHQ와의 '내기'에 진 것은 역시 만년에 이를 때까지 용서하기 어려운 일이었던 듯하다. 미야자와 토시요시는 만년의 마쯔모토의 이야기를 이렇게 전하고 있다. "마쯔모토 선생이 절절하게 말씀하셨습니다. 나로서는 일본 국민을 실제로는 잘 모르겠다, 진정으로 사리를 알고 있는지 모르겠다라고. 요컨대, 자신은 일본 국민에게 꾸지람을 들어서는 곤란하다고 생각했기 때문에, 예를 들면 주권은 국민에게 있다는 따위의 천황주권을 부정하는 그런 단어는 사용하지 않도록 한 것이다라고."[35]

재판에서 지면 재판관의 머리가 나쁘다고 말한 마쯔모토가, GHQ에게 지고서 일본 국민이 모른다, 국민을 위해 천황주권으로 한 것인데라고, 아무리 봐도 국민이 나쁘다는 듯이 말한 것은 실로 흥미로운 일이다. 생각해보면 그도 그럴 터이다. '머리가 나쁜' 국민의 사정 따위 마쯔모토가 진심으로 생각한 적이 있었던 것일까? 당시의 국민이 천황주권 따위는 바라지 않았다는 것은 신문 발표의 여론조사를 보면 일목요연했던 것 아닌가? 마쯔모토안과 같이 메이지 헌법과 마찬가지의 천황의 지위를 바란 자는 겨우 16퍼센트에 지나지 않았고, 약 반수는 "도의적 중심"으로서의 지위를 바라고 있었던 것이다.[36] 민간의 여러 초안도 주류는 국민주권이었다는 것은 확실하다. 타카노 이와사부로오나 스즈키 야스조오가 GHQ안과 상당히 가까운 민간 초안을 기초할 수 있었던 것은, 전쟁 전과 전쟁 중을 통해 그들이 권력의 탄압에 저항하고, 억압으로 고통받는 사람들의 생활과 인권을 옹호하고, 그렇게 하기 위한 학문을 해왔기 때문에 다름 아니다.

근대 헌법을 기초하는 것, 그것은 실로 억압으로 고통받는 사람들의 인권을 보장하는 것 이외의 그 무엇도 아니다. 그 입장을 꿋꿋하게 관철하는 사상을 가지지 못한 인간에게 '헌법제정의 아버지Founding Father'가 될 자격은 없었던 것이다.

미야자와 토시요시의 '혁명'

그런데 또 한 사람의 법학자—법학자라기보다는 여기에서는 헌법학자 미야자와 토시요시라고 불러야겠지만—미야자와는 어떻게 하고 있었던 것일까? 미야자와는 2월 중순 무렵부터 헌법개정에 관해 종래와는, 다시 말해 헌법문제조사위원회에서 마쯔모토 을안의 기초에 착수했을 무렵과는 전혀 다른 생각을 가지기 시작했다. 그 생각의 일단은 잡지 『개조改造』 1946년 3월호에 「헌법개정에 관해」라는 제목으로 공표되었다. 이 글은 미야자와 자신이 그 속에서 "이 원고가 세상에 나갈 무렵에는 이미 정부 개정안의 내용도 공표되어 있을 것이다"[37]라고 서술하고 있는 것처럼, 2월 단계에서 써서 3월 6일(정부 초안 요강 공표) 후에 발표된 것이라고 추측된다. 이 글에서 미야자와는, 마쯔모토 을안의 기초자라는 사실을 아는 사람이 보면 청천벽력으로밖에 생각할 수 없는 헌법개정의 이념을 주장했다.

> 이번 헌법개정의 이념은 한마디로 말하면 **평화국가의 건설**일 것이라고 생각한다.
>
> …… 일본을 진정한 평화국가로서 재건한다는 이념을 관철한다면, 현재의 군의 해소를 단지 일시적인 현상으로 삼지 말고, 일본은 영구히 완전히 군비를 가지지 않는 국가—그것만이 진정한 평화국가이다—로서 나아간다는 큰 방침을 확립할 각오가 필요하지 않을까라고 생각한다.
>
> 가장 나쁜 것은, 진정으로 평화국가를 건설한다고 하는 높은 이상을 가지지 않고, 포츠담 선언 이행을 위해 어쩔 수 없이 어느 정도의 헌법개정을 해서 이 국면을 호도하려고 생각하는 것이다. 이런 사고방식은 종종 '관료적'이라고 형용된다. 사실 관료는 이런 사고방식을 취하기 쉽다. 그러나 그래서는 안 된다. 일본은 맨몸으로 다시 시작해야 할 때이다.(강조는 모두 원문)[38]

실로 GHQ안의 '전쟁의 방기' 그 자체가 아닌가? 실제로 미야자와 자신이 GHQ안을 "몇 분간 들여다보았다"[39]고 말한 사실에 비추어보아도, GHQ안을 알고 쓴 것만은 틀림없을 것이다. 이 논문에 관해 에토오 쥰江藤淳은, 남몰래 GHQ안을 들여다보고 쓴 미야자와의 전향성명인 듯이 평가하며 미야자와를 비판했지만[40](다만 에토오의 비판의 진정한 대상은 미야자와 헌법학을 이어받은 '후진' 학자들인 듯하지만), 이 점은 좀 더 냉정하게 살

퍼볼 필요가 있을 것이다.

GHQ안을―그토록 비밀사항이었음에도―정부 초안 발표 전에 볼 수 있었던 것은 특별히 미야자와만은 아니었기 때문이다. 예를 들면 스에히로 이즈타로오(토오쿄오 대학 교수이자 당시 노동3법의 입안을 담당한 노무법제심의회 위원)가 앞서 언급한 '토오쿄오 제국대학 헌법연구위원회'(1946년 2월 14일 설립, 위원장 미야자와 토시요시) 석상에서 "맥아더 초안이라는 것이 제시되었다"고 말해 "일동이 아연실색"했다고 당시 위원의 한 사람이었던 타나카 지로오(행정법)는 말하고 있고,[41] 또 하니 세쯔코羽仁說子는 한층 구체적으로 민주인민전선세화인회民主人民戰線世話人會 준비회의 모습을 이렇게 말하고 있다.

> 세화인회가 준비회라는 이름으로 시작된 것은, 때마침 일본 정부가 제출한 헌법 초안에 질린 사령부가 스스로 초안을 제시하게 되었을 때인데, 그 초안은 아직 공표된 것이 아니라, 세화인의 한 사람인 스에히로 이즈타로오 선생이 그 초안을 가지고 오셔서 모두의 앞에서 조문별로 읽고, 거기에 대해 좌장인 야마카와 히토시山川均 선생, 공화헌법의 타카노 이와사부로오 선생 등이 잇따라 문제제기를 하고, 스에히로 선생에게 사령부 측에 주의를 주기 바란다고 말씀하셨습니다. 헌법이 만들어지는 귀중한 한 순간을 저는 소상하게 공부했습니다.[42]

GHQ의 입장에서 보면, 그토록 비밀로 했기 때문에 스에히로의 행동은 다소 경솔했다고 하더라도, GHQ안을 특별히 미야자와만이 고의로 남몰래 본 것이 아니라, 당시 노무법제심의회의 위원으로서 노동기준법안의 기초에 관계하고 있던[43] 스에히로와 같이 헌법에 직접 관련을 맺는 입장

(스에히로의 경우는 노동기본권, 노동3권)에 있었고, 또 지도적 지식인이었던 미야자와, 그리고 스에히로에게 의견을 듣기 위해 GHQ가 일부러 사전에 보여주었다는 것은 충분히 생각할 수 있는 일이다(GHQ가 의회에 상정하기 이전에 정치지도자, 지식인에게 의견을 청취한 것에 관해서는 후술한다).

어쨌든 미야자와는 『개조』의 논문을 통해 마쯔모토 을안으로부터 GHQ안으로의 전후 헌법이념의 대폭적인 변경을 표명하였고, 이어서 그 법리에 의미를 부여했다. 그것이 『세계문화世界文化』 5월호에 발표된 「8월혁명의 헌법사적 의미」[44]였다.

여기에서 우선 미야자와는 "〔GHQ안을 토대로 한 정부 초안 중〕 가장 중대한 것은 말할 것도 없이 국민주권주의 혹은 인민주권주의이다"라고 하면서, 정부안이 "신칙주의神勅主義로부터 국민주권주의"로 바뀌었다는 점을 들었다. 그러면 그 근거는 무엇인가? 미야자와는 그 근거를 포츠담 선언, 그중에서도 "일본의 최종적인 정치형태는…… 일본 국민의 자유롭게 표명된 의사에 의해 정해져야 한다"(12항)라는 부분에서 구했다. 그리고 이와 같은 변혁은 "원래 일본 정부가 합리적으로 할 수 있는 한도 내의 것이 아니었다. 천황의 의사로써도 합법적으로 할 수 없을 터였다. 따라서, 이 변혁은 헌법의 입장에서 말하면 하나의 혁명이었다고 생각하지 않으면 안 된다"[45]라고 해서, 나중에 유명해지고 오늘날에도 여전히 여러 면에서 논의되고 있는 '8월혁명설'을 주창했다.

그런데 이와 같은 미야자와의 전후 인식, 신헌법이념으로의 변화는 어떻게 설명되어야 하는 것일까? 전전의 미야자와의 학설을 검토한 결과 "8월혁명설을 주창하기 위한 제반 준비는 전전의 미야자와 학설에서 거의 완전하게 갖추어져 있었다"[46]라는 견해도 있지만, 이러한 미야자와의 일관성이 입증되면 될수록, 그러면 왜 그 '도구'를 좀 더 빨리 사용하지 않고 '8

월혁명'이 일어난 지 8개월이나 되어서 '8월혁명설'이 나온 것인가라는 의문은 강해진다. 이 점에 관해 우카이 노부시게鵜飼信成(패전 때까지 경성제국대학 교수, 그 직후 토오쿄오 대학 사회과학연구소의 교수가 됨)는 "전해들은 이야기이다"라고 하면서 '8월혁명설'이 나온 배경을 이렇게 소개하고 있다.

> …… 토오쿄오 대학 법학부에서는 헌법연구회(아마도 토오쿄오 제국대학 헌법연구위원회를 가리키는 것이라고 생각된다—인용자 부기)를 조직해서 헌법의 새로운 형태에 관해 연구를 시작했다. 장로와 신진 학자들이 해방된 자유로운 분위기 속에서 거침없이 논의를 주고받으며 낡은 일본이 망해버린 것을 절실하게 느끼고 있을 때에, 정치사상사 전문가인 마루야마 마사오丸山真男 교수가 이런 발언을 했다. 일본국헌법의 기본 원리는 8월 14일로 붕괴되고 대신에 새로운 기본 원리가 탄생한 것이 아닌가, 역사적으로 말하면 이것은 8월혁명이라고 부르는 것이 옳은 것이 아닌가라는 것이었다(다만 필자는 이 연구회의 멤버가 아니었기 때문에, 이것은 전해들은 이야기이다).[47]

나아가 우카이는 다른 논문에서, "혁명이라는 관념은 헌법, 특히 실정 헌법 속에는 존재할 여지가 없고, 주로 정치학자의 관심사이다"[48]라고 지적한다. 이 지적은 참으로 그렇기도 하다고 생각되는 것이다. 마루야마는, 그것이 아무리 좋은 아이디어이더라도, 정치학자로서 이 '8월혁명설'을 공표할 생각은 없었을 것이다. 그것은 태풍이 지난 뒤에 '그건 태풍이었다'고 하는 일기예보관의 해설 이상으로 우스꽝스러운 이야기가 될 것이었기 때문이다. 그래서 논리해석을 업으로 삼는 법학자가, "헌법적으로 말하면, 하나의 혁명"(강조는 인용자)이라고 하는 논리의 세계에 한정해서 법리해석의 문제로서 법학전문지가 아닌 종합잡지에 발표한 것이 아닐까?

나아가 미야자와가 마루야마의 아이디어에 의해 촉발된 그 본질적인 부분은, 결코 전전의 미야자와의 헌법학에 내재적으로 존재했던 것이 아니라 아래와 같은 점령정책과도 관련된 미야자와의 점령체험에 따른 것이라고 생각된다. 이미 서술한 것처럼, GHQ가 코노에에게 헌법개정의 시사를 한 '모색의 시작'의 시절도 있었고, 그 시점에서는 미야자와의 입헌주의적 메이지 헌법 해석은 존재이유가 있었다. 그런데 FEC가 움직이기 시작한 시점부터 GHQ의 동향은 크게 변화하게 되는 것이다.

즉, 1945년 말의 단계에서는 "천황 및 일본국 정부의 국가통치 권한은…… 연합국 최고사령관의 종속 아래 놓인다"라는 「항복문서」의 규정에 따른 간접통치의 형태가 전면에 내세워져 있었지만(게다가 외무성의 번역에서는 "종속 아래"라는 부분은 "제한 아래"였다), 그러나 이것은 절대적인 것은 아니었고, 「항복 후 미국의 초기 대일 방침」[49]에서는 "천황 또는 다른 일본국의 권력자가…… 최고사령관의 요구를 만족시키지 못하는 경우에는…… 직접 행동"하는 경우도 있을 수 있다고, 다시 말해 직접점령과 다름없는 통치형태를 정하고 있었다.

결국 GHQ는, 미야자와까지 포함해서 헌법문제조사위원회가 포츠담 선언이나 점령정책을 이해하지 못하여 "최고사령관의 요구를 만족시키지 못하는" 단계에 이르러, 2월 13일 이후의 상황에서 확인된 것처럼 "직접행동"에 나선 것이다. GHQ의 입장에서는, 본래 '간접통치' '직접통치'라는 국제법상의 개념이 있는 것도 아니고, 실제로 이 양자 사이에 엄연한 차이가 있는 것도 아니었다.

게다가 GHQ는, FEC와의 관계, 헤이그 육전법규 43조의 해석에 관한 주저(이것은 마지막까지 따라다닌 문제였던 것으로 생각된다), 나아가서는

GHQ 내부의 갈등도 있어서, 2월 1일 이후의 결단 속에서 이미 서술한 헌법의 기초 쪽으로 나아간 것이다. 이런 가운데 미야자와는 2월 13일 이후의 사태를 간접적으로 당사자로부터 듣기에 이르러, 새삼 포츠담 선언을 고쳐읽고서 그 '혁명성'을 알아채고 재빨리 그것을 공표한 것이 아닐까? 재빠르다는 것 그 자체는 결코 학문적으로 부정한 것은 아니다.

그렇다고는 해도, 헌법학자인 히구찌 요오이찌樋口陽一가 지적하는 것처럼, "'8월혁명설'의 주창자 자신도 1945년 8월의 시점에서—적어도 1946년 2월, 정부 측 마쯔모토 위원회의 안이 너무나도 수구적이었기 때문에 맥아더 초안의 제시를 불러오게 되기 이전에—그것을 제시할 수 없었다는 의미에서는 책임을 면할 수 없다"[50]고 하지 않으면 안 될 것이다.

게다가 미야자와 자신이 이러한 헌법 초안에 자신이 관여한 데 대한 사상적 총괄을 하지 않았을 뿐만 아니라, 마쯔모토 위원회에의 관여를 후진 헌법학자에게 "마쯔모토 위원회에는 중간부터 그다지 열심히 가지 않게 되었기 때문에, 자신은 이름뿐이라는 의미"[51]의 이야기를 한 것은, 역시 비판되지 않으면 안 될 것이다. 또, 일반적으로 헌법학자들로부터는 미야자와가 전후에는 일관되게 호헌의 입장을 취했다는 식의 평가가 내려지는 경우가 많지만, 미야자와가 그러한 입장을 취하는 것은 상당히 시간이 지난 후의 일이며, 자유당 헌법조사회에서 "〔헌법 9조 개정 문제에 관해〕 나도 여러 가지 생각하고 있습니다만, 이렇게 하지 않으면 안 된다, 이렇게 하면 일본의 장래는 안전하다든가······ 가장 위험이 적은 길이라는 것을 확신을 가지고 말씀드릴 자신은 없습니다"[52]라고 증언한 시기도 있었던 것이다.

꽤 많이 옆길로 빠져버린 듯하다. 어쨌든 미야자와는 마쯔모토처럼 옥쇄하지 않고, 마쯔모토보다 다소 빨리 '패전'을 깨닫고 '전후 처리'에 대비한 것이었다.

2월 13일부터 약 20일간 일본 정부는 긴 터널을 지나 어쨌든 정부의 헌법개정 초안 요강을 발표하기에 이르렀다. 그런데 요강 발표 직전, 저 철야의 절충을 끝낸 후, 다시금 GHQ안의 일본화를 시도했다. 그것은 외국인의 인권 보장 규정에 관한 것이었다.

요강 발표 전날인 3월 4일 한밤중에, 사토오 타쯔오는 외국인의 인권 규정에 관해 GHQ와 합의를 보았다. 즉, "모든 자연인은 일본 국민이든 아니든 묻지 않고 법률 아래 평등하며, 인종·신조·성별·사회적 신분 혹은 문벌 또는 국적에 의해 정치적, 경제적 또는 사회적 관계에서 차별받지 않는다"라는 것이 그것이었다. 그런데 사토오는 불만이었다. 위의 조문으로부터 "일본 국민이든 아니든 묻지 않고"와 "국적", 이 두 부분을 삭제하고 싶었다. 그래서 수상 관저에 돌아온 후 곧, 한편으로 다음날의 요강 발표를 위해 확정안을 작성하느라 분망하고, 다른 한편으로 각의가 열리고 있는, 실로 전쟁터나 다름없는 관저에서 GHQ에 전화를 걸었다.

직접적인 교섭은 영어를 잘하는 시라스가 맡았다. GHQ 측은 이 제안을 선선히 받아들여, "모든 사람은 법 아래 평등하며…… 사회적 지위 또는 문지門地에 의해……"라고 하기로 합의되었다.[53] 그래서 초안에서 직접 외국인의 인권을 보장하는 규정은 모두 사라졌다. 적어도 이 조문에 관한 한, GHQ안과는 전혀 다르며 완전히 일본화되었다고 할 수 있을 것이다. 삭제를 할 때 일본 측이 어떻게 제안했고 GHQ가 왜 납득했는지에 관한 확실한 자료는 없다. 다만 이 헌법이 시행되기 전날(1947년 5월 2일), 재일조선인의 단속을 목적으로 한 외국인등록령(최후의 칙령)이 공포된[54] 것을 생각하면, 이것을 위해 외국인의 인권 보장 조항을 삭제한 것이 아닐까라고 생각된다.

제8장 초안 요강의 발표

초안 요강과 칙어

이렇게 발표 직전까지 '일본화'가 시도된 후, 3월 6일 「헌법개정 초안 요강」
이 발표되었다. 신문 등에 게재된 것은 다음날인 7일이었다.

국민의 입장에서 보면, 정부의 헌법 초안은 2월 1일의 『마이니찌 신
문』 특종기사 이래 알려진 바가 없었기 때문에, 겨우 한 달 만에 같은 시데
하라 정권하에서 급변한 헌법 초안에 접하고 상당히 놀랐음에 틀림없다.
요코타 키사부로오橫田喜三郎(당시 토오쿄오 대학 교수, 국제법)는 그 심정
을 신문에 "아마도 모든 사람이 놀랐을 것이다. 너무나도 과감한 개정안이
라는 사실에"[1]라고 썼다.

그러나 정부도 발표를 할 때 GHQ와의 관계를 완전히 부정한 것은 아
니다. 시데하라 수상은 요강 발표에 즈음한 천황의 칙어勅語에 이어 「근
화謹話」를 발표했는데, 거기에서 그는 천황이 "비상한 결단으로" 헌법개정
을 결의했다고 말한 다음, 마지막으로 아래의 한 문장으로 그 「근화」를 맺
고 있다. "이에 정부는 연합국 총사령부와 긴밀한 연락을 취하면서 헌법개
정 초안의 요강을 발표합니다."[2]

맥아더도 동시에 성명을 발표했는데, 이 성명은 첫머리부터 아래와 같이 시작된다. "나는 오늘 내가 전면적으로 승인한 새롭고 또 계몽적인 헌법을 일본 국민에게 제시하고자 하는 천황 및 일본 정부의 결단에 대해 성명을 발표할 수 있게 된 데 대해 큰 만족을 표한다. 이 헌법은 5개월 전에 내가 내각에 대해 발한 최초의 지령 이래, 일본 정부와 연합군 최고사령부 관계자 사이의 고난에 찬 조사와 여러 차례에 걸친 회합 후에 기초된 것이다."[3]

어느 쪽도 GHQ와의 관계를 부정하지 않았다. 차이라면 시데하라가 천황을 전면에 내세우고 GHQ와의 "긴밀한 연락"을 마지막에 둔 데 대해, 맥아더는 첫머리부터 자랑스럽게 GHQ와의 관계를 언급하며 "만족을 표한" 것 정도이다.

그런데, 수상의 「근화」와 맥아더의 「성명」에 더하여, 동시에 천황의 「칙어」가 게재되어 있었다는 사실도 잊어서는 안 된다.

「칙어」 성립의 불가사의

당시의 신문을 보면 이 칙어는 모든 신문에 반드시 게재되어 있다. 헌법개정의 정부안을 추밀원에 자순諮詢할 때는 조서詔書를 발할 필요가 있었지만, 초안 요강을 발표할 때는 조서를 발할 필요가 없었다. 그래서 조서와는 달리 법적 구속력이 없는 칙어를 발표하게 되었다고 생각되지만, 이 칙어의 내용이 헌법제정으로부터 반세기가 지날 때까지 역사적으로 되새겨진 적은 한 번도 없었다.

그다지 긴 문장이 아니므로, 여기에 전문을 소개하기로 하자.

짐은 앞서 포츠담 선언을 수락함으로써 일본국 정치의 최종 형태는 일본 국민이 자유롭게 표명한 의사에 의해 결정되어야 하도록 된 것을 되돌아보고, 일본 국민이 정의의 자각에 의해 평화로운 생활을 누리고 문화의 향상을 바라고, 나아가 전쟁을 방기하여 우의를 만방에 세울 결의임을 고려하여, 다름 아닌 국민의 총의를 기조로 하고 인격의 기본적 권리를 존중하는 주의에 따라 헌법에 근본적인 개정을 가함으로써 국가 재건의 기초를 정하기를 바란다. 정부 당국은 짐의 뜻을 잘 받들어 반드시 이 목적을 달성하도록 하라.

이 칙어를 읽고서 바로 생각하게 되는 것은 용어상의 문제이다. 누가 보아도 이상하다고 생각하게 되는 것은 아래의 표현이다. "인격의 기본적 권리를 존중하는 주의." 들어본 적이 없는 일본어가 아닌가? 나아가 "근본적인 개정"이라는 표현도 걸린다. 정부 초안이 의회에 상정된 6월 20일의 조서에서는 "헌법의 전면적 개정"이라는 표현이 사용되었다. 확실히 "헌법의 전면적 개정"이라는 일본어 표현은 일반적이지만, "헌법에 근본적인 개정을 가"한다는 표현은 쓰지 않는다.

그뿐만이 아니다. 첫머리에 "포츠담 선언을 수락함으로써"라고 되어 있는데, '포츠담 선언'이라는 표현은 일반적으로는 잘 사용되지만, 조서나 칙어에서는 거의 쓰이지 않는다. 이것은 다른 칙어 등과 비교해보면 확인할 수 있는 것이다. 예를 들면 일본의 패전은 곧 포츠담 선언의 수락에 다름 아닌데, 그때 발표된 「종전의 조서」에서는 "미국 · 영국 · 지나支那 · 소련 네 나라에 대해 그 공동선언을 수락한다"라고 하여, '포츠담 선언'이라는 표현은 피하고 있다. 칙어 중에는 확실히 '포츠담 선언'을 사용한 것도 꽤 있지만, 그 경우에는 반드시 격자를 붙여 「포츠담 선언」이라고 쓰고 있다. 아마도 칙어가 모두 한자와 카타카나에 의한 표기였기 때문이라고 생각되는데, 격자를 붙이지 않고 '포츠담 선언'을 표기한 예는 매우 드물다. 요컨대 이 칙어는, 용어를 충분히 음미하지 않고서, 게다가 칙어의 용례 등을 잘 알지 못하는 사람의 손에 의해 작성되었다고 생각하지 않을 수 없는 것이다.

그래서 이 칙어의 작성 과정을 검토해보기로 한다. 이 칙어의 작성에 관해 상당히 상세하게 언급하고 있는 것은 이미 인용한 『아시다 히토시 일기』이다. 아시다에 따르면, 아시다는 자신이 이 칙어를 발표하기 전날의 각의, 즉 초안 요강을 결정한 3월 5일의 각의에서 칙어를 낼 것을 제안했다고 한다. 그는 "나는 이 기회에 칙어로써 전쟁 방기, 평화 애호에 대한 폐하의 생각御思召을 밝히는 것이 국내외에 주는 영향이 클 것이라고 생각하여, 원안의 마지막 항에 아래와 같은 자구를 삽입하도록 제안했다"고 적고, 원안을 싣고 있다.

세계의 인류는 정의와 신의에 의해 평화로운 생활을 누리고 문화의 향상을 바라는 마음이 매우 절실하다고 믿으면서, 일본 국민은 자진해서 전쟁을 방기하여 우의를 만방에 구함으로써 일본국의 명예로운 지위를 신속하게 회복할 것을 염원한다. 이를 위해 기본적 인권을 존중하고 우리 국민의 총의를 기조로 하는 국헌을 제정하여 국가 재건의 기초로 삼기를 바란다. 정부는 짐의 뜻을 잘 받들어 반드시 그 목적을 달성하도록 할 것이다.[4]

그런데 이 안은 위의 칙어의 첫 2행 "짐은……되돌아보고"를 제외하면 칙어와 거의 비슷한 내용이 된다. 그렇다면, 아시다의 기술에 따르면 이 안은 "원안의 마지막 항에 아래와 같은 자구를 삽입"한 것이기 때문에, 원안은 겨우 첫 2행이었다는 얘기가 된다. 이것은 너무나도 부자연스럽다고 하지 않을 수 없다. 애당초 아시다는 칙어를 작성할 입장이 아니었다. 나중에 제국의회에서 헌법개정에 깊이 관여하는 것은 뒤에서 서술하는 대로지만, 그는 이 시점에서는 후생대신에 지나지 않았다. 한편, 이리에 토시오 법제국 차장은, 법제국의 이시구로 타케시게石黑武重 장관과 이리에 차장이 "연필로 휘갈겨 써서, 이시구로 장관이 구두로 각의에 자문을 구하고, 아시다 후생대신 등의 각료가 자구를 수정하여, 사토오 내각서기관이 칙어안을 작성했다"고 한다.[5]

법제국에서 칙어의 원안이 만들어졌다는 것은 납득할 수 있는 일이고, 아시다의 기술과도 일치한다. 요컨대, "짐은…… 되돌아보고"를 제외한 부분이 원안이고, 아시다의 기술처럼 "짐은…… 되돌아보고"를 제외한 부분을 모두 아시다가 "삽입"한 것이 아니라, 이리에가 말하는 것처럼 원안의 "자구를 수정"한 것이 아닐까?

이렇게 해서 작성된 칙어안을, 그날 밤에 시데하라 수상과 마쯔모토 국무대신이 헌법개정 초안 요강과 함께 지참하고 천황을 배알했다. 한편, 영역문의 작성이 동시에 이루어졌다. 이것은 외무성의 오쿠무라 카쯔조오 통역관과 휘트니, 허시 사이에서 이루어졌으며, 시데하라 문서에 따르면 칙어의 첫 2행, 즉 "짐은…… 되돌아보고"라는 부분은 GHQ와의 교섭 과정에서 추가된 것으로 되어 있다. 이 사실에 비추어보면, GHQ 측에서는 천황이 포츠담 선언과 그것이 요구하는 국민주권을 자신의 의사로 이행한다는 점을 확인하는 의미에서 그 부분을 칙어에 추가할 필요가 있다고 생각했던 것이라고 판단할 수 있다. 그 외에도 "근본적인 개정" 등의 자구가 추가되었다. 이 교섭은, 당사자의 면면으로 볼 때, 당연히 모두 영어로 이루어졌음에 틀림없다.

이와 같은 칙어의 작성 방식은 GHQ의 입장에서 보면 결코 이상한 것이 아니었다. 왜냐하면, 겨우 3개월 전인 1946년 1월 1일의 「인간선언」(조서)도 GHQ와 일본 정부의 합작이었기 때문이다.[6] 게다가 이 「인간선언」은 미국을 비롯한 연합국의 호평을 받았다.

쇼오와 천황은, 이 「인간선언」에서 천황이 메이지 헌법 아래에서 "살아 있는 신現御神"으로 일컬어져온 것은 "가공의 관념"에 기초하는 것이라고 하여, 과거의 자신의 지위를 부정했다. 맥아더를 비롯한 GHQ 간부는, 일본의 천황제가 바뀌었다는 것을 천황 자신의 입으로 말하게 하는 것이 미국을 비롯한 연합국을 납득시키는 가장 좋은 방법이라는 사실을 이 시점에 알았음에 틀림없다.

이렇게 일본 측이 작성한 칙어 원안에 대해 영역을 토대로 교섭이 진행되었고, 그 결과 칙어가 확정되었을 때에는 그것은 영문으로 되어 있었다고 생각된다. 그래서 이 영문에 기초하여 일본어 칙어가 만들어지게 된 것이다.

그런데, 시간이 없다는 사정도 있었고, 게다가 법제국이나 궁내성에서 용어나 문체를 퇴고할 여유도 없었다고 생각된다. GHQ가 제안했다고 하는 위의 첫 2행의 영문이 the ultimate form of Japanese Government이기 때문에 이것을 "일본국 정치의 최종 형태"라고 해버린 것이 아닐까? 포츠담 선언 등의 외무성 번역은 모두 "일본 정부의 최종 형태"라고 되어 있다. 또 이미 지적한 일본어로는 이해하기 어려운 부분의 경우도, "인격의 기본적 권리"는 the fundamental human rights이기 때문에 '기본적 인권'이라고 해야 했던 것이다. 나아가 "근본적 개정"도 영문은 be revised drastically이기 때문에, 번역 그 자체는 틀린 것이 아니라 하더라도, 다른 공문서에서 사용되고 있는 일본어를 생각하면 "전면적 개정"이라고 해야 했던 것이다.

시종차장의 일기에서

그런데, 위의 3월 5일 밤의 배알에 관해서는 키노시타 미찌오木下道雄 시종차장侍從次長이『측근側近 일지日誌』에서 상세하게 기술하고 있는데, 키노시타는 그날의 일기에서 단지 배알의 사실뿐만 아니라 GHQ가 헌법개정을 서두른 이유까지 상당히 확실하게 적고 있다.

위의 배알은 헌법개정에 관한 것인데, 이렇게도 급하게 이루어진 것은, 일전에 나온 요미우리讀売의 기사, 이것은 히가시쿠니노미야가 외국인 기자에게 말한 폐하의 퇴위 문제에 관한 것. 즉, 천황에게는 퇴위의 의사가 있다는 것, 황족이 모두 이에 찬성한다는 것. 이것이 지금까지 애써 노력한 M의 수고를 헛되게 하는 것이 되기 때문에, M사령부가 안달이 나서 한시라도 빨리 일본으로 하여금 민정民定의 민주화 헌법을 선언하게 하여, 천황제에 반대하는 세계의 분위기를 방지하고자, 한시라도 빨리 이것을 발표하라고 다그친 데 따른 것이다.

처음에는 11일까지 마쯔모토 시안을 발표하면 되는 것으로 되어 있었지만, 이렇게 되어서는 그때까지 기다릴 수 없으니 미국 측이 만든 원안을 채용하든지, 그렇지 않으면 Emperor의 person의 보장도 불가능하다는 강경한 담판.[7]

문장 속의 "M"은 맥아더의 첫 글자. "요미우리의 기사"란 2월 27일자로 AP통신 토오쿄오 특파원 러셀 브라인즈Russell Brines가 "궁내성의 어느 고관과 회견"해서 쓴『요미우리 호오찌報知』의 기사로, "천황의 퇴위에 관해" "황족은 모두 찬성, 반대파는 수상과 궁내대신" "궁정의 대립 확연해져"라는 제목이 붙은 것이었다.

『측근 일지』는 「헌법개정 초안 요강」을 서둔 이유가 천황의 퇴위 문제였다는 사실을 확실하게 기록하고 있고, 게다가 당초에는 「요강」(일지에서 말하는 「마쯔모토 시안」)의 발표일을 맥아더 측이 11일이라고 생각하고 있었다는 사실도 기록하고 있다. 요컨대 맥아더는 2월 26일에 극동위원회가 설치되는 것과 관련해서 헌법제정을 서둘렀는데, 시차를 생각하면 극동위원회가 설치된 바로 그날 일본의 신문에 천황의 퇴위 문제가 보도되었기 때문에 한층 더 헌법의 제정을 서둘렀다는 것이 된다.

『측근 일지』는 요미우리의 기사 내용이 "히가시쿠니노미야가 외국인 기자에게 말한" 것이라고 적고 있지만, 요미우리의 기사에는 그렇게 적혀 있지 않다. 말한 사람은 "궁내성의 어느 고관"이라고 되어 있다. 게다가 매우 구체적으로, 천황 자신이 "적당한 시기에 퇴위하고자 한다"는 의사를 가지고 있다는 것, 그것은 "전쟁책임을 지기 위해서"라는 것, 그때는 황태자가 황위를 계승하기 때문에 찌찌부노미야秩父宮가 "섭정攝政 보좌"가 되어야 하지만, 병약하기 때문에 타카마쯔노미야高松宮가 그 자리에 취임하게 될 것이라는 것까지 보도되어 있었다.

이 보도는 적어도 쇼오와 천황 자신의 의향은 올바르게 담은 것이었던 듯하다. 『측근 일지』는 3월 6일의 기술 부분에서 "(천황은) 퇴위에 관해서는, 퇴위하는 편이 자신은 편하게 될 것이다. 오늘날과 같은 곤경을 맛보지 않아도 되겠지만, 찌찌부노미야는 병중이고, 타카마쯔노미야는 개전론자인 데다 당시 군의 중추부에 있었기 때문에 섭정으로는 부적당. 미카사노미야三笠宮는 어리고 경험이 없다고 말씀"이라고 적고 있다.

헌법을 하루라도 빨리
나아가 『측근 일지』는 천황 퇴위에 관해, "이것이 지금까지 애써 노력한 M

의 수고를 헛되게 하는 것이 되기 때문에, M사령부가 안달이 나서"라고 적고 있다. 이 "M의 수고"란 말할 것도 없이 천황의 전쟁책임을 면책하기 위한 맥아더의 "수고"이다. 영연방 구성국인 오스트레일리아가 천황을 전범명단에 추가해서 연합국전쟁범죄위원회에 제출한(1946.1.22) 데 대해, 맥아더는 1월 25일에 천황이 일본의 정치적 결정에 관여한 증거는 없다는 진언을 본국 정부에 보냈다. 물론 이 내용이 천황 측에 전달된 것은 한참 뒤인 3월 20일이었지만, 맥아더에게 3월 초라는 시기는 5월부터 시작되는 토오쿄오 재판에 대비해서 천황을 기소하지 않고 전범에서 제외하는 데에 가장 중요한 시기이기도 했다. 물론 천황 측으로서도 가장 긴장된 시기였음에 틀림없다.

3월 2일에는 각국 검사·검사보로 구성된 집행위원회가 조직되었고, 4일부터 집행위원회의 첫 회의가 열렸고, 다음날인 5일에는 피고인의 수는 20명을 넘기지 않는 선에서 15명이 바람직하다는 합의가 이루어졌으며, 11일의 회의부터 피고인 선정이 시작되었다.[8]

또 쇼오와 천황은, 아마도 토오쿄오 재판에 출정出廷하게 되는 경우에 대비한 준비라고 생각되는데, 3월 18일부터 측근이자 궁내성 고요오가카리인 테라사키 히데나리寺崎英成 등에게 자신의 전쟁 관여에 관해 이야기하여 기술하게 했다. 테라사키의 3월 18일자 일기에는 "폐하 와병 중이다"라고 적혀 있을 정도로, 궁지에 몰린 가운데서 이루어진 청취였다.[9]

이와 같이 헌법개정 문제를 동시에 진행된 토오쿄오 재판 문제 혹은 연합국의 정세와 겹쳐서 보면, 맥아더에게 헌법개정 초안은 단 하루도 늦출 수 없는 것이었다는 사실을 알 수 있다. 그것은 천황에게 상징이라는 지위를 부여함으로써 퇴위할 생각을 그만두게 하기 위해서뿐만 아니라, 연합국과의 관계에서도, 특히 극동위원회와 토오쿄오 재판 때문에도 필요했던 것이다. 게다가 그것은 천황이 장래에 스스로 적극적으로 평화와 인권을 존중하는 헌법을 만들고자 하고 있다는 사실의 증거로서, 일본 국민에 대해서는 물론 연합국에 대해서도 필요한 헌법이었던 것이다. 나아가 그렇게 하기 위해서는, 전쟁 방기 조항이 담긴 이 초안 요강을 토오쿄오 재판의 피고인 선정 단계에서, 천황의 말인 칙어를 직접 붙여서 발표할 필요가 있었던 것이다. 이러한 의미에서 전쟁 방기 조항은 천황을 전범으로부터 제외하기 위한 전략으로서 헌법에 담겼다고 할 수 있을 것이다.

맥아더가 초안 요강을 연합국에게 알리는 일을 얼마나 서둘렀는지는, 막 완성된 요강을 GHQ가 "당일 즉시 비행기로 미국의 극동위원회에 보내 관계국에게 교부"했다고, 나라하시 와타루 서기장관으로부터 들은 이야기를 이리에가 적고 있는 사실에서도 명확히 알 수 있다.[10]

헌법제정 과정을 생각할 때, 지금까지는 쇼오와 천황의 전쟁책임 혹은 전쟁 방기 조항과의 관계 속에서 검토되지 않았지만, 위의 「하무로 메모」, GHQ안을 일본 측에 전달할 때의 휘트니의 설명, 아시다의 일기에 적힌 시데하라의 각의에 대한 보고, 그리고 키노시타 시종차장의 일기, 이들 기록을 다시 읽어보면, 그 모두가 천황의 전범 문제와 전쟁 방기 조항을 한 쌍으로 이해하여 맥아더의 의도를 설명하고 있다는 사실을 새삼 깨닫게 되는 것이다.

초안 요강에 대한 다양한 반응

외무성 총무국은 초안 요강 발표 직후에 「헌법 초안 요강에 관한 내외의 반응(1)」[11]이라는 제목의 문서를 작성했는데, 이 문서는 국내의 반응을 개관하여 "종래 정부안으로서 항간에 전해진 것과 너무나도 현격하기 때문에 기이하다는 감정을 품"고 있다, "번역이라는 인상을 준다", "천황제 존치와 주권재민 사상의 조화"를 꾀하고 있다는 점에서 "일종의 안도감을 준"다는 것 등을 들었다. 매우 '개관'적이지만, 당시의 국내 반응을 꽤 정확하게 보여주고 있다고 생각된다.

어쨌든 요강에 대한 반응의 최대공약수라면 역시 "당황했다"는 것일 터이지만, 개개의 견해를 분석해보면 완벽한 도식이 그려진다는 점에서는 참 희한하다고 하지 않을 수 없다.

먼저 정당을 살펴보자. 2대 보수정당인 자유당과 진보당은 "원칙적으로 찬성"을 표명했다. 두 당 모두 큰 틀에서는 비슷하기 때문에 자유당의 견해를 소개하면, 그 이유는 초안 요강이 천황제의 호지, 기본적 인권의 존중, 전쟁의 방기를 주 내용으로 하고 있다는 점에서 "이것은 우리 자유당이 발표한 헌법개정안의 원칙과 완전히 일치한다"[12]는 것이었다. 겨우 2개월 전에 자유, 진보 두 당이 발표한, 「메이지 헌법」과 큰 차이가 없는 헌법 초안을 떠올리면, "완전히 일치한다"는 견해가 어디에서 나온 것인지 놀라울 따름이다. 그와 동시에 GHQ안이 처음 정부에 제시된 직후, 요시다 외상을 대신해서 시라스가 휘트니 앞으로 보낸 서한(지프 웨이 편지) 속에서 GHQ안과 마쯔토모 안은 목적이 같다고 설명했던 것을 떠올리지 않을 수 없다.

한편, 사회당은 "포츠담 선언의 충실한 이행과 민주주의적 정치에 대한 열의의 표명"으로서 "찬성의 뜻을 표하는" 한편으로, "천황의 대권에 속하는 사항이 너무 많다"는 등 천황과 의회에 관한 네 가지 점에 대해 주문을 했다.[13]

공산당은 실질적으로 반대의 태도를 표명했고, 역으로 천황제의 폐지, 근로인민의 권리의 구체적 명기 등 5개 항목을 제안했다.[14] 이것은 나중에 6월이 되면 「신헌법 초안」(통칭 「일본인민공화국헌법」)이라는 이름으로 구체적인 제안이 되어 등장한다.

또, 상당히 이른 단계부터 헌법 초안의 기초에 착수하여, GHQ안에 상당한 영향을 미쳤고, 결과적으로는 많은 초안 중에서 정부의 초안 요강(이 경우에는 GHQ안을 포함해도 좋을지 모른다)에 가장 가까운 헌법 초안을 발표한 헌법연구회의 스즈키 야스조오는, 상당히 비판적이었다. 스즈키는 당시 많은 견해를 발표했는데, 가장 총괄적이라고 생각되는 견해를 『요미우리 호오찌報知 신문』에 3월 9일부터 3회에 걸쳐 연재했다.[15] 당연히 장대한 내용이지만, 논점을 들면 아래와 같다.

우선 첫째로 천황의 즉위에 관해, "그때마다 의회의, 국민의 승인 내지 위임을 받아야 한다는 것을 규정"하고 있지 않다는 점을 지적했다. 둘째로 인권에 관해서는, "민족·인종에 의한 차별" 금지 조항이 없고, 경제적 불평등의 시정에 관한 규정이 없고, 노동자의 생존권 규정이 구체적이지 않다는 점을 지적하고, "여성의 해방·향상을 위해서는, 헌법에 더욱 철저하고 구체적으로 규정하는 것이 바람직하다"는 등의 견해를 밝혔다. 그 후 40년간 헌법의 중대한 쟁점이 된 문제들을 초안 요강 발표 다음날 정리했다는 것은, 그저 경이롭다고밖에 표현할 도리가 없다. 그중에서도 전후 30년이 지난 무렵부터 문제가 되기 시작한 '외국인의 인권', '여성의 인권'(게다가 당시에는 '부인의 해방'이라는 용어는 있었어도 "여성의 해방"이라는 용어는 거의 사용되지 않았음에도 불구하고)을, 게다가 모두 '일본화'의 과정에서 삭제된 인권을, 정확하게 지적하고 있다는 사실을 깨닫게 된다. 스즈키는 이후 초안 요강에 대한 헌법연구회의 의견을 정리해서, GHQ 헌법문제담당 정치고문으로 일본에 막 도착한 콜그로브에게 전달했다.[16]

그러면 미야자와 토시요시의 견해는 어땠을까? 미야사와는 우선 초안 요강 전문이 미합중국 헌법과 닮은 점을 지적한 후, 요강의 장점으로서 '인민주권주의', 전쟁의 방기, 사회권을 포함한 인권 존중을 들고, "모든 점에서 8·15 이전의 일본에서는 전혀 발견할 수 없었던 새로운 것을 건설하고자 하는 의향의 표현이며, 신일본의 대헌장이고자 하는 지향을 가진 헌법 초안"[17]이라며 전면적인 찬성의 뜻을 표명했다.

그런데 이와 같은 다양한 반응을 도식화하면 아래와 같은 이야기를 할 수 있지 않을까? 헌법개정에 대해 일찍부터 관심을 가지고 메이지 헌법의 대폭적 혹은 전면적인 개정을 생각하고 있었던 단체·개인은 정부의 초안 요강에 대해 비판적이었고, 반대로 기껏해야 메이지 헌법의 소폭적인 개정을 생각하고 있었던 단체·개인은 정부의 초안 요강을 지지했다고.

이와 같이 「초안 요강」이 발표되고서 겨우 1개월이 지난 뒤, 즉 아직 헌법 초안의 전문이 발표되지 않은 단계인 4월 10일에 전후 첫 번째 총선거가 실시되게 되었다. 분명 이 선거는 중의원의원선거법 개정의 결과 여성이 선거권·피선거권(참정권)을 가진 최초의 선거였지만, 동시에 헌법 초안을 심의하는 의원을 선출하는 선거이기도 했다. 다시 말해 헌법의 관점에서 보면, 이 선거에 의해 일본국헌법은 "일본 국민의 자유롭게 표명된 의사"(포츠담 선언)에 기초하여 제정된 것이 되는 것이다.

그러면 이렇게 중요한 선거를 왜 아직 헌법 초안 전문도 발표되지 않은 상황에서 실시하게 된 것일까? 이 점에 대해서는 뒤에서 서술하기로 하고, 우선 이 선거를 통해 국민이 입후보자와 정당을 선출할 때 헌법 초안이 얼마나 쟁점이 될 수 있었는지를 검토해보기로 하자.

결론부터 말하면, 그다지 쟁점이 되지 못했다고 할 수 있을 듯하다. 헌법조사회가 실시한 한 조사를 소개해두자.[18] "이 조사는, 일정한 추출기준에 따라 홋카이도오 제1구, 후쿠시마 현, 이바라키茨城 현, 시즈오카靜岡 현, 오오사카 부府 제1구, 히로시마広島 현, 에히메愛媛 현 및 후쿠오카福岡 현 제1구 등 8개 선거구의 입후보자 중 선거공보가 남아 있는 535명의 공

보에 실린 정견에 관해 조사한 것이다." 그것에 따르면,

1. 헌법개정 초안 요강을 언급한 것	17.4%
1) 「요강」 지지	12.3%
2) 「요강」 반대	1.0%
3) 지지·반대가 명확하지 않은 것	4.1%
2. 헌법개정 초안 요강을 언급하지 않은 것	82.6%
1) 요강은 언급하지 않았지만 헌법개정은 언급한 것	16.1%
2) 요강도 헌법개정도 언급하지 않은 것	66.5%

이러한 상황에서 헌법제정의회(제90 제국의회)의 중의원의원이 선출
되었다. 선거 결과는 자유당 139, 진보당 93, 사회당 92, 협동당 14, 공산
당 5로, 역시 보수세력의 압도적인 우세였다. 그 결과 다음달인 5월에 요시
다 시게루 내각이 성립되게 된다.

구어로 된 헌법 초안

선거가 끝난 뒤인 4월 17일에 정부 초안의 전문이 발표되었다. 18일자의
신문을 접한 국민은 거기에서 다시금 새로운 시대의 향기를 맡았음에 틀
림없다. 왜냐하면 정부 초안은 요강과 달리, 아니 메이지 이래의 모든 법
률과 달리 구어口語 표기로 적혀 있었기 때문이다. 형법이 1995년에, 상법
이 2005년에 한자와 히라가나에 의한 구어 표기로 바뀌는 등 현재는 많은
법률이 '평이화'되었지만, 이 시점에는 모든 법률이 한자와 카타카나에 의
한 문어 표기였다. 따라서 헌법이 구어로 표기되는 것은 당시로서는 하나
의 법문화 혁명이었고, 그것이 오늘날의 일본국헌법의 보급에 끼친 영향
은 이루 헤아릴 수가 없다.

1980년대 초에 어느 출판사가 일본국헌법의 전문을 상당히 큰 활자로

조판하고 용어의 국어 해석만을 각주로 붙여 『일본국헌법』이라는 제목으로 발매해서 베스트셀러가 된 적이 있다.[19] 한 페이지 걸러 풍경사진을 넣은 것이 독자의 호평을 받았다고도 하지만, 이러한 기획이 가능했던 것도 많은 국민에게 이 헌법이 낭독할 수 있는 문장으로 되어 있었기 때문이라고 할 수 있을 것이다.

분명 이 헌법에 대해서는 번역풍翻譯調이라는 비판이 끊임없이 이어지고 있다. 그것은 부분적으로는 부정할 수 없을 것이다. 하지만 작가 마루야 사이이찌丸谷才一는 그것을 인정한다고 하더라도 역시 메이지 헌법의 문장보다 애매함이 적다고 평가하고 있다. 즉, 그에 따르면,

현행 헌법은 명문은 아니지만, 메이지 헌법에 비하면 문장으로서는 훨씬 뛰어난 것이다. 그것은 필자가 말하고자 하는 바를 꽤 명확하게 표현하고 있고 애매함이 적다. 오해의 여지가 적다.[20]

그런데 이 문어체로부터 구어체로의 '법문화 혁명'은 누구에 의해, 어떻게 이루어진 것일까? 이 성공한 '혁명'에 관해 몇 사람의 '혁명 가담자'가 회상을 남겼지만, '성공한 혁명'이 흔히 그렇듯이, 그 추진자를 확정하기가 실로 어렵다.

그렇다고는 해도 일의 시작이 3월 말의 '국민의 국어운동'의 「건의」인 것은 틀림없는 듯하다.

법령의 기술방식에 관한 건의[21]
국민 일반에게 필요한 문서는 국민 일반이 알기 쉬운 기술 방식으로 쓰여지지 않으면 안 됩니다. 그럼에도 불구하고, 지금까지의 법령 기타의 공문

서가 이 점을 소홀히 한 것은 누구나 인정하고 있는 대로입니다. 이 불합리를 그대로 둔다면, 모든 국민의 마음을 모아 새로운 일본을 건설하려고 해도 그것은 가망 없는 일이라고 생각합니다.

바야흐로 새로운 역사의 출발점에 서서, 국민에 대한 국가의 기대를 명확하게 하고 국민의 자각과 용기를 불러일으키기 위해, 지금 법령과 공문서의 형태를 일신하는 것은 매우 바람직한 방법이라고 믿습니다.

위와 같은 점들에 유의하여, 이번에 정부가 제출하는 헌법개정안을 비롯하여 모든 법령과 공문서의 기술 방식을 아래와 같이 바꾸어주시기를 바랍니다.

1. 문체는 구어체로 할 것
2. 어려운 한자어는 가능한 한 사용하지 말 것
3. 이해하기 어려운 에두른 표현은 피할 것.
4. 한자는 가능한 한 줄일 것
5. 탁점濁点, 반탁점半濁点, 구두점句讀点을 사용할 것

이상과 같은 방침 아래, 현재 진행 중인 것은 모두 고쳐 쓰고, 앞으로 작성하는 것도 이와 같이 작성되도록 할 것을 건의합니다.

1946년 3월 26일

'국민의 국어운동' 대표 안도오 마사쯔구安藤正次

내각총리대신 남작 시데하라 키쥬우로오 각하

안도오 대표 외에 야마모토 유우조오山本有三(작가), 요코타 키사부로오, 미야케 마사타로오三宅正太郎(판사) 등이 이「건의」를 가지고 그날(3월 26일) 오후에 수상 관저를 방문했다.[22] 그들을 맞이한 사람은 마쯔모토 국무대신과 이리에 법제국 장관이었다. 그러나 마쯔모토의 반응은 그다지 좋지 않았던 듯하다. 미야케는 "국무대신의 대답은 무척 정중했지만, 돌아올 때 나와 야마모토 유우조오 군은 실망에 가까운 느낌을 가지고 있었다."[23]

하지만 이것으로 모든 게 끝난 건 아니었다. 맞이한 쪽이었던 이리에는 이렇게 적고 있다. "나는 쇼오와 시대 초에 내각의 법제국 참사관이 된 이래 다년간 법령용어의 평이화에 관심을 가지고 있었는데, 마침 위의 '국민의 국어운동'의 건의는 그런 나의 마음을 크게 울렸다. 당시에 내 밑에서 헌법 초안 작성에 협력하고 있었고, 이러한 문제에 뛰어난 감각을 가지고 있었던 법제국의 젊은 참사관 와타나베 요시히데渡辺佳英 군에게 이 점에 대해 상담하자, 와타나베 군은 쌍수를 들어 찬성하면서, 참으로 이 기회에 단행하지 않으면 법령의 구어화의 실현은 매우 곤란해지는 것 아닌가라고 말해, 그 점에서는 실로 나와 완전히 같은 감각이었다."[24]

부내部內에서 찬동자를 얻은 이리에는 뜻을 굳히고 마쯔모토 국무대신에게 다시금 헌법의 구어화를 진언했다. 마쯔모토의 대답은 의외였다. "저렇게 번역 냄새 풍기는 헌법이고 보면, 하다못해 구어화라도 하면 조금은 일본어다워질지도 모르겠군."[25]

참으로 마쯔모토다운 대사이다. 요컨대 마쯔모토는「건의」가 말하는 것처럼 "국민 일반이 알기 쉬운 기술 방식"으로 하기 위해 구어화에 찬성한 것이 아니라, "번역 냄새"를 감추는 수단으로서 구어화에 찬성한 것이다. 마쯔모토에게 헌법이란 메이지 헌법과 같이 위엄이 있는 것이 아니면 안 되었다. 그런데 초안은 아무리 손을 대서 일본화해도 위엄이 생겨나지 않았다. 그도 그럴 터였다. 마쯔모토는 그것을 번역 탓으로 돌렸지만, 그것은 내용의 문제였다. 헌법 초안은 형식(절차)은 어쨌든 내용은 인권선언이었다. 인권선언에 흠정헌법인 메이지 헌법과 같은 위엄을 갖추게 하는 것은 애당초 무리였던 것이다.

판사로서 1929년에 구어체의 판결문을 쓴 미야케 마사타로오는 문어체를 지지하는 입장을 이렇게 비판하고 있다. "〔문어체에 의해〕 장중함을 지키는 것은 좋다. 그러나 그 장중함의 그늘에서, 근거 없는 권위를 그것으로 장식하고, 논리의 결함을 그것으로 얼버무리는 일이 절대 없다고 잘라 말할 수 있는가? 지금 와서 필자가 깨닫는 것은, 지금까지 구어체 판결에 반대한 사람 중에는 군국주의적인 색채를 띤 사람이 많았고, 그것에 반대하는 목소리가 강했던 것은 군국주의의 고조기였다는 점인데, 이것은 우연이 아니었다는 생각이 드는 것이다."[26]

이유야 어떻든 담당 대신의 승인을 얻은 이리에는 곧바로 와타나베에게 지시해서 구어화에 착수했다. 와타나베는 미타카三鷹에 살고 있었다. 그런데 운 좋게도, 수상 관저에 「건의」를 가지고 구어화를 요청하러 간 사람들 중 한 사람인 야마모토 유우조오도 바로 가까이에 살고 있었다. 와타나베는 야마모토에게 도와달라고 요청했다.

요청을 받은 야마모토는, 이 또한 가까운 키찌죠오지吉祥寺에 살고 있었던 국제법학자 요코타 키사부로오에게 상담했다. 요코타의 회상에 따르면, 요코타가 야마모토로부터 어떤 구어로 하면 좋을지에 관해 상담을 받고 "신문이나 잡지에서 쓰는 '……이다'"로 하는 것이 좋겠다고 하자, "야마모토 씨는 '그거라면 되겠군요. 아니 그게 좋다, 꼭 그렇게 해야 한다'고 강하게 말씀하셨다"[27]고 한다. 그런데, 요코타의 기억으로는, 곁에 있던 "법제국 참사관은 '당치도 않다'며 깜짝 놀란 듯했다"[28]고 되어 있다. "법제국 참사관"은 와타나베를 가리키는 것이므로, 이리에나 와타나베의 회상과는 상당히 다르게, 요코타는 자신 쪽이 법제국보다 적극적이었던 듯이 서술하고 있는 것이다.

어쨌든 이렇게 해서 야마모토와 요코타가 구어화의 시안을 만들게 되었다. 야마모토가 전문, 요코타가 1장(천황)과 2장(전쟁의 방기)를 담당하여 하룻밤 사이에 안을 만들고, 다음날 두 사람이 7시간에 걸쳐 검토하여 "구어의 견본"을 만들었다[29]고 한다.

이렇게 해서 만들어진 시안은 아래와 같은 것이었다. 전문의 일부와 제1조를 소개해두자.

우리들 일본 국민은 진리와 자유와 평화를 사랑한다. 우리들은 우리들 및 우리들의 자손을 위해서뿐만 아니라 전 세계의 인류를 위해서, 그 탐구와 실현을 위해 함께 힘을 다하고자 하는 것이며, 어떤 일이 있더라도 소수의 권력자에 의해 또 다시 전쟁에 휩쓸리는 것을 바라지 않는다. 그래서 우리들은 국회에서의 우리들의 정당한 대표자를 통해, 주권이 국민의 의사에 있다는 것을 선언하고, 이에 이 헌법을 제정한다.

…… 제1조 천황은 국민과 국민통일의 상징이며, 이 지위는 주권을 가지는 국민의 의지로부터 받은 것이다.(이하 생략)[30]

이 시안에 기초해서 4월 3일에, 공휴일이었음에도 불구하고, 이리에 법제국 장관, 사토오 타쯔오 차장, 와타나베 요시히데 참사관이 하루 동안 구어화 작업을 하여,[31] 4월 5일에 각의의 승인을 얻었다. 이렇게 해서 만들어진 「제국헌법 개정 초안」에서는, 위의 야마모토·요코타 시안과 비교해보면, 아래와 같은 변화가 발견된다.

일본 국민은, 국회에서 정당하게 선거된 대표자를 통해, 우리들 자신과 자손을 위해, 여러 국민과의 사이에 평화적 협력을 성립시키고, 일본국 전역에 걸쳐 자유의 복지를 확보하고, 정부의 행위에 의해 또 다시 전쟁의 참화가 발생하지 않도록 할 것을 결의하고, 이에 국민의 총의가 지고임을 선언하여, 이 헌법을 확정한다.

…… 제1조 천황은 일본국의 상징이자 일본 국민통합의 상징이며, 이 지위는 일본 국민의 지고의 총의에 기초한다.

어쩐지, 야마모토 · 요코타의 시안은 구어체의 기조를 살리기는 했지만, 개정 초안의 중요한 점에서는 반드시 잘 살리지는 못한 듯하다. 그래도 구어화라는 소기의 목적은 달성된 것이다. 지금의 시각으로 보면 확실히 구 카나仮名 표기법이지만, 이것은 국어심의회가 '현대 카나 표기법'을 답신答申한 것이 9월 21일, 정부의 '고시'가 발표된 것이 헌법 발포 직후인 11월 16일이었다는 사정 때문에 어쩔 수 없는 일이었다.

1946년 4월 17일, 히라가나 구어에 의한 「제국헌법 개정 초안」이 발표되었다. 요코타는 그 체험을 "참으로 뜻밖의 유쾌한 놀라움"[32]이라고 회상하고 있고, 오랜 세월에 걸쳐 법률 · 판결 등 공문서의 구어화를 주장해 온 미야케는 "[1946년이라는] 해는, 다른 일이 없어도, 이것만으로도 영구히 기념할 만한 해"[33]라고 적고 있다.

일본안으로부터 초안 요강, 그리고 개정 초안으로 이어지는 1개월 반의 작업은, 참으로 GHQ안의 '일본화'에 다름 아니었다. 법제국 관료를 중심으로 추진된 헌법 조문의 일본화를 '관료화'라고 부른다면, 구어화는 헌법의 '대중화'라고 부를 수 있을 것이다.

제9장 미국 정부 대 맥아더

콜그로브의 방일

맥아더는 실로 '법을 부여하는 자'로서 일본 정부에 대해 초연하게 군림했고, GHQ는 확고부동한 자신감을 가지고 맥아더가 깔아놓은 레일 위를 내달려왔다. 그러나 이러한 정치 수법이 전후 국제사회의 틀 속에서 모순을 초래하지 않을 리는 없었다. 1946년 3월 6일에 일본 정부가 갑자기 헌법개정 초안 요강을 발표하고 맥아더가 즉각 이에 대한 승인 성명을 발표한 것은, 활동을 막 개시한 극동위원회 구성국(11개국)은 물론이고 미국 정부, 그중에서도 국무성을 크게 자극했다. 그 대립과 불신, 맥아더의 타협을 허용하지 않는 반격은, 우리들의 예측을 훨씬 뛰어넘는 심각한 것이었다.

이러한 심각한 대립과 불신이 바야흐로 시작되려고 하는 2월 말, 한 정치학자가 시카고 교외의 마을 에번스톤을 나서 워싱턴을 향했다. 케네스 콜그로브Kenneth W. Colegrove. 1886년 아이오와 주에서 출생, 아이오와 주립 사범대학을 졸업한 후 하버드 대학에서 정치학 박사학위를 받았고, 1926년 이래 노스웨스턴 대학 정치학 교수.[1] 제2차 세계대전 이전부터 일본 정치에 관심을 기울여, 일본의 군국주의 및 메이지 헌법에 관한 저서 · 논문이 있었다.[2] 사상적으로는 보수적이라고 알려졌고, 특히 50년대 초기의 냉전기에는 반공의 색채를 선명하게 내세운 논진을 펼쳤지만,[3] 전중기戰中期에는 『아메레시아』(태평양문제조사회 계열의 잡지)에 기고하는 등 실증적 연구가 많았다.

그런데, 콜그로브라고 하면 일본에서는 미국 망명 중의 오오야마 이쿠오大山郁夫를 보살펴준 학자로 알려져 있다. 오오야마는 와세다 대학 정치학 교수를 지내다가 1926년에 노동당을 결성하고 그 위원장이 되었지만, 잇따른 탄압 속에서 1932년 미국에 망명하여, 다음해부터 47년까지 15년간을 노스웨스턴 대학의 콜그로브 밑에서 연구조수research assistant로 있었다.[4]

오오야마가 콜그로브 밑으로 간 것은 전적으로 우연이었던 듯하다.[5] 그러나, 우연이 사람에게 무엇을 가져올지는 미리 예측할 수 없다. 오오야마가 노스웨스턴 대학이 있는 에번스톤에 온 1933년에 찰스 파즈Charles B. Fahs가 일본을 향하고 있었다. 파즈는 1934년부터 2년간 토오쿄오 제국대학 법학부의 미노베 타쯔키찌 밑에서 헌법학을 배운다. 휴 보튼Hugh Borton, 에드윈 라이샤워Edwin O. Reischauer 등이 동기 유학생이어서, 말하자면 미국의 일본 연구 제1세대이다.[6] 파즈는 나중에 일본 문제 전문가로서 전시에 전략국OSS(Office of Strategic Services) 극동부장과 국무성 극동정보부장을 지냈고, 60년대 초 라이샤워 주일대사 밑에서 공사가 되었다.[7] 그 파즈는 콜그로브의 친한 친구였다. 일본에 도착한 그는 콜그로브가 부탁한 미노베의 『축조逐條 헌법 정의精義』를 보내주었다. 『축조 헌법 정의』는 그 직후인 1935년 4월에 천황기관機關설 사건으로 발매금지되기 때문에 실로 행운이었다.

콜그로브는 얼마 동안 이 『축조 헌법 정의』의 번역자를 찾고 있었던 모

양이다. 1938년 말에 콜그로브는, 당시 중국 시찰 여행에서 막 돌아와 외교
정책협회Foreign Policy Association에 있었던 토머스 비슨Thomas A. Bisson
앞으로, 미노베의『축조 헌법 정의』와 호즈미 야쯔카穂積八束의『헌법 제
요提要』를 번역할 사람을 찾아달라는 편지를 썼다. 분명 이 '일본 연구 출
발'의 시기에 번역은 중요한 의미를 가졌음에 틀림없다. 콜그로브는 그 편
지의 마지막을 이렇게 맺었다.

> 미국의 비교법학자는, 오랜 세월에 걸쳐 동양의 언어를 읽지 못했기 때문
> 에, 헌법이나 정치에 관한 일본어 논문의 번역이 불가능하다는 장해를 짊어
> 져왔습니다. 일본의 헌법에 관한 이 대표적인 저서의 번역은 이러한 결함을
> 크게 보완할 것이라고 확신합니다.[8]

그 후 비슨이 누구를 소개했는지는 잘 알 수 없다. 다만 이 단계에서
는 콜그로브는 오오야마가 가까이 있음에도 불구하고 번역을 의뢰하려고
생각하지 않았던 것만은 확실하다. 오오야마가『축조 헌법 정의』의 번역에
착수한 것은 1941년 초이다.

오오야마의『축조 헌법 정의』번역은 거의 완성되었지만, 전후가 되어
서도 결국 완료되지 못했다.[9] 그러나, 부분적으로 번역된 이 저서에 의해
콜그로브가 메이지 헌법에 대한 미노베의 생각(해석)을 체득한 것은 틀림
없다. 나아가 노스웨스턴 대학에는 일본 점령을 위한 민정요원을 교육하는
학교(민정요원훈련학교Civil Affairs Training School, CATS)가 병설되어 있
었는데, 그곳에서의 콜그로브의 강의에도 크게 도움이 되었다. 콜그로브
는 1944년과 45년에 일본의 국가기구에 관한 강의를 담당했다. 현재 남아
있는 강의 요목을 보면, 천황제에서 시작해서 통치기구의 변천 과정, 관료

기구의 특질 등 상당히 상세한 내용이다.[10]

전전부터 일본 정치와 메이지 헌법을 연구해온 소수의 연구자의 한 사람으로서, 일미관계가 단절된 가운데도 연구를 계속해 인맥을 만들어온 것을, 이제 살릴 수 있는 때가 온 것이었다. 이때 콜그로브는 이미 60세였다. 그러나 워싱턴의 외교관과 맥아더를 비롯한 GHQ 민정국 간부 중에서, 이렇게까지 일본 정치에 대한 학식과 인맥을 가진 사람은 콜그로브를 제외하고 달리 그 누구도 발견할 수 없었을 것이다.

1946년 2월 24일에 콜그로브는 눈 쌓인 시카고를 뒤로 하고 워싱턴으로 출발했다. 이때 그에게는 GHQ 헌법문제담당 정치고문Political Consultant on Japanese Constitutional Matters to GHQ이라는 직함이 주어져 있었다.[11] 콜그로브가 이날을 선택한 데는 이유가 있었다. 2일 후인 2월 26일에는 워싱턴의 구 일본대사관에서 극동위원회 제1회 총회가 열리게 되어 있었다.

이때 이미 일본 정부는 4월 10일에 중의원의원 선거를 실시한다고 발표한 상태였다(2월 25일). 이 선거에서 선출되는 의원에 의해 구성되는 의회가 헌법제정의회가 될 것이라는 것은 충분히 예측되었기 때문에, 미 국무성은 물론이고 극동위원회도 GHQ의 동향에 신경을 곤두세우고 있었던 것이다.

이런 상황에서 우선 워싱턴을 방문한 콜그로브는, 극동위원회 미국 대표인 프랭크 맥코이Frank R. McCoy와 만나 극동위원회의 상황에 대해 듣고, 또 이미 국무성 극동정보부장이 되어 있던 오랜 친구 파즈를 만나 미국 정부, 특히 국무성의 생각을 들었다. 나아가 맥코이 장군으로부터는 맥아더를 비롯한 GHQ의 군 관계자에게 보내는, 파즈로부터는 GHQ 문관에게 보내는 소개장을 받았다.

그 후 콜그로브는 샌프란시스코를 경유하여 3월 6일에 정부 초안 요
강이 발표되기 직전(유감스럽게도 날짜는 확정할 수 없다)인 3월 초에 토오
쿄오에 도착했다.

일본인 중에 오랜 친구가 많았던 콜그로브였지만, 오오야마로부터 소
개장을 받아온 것은 마음 든든한 일이었다. 오오야마는 일본의 저명한 정
치가, 학자, 평론가를 다수 소개해주었다. 정치가로는 카토오 칸쥬우, 카
토오 시즈에加藤シヅェ, 스즈키 모사부로오鈴木茂三郎 등 사회당의 지도자
를, 학자로는 사사키 소오이찌 쿄오토 대학 교수, 미노베 타쯔키찌 토오쿄
오 대학 명예교수, 우카이 노부시게 전 경성 제국대학 교수 등의 헌법학자
외에 헌법연구회의 회원이기도 했던 타카노 이와사부로오, 스즈키 야스조
오를, 그리고 정치학자 야베 테이지矢部貞治 토오쿄오 대학 교수, 경제학
자 아리사와 히로미有澤廣巳 토오쿄오 대학 교수 등 다방면에 걸친 지식인
이 포함되어 있었다.[12] 그중 우카이와 야베는 1940년과 1935년에 각각 시
카고 교외의 에번스톤을 방문한 적이 있는 오오야마의 친구이기도 했다.
우카이는 영어에 능숙한 헌법학자로서, 콜그로브의 통역을 맡아 콜그로브
의 조사에 크게 공헌하게 된다.

국무성, 아닌 밤중의 홍두깨

3월 6일의 정부 초안 요강 발표는 국무성에게는 완전히 아닌 밤중의 홍두
깨였다. 당시 국무성 일본과장대리였던 휴 보튼(나중에 컬럼비아 대학 교수)
은 그때의 워싱턴의 상황을 이렇게 기록하고 있다. "〔극동자문위원회의 미
국 대표가 1946년 1월에 방일했을 때〕 휘트니 준장은 헌법개정 문제는 일본
인이 생각할 문제이고, SCAP은 아무것도 할 생각이 없다고 말했다. 고의
로 무시당했다고 하는 미국 대표의 자책은, 합중국 정부가 1946년 2월과

3월에 민정국이 취한 행동을 전혀 전달받지 못했다는 문제에 대해 반론하는 것을 더욱 곤란하게 만들었다. 신헌법 초안(정부의 헌법개정 초안 요강)이 토오쿄오에서 공표되었을 때, 워싱턴에서 입수할 수 있는 문서는 아무 것도 없었다."[13]

아닌 밤중의 홍두깨였던 것은 워싱턴뿐만이 아니었다. 토오쿄오의 국무성 파견기관인 정치고문부조차 사전에 통지받지 못했던 것이다. 정치고문부의 맥스 비숍Max W. Bishop은 초안 요강이 신문에 발표된 다음날인 3월 8일, 국무장관 앞으로, GHQ가 볼 수 없도록 전보가 아니라 우편으로, 초안 요강을 동봉해서 아래와 같이 보고했다. "갑작스러운 발표에 놀라 초안을 충분히 검토할 시간이 없습니다. 신문에 발표된 맥아더의 성명과 천황의 칙어에 비추어보면, 정부 초안은 GHQ에 의해 충분히 검토되었고, 발표 전에 맥아더와 천황에 의해 승인된 것임에 분명합니다."[14]

이 비숍의 보고가 국무성에 도착한 것은 3월 16일인데, 아직 보고가 도착하기 전인 3월 12일에 제임스 번즈James F. Byrnes 국무장관은 기자회견에서 이 문제에 관해 기자단으로부터 질문받게 되었다.

기자 헌법 초안은 발표 이전에 다른 주요 연합국에게 승인을 받기 위해 사전에 제출되었습니까?

장관 나는 그렇게 듣지 않았습니다. 이 헌법은 그 권한을 가진 일본 정부에 의해 작성된 것입니다.

기자 극동위원회와 대일이사회에 관한 모스크바 회의의 부탁 조항 을乙 제6항은 "일본국의 헌법기구의 근본적인 변혁"에 동의하지 않을 권한과 극동위원회에 제소할 권한을 대일이사회 구성국에게 부여하고 있습니다만, 헌법은 대일이사회에 제출되는 것입니까?

장관 조항의 어떤 부분이 그것에 해당하는지를 결정하기 위해서는 조항의
정확한 용어를 보지 않으면 안 될 것입니다만, 헌법이 시행되기 전에
어떤 방법으로든 극동위원회에 제출되게 된다고밖에는 지금은 말할
수 없습니다.[15]

정보가 부족한 가운데 국무장관이 이렇게 힘겨운 답변을 하고 있는 한
편으로, 국무성에는 극동위원회로부터 문의가 왔다. 그러나 국무성으로부
터 GHQ에 직접 문의를 할 수는 없었고, 통합참모본부JCS → 육군참모총
장WARCOS(Department of War, Chief of Staff)을 통하지 않으면 안 되었다.
3월 10일 육군참모총장은 참으로 조심스럽게 맥아더에게 아래와 같은 문
의를 담은 전보로 보냈다.

극동위원회로부터의 지령 없이 귀관이 일본의 신헌법을 승인할 권한을 가
지는 것에 대해서는, 모스크바 성명(부탁 조항)에 의해 극동위원회 내부로
부터 의문이 제기될 것이라고 생각된다. 따라서 국무성은 귀관이 승인한 근
거를 밝혀주도록 육군성에 비공식적으로 문의해왔다.

육군성은 아래와 같은 견해를 가지고 있다. 만일 일본 정부가 12월의 행
위(모스크바 부탁 조항에 대한 조인) 이전에 헌법개정〔작업〕을 추진하고 있
었다면, 귀관은 그 개정이 이미 발포한 지령을 위반한 경우에만 개입할 수
있게 된다. 따라서 귀관이, (a) 이 헌법이 귀 사령부에 의해서가 아니라 일
본의 천황과 정부에 의해 모스크바 성명(부탁 조항) 이전에 귀관이 내린 지
령에 따라 발표된 것이고, 또 (b) 통치체제의 개혁 내용이 귀관이 받은 지령
과 일치하기 때문에 이 신헌법을 개인적으로 승인한 것이라면, 그것은 육군
성의 견해와 일치하는 것이다.

위의 후단에서 표명한 견해와 평가에 대해, 귀관은 조속히 회답하기 바란다.[16]

반쯤은 회답이 나와 있는 듯한 문의이다. 게다가, 부탁 조항 조인 전에 헌법개정 작업에 착수했다면 불소급원칙에 따라 부탁 조항에 구속되지 않는다는 생각은, 애당초 휘트니가 GHQ 내부에서 초안 작성에 착수해야 한다고 맥아더에게 진언한 이유와 완전히 일치한다(112면 참조). 맥아더는 3월 12일 즉시 회신 전보를 보냈다. "귀관이 말한 이유는 옳다." 그러나 동시에 아래와 같은 내용을 추가하는 것을 잊지 않았다. "〔나는 극동자문위원회가 방일했을 때〕 이 수개월간 헌법개정 작업은 내가 받은 이 문제에 관한 지령에 따라 진전되어왔다, 받아들일 수 있는 개정 초안을 기대하고 있다고 말했지만, 이의제기는 없었다. 신헌법 초안은 다가올 선거에서의 일본 국민의 찬부贊否에 달려 있다."[17]

이 회신 전보가 국무성으로부터 극동위원회의 미국 대표에게까지 회람되었는지는 불분명하다. 그러나 어쨌든 이 시기에 FEC 안에서는 맥아더의 헌법개정 권한과 총선거 일정이 큰 문제가 되어 있었다.

FEC의 선거 연기 요구

3월 20일 극동위원회는 만장일치로 맥아더 앞으로 아래와 같은 조회를 보냈다.[18] 우선 4월 10일이라는 이른 시기의 총선거에 관해. 이것은 "반동적인 여러 정당에게 결정적으로 유리하게 되고, …… 일본 정부는 일본 국민의 바람을 대표하는 것이 되지 못하여, 최고사령관에 대한 협력을 불가능하게 한다고 생각하지 않을 수 없다." 나아가 일본이 아직 경제적으로 안정되어 있지 않은 가운데 혹은 유권자 수가 불안정한 가운데, "일본 국민이 장래의 정치에 대해 깊은 이해를 가지고 확신에 찬 통찰력을 발휘할 것이라고는 생각할 수 없다." 게다가 헌법 초안에 관해 "일본 국민이 충분히 생각할 시간이 거의 없다." 극동위원회는 이와 같은 견해를 기술하고, 마지막으로 아래와 같이 맥아더의 견해를 물었다.

> 극동위원회는 최고사령관이, 전반적으로 그리고 특히 아래의 점들에 관해, 그 견해를 가능한 한 빨리 표명하기를 희망합니다.
> 1. 최고사령관은 위의 견해에 찬성합니까?
> 2. 만일 찬성한다면, 선거의 연기는 가능하고 바람직하다고 생각합니까? 연기할 경우 시기는 언제쯤을 생각하고 있습니까?
> 3. 만일 최고사령관이 위의 늦은 시기로 선거를 연기하는 것이 바람직하지 않다고 생각한다면, 그 대신에 최고사령관은 다가올 선거는 국민의 요망에 충분히 부합되는 책임 있는 민주적 정부를 수립할 능력을 시험하는 것이고, 그 후에 다시 한 번 선거가 실시된다고 공식적으로 명하는 것이 바람직하다는 견해를 표명하겠습니까?

이에 대해 맥아더는 3월 29일 전면적인 반론을 시도했다. FEC 조회문의 4배가 넘는 장문의 회신 전보이다.[19] 그것은 우선 선거법이 개정되어 선거권 연령이 내려갔고 여성에게도 선거권이 부여되었다는 것, 공직추방령에 의해 반동적인 분자가 추방되었다는 것, 의원내각제가 아니기 때문에 정부안이 특정 정당에게 유리하게 되는 일은 없다는 것, 현재 실제로 선거전이 진행 중이라는 것 등을 거침없이 기술한 후, 극동위원회의 문의에 대해,

1. 노 2. 노 3. 성명의 필요성은 전혀 없다.

라고 전부 부정했다.

이렇게 해서 맥아더와 극동위원회의 관계가 일찌감치 험악하게 될 조짐을 보이기 시작한 가운데, 미국 대표인 맥코이 소장은 매우 곤혹스러운 입장이었던 듯하다.

맥코이는 1874년 펜실베이니아 주 출생, 웨스트포인트(육군사관학교) 졸업 후 육군성에 들어가 1938년 퇴역할 때까지 45년간 근무. 그동안 일본과의 관련도 많아서, 1923년 칸토오(關東) 대지진 구원사절단장, 1932년 국제연맹 만주조사단(통칭 리튼Lytton 조사단) 단원 등을 지냈다.[20] 나이는 맥아더보다 6살 위였지만, 군에서의 최고 직위는 소장에 지나지 않았다. 따라서 1930년에 50세의 나이로 육군참모총장·대장이 된 맥아더에게는 조심스러웠던 듯하다. 극동위원회의 개회를 눈앞에 두고 맥아더에게 "나는 항상 귀관의 이익을 지킬 결의이니 안심하십시오"[21]라고 안부 전보를 보낼 정도였다.

이러한 맥코이의 입장에서도 선거로부터 헌법제정으로 일거에 돌진하는 맥아더의 정치 수법은 비판하지 않을 수 없었던 듯하다. 위의 극동위원회의 3월 20일 조회 결정 직후, 거부권을 행사하지 않았던 책임도 있어서인지 그는 맥아더 앞으로 서둘러 전보를 보냈다. 내용은 위 극동위원회의 3월 20일 조회 결정과 거의 일치하지만, 마지막에 아래와 같은 한 문장을 추가했다. "헌법 초안이 지금 선거의 쟁점이 되어 있는데, 귀관이 최근 보도기관에게 (정부 초안을) 승인한다고 표명한 것은 일본의 여당에게 유리한, 부당한 영향을 미치고 있습니다."[22]

맥아더로부터 즉각 회신 전보가 있었지만, 그 내용은 극동위원회에 대한 회신 전보와 거의 마찬가지로 전혀 새로운 내용이 없었으며, 오히려 맥아더는 "선거의 연기는 공산주의 분자에 의해서만 지지되고 있다"[23]라며, 4월 10일의 선거를 제헌의회선거로 자리매김하는 것을 한 걸음도 양보하려고 하지 않았다.

제헌의회에서 헌법을

맥아더의 이러한 완강한 제헌 코스의 설정은 '법을 부여하는 자'로서 극동위원회의 개입을 저지하기 위함이었던 것은 말할 것도 없지만, 한편으로 맥아더는 그것이 일본 국내의 움직임과 연동되는 것을 두려워하고 있었다고 생각된다. 왜냐하면, 헌법제정을 위해서는 헌법제정만을 위한 헌법제정의회를 별도로 만들고 그 대의원을 선출해서 헌법제정을 해야 한다는 생각이 마침내 터져나온 국민운동 속에서 받아들여져, 상당히 탄탄해지기 시작했기 때문이다.

이러한 생각은, 지금은 헌법 따위가 문제가 아니고 밥을 먹는 일이 선결과제라는 소박한 생각과 일치되는 측면을 가지고 있었다. 5월에는 '식량 메이데이'의 행사로 '쌀 획득 인민대회'가 열릴 정도로, 많은 국민에게 식량 문제야말로 헌법보다 훨씬 더 급박하게 해결하지 않으면 안 될 초미의 문제였다. 그런 의미에서는 "헌법보다 밥이다!"라는 슬로건이 민중의 마음에, 참으로 '뱃속'으로부터 받아들여질 소지가 있었던 것이다.

헌법연구회의 주요 멤버인 타카노 이와사부로오와 스즈키 야스조오는, 사회당과 공산당을 중심으로 결성 준비가 진행되고 있던 통일전선조직에 대해, 헌법제정의회를 만들고 거기에서 여유를 가지고 헌법을 심의하도록 하자고 제의했다. 3월 10일에 결성된 민주인민전선세화인世話人회는 3월 14일 "신헌법은 인민 자신의 손으로 제정할 것"을 결의했고, 이것은 4

월 3일의 민주인민연맹 결성준비대회에서도 다시 한 번 확인되었다. 여기에는 이시바시 탄잔石橋湛山, 오오우찌 효오에, 노사카 산조오野坂參三, 모리토 타쯔오, 야마카와 히토시, 요코타 키사부로오 등이 참가했다.[24]

이러한 생각이 상당히 유력했다는 것은 당시의 여론조사에서도 엿볼 수 있다. 2월 3일 공표된 여론조사연구소에 의한 조사 결과는 아래와 같았다.[25]

(1) 헌법 73조에 의해 개정안을 천황이 제출하는 방법을 지지하는 자	20%
(2) 의회의 헌법개정위원회에서 개정안을 제출하는 방식	24%
(3) 헌법개정위원을 공선해서 국민의 직접 대표자로 하여금 개정안을 공의公議하게 하는 방식	53%

이와 같은 여론의 동향은 나아가 일본 정부에도 영향을 미쳤다. 당시 법제국 차장이었던 이리에 토시오는 아래와 같이 회상하고 있다. "민간에서는 헌법심의회를 만들어 널리 민의를 들어야 한다는 주장이 있었고, 또 의회에 제출해도 구태의연한 추밀원이나 귀족원에서 심의하는 것은 헌법개정의 근본적인 입장에도 맞지 않는다는 생각이 있어서, …… 나라하시(서기국장), 이시구로(법제국 장관), 이리에(법제국 차장) 3인은, 어차피 이와 같은 발본적인 헌법개정을 하는 것이니, 심의 절차도 발본적으로 개혁해서 새로운 절차 아래에서 진행하는 것이 당연하다는 데 의견의 일치를 본 것입니다."[26]

그래서 이리에 등은 헌법제정의 코스로서 두 가지 안을 고안해 각의에 제출했다. 그 갑안은 5월 10일부터 7월 10일까지의 제국의회(특별의회)에서 헌법을 심의하여 공포하는 것이었다. 그리고 을안은 5월부터 6월에 걸친 제국의회(특별의회)에서 우선 메이지 헌법의 헌법개정 조항인 73조와

의원법을 개정하여 귀족원을 폐지하는 대신 참의원을 두도록 하고, 그 뒤 헌법의회 의원을 선거하여 9월 10일부터 11월 10일까지 헌법의회에서 심의하고, 11월 중순에 국민투표를 한다는 것이었다.[27]

이 갑·을 두 안은 3월 12일의 각의에 제출되었다. 하지만 각의에서는 이와타 법무대신, 마쯔모토 국무대신이 을안에 강하게 반대하여 갑안으로 결정되었다. 이유는, 을안은 "너무나도 이상적이고 지나치게 이론적이어서 현재의 정세 아래에서는 도저히 맞출 수 없고, 또 그와 같은 느슨한 일정이라면 그 사이에 무슨 일이 일어날지 알 수 없다. 현재의 내각이 애써 헌법개정을 여기까지 추진해온 이상, 헌법개정은 어떻게든 신속하게 성립시키는 것이 바람직하다"[28]는 것이었다.

나아가 4월 24일의 추밀원 심의에서는, 마쯔모토 국무대신은 일정을 더욱 앞당겨 "5월 중순에 의회 소집, 6월 중순까지 심의 종료, 같은 달 하순에 공포, 7월에 부속법규 개정을 위한 의회 소집을 거쳐, 올해 말의 의회 개회 무렵에는 본안이 시행될 전망이다"[29]라고 말했다.

요컨대 맥아더와 일본 정부의 보수적인 각료들만이 제국의회에서 가능한 한 빨리 헌법을 성립시킨다고 하는 점에 일치하고 있었던 것이다. 맥아더가 본국 정부와 극동위원회의 제안에 전혀 귀를 기울이지 않은 배경에는 이러한 일본 정부의 지지가 있었다고도 생각할 수 있다.

맥아더, 소귀에 경 읽기

총선거 날은 시시각각 다가왔다. 극동위원회에서 미국의 입장이 점점 불리하게 되어가는 가운데, 맥코이는 더 이상 맥아더에게 선거의 연기를 제의하는 것은 불가능하다고 생각하고, 한 걸음 양보해서 일본 국민의 의사가 반영될 수 있는 제정 절차를 질의하기로 하여, 4월 9일자로 아래와 같은 서한을 보냈다. 그것은 종래보다 다소 강한 어조로 맥아더를 다그치는 것이었다.

> 헌법은 일본의 국회와 국민에 의해 상당한 시간을 들여 충분한 심의가 이루어져야 합니다. 만일 그렇게 되지 않고, 헌법 초안이 〔일본의 의회에서〕 최종적인 승인을 받기 전에 극동위원회가 자신의 견해를 표명할 기회를 부여받지 못한다면, 헌법이 극동위원회에 의해 승인되지 않는다는 중대한 위기에 직면하게 될 것입니다. 그러므로 헌법상의 절차에 따라 일본 정부가 취하리라고 생각되는 향후의 절차와 연합국이 헌법을 승인해야 한다고 귀관이 생각하는 시기를 알려주시면 감사하겠습니다.[30]

맥코이의 서한이 발송된 다음날인 4월 10일, 다시 말해 총선거 투표일 당일에, 극동위원회는 맥아더의 기정사실을 쌓아가는 방식을 더는 참을 수 없었던 듯, 맥아더에게 자신의 대리인을 맥코이에게 파견해서 사정을 설명하라고 요구하는 결정을 내렸다.

> 극동위원회는 위원회 의장에게 일본의 헌법개정 문제와 승인해야 할 헌법 초안의 기본 원칙에 관해 위원회가 상황을 파악하기 위해, 우리 위원회와의 협의를 위해 워싱턴에 총사령부의 직원을 보내도록 최고사령관과 협의할 것을 만장일치로 가결했다.
>   이 목적을 위해 최고사령관에 의해 선택된 담당관은, 일본의 헌법개정 문제 전반에 대해 정통할 뿐만 아니라, 이 문제에 관한 총사령부의 견해와 향후의 방침을 우리 위원회와 토의할 준비가 되어 있고, 또 신헌법 문제에 관한 일본 정부와 일본 국민의 최근의 동향에 관해서도 정보를 제공할 수 있

는 사람이 아니면 안 된다.

일본인에 의해 어떤 헌법이 채택되든지 "자유롭게 표명되는 일본 국민의 의사"를 구현하는 것이어야 한다고 생각하기 때문에, 우리 위원회는 신헌법이 채택되는 절차에 대해, 예를 들면 국회에 의한 것인가, 헌법의회에 의한 것인가, 그렇지 않으면 국민투표에 의한 것인가 하는 점에 대해 특별한 관심을 가지고 있다.[31]

이에 대해 맥아더는 1개월 가까이나 회신을 쓰지 않았다. 회신이 나온 것은 5월 4일이었다. 그러나 그것은 회신이라기보다는 논문에 가까웠다. A4 타이프 용지에 더블스페이스로 무려 20매나 되는 장문의 회신이었다. 거기에는 자신의 정책이 얼마나 정당한 것인지를 입증하기 위해, 이미 발포된 「SWNCC 228」 등의 문서를 길게 인용하고 있었고, 그 정도의 '대논문'을 작성하는 데는 1개월은 걸렸을 것이라고도 생각되는 거창한 것이었다. 그러나 서한에 대해 직접 대답하고 있는 부분은 처음 몇 행에 지나지 않았다.

나는 최고사령관과 극동위원회 사이에 긴밀한 조정과 이해가 필요하다는 데 대해 전면적으로 찬성하며, 그 목적을 위해 나의 권한에 속하는 모든 일을 할 용의가 있다. 그러나 극동위원회와의 협의를 위해 나의 부하 중 1명의 담당관을 파견하는 것이 문제의 해결책이 된다고는 생각하지 않는다. 첫째 나는 최고사령관으로서 헌법개정 문제에 특별한 개인적 관심을 가지고 있고, 이 문제에 관해 나의 견해를 상세하게 대변할 수 있는 입장에 있는 담당관은 나 이외에는 달리 없다.[32]

들을 귀를 가지고 있지 않은 맥아더의 회신을 접하고, 국무성은 이 것을 곧바로 극동위원회에 회송하는 것은 적당하지 않다고 판단했다. SWNCC의 국무성 대표인 존 힐드링John H. Hilldring은 즉각 정부가 다시 한 번 맥아더에게 독촉장을 보내도록 초안을 작성했다. "우리 합중국 정 부는 이와 같은 GHQ와 극동위원회의 접촉이 관계자에게 큰 도움이 되며 또 현재 특히 중요하다고 확신한다."[33] 그래도 맥아더의 태도는 바뀌지 않 았다. 사태의 호전을 포기한 국무성은 5월 29일, 위의 맥아더의 장문의 서 한을 극동위원회에 회송했다.[34] 극동위원회의 서한이 나온 지 1개월 반이 넘어서였다. 여기에서도 맥코이는 극동위원회의 여러 나라들에 대해, 고 의로 늦어진 것이 아니라 오해 때문에 시간이 걸렸다고 변명을 하지 않으 면 안 되었다.[35]

이제는 육군성도 입 다물고 있을 수는 없었다. 그동안 하워드 피터슨 Howard C. Petersen 육군차관보는 맥아더에게 서한을 보내, 극동위원회에 헌법을 검토할 기회를 "신헌법의 시행 전"에 부여하는 것이 필요하다고 썼 지만,[36] 이것도 전혀 효과가 없었다. 맥아더는 단지 헌법 초안의 내용을 자 화자찬할 뿐이었다. "이 헌법 초안은 세계에서 가장 자유주의적인 헌법의 하나이고, 러시아나 중국의 헌법보다 훨씬 자유주의적일 뿐만 아니라 합중 국이나 영국의 헌법에도 절대 뒤지지 않는 것이다."[37]

이미 극동위원회와 맥아더의 관계는 말할 것도 없고, 국무성과 맥아더 의 관계도, 아니 육군성과의 관계조차도 절망적이었다. 이런 상황에서 국 무성 극동국은 더 이상 맥아더에게 제헌 코스의 변경을 다그치는 것은 무 리라고 판단했다. 그래서 4월 19일 존 빈센트John C. Vincent 극동국장은 번즈 국무장관 앞으로 아래와 같은 진언을 보냈다.

관계 부국원 사이에서는, (a) 맥아더 원수는 헌법 초안을 승인해서는 안 되었다, (b) 원수의 변명은 타당하지 않다, (c) 하지만 4월 5일의 대일이사회에서의 연설에서 헌법 초안을 심사하면 형식 및 내용상의 변경이 있을 것이라고 시사해서, 3월 20일의 극동위원회 결정을 한정적이기는 하지만 충분히 실행에 옮겼다, (d) 따라서 이 문제를 이 이상 논의해도 유익한 결과는 전혀 얻을 수 없을 것이다라는 점에 대해 합의에 도달했습니다.[38]

국무성도 이제는 맥아더에게는 두 손을 든 듯한 느낌이다. 극동위원회도 기정사실이 된 총선거(4월 10일)에 언제까지나 매달릴 수도 없어서, 선출된 의원들이 헌법을 충분히 심의할 수 있도록, 5월 13일에 아래와 같은 결정을 내려 미국 정부를 거쳐 GHQ에 전달했다.

신헌법 채택의 원칙들

신헌법 채택의 원칙들은, 최종적으로 채택된 시점에서, 이 헌법이 일본 국민의 자유롭게 표명된 의사를 보증하는 것이어야 한다. 이 목적을 위해 아래의 원칙들이 준수되어야 한다.

a. 신헌법의 조항들에 대한 충분한 토의와 심의를 위해 적당한 시간과 기회가 허용될 것.

b. 1889년의 〔메이지〕 헌법과 신헌법 사이에 완전한 법적 계속성이 보증될 것.

c. 신헌법은 일본 국민의 자유로운 의사가 적극적으로 표명되어 있다는 사실을 확실하게 알 수 있는 방법으로 채택될 것.[39]

콜그로브의 역할

3월 초순에 일본에 온 콜그로브의 활동은 이런 상황 아래에서 시작되었다. 콜그로브의 집무실은 GHQ 본부가 있는 제1생명 빌딩의 6층. 며칠 전에는 사토오 타쯔오 등이 민정국의 멤버와 철야로 초안 작성의 절충을 했던 바로 그 6층의 611호실이 주어졌다. 옆방에는 케이디스가 있었고, 같은 방에는 비슨과 피크가 있었다.[40] 비슨은 전략폭격조사단의 일원으로서 1945년 가을에 한 차례 일본에 왔다가, 일시 귀국한 후 민정국 특별보좌관Special Assistant으로서 콜그로브와 거의 같은 시기에 재차 일본에 왔다.[41] GHQ 안의 작성 과정에는 전혀 관여하지 않았지만, 콜그로브와는 이전부터 아는 사이였다. 피크는 GHQ안의 작성에 행정권(내각) 장章의 기초위원회 위원장으로서 참가했다. 게다가 노스웨스턴 대학 졸업생(1922년 졸업)일 뿐만 아니라 중국어와 일본어를 할 수 있어서, 극동 문제 전문가로서 1937년 이래 컬럼비아 대학 조교수의 지위에 있었다.[42] 세 사람은 극동 문제 전문가로서 케이디스를 보좌하는 직무를 맡는다는 이유로 같은 방이 배정되었을 것이다. 케이디스는 이 세 사람의 역할을 아래와 같이 평하고 있다.

> 그들은 모두 일본 전문가였습니다. 나는 세 사람의 의견이 일치된 경우에만 그들의 권고를 받아들이거나 휘트니 국장에게 상신上申했습니다. 왜냐하면 콜그로브 교수는 매우 보수적이고, 비슨 씨는 IPR파(태평양문제조사회=좌파), 피크 교수는 그 중간이어서, 세 사람의 의견이 자주 엇갈렸기 때문입니다. 그들의 의견은 영향력이 있었습니다만, 한 사람의 의견으로서가 아니라 그룹의 의견으로서 유용했던 것입니다.[43]

일본에 온 콜그로브는 오오야마가 일본의 친구들에게 쓴 편지를 가지고 있었다. 카토오 칸쥬우·시즈에 부부에게는 직접 전달했지만,[44] 쿄오토의 사사키 소오이찌에게는 쿄오도오 통신 편집국장인 마쯔카타 요시사부로오松方義三郎를 통해 전달했다.[45] 콜그로브는 오오야마의 편지를 오오야마의 친구들에게 전하면서 그들과 만날 기회를 가진 듯하다. 어쨌든 오랫동안 일본과 미국 사이에 통신이 금지되어 있었기 때문에, 오오야마의 편지는 예기치 못한 '선물'이었음에 틀림없다. 물론 스즈키 야스조오처럼 초안 요강에 대한 의견서를 내는 일로 콜그로브와 만난 사람도 있었다. 혹은, 당시 NHK의 회장이 되어 있었던 타카노 이와사부로오나 공산당의 토쿠다 큐우이찌, 시가 요시오志賀義雄처럼, 편지는 전달했지만 만나지는 않은 사람도 있었다(그들에게서 콜그로브 앞으로 편지를 받은 데 대한 감사의 편지가 왔기 때문에, 아마도 콜그로브 쪽에서 만날 생각이 없었을 것이다).[46]

콜그로브가 직접 만나 헌법 초안에 관해 의견을 들은 지식인은 문화인연맹(위원장 스기모리 코오지로오) 관계자가 많았던 듯하다. 유감스럽게도 일본인과의 개별 회담록은 스즈키와 사사키의 의견서를 제외하고는 전혀 남아 있지 않다. 한편 콜그로브 쪽에서는 방일 목적을 알리지 않고 만났던 듯하다. 예를 들면 이리에조차 "왜 와 있었는지 모릅니다. 우연히 와 있었던 것이 아닐까"[47]라고 회상하고 있을 정도이다.

그러나 콜그로브는, GHQ에 국무성과 극동위원회의 상황을 전달하고 맥아더와 휘트니에게 진언하는 한편, 극동위원회의 미국 대표자, 예를 들면 맥코이 의장, 넬슨 존슨Nelson T. Johnson 사무국장, 조지 블레이크슬리George H. Blakeslee 정치고문 등에게 엄청난 수의 편지를 써서 일본의 상황을 전했다. 이러한 콜그로브의 활동은, 국무성과 GHQ가 대립하여 GHQ가 고립되어 가는 상황에서, GHQ의 입장을 이해시켜 차츰 GHQ에게 유리한 방향으로 제헌 과정을 이끌어가는 역할을 하게 된다.

4월 22일 휘트니 민정국장과 회견한 콜그로브는, 극동위원회에서의 각국의 동향을 보면 맥코이 의장이 GHQ의 입장을 지지하지 않고 있다는 사실을 솔직하게 전달하고, 아래와 같이 말했다. "맥코이 장군과 국무성〔예를 들면 존 빈센트 극동국장과 딘 애치슨Dean G. Acheson 국무차관〕은 맥아더 원수가 극동위원회와 상담하지 않은 채 헌법 초안을 승인해서는 안 되었다고 생각하고 있습니다. 맥코이 장군은 원수가 초안을 승인한 것이 다른 국가 대표들과의 관계를 매우 악화시켰다고 생각하고 있습니다."[48]

휘트니에게는 이렇게 말한 콜그로브였지만, 일본에 온 이래로 일본의 지식인과 만나 점령에 대한 일본인의 인상, 헌법 초안에 대한 의견 등을 들어보고서, 일본인들이 헌법 초안에 대해 매우 좋은 인상을 가지고 있다는 사실을 알게 되었다. 콜그로브는 이 휘트니와의 회견 직후에 맥아더와 만났는데, 이 회견 후에 맥코이 극동위원회 의장에게 장문의 편지를 보내, 일본에 대한 첫인상을 전하는 동시에 헌법 문제에 대한 극동위원회의 태도를 비판하면서, 아래와 같이 말했다.

일본에 온 지 아직 얼마 되지 않았습니다. 저는 일본의 많은 학자, 언론인과 오랜 친분을 다시 나누었고, 또 초면인 사람과도 만날 기회를 가졌습니다. 그들과 이야기를 나누어보고, 군사점령의 성공은 최고사령관에 대해 일본인들이 품고 있는 존경과 신뢰의 마음에 기인하는 점이 매우 크다는 강한 인상을 받았습니다. …… 일본에서 미국이 성공한 최대의 이유가 최고사령관의 인격에 기인하고 있다는 사실은 그들이 한결같이 인정하는 것입니다.

저는 귀관이 미국의 대표이자 극동위원회의 의장이라는 매우 미묘한 입장에 있다는 사실을 알고 있습니다만, 귀관의 고뇌에 도움의 손길을 내밀 수 있을 것 같지 않습니다. 그러나 저는, 극동에서의 민주주의의 이 위험한 실험의 달성에 깊은 관심을 가지고 있는 미국의 한 시민으로서, 헌법 초안에 대한 극동위원회의 애매한 정책이 우려된다고 말하지 않을 수 없습니다.

시데하라 내각의 헌법 초안에 대해서는 제가 만난 지적 관심이 넓은 대부분의 일본인들이 찬성의 뜻을 표시하고 있습니다. 그들은 메이지 헌법의 개정과 신헌법의 채택이 빠르면 빠를수록 일본에게 유익하다고 생각하고 있는 듯합니다. 나아가 4월 10일의 총선거에 임하는 선거민들은 국회가 법을 제정할 것을 기대할 뿐만 아니라, 수정하든 수정하지 않든 시데하라 내각에 의해 제안되어 있는 헌법도 채택할 것을 기대하고 있다는 것은 말할 필요도 없습니다.

…… 신헌법이 채택될 때까지 일본의 정치적 안정이 있을 수 없다는 것은 명백합니다. 동시에 또한, 멀리 바다 저편의 수도에 있는 한 위원회가 헌법 초안의 모든 조문에 대해 승인을 할 때까지 대국大國의 결정을 상당 기간 유보하는 것은 허용될 수 없습니다. 그렇게 결정을 늦추는 것은 최고사령관의 권위를 저하시켜, 극동에서의 미국의 민주주의 실험의 성공을 저해하게 된다는 것은 의심할 바 없습니다.[49]

이렇게 콜그로브는, 국제정치에서의 합의의 이행보다 일본의 정치적 안정을 위해 미국의 정치적 입장을 앞세워 GHQ를 옹호했다. 콜그로브의 GHQ 옹호는, 일본의 많은 지식인들을 직접 만나서 들은 의견을 토대로 하고 있는 점에 그 강점이 있었지만, 콜그로브는 블레이크슬리 앞으로 보낸 편지 속에서, 바로 이 점을 역이용해서 "헌법이 멀리 떨어진 도시에 설치된 외국인 대표로 이루어진 위원회 마음대로 되는 경우, 헌법은 '일본 국민의 자유롭게 표명된 의사'라고 말할 수 있을까라고 몇 명의 일본인 학자가 저에게 물었습니다"[50]라고까지 기술했다.

이 편지를 "멀리 떨어진 도시" 워싱턴에서 받은 블레이크슬리는 즉시 존슨에게 그것을 보였다. 존슨도 지지 않았다. 곧바로 콜그로브 앞으로 극동위원회의 입장을 옹호하는 아래와 같은 편지를 보냈다. "…… 저는 극동위원회가 매우 무거운 책임을 지고 있다는 사실을 최고사령관이 이해하도록, 누군가 최고사령관 가까이 있는 사람이 도와주어야 한다고 생각합니다. 이 책임은 합중국 국무장관이 '헌법 초안이 일본에서 공표되었을 때, 그 초안 혹은 다른 어떤 초안도 극동위원회에 어떤 방법으로든 제출될 것에 틀림없습니다'라고 명언했다는 사실에 기인합니다." 존슨은 이렇게 기술하여 "최고사령관 가까이 있"음에도 불구하고 그 입장을 알지 못하는 콜그로브를 비판하는 동시에, 이미 소집되어 있는 국회(제국의회)를 앞두고 국무성과 극동위원회에서 수군거리고 있는 새로운 우려를 아래와 같이 표명했다. "…… 이곳 워싱턴에서는 '맥아더 원수는 이번 국회에서 어떤 특정한 헌법 초안을 심의 없이 밀어붙이려 하고 있다'는 인상이 형성되어 있습니다."[51]

존슨은 이 점에 대해 상당히 조심스럽게 적었지만, 실은 국무성에서는 사태를 한층 더 심각하게 받아들이고 있었다.

맥아더의 양보

극동위원회의 결정은, 선거의 연기 요청도, 사태를 설명할 요원을 보내는 문제도, 충분한 심의 요청도, 맥아더에 의해 모두 거부되었다. 국무성은 맥아더가 정부 초안을, 다시 말해 "어떤 특정한 헌법 초안"을 2, 3주 만에 국회에서 통과시키려고 한다는 정보를 가지고 있었다. 만일 그대로 되어서 위의 「신헌법 채택의 원칙」까지도 맥아더에 의해 거부되고, 시데하라 내각의 정부 초안이 국회에서 2, 3주 만에 "심의 없이 밀어붙"여지게 된다면, 극동위원회 구성국들은 미국 정부의 외교능력을 의심하게 될지도 모를 일이었다. 일이 이 지경에 이르러, SWNCC는 이제는 대통령의 서한을 보내 맥아더를 설득하는 것 외에는 방법이 없다고 생각하고, 아래와 같은 대통령의 서한 초안을 준비하여 '정보 및 지침'으로서 맥아더에게 보낼 것을 6월 2일 결정했다.[52]

최근의 보고에 따르면 일본 정부는 늦어도 6월 말까지 신헌법이 국회에서 승인되는 것을 바라고 있다고 한다. 귀관도 말하는 것처럼, 헌법의 심의에 필요한 시간을 미리 정해두는 것은 곤란하다. 그러나 헌법이 국회에 상정되고 나서 2, 3주는 너무 짧다고 우리 합중국 정부는 생각한다. 그것은 주州헌법이 각각 그 헌법제정의회의 심의를 거치는 데에 평균 3.5개월 가까이 걸린 합중국의 관례에 반하는 것이다. 또 그것은 제1차 세계대전 후의 헌법제정의회가 채택에 이르기까지 평균 16개월을 소비한 유럽의 선례에도 반한다. ……

　나아가 합중국 정부는, 만일 일본인에게 받아들여질 수 있다면, 이번 국회가 아니라 그 이외의 방법, 다시 말해 특별히 선출된 대의원에 의한 헌법제정의회, 헌법 문제를 쟁점으로 해서 선거된 별도의 국회 혹은 국민투표에 의해, 신헌법이 최종적으로 승인을 받는 것이 바람직하다고 확신하고 있다. 다른 모든 극동위원회 구성국으로부터 그와 같은 절차를 거쳐 채택하도록 압력을 받으면서도, 맥코이 장군은 합중국 정부가 헌법의회, 차기 국회, 혹은 국민투표를 요구하는 정책 결정을 함으로써 귀관을 곤혹스럽게 하는 것을 허용하지 않는다는 태도를 명확하게 해왔다. 그러나 헌법제정의회 혹은 국민투표, 또는 그 두 가지 모두에 의한 최종적 승인이라는 절차는 미국의 선례에 부합하는 것이다. ……

　따라서 우리나라 정부는, 귀관이 일본의 적당한 지도자와 협의하여, 헌법제정의회 혹은 그 목적을 명확하게 해서 선거된 다음 국회, 또는 국민투표에 의해 헌법을 최종적으로 승인하는 데 아무런 장애도 없다는 사실을 밝히는 것이 바람직하다고 확신하고 있다.[53]

　이 초안의 취급에 관해, 빈센트 국무성 극동국장은 '문제의 복잡성'을 고려해서 상당히 신중하게 다루었고, 당분간 초안인 채로 두었던 듯하다.[54] 그러나 맥아더가 이러한 본국 정부의 동향을 알아챈 것일까? 헌법을 심의할 제90 제국의회의 개원식이 거행된 다음날인 6월 22일, 맥아더는 위의 극동위원회의 5월 13일 결정을 거의 그대로 받아들여, 일본 국민에 대해 아래와 같은 성명을 발표했다. 다소 지루한 성명이지만, 다시 읽어보면, 이것은 결코 일본 국민에 대한 성명이 아니고 실은 본국 정부와 극동위원회에 대해 발표된, 성명이라는 이름의 회신이었다는 사실을 알 수 있을 것이다.

　이번 의회에서 헌법개정 초안이 제출되는 데에 즈음하여, 일본 국민은 일본 역사상 진정으로 중대한 시기에 직면해 있다. 일본 국민의 생활의 기본은 이 중대 문제를 어떻게 다룰 것인가에 의해 결정된다. 이 문제를 해결하기 위해서는,

　　1. 이러한 헌장의 규정을 토의하기 위해 충분한 시간과 기회가 주어지고, 또

　　2. 이 개정 헌법과 메이지 22년에 발포된 현행 헌법과의 사이에 완전한 법적 지속성이 보장되고, 또

3. 이러한 헌장의 채택이 일본 국민의 자유로운 의사의 표명임을 나타내는 것이 절대적으로 필요하다. 헌법개정에 관련되는 여러 기관을 지배하는 표준은 지금까지도 신중하게 취급되어왔고, 또 문제가 의회에 제출된 오늘날 그것을 계속해서 지도하지 않으면 안 된다. 8개월여에 걸쳐 헌법개정은 일본 국민의 모든 정당, 모든 계급에 의한 토의 속에 매우 큰 정치적 고려의 표적이 되어왔다. 여러 정당, 교육단체, 언론인 및 여러 경향의 사상, 의견을 가진 개개인에 의해 많은 초안이 준비되어왔다. 신문, 라디오 기타 토의의 중개기관은 어떤 국가에서도 볼 수 없을 만큼 이용되었다.

이 정도로 철저하게 토론되고 검토된 국민생활의 기준으로서의 기본적 헌장은 보기 드물 것이다. 이번 의회에 제출된 정부 초안은 일본인에 의한 문서이고 일본 국민을 위한 것이다. 그것을 초안 그대로 채택하든, 수정을 가하든 혹은 부결시키든, 다시 말해 그 형식과 내용을 결정하는 것은 오로지 일본 국민이 정당하게 선출한 의원의 손에 의해서 이루어져야 하는 것이다. (이하 생략)[55]

맥아더는 GHQ안을 바탕으로 한 정부의 초안 요강이 발표되고 나서 3개월 동안 극동위원회와 국무성의 요구를 거부해왔지만, 여기에서 처음으로 그 요구의 일부를 받아들이게 되었다.

이렇게 해서 헌법 초안은, 4월에 마쯔모토 국무대신이 추밀원에서 6월 하순 공포, 연말 시행이라고 답변(218면 참조)한 일정을 대폭 변경해서, 제국의회에서 약 4개월에 걸쳐 심의되게 되었다. 나아가 후술하는 것처럼 정부 초안은 의회에서도 수정할 수 있게 되었다. 이 방침이 일본 정부에 전달된 것은 위의 맥아더 성명보다 훨씬 빠른 시점인 극동위원회의 결정 직후였던 듯하다. 1946년 5월 3일 추밀원에서 마쯔모토 국무대신은 "정부로서는 원안을 수정할 수 없다"[56]고 했지만, 5월 29일의 추밀원에서의 요시다 수상의 답변은 "제국의회에 의해 수정이 가해지는 것은 가능할 것"[57]이라고 바뀌었다. 이것은 중대한 수정이었다. 어쨌든 이로써 국무성이 염려했던 "심의 없이 밀어붙"여지는 일은 피할 수 있게 되었다. 당시에는 이렇게 수정되었다는 것이 국민에게는 전혀 알려지지 않았지만, 맥아더가 이런 수정을 받아들인 배경에는 극동위원회와 국무성의 오랫동안 계속된 요청이 있었다는 사실을 알 수 있다.

총검 없이 민주헌법은 불가능

어쨌든 맥아더는 제90 제국의회를 헌법제정의회로 삼고, 게다가 거기에 정부 초안만을 상정시키는 데에 '성공한 것이다. 일본에 온 이래 맥아더의 이 제헌 코스가 옳다면서 극동위원회를 설득해온 콜그로브는, 제국의회가 소집되어 헌법 초안의 상정이 눈앞에 다가온 6월 15일, 존슨 사무국장에게 논지가 잘 정리된 장문의 편지를 보냈다. 이것은 콜그로브에게는 3개월여에 걸쳐 헌법 문제와 씨름해온 데 대한 총괄 보고라고도 할 수 있을 것이다. 그 속에서 콜그로브는 일본의 정치정세에서 맥아더가 취한 제헌 코스가 얼마나 타당한 것인지를 아래와 같이 기술하고 있다.

일본에서의 정치체제의 개혁을 늦추려고 하는 극동위원회 구성국은, 결과적으로 일본의 반동분자에게 봉사하고 민주화의 길에 봉사하지 않게 됩니다. 가령 자유주의적인 헌법이 민주화의 과정에서 채택되지 않는다고 하면, 어떤 민주적인 헌법도 연합국의 총검에 의한 강제 없이는 채택되지 못할 것입니다.

그와 같은 헌법은 변변치 못한 헌법보다 결과가 나쁠 것임이 분명합니다. 점령하의 일본에서 자유주의적인 정치체제의 개혁이 이와 같이 현저하게 진전되게 된 것은 주로 맥아더의 누구나 인정하는 실력과 유례 없는 명성에 따른 것이라는 사실은 말할 것도 없습니다. 원수의 지도력에 대한 일본 국민의 신뢰감이 민주적인 헌법의 주요한 요인을 오늘날 만들어내고 있는 것입니다.

…… 헌법의 채택이 늦어지는 것은 반동적 정치지도자가 당연히 보수적인 이익을 확보하기 위한 준비계획을 하는 데에 유리한 기회를 주게 될 것입니다.[58]

확실히 맥아더에 대한 "일본 국민의 신뢰감"은 컸다.[59] 게다가 그것은 '민주화 정책'에 대한 신뢰에 머물지 않고, 맥아더가 '굶주리는 일본인'에게 '풍요로운 미국'으로부터 식량을 수입해주는 등 굶주림으로부터의 탈출과 생활의 안정을 도모해준 것에 의해 한층 더 커지게 되었다. 헌법 심의를 위해 소집된 제90 제국의회가 「연합국 최고사령관에 대한 감사의 결의」를 모든 의원의 찬성으로 가결했을 정도이다.[60] 이 '명성'으로 맥아더의 헌법 제정 절차가 정당화될 수는 없지만, 다른 한편으로 "어떤 민주적인 헌법도 연합국의 총검에 의한 강제 없이는 채택되지 못할 것입니다"라는 콜그로브의 정치적 판단도, 보수세력이 압도적으로 강한 의회의 의석 분포를 생각하면 결코 무시할 수 없는 것이 사실이었다.

제헌 코스는 거의 결정되었다. "총검에 의한 강제"의 필요도 없고, 또 정부 초안이 "심의 없이 밀어붙여질" 염려도 없었으며, "충분한 시간"이 심의를 위해 주어지게 된 것이다.

헌법 초안이 의회에 상정되어 심의가 시작된 7월 16일, 콜그로브는 중의원 헌법개정위원회를 방문했다. 이날은 마침 중의원 본회의에서 위의 맥아더에 대한 감사의 결의가 이루어진 날이기도 했다. 위원장인 아시다 히토시는 의사일정을 일시 중단하고 콜그로브를 회의장 안으로 불러 영어로 아래와 같은 환영의 말을 했다.

> 저는 이 위원회의 위원들을 대신해서, 우리의 업무business에 대해 쏟으신 교수님의 관심에 대해 심심한 감사의 뜻을 표합니다. 교수님은 곧 귀국하신다고 듣고 있습니다. 귀국하시면, 일본 국민은 새로운 민주적인 조국의 재건에 전력을 기울여, 평화를 사랑하는 세계의 국민들에게 가능한 한 빨리 협력할 수 있기를 절망하고 있다는 사실을 전해주십시오.[61]

양쪽 모두 마음에 남는 영광스러운 장면이었음에 틀림없다. 아시다는 이 환영사의 전문(영문)을 일기에 기록하고, "그(콜그로브)도 또한 이에 답하여 간단한 인사를 했기 때문에 모두 박수로 그를 맞았다"고 적고 있다.[62] 한편 콜그로브도 이 사실을 보도한 『아사히 신문』(1946.7.17)을 소중하게 보관했다.[63] 그런데 이 아시다의 환영사는 도대체 무엇일까? 콜그로브의 방일 목적은 일본인에게는 전혀 알려져 있지 않았다고 위에서 서술했는데, 아시다에게는 알려져 있었던 것일까? "우리의 업무에 대해 쏟으신 교수님의 관심"이라는 표현은 너무나도 막연하다. 그만큼 그 임무를 감추기 위해 고안된 표현인 듯이 생각된다.

그러면 콜그로브는 왜 헌법개정위원회를 방문한 것일까? GHQ가 헌법 기초에 관여했다는 것은 비밀 중의 비밀이었고, 말할 것도 없이 휘트니도 케이디스도 회의장에서 소개되지 않았다. 콜그로브 단 한 사람이었을 것이다. 게다가 『아사히 신문』은 그 직함을 "총사령부 정치고문, 노스웨스턴 대학 교수"라고 보도했다. 헌법 초안은, 위의 맥아더 성명에서 확인되는 것처럼, "일본인에 의한 문서이다"라는 견해를 GHQ는 시종 취했지만, 나중에는 '총사령부의 원조'가 있었다는 사실은 숨기지 않게 된다. GHQ의 사전검열 아래 『아사히 신문』이 이와 같은 보도를 한 것도 '총사령부의 원조'를 공표하기 위함이 아니었을까? 한편 콜그로브도, 자신이 추진한 제헌 코스가 일본인의 대표에 의해 환영받고 있다는 사실을 스스로 확인하여 본국 정부에 보고해둘 필요가 있었고, 또 맥아더도 동의한 것이 아닐까?

왜냐하면, 일본 국내에서 헌법의 '강요'에 관한 사실이 보도되는 것은 점령이 종료되기 직전부터이지만, 미국 국내에서는 일찌감치 1946년 6월에 신문이 그것을 보도했기 때문이다.

6월 25일자 『크리스천 사이언스 모니터』 지는 일본 취재를 마치고 막 귀국한 로버트 필Robert Peel 기자의 상당히 충격적인 기사를 게재했다. 특히 큰 활자의 타이틀이 눈에 띈다.

꺼리는 일본인, 맥아더가 쓴 헌법을 받아들이다

─갑작스러운 사건으로 인해 시들어버린 민주주의의 첫 싹

맥아더 원수의 '지상명령' 중에서 가장 중요한 것은 최고사령관의 설계도에 의해 그려진 헌법 초안이다. 헌법 초안이 일본의 국회에 의해 승인의 고무도장을 받는 것은, 그것이 맥아더가 바라는 것인 이상, 전혀 문제가 없을 것이다. 원수와 가까운 친구는 그것이 원수가 특별히 관심을 가지고 있는 프로젝트pet project라고 한다.[64]

기사의 내용에는 꽤나 구체성이 없지만, 이런 기사가 신뢰받는 신문에 실리는 것은 분명 GHQ에게 불리하다. 콜그로브의 입장에서는 이런 논조

는 부정해둘 필요가 있었을 것이다. 국회 방문은 "꺼리는 일본인"이 국회에 없다는 사실을 자신의 눈으로 확인하기 위해서였던 것이 아닐까?

7월 22일에 일본을 떠난 콜그로브는, 7월 29일 노스웨스턴 대학에서 트루먼 대통령 앞으로 아래와 같은 편지를 보냈다.

시찰해보고, 저는 신헌법을 기초한 맥아더 원수의 정책이 시의적절하고도 현명한 것이었다고 확신하게 되었습니다. 일본으로부터 1만 마일이나 떨어진 곳에 있는 극동위원회가 그것에 대립되는 지령을 내려 그 정책을 변경하는 것은, 일본 국민을 혼란시켜 어찌할 바를 모르게 만듦으로써 파멸로 이끌게 될 것입니다. 최고사령관은 낡은 전제적 헌법을 폐지하고 민주적 헌법을 가장 단시간 내에 채택하려고 하는 올바른 계획을 가지고 있습니다.[65]

그럭저럭 결론이 나온 듯하다. 그러나 이렇게까지 맥아더의 예정대로 진척되어 극동위원회나 국무성의 정책이 무시당하게 되고 보면, 희생자가 나오지 않을 수 없었다. 7월 초순에 맥코이가 병으로 쓰러져, 8월 말까지 뉴욕의 병원에 입원하게 된다. 맥아더의 신뢰를 잃었다는 정신적인 원인이 컸던 듯하다.[66] 미국 대표로서 또 극동위원회의 의장으로서 GHQ와의 알력을 정면에서 받아내는 입장에 있었던 데 따른 마음고생 때문일 것이다. 콜그로브가 7월 말에 미국에서 휘트니에게 맥코이의 병에 대해 전했지만, 맥아더는 위문편지조차 보내지 않았던 듯하다. 콜그로브는 8월 10일에 재차 휘트니에게 보낸 편지의 마지막에 이렇게 적었다.

맥아더 원수는 맥코이 장군이 입원하고 있는 것을 걱정하며 건강이 회복되기를 바라고 있다는 편지나 전보를 분명 보내셨을 것이라고 생각합니다. 만

일 아직 보내시지 않았다면, 그와 같은 편지를 보내시는 것이 좋을 것이라고 생각합니다.[67]

콜그로브는 최후의 최후까지 두 사람의 중개자로서의 역할을 잊지 않았던 듯하다.

제10장 제국의회에서의 수정

황실의 안위를 위해

맥아더가 본국 정부 및 극동위원회와의 사이에 벌어진 위기를 일단 넘겼을 때, 일본 국내에서는 전혀 다른 차원에서 보수체제가 위기를 맞고 있었다. 전해 12월 말에 시행된 개정 중의원선거법에 따라 치러진 4월 10일의 전후 최초의 총선거에서, 시데하라의 진보당이 제2당(94석)이 되긴 했지만, 자유당이 제1당(141석)이 되었을 뿐만 아니라 사회당이 93석을 얻어 진보당에 육박했고, 비로소 합법정당이 된 공산당이 5석, 국민협동당이 14석, 제파諸派 · 무소속이 119석을 얻어, 시데하라는 단독정권을 유지하기가 무척이나 곤란하게 되었다.

그래서 시데하라는 자유당과 손잡고 정권을 유지하려고 했지만, 자유당(하토야마 이찌로오 총재)은 그에 응하지 않았고, 역으로 사회당 · 협동당 · 공산당과 함께 시데하라 내각 타도 4당공동위원회를 결성하여, 결국 시데하라 내각은 4월 22일 총사직하기에 이르렀다. 이에 자유당은 사회당에게 연립을 제의했지만, 사회당이 이를 거부, 하토야마는 자유당 단독으로 조각하기로 결의를 굳혔다. 하지만 하토야마가 조각으로 방향을 튼 바로 그 시점인 5월 3일, GHQ는 하토야마의 공직 추방을 지령했다. 하토야마 대신에 총재의 자리에 앉은 사람이 요시다였다. 때마침 식량 문제는 극히 심각해져서, 황거 앞에서 15만 명이 모인 '식량 메이데이' 집회가 개최되어 데모대의 외침이 황거 안까지 닿았고, 수상 관저는 데모대에 포위될 지경에 이르렀다. 그래서 요시다는 조각을 할 때, 국민의 이러한 공격을 피하기 위해, 농무대신에 진보적인 학자를 임명하려고 공작을 했다. 하지만 결국 실패하여, 조각할 때까지 더욱 시간을 소비하게 되었다.

요시다 내각이 성립된 것은 시데하라 내각 총사직으로부터 정확히 1개월째인 5월 22일이었다. 이것을 역사학자는 "정치적 공백기"라고 부르지만,[1] 그보다는 '정권 공백기'라고 불러야 할 것이다. 그 실체는 오히려 '정치적 농밀기'였으며, 실로 보수체제의 위기 이외에 그 무엇도 아니었다. 게다가 그 위기는 GHQ의 헌법 초안을 받아들임으로써 초래된 것이었다. 이렇게까지 보수체제에 위기를 가져온 헌법을 시데하라와 요시다는 왜 굳이 지지한 것일까? 이미 서술한 것처럼 시데하라도 요시다도 GHQ로부터 헌법을 '강요'당했지만, 이 시기부터는 오히려 헌법 초안을 그 기본 원리의 면에서 적극적으로 받아들이기 시작했다. 그 이유는 어디에 있었던 것일까? 1946년 3월 20일, 시데하라 수상은 추밀원에서 정부 초안을 설명하면서 아래와 같이 말했다.

극동위원회라는 것은 극동 문제 처리에 관해서는 그 방침·정책을 결정하는 일종의 입법기관이며, 그 제1회의 회의는 2월 26일에 워싱턴에서 개최되었는데, 그때 일본헌법 개정 문제에 관한 논의가 이루어져, 일본 황실을 호지하려는 맥아더 사령관의 방침에 대해 참견하려는 형세가 있었던 것이 아닌가라고 생각된다. 맥아더 사령관은 이에 한 발 앞서서 기정사실을 만들기 위해 급히 헌법 초안의 발표를 서두르게 된 듯하며, 또 맥아더 사령관은 매우 비밀리에 이 초안의 작성이 진척되어 전혀 외부에 흘러나가지 않은 채 성안을 발표할 수 있게 된 것을 매우 기뻐했다는 말을 들었다. 이들 정세를 생각하면 오늘날 이와 같은 초안이 성립된 것은 일본을 위해 기뻐할 일로, 만일 시기를 놓쳤다면 우리 황실의 안위에도 매우 우려할 만한 일이 있었을 것이라고 생각되어, 위기일발이라고도 할 만한 사태가 있었다고 생각한다.[2]

요시다에게는 더욱 확실했다. 귀족원에서의 시정방침 연설에 대한 질문에 그는 아래와 같이 대답했다.

다만 여기에서 한마디 주의를 환기하고자 하는 것은, 단지 헌법 · 국법만의 관점에서 이 헌법개정안이라는 것을 입안한 것이 아니라, 패전을 맞은 지금 어떻게 국가를 구하고 어떻게 황실의 안위를 도모할 것인가라는 관점도 충분히 고려하여 입안한 것입니다.[3]

이 시기에 이르러 마침내 시데하라도 요시다도, 국제정세를 고려하면 이 헌법이 형태만이라고 하더라도 천황제를 호지하기에 가장 적절하다고 생각한 듯하다. GHQ에 바짝 붙어서 버림받지 않을 범위에서 자기 주장을 하는 것, 이것이 헌법 심의 과정에서 드러난 제1차 요시다 내각의 특징이었다.

카나모리 토쿠지로오의 프로필

이렇게 제90 제국의회가 열렸다. 제국의회는 그 후 두 차례(제91, 제92) 더 열렸지만, 실질적으로는 이것이 마지막 제국의회였다. 그런데 개원식 전날, 요시다 내각이 한 사람의 각료를 추가한 것을 지적해두지 않으면 안 된다. 요시다 내각은 발족 당초에는 헌법전임대신을 두지 않을 예정이었지만, "헌법 및 여러 법제의 정비 등에 관해 보필의 완벽을 기하기 위해", 일부러 칙령의 일부를 개정해 각료의 정원을 한 사람 늘려서 헌법담당 국무대신을 두기로 했다.[4] 여기에서 등장하는 사람이 카나모리 토쿠지로오이다. 요시다는 왜 카나모리를 선택한 것일까? 그 이유는 명확하지 않지만, 그 가장 큰 이유는 카나모리가 군국주의의 '피해자'였다는 것인 듯하다.

카나모리는 1934년에 오카다 케이스케岡田啓介 내각에서 법제국 장관이 되었지만, 법제국 참사관 시절의 저서인 『제국헌법 요강』(嚴松堂書店, 1921년 간행, 1927년 전면 개정)이 천황기관설에 입각한 것이라는 비난을 받아 36년에 사임하였고, 그 후 낭인浪人의 몸으로 패전을 맞았다. 그렇다고는 해도 이 저서도 미노베의 저서와 마찬가지로 당시에조차 당연한 이야기를 적은 것에 지나지 않았다. 비난의 대상이 된 부분에서 카나모리는 이렇게 적고 있다. "천황은 국가의사를 최고·최종적으로 결정하는 자연인으로서 기술旣述한 국가기관으로서의 성질에 부합한다."[5] 단지 이것뿐이다. 게다가 343면이나 되는 이 대저에서 "신민의 권리"를 다룬 부분은 겨우 47면에 지나지 않고, 나머지는 천황과 통치기관의 해석으로 도배되어 있다.

그러나 이것은 요시다에게는 아무래도 좋은 것이었을 터이다. 요시다 스스로 패전 직전에 코노에 상소문에 관련되어 헌병대에 체포된 것이 전후를 살아가는 데에 훈장이 된 것과 마찬가지로, 카나모리가 천황기관설로 사임한 경위를 가지고 있다는 것은 요시다에게 매력적이었음에 틀림없다.

게다가 카나모리에게서는 고급 관료 냄새가 나지 않았다. 패전하던 해에 전쟁으로 인해 집이 불타 가족 10명이 작은 집의 한 방에서 지냈고, 대신이 된 뒤로도 일요일에는 가까운 곳의 밭을 경작해서 식량을 마련했다고 한다.[6] 또 상당한 수준의 문인으로서 수필을 썼고 회화를 즐겼다. 말솜씨도 좋아서, 의사록을 통해 국회에서의 답변을 읽어보아도 관료 냄새가 전혀 나지 않는다. 어쨌든 그는 헌법 심의를 통해 가장 말을 많이 한 사람 가운데 한 사람임에 틀림없으며, 답변 횟수는 1,365회,[7] 한 회의 답변으로 가장 긴 것은 1시간 반이나 되었다[8]고 한다. 이것을 한여름 한창 더운 때에 집이 불타 단벌이 된 겨울 모닝코트를 입고서 '전쟁재해戰災 대신'이라고 불리면서 해냈다. 게다가 마지못해 답변하는 기색은 없었고, 야당의 질문 등에 대한 답변은 오히려 달변이었다고 느껴지기까지 한다.

　　"〔의회에서의〕 답변은 조금의 걸림도 없었고, 교묘한 표현이나 적절한 명구를 섞으면서 치면 울린다는 형세였다"[9]고 당시 법제국 사무관으로서 심의를 지켜본 사토오 이사오는 회상하고 있다. 그러나 이 "교묘한 표현"이 동시에 논점을 얼버무려 애매하게 만들어버린 것도 부정할 수 없을 것이다. 여당·야당을 묻지 않고 신헌법에 의해 '국체'가 변한 것인지 아닌지가 최대의 관심이었는데, '변하지 않았다'고 하면 야당의, '변했다'고 하면 여당의 반대에 부딪히게 되는 상황에서, 그는 "물은 흘러가도 내는 흘러가지 않습니다"라고 대답했다. 또 헌법 9조의 군비 불보유는 국가의 안전을 위협하는 것이 아닌가라는 질문에, "딱딱한 이는 부러지지만 부드러운 혀는 부러지지 않습니다"라는 식으로 대답하여 솜씨 좋게 궁지를 벗어나는 그의 답변 방식은, 도저히 관료의 답변이라고는 생각할 수 없는, 실로 명인名人의 기예에 가깝다고 할 것이었다. 게다가 그는 필요한 경우에는 몸에 익은 관료법학을 살렸다. 요시다 내각이 이런 카나모리를 얻음으로써 얼마나 큰 이익을 얻었는지는 이루 헤아리기가 어렵다.

이런 카나모리를 얻어 드디어 의회가 개회하게 된 것인데, 여기에서는 이 4개월에 이르는 심의 경과를 주요한 논점별로 소개하기로 하자. 다만, 복잡한 심의 경과를 알기 쉽게 하기 위해서는 경과의 큰 흐름을 미리 제시해둘 필요가 있을 것이다.

1946년 4월 17일, 정부 초안을 발표한 정부는 곧바로 그것을 추밀원에 자순諮詢했고, 추밀원에서는 4월 22일부터 우시오 시게노스케潮惠之輔 고문관을 위원장으로 하는 심사위원회에서 11회에 걸쳐 심사가 이루어진 다음, 6월 3일의 추밀원 본회의에서 미노베 타쯔키찌 고문관만이 반대한 가운데 초안이 가결되었다. 그 후 초안은 6월 25일에 중의원에 상정되어, 본회의 후인 6월 28일에 의장이 지명한 72명으로 구성된 제국헌법개정안위원회(특별위원회)에 회부되었다. 위원장에는 아시다 히토시(자유당)가 호선되었다. 그 후 특별위원회에서의 논의가 진행되어, 공동수정안을 작성하기 위해 아시다를 위원장으로 하는 소위원회가 설치되었다. 소위원회는 7월 25일부터 8월 20일까지 간담 형식으로 이루어졌다. 아시다 위원장이 사회를 보았고 각료는 출석하지 않았다. 의사록도 공개되지 않았다. 특별위원회는 모든 회파會派의 위원으로 구성되었지만, 소위원회의 위원의 경우 공산당 등의 작은 회파는 제외되었다. 소위원회의 공동수정안은 8월 21일에 특별위원회에서 승인되었고, 8월 24일의 중의원 본회의에서 아시다 위원장이 보고하여, 같은 날 이 수정안이 가결되었다. 여기에는 총 8명(공산당 의원 6명과 무소속 의원 2명)이 반대표를 던졌다. 그 후 정부안 수정안은 귀족원에 회부되어 몇 가지 추가수정이 이루어졌기 때문에, 다시 중의원에 돌아와 10월 8일에 중의원에서 가결 성립되었고, 추밀원의 자순을 거쳐 11월 3일에 공포되었다. 이렇게 긴 여정이 이어진 것이다.

그동안 아시다 히토시가 매우 중요한 지위에 있었다는 사실을 누구나 알아챘을 것이다. 아시다는 외교관을 거쳐 정계에 입문했고, 전후 하토야마 이찌로오를 옹립하여 자유당을 결성했으며,[10] 시데하라 내각에서 이미 서술한 것처럼 후생대신이 되었다. 그러나 본인은 대신 이상으로 이 특별위원장-소위원장이라는 직무에 긍지를 느꼈던 듯하다. 특별위원장으로 결정된 날의 일기에 "헌법 심의 특별위원회에서는 내가 위원장이 되게 되었다. 이것은 획기적인 일인 만큼 나에게는 후생대신이나 국무대신보다도 보람찬 일이라고 생각한다"[11]고 적고 있다.

아시다의 국회에서의 행동을 지켜본 사토오 이사오 법제국 사무관도 "위원장으로서의 아시다 씨는 시원시원하게 그리고 솜씨있게 회의를 주재하셨다. 참으로 명위원장이었다고 할 것이다. 아시다 씨 스스로 이 포스트에 만족하고 자랑스러워하는 듯했다"[12]고 회상하고 있다.

특별위원장이 된 직후인 6월 29일, 아시다는 가방을 새로 사서 안쪽 가죽 부분에 '헌법개정 기념'이라고 써서 들고 다닐 정도였다.[13] 분명 적격이었던 듯하지만, 아시다가 위원장이 된 것은 그가 적격이었기 때문만은 아니었다. GHQ 민정국은, 아시다가 전쟁 중 카마쿠라의 자택에서 사회당의 카타야마 테쯔, 하라 효오 두 사람과 빈번히 회합을 가졌던 사실을 포착하고, 아시다가 리버럴한 사상을 가진 인물이라고 생각하여 "아시다를 높이 평가하고 있었다."[14] 이 GHQ의 '높은 평가'가 아시다로 하여금 이 중요한 직무에 취임하게 했다고도 할 수 있을 것이다.

국체는 변했는가

그런데 6월 20일부터 시작된 중의원 본회의에서 가장 주목을 끈 것은 국체 문제, 다시 말해 신헌법에 의해 국체는 변했는가라는 문제였다. 본회의의 첫머리에 질문에 나선 키타 레이키찌北昤吉(자유당)는, "일부 사람들은 '현행 헌법은 주권이 천황에게 있고, 주권재군主權在君을 원칙으로 하고 있다, 헌법개정안은 그것과는 반대로 주권이 국민에게 있다고 하고 있다, 일종의 국체변혁이다'라며 경악하고 분개하고" 있지만, "일군一君과 만민萬民이 대체로 융화되어왔다고 하는 신념은 변하지 않는 것"이므로, "이 〔개정안의〕 전문에 나오는 일본 국민 속에는 천황도 포함되어 있다고 해도 좋다"고 해석하는 것이 어떤가, 정부는 "이 헌법은 국체를 변경하는 것이 아니라고 하는 것을 간절하고 세심하게 국민에게 철저히 알릴 필요와 책임이 있는 것이 아닌가"[15]라며 정부의 견해를 물었다. 키타 잇키北一輝의 친동생으로서, 전전·전중을 통해 파시즘 정치를 예찬한 인물다운 질문이었다.

답변에 나선 요시다 수상은 참으로 자신의 생각과 같다는 투로 이렇게 답했다. "황실의 존재는 일본 국민, 자연히 발생한 일본 국체 그 자체라고 생각합니다. 황실과 국민 사이에 아무런 구별이 없으며, 이른바 군신일여君臣一如입니다. 군신일가君臣一家입니다. …… 국체는 신헌법에 의해서도 조금도 변경되지 않는 것입니다."[16]

하지만 헌법 초안을 아무리 읽어보아도 '군신일가'라고는 적혀 있지 않았다. 오히려 천황 조항을 잘 읽어보면 그렇지 않다고 적혀 있었다. 이어서 질문에 나선 키타우라 케이타로오北浦圭太郎(자유당)는 이렇게 한탄했다. "이 초안은 형식적으로는 천황제 옹호임에 틀림없습니다. (하지만) 실체적으로 8개조의 조문 중 어디에 훌륭한 천황제 옹호가 있는 것인가? …… 여러 가지 규정해서 꽃은 피우고 있습니다만, 꽃은 꽃이어도, 이 꽃은 일곱겹 여덟겹 피어 있습니다만, 황매화 꽃, 열매는 하나도 없는 슬픈 헌법입니다."[17]

꽤 훌륭한 비유이다. 이 '황매화 헌법'이라는 별명은 당시 꽤 유명해졌다. 보수계 의원은 국체가 불변이라는 것을 명확하게 하라고 정부를 다 그쳤고, 정부도 보조를 맞추었다. 그러나 그곳은 더 이상 익찬翼贊의회가 아니었다.

공산당에서는 본회의 첫머리에 시가 요시오가 나서서 아직 국민의 논의가 충분히 이루어지지 않은 단계의 헌법 심의는 의미가 없으니 연기하자는 동의를 제출했고, 이것이 부결되자 공산당의「신헌법 초안」을 공표했지만, 본회의에서 노사카 산조오는 정부의 이 국체 답변을 격렬하게 비난하여, "도대체 주권이 국민의 손에 있는 것인가 천황에게 있는 것인가. 이것을 여기에서 얼버무리지 말고 확실하게 말해주기 바란다"[18]고 다그쳤다.

특별위원회가 열리자 사회당의 위원들로부터도 잇따라 정부 답변에 대한 비판이 나왔다. 모리 미키지森三樹二는 정부 답변은 궤변이라고 했고, 오이카와 타다시及川規는 국체란 "그 국가의 최고의사를 구성하는 자연인의 의사가 누구의 의사인가, 국민 전체의 의사인가 아니면 군주 한 사람의 의사인가", 다시 말해 "주권의 소재"[19]가 아닌가라고 다그쳤다.

카나모리는 대답했다. "우리의 마음속 깊이 뿌리를 내리고 있는 천황과의 연계를 기본으로 해서 그것이 존재하고 있다. 이것이 우리가 믿는 국체입니다", "지금 말씀하신 것과 같은 국체라는 사고방식이 적어도 법률학자의 상당수에게 있었다는 것은 분명히 인정합니다. 그러나 일본 국민 전체가 법률을 알고 있는 것도 아니고, 법률학자의 말에 공명하는 것도 아니고, 반드시 그런 의미로 국체를 이해하고 있었는지는 매우 의심스럽다. …… 가장 사물의 근본이 되는 것은 우리들의 마음이 아닐까?"[20]

이것이 법률학자 이외의 그 무엇도 아닌 카나모리의 답변이었다. 카나모리는 나중에 이 후자, 즉 법률학자의 국체 해석을 '정체政体'라고 불렀으며, 국체란 어디까지나 국민의 마음의 문제이고 따라서 바뀌지 않았다는 주장을 계속 이어갔다.

귀족원에서도 미야자와 토시요시, 난바라 시게루(토오쿄오 대학 총장, 정치학) 등이, 정부는 국체가 변경되었다는 것을 인정해야 한다고 주장했지만,[21] 정부의 답변은 바뀌지 않았다. 마침내 카나모리는 지동설까지 끌어대어 국체가 바뀌지 않았다는 것을 설명했다. "하늘이 움직이는가 땅이 움직이는가라는 문제에 대해서는 논의가 어느 쪽이든 실제로 움직이는 쪽은 옛날부터 지금까지 바뀌지 않았습니다."[22] 이것은 "물은 흘러가도 내는 흘러가지 않는다"라는 비유와 마찬가지로 의원들의 눈을 흐리게 하는 데 성공한 듯한데, 국체에 관해 헌법상 '코페르니쿠스적 전환'은 없었다는 주장으로서는 '상급' 비유였는지도 모른다. 그러나 의원들은 나름대로 변경이 있었다는 것을 인정한 듯하다. 카나모리에 따르면, 귀족원에서 이 무렵 두 장의 쪽지가 회람되었고, 거기에는 아래와 같이 적혀 있었다고 한다. "그러나 저러나 잘 싸우고 있는 카나모리의 저 검법은 어느 유파인가(원문은 "かにかくに, 善くたたかえり金森の, かのケンポーはそは何流ぞ". 일본어로 劍法은 憲法과 음이 같다—역자)." 다른 한 장에는 그에 대한 화답. "카나모리는 양검파다. 국체를 바꾸어놓고서 바뀌지 않았다고 한다(원문은 "金森は二刀流なり国体を変えておきながら変らぬと言う"—역자)." 그러나 이 정도로 화낼 카나모리가 아니었다. 카나모리도 이렇게 화답했다고 한다. "명인의 검은 둘인 듯 보인다(名人の劍二刀の如く見え—역자)."[23]

결국 의회에서의 국체 논의는 다람쥐 쳇바퀴 도는 듯하다가 끝나버렸다. 이것은 어떤 의미에서는 카나모리의 공적이라고 할 수 있을 것이다. 중의원 헌법개정안위원회(특별위원회)의 심의를 마치고 본회의에 제출한 보고서에서, 아시다 위원장은 이렇게 기술하고 있다.

요컨대 개정 헌법의 제1장은 만세일계의 천황이 국민 지고의 총의에 기초하여 천양天壤과 함께 영겁부터 영겁까지 국민을 통합하는 군주로서의 지위를 확보하신다는 것을 명기한 것입니다(박수). 이렇게 해서 천황은 국민 속에 있으면서 스스로 실제 정치의 밖에 서고, 게다가 국민생활의 중심, 정신적 지도력으로서의 권위를 보유하신다는 엄연한 사실을 확인할 수 있었던 것은, 위원의 절대다수가 최대의 환희로써 맞아들인 것입니다.[20]

메이지 헌법과 신헌법, 전전과 전후를 가르는 최대의 단절 중 하나가 천황의 지위의 변경이고, 헌법 조문에 비추어 생각하면 참으로 "열매는 하나도 없다"는 것은 의심할 여지가 없지만, 이 보고서를 보는 한 이데올로기로서의 천황제는 전전과 전후 사이에 거의 단절이 없었던 것이 아닌가 하고 생각하지 않을 수 없다. 이것은 사회개혁, 사회운동을 수반하지 않은 '헌법개정'이 가지는 분명한 한계였다.

국민주권을 둘러싸고

하지만, 제1장(천황)의 심의 전체가 요시다와 카나모리의 페이스대로 다람쥐 쳇바퀴 도는 듯하다가 끝난 것은 아니었다. '헌법보다 밥이다'라고 하면서도, 배를 곯아도, 아니 곯고 있었기 때문인지도 모르지만, 많은 국민이 정치와 대면하고 있던 시대였다. 거기에 '헌법보다 돈벌이다'라고 말하기를 주저하지 않는 오늘날과의 차이가 있었다.

국체 논의는 다람쥐 쳇바퀴 도는 듯하다가 끝났지만, 매우 구체적인 국민주권 규정은 그렇게는 되지 않았다. Sovereignty of people's will이라고 되어 있었던 GHQ안을 시데하라의 발안으로 굳이 "국민 총의의 지고"로 한 것은 그대로는 넘어가지 않았다.

당시 민주주의과학자협회(민과民科)라는 조직이 있었다. 1946년 1월, 약 200명의 사회과학자와 자연과학자가 모여 "일본 인민의 복지 및 세계의 평화에 기여하기 위"한 학문 연구를 목적으로 해서 창립되었다. 초대 회장은 오구라 킨노스케小倉金之助(수학자).[25] 그 제2회 총회(6월 1~2일)에서 의회에 상정되기 직전의 헌법에 관한 문제가 긴급동의로서 제출되어, 헌법 심의는 제국의회에서가 아니라 "헌법개정을 위해 특별히 선발된 의회 또는 헌법에 관한 인민의 의견이 충분히 표현될 수 있는 특별한 기구에 의해" 이루어져야 한다고 결의되었는데, 그 이유의 하나로 "일본문과 외국문 사이에 약간의 중요한 차이가 있고, 주권의 존재에 관해서조차 명확성을 결여한 상태이다"라는 점이 지적되었다.[26] 이 결의문 작성자의 한 사람이 나카무라 아키라中村哲(전 대북台北 대학 교수, 정치·헌법학, 나중에 호오세이 대학 총장)였다. 나카무라는 영문 성명도 작성해서 "국제적 여론을 환기하기로" 했다.[27]

이것은 개회 후의 중의원에서 우선 문제가 되었다. 6월 28일의 본회의에서 노사카가 처음으로 문제 삼았다.

> 노사카 ······ 헌법 전문에 "국민의 총의가 지고이다", 이것이 영문으로는 어떻게 되어 있는지 보면 "Sovereignty of the people's will", 다시 말해 인민 의사의 주권, 이렇게 되어 있다.(발언하는 자 있음) ······ 영문만 보면 너무나도 민주적이다("취소하라"라고 외치는 자, 기타 발언하는 자 많음).
> 의장 정숙을 부탁합니다. 노사카 군에게 말씀드립니다. 영문에 관해서는 주의를 부탁합니다.
> 노사카 ······ 그러나 이 일본어 원문에는 그렇지 않다. 매우 애매모호한 점이

많다. 이 점에 관해 도대체 총리대신은 어떻게 생각하시는지("그런 건 답변할 필요 없다"라고 외치는 자, 기타 발언하는 자 많음).[28]

요시다 수상은 이 질문에 대해서는 성실한 답변을 거의 하지 않았고, 카나모리도 "일본국의 헌법은 일본국의 문자로 쓰여"진 것이 정문正文이라고 대답하는 데 그쳤다. 헌법개정안위원회의 심의에 들어가서는 쿠로다 히사오黑田寿男(사회당)도 주권이 명확하지 않다고 다그쳤지만,[29] 정부의 답변은 바뀌지 않았다. 그도 그럴 것이, 정부는 이와 같은 질문이 나올 것을 개회 전부터 상정하고 있었다.

실은 이 '지고'를 처음으로 문제 삼은 사람은 나카무라도 노사카도 아니었다. 추밀원에서의 심사 때(5월 3일), 노무라 키찌사부로오野村吉三郎 고문관(전 해군대장, 태평양전쟁 개전 당시의 주미대사, 전후에 추방 해제 후 자민당 참의원의원으로서 재군비에 전력을 기울였음)이 이미 문제 삼았다.

노무라 위원 전문의 "국민의 총의가 지고……"에 대한 드래프트는 "Sovereignty of the people's will"이라고 되어 있어서 명확하게 국민의 주권을 선언한 것이라고 이해되는데, 어떤가?

이리에 법제국 장관 주권이란 국법학에서는 강한 힘을 가지는 것을 말하지만, 이 안에서는 실질적인 의미를 취해 국민의 의사가 최고성을 가지는 것이라고 이해한다.[30]

이리에의 이 답변을 기본으로 해서, 그 직후에 의회 개회 전에 「상정문 답想定問答 증보增補」를 작성해두었던 것이다.[31]

그런데 문제가 의회에서는 수습이 되지 않고 의외의 방향으로 발전했다. 마쯔모토 시게하루(전 도오메이 통신 편집국장, 나중에 국제문화회관 이사장)가 7월 7일자 『민포오民報』 1면 머리기사로 이것을 논했기 때문이다. 마쯔모토는 일 · 영 두 개의 문장을 제시한 후 "주권재민의 사상은 영역에서는 매우 명확하다. 그러나 일본어 원문 쪽은 왠지 적지 않게 명확성을 결여하여 주권 소재의 문제와 직접 관계가 없는 듯한 느낌을 줄 여지가 있다."[32] 『민포오』라는 이름의 신문은, 전후에 도오메이 통신이 분할되어 쿄오도오共同와 지지時事로 바뀔 때, 구 도오메이 통신에 있었던 몇 사람에 의해 만들어진 민포오 사社가 발행한 일간지였고, 마쯔모토는 그 사장이었다. 1945년 12월에 창간된 타블로이드판 4페이지의 작은 신문이었다. 배달은 하지 않았고, 도내都內의 역앞 등의 상점에서만 판매했으며, 발행부수는 2만 5천에서 3만 부에 지나지 않았다.[33]

하지만 GHQ는 이 작은 신문인 『민포오』에 상당히 주목하고 있었다. 마쯔모토가 쓴 7월 7일자 논설도 GHQ에서 전문 영역되었다.[34] GHQ 민정국에서는 즉각 이 문제를 다루었다. 케이디스가 말하는 좌파, 중도, 우파의 3인인 비슨, 피크, 콜그로브가 연명으로 「헌법 초안의 일문과 영문의 차이」라는 제목의 민정국장 앞 각서를 7월 11일자로 작성했다. "…… 일역은 '주권'이라는 단어를 '지고'라는 단어로 바꾸어버렸다. 그런데 이 단어는 법학적인 의미에서 전혀 주권 개념을 전달하고 있지 않으며, 일반적인 표현으로 사용되는 것이다."[35] 이 문서는, 비슨이 그의 부인에게 보낸 편지(7월 19일자)에 따르면, 즉각 케이디스-휘트니-맥아더 순으로 전달되었던 듯하다.[36]

GHQ가 이와 같이 신속한 행동을 취한 데에는 나름대로 중대한 이유가 있었다. 극동위원회가 7월 2일에 「일본의 신헌법에 대한 기본 원칙」이라는 제목의 정책 결정을 했고, 미 통합참모본부JCS가 7월 6일자로 맥아더에게 그것을 전달했다는 것이 그 이유이다.[37] 이 결정은 아래와 같은 문장으로 시작되어 있었다. "일본의 헌법은 주권이 국민people에게 있다는 것을 인정해야 한다." 나아가 그 다음에 국민주권을 보장하는 입법·행정·사법 3권에 관한 규정이 세세하게 규정되어 있었다.[38] 그것을 읽은 맥아더는 그 결정이 공표되면 일본 정부의 체면은 완전히 무너지게 될 것이라고 생각해서, 8일자로 즉각 아래와 같은 회신을 보냈다.

…… 헌법 초안은 정부의 제안으로 지금 국회에서 심의 중인데, 그것은 여기에서 제시된 기본 원칙과 모든 점에서 일치하고 있고, 국회에서 최종적으로 채택되는 헌법이 이에 반하는 조항을 포함하지 않도록 만전의 주의가 기울여질 것이다. 그러나 이 지령이 지금 공표되는 것은, 결정적은 아니라고 해도, 심각한 잘못을 저지르는 것이 될 것이라고 생각된다.[39]

여기에서도 맥아더는 일본 정부에 구원의 손길을 내밀었다. 야당이 힘을 얻는 것을 피하기 위해 FEC 결정이 공표되는 것을 억누르고, 케이디스를 수상 관저에 보내 GHQ의 의향을 전했다. 관저에서는 카나모리와 함께 이리에 법제국 장관, 사토오 타쯔오 차장이 케이디스를 만났다. 케이디스는 카나모리의 국회에서의 국체 및 천황의 지위에 관한 답변에 대한 설명을 요구했다. 카나모리는 이에 응해 자신의 의견을 개조서箇條書로 만들어 전달했다. 그 내용은 "종래의 천황 중심의 기본적인 정치기구는 신헌법에서는 근본적으로 변경되었다. 종래의 천황 중심의 정치기구를 우리나라의 국체라고 생각하는 사람이 있지만, 이것은 정체form of government이며, 국체character of nationhood가 아니라고 믿는다"[40]라는 것이었다. 국회에서 반복한 답변과 비교할 때 새로운 것은 아무것도 없었다. 그런데 7월 23

일에 GHQ는 같은 멤버로 재차 회합을 가질 것을 제안했다. 이리에는 자신의 책에서 이때의 모습을 손에 잡힐 듯이 재현하고 있다.

케이디스는…… 아래와 같이 말했습니다. "주권의 소재에 관해 일문의 표현은 매우 불명확하다. 전문이든 조문이든 어딘가에 주권이 국민에게 있다는 것을 명시해주기 바란다. 전문에 '국민의 총의가 지고임을 선언하고'라고 한 것 등은…… 영문의 문자를 일부러 왜곡한 듯한 느낌이 든다. 주권은 국가에 있는 듯이 보이기도 하고, 천황·내각·국회·재판소에 분속하는 것인 듯이 보이기도 하고, 또 그들 국가기관이 공유하는 것인 듯이 보이기조차 한다. 이런 이중적인 의미로 해석되는 표현은 일종의 기만이다. ……주권이 국민에게 있다는 것을 명문화해주기 바란다." 케이디스의 이 이례적인 열변에 대해 카나모리 씨는 아래와 같이 대답했습니다.

"나는 의회에서 그것으로 좋다고 여러 번 설명했다. 또 그것으로 좋다고 믿고 있다. 따라서 이 점을 요구받는다면 나는 사직할 수밖에 없다. 그리고 후임자가 적당하게 다룰 것이고 기대할 수밖에 없다."

이에 대해 케이디스는 매우 당혹스러운 표정이었지만, 재차 위와 같은 이야기를 반복하며, 카나모리 씨에게 고려해달라고 요청했습니다.

…… 위와 같은 상당히 긴장된 응답이 이어진 끝에, 카나모리 씨도 마침내 전문의 "국민의 총의가 지고임을 선언하고"라는 부분을 수정하는 것에 관해 고려해보겠다고 하게 되어, 이야기가 종결……되었습니다.[41]

동석했던 사토오도 이 일을 기록에 남기고 있는데, 세부적인 점에서는 다르지만 큰 틀에서는 다르지 않다.[42] 그러한 사토오는 나중에, '지고'라는 용어를 사용한 것에 관해 "이 사버린 윌sovereign will은 직역하면 주권의사일 터이지만, 당시의 국체 옹호의 기분에 비추어 생각하더라도, 너무 인민주권을 노골적으로 드러내는 것은 바람직하지 않다"[43]고 생각했다고 말하고 있다.

그렇다고 하더라도 '지고'라는 용어를 시대하라는 어디에서 차용한 것일까? 조사해보면, 「추밀원 관제」제8조에 "추밀원은 행정 및 입법의 일에 관해 천황의 지고의 고문이지만 시정에 관여하지 않는다"라고 되어 있다. 이것에 따르면, '지고'는 '최고'라는 의미일 뿐 권한과는 전혀 관계없는 개념이다. 그런 의미에서 '지고'가 '주권'으로 바뀐 것은 헌법의 총체에 관련된 중요한 변경이었다.

그런데 정부 수준에서 가까스로 결정한 '주권'으로의 변경은 의회에서는 어떻게 제안된 것일까? 정부는 제안을 하지 않았다. 제안한 것은 자유당이었다. 그것도 특별위원회로부터 비밀로 진행된 소위원회로 옮겨간 첫날인 7월 25일, 다시 말해 케이디스와의 회담 이틀 후, 바로 키타 레이키찌가 진보당과의 공동제안이라는 형태로 제안했던 것이다.[44] 진보당에서는 이누카이 타케루犬養健가 마쯔모토 시게하루가 쓴 『민포오』의 논설을 당의 회합에서 읽었다고 하니[45] 그 영향 때문이라고도 생각되지만, 어쨌든 시종일관 천황제에 사로잡혀 있던 보수당이 사회당이나 공산당을 앞질러 제안하고 수정하는 결과가 되었다.

이 사실을 신문보도를 통해 알게 된 케이디스는 정부에 전화로 "죽고 싶을 만큼 기뻤다"고 전했다고 한다.[46] 극동위원회와 본국 정부의 모든 설득 공작의 폭풍우에 맞서 독자적인 제헌 코스를 추진해온 맥아더가, 일본 정부의 이 만만찮은 반란을 인정하는 것은 자신의 지위를 흔들지도 모른다고 생각했음에 틀림없다. 그런 맥아더를 보좌하는 케이디스에게 이 수정이 얼마나 큰 의미를 가지는 것이었을지, 기뻐하는 전화 목소리가 들려오는 듯하다.

패배한 카나모리는 그래도 강인함을 잃지 않고, 귀족원에서는 "〔중의원이 '지고'를 '주권'으로 수정한〕 의미는 아마도 같은 의미이며 문자가 바뀐 것뿐이라고 생각합니다"[47]라고 설명했지만, 그 한편으로는 패배의 분함을 숨기지 못하고 "상당히 오랫동안 대항했지만, 결국 세계의 눈을 존중한다는 의미에서 노골적인 표현을 취했다"[48]고, 아무리 봐도 '주권'이라는 용어가 나쁜 표현인 듯이 말했다. 그래도 사임은 하지 않았고, 일요일에 나간 밭에서 '목이 잘리지' 않은 자신을 자조하여 "시원찮은 호박, 오늘도 아직 뜯겨나가지 않고 있구나(원문은 "ヘボ南瓜, 今日もまだもがれずに在り"―역자)"[49]라고 읊을 여유를 잊지 않았다.

그런데 이와 같이 중요한 '주권'이 삽입되는 동안, 헌법학자들은―나카무라를 제외하고―도대체 무엇을 하고 있었던 것일까? 헌법학자 중에서 가장 일찍 '8월혁명설'을 주창한 미야자와 토시요시는, 이 '주권' 문제에 관해 『토오쿄오 신문』의 지상좌담회에서 이렇게 말했다. "이 헌법 초안에서 주권 문제를 어떻게 결정하고 있는가 하면, 주권은 국민에게 있다고 하는 주의를 원리로 하고 있다는 것은 매우 명료할 것이라고 생각합니다. 그러나 전문 기타의 조문 속에서는 주권이라는 용어는 사용하고 있지 않습니다. 제 생각으로는 기초자가 의식적으로 사용하는 것을 피한 것이 아닌가 생각합니다만, 그 점에 관해서는 그런 용어를 사용하는 것을 피하는 것은 잘못이다, 확실하게 보통의 용어로 주권이 국민에게 있다고 말하라는 유력한 의견도 있습니다. 저로서는, 그건 뭐 용어의 문제이고, 지금과 같은 국민지고의 총의라고 하는 조금 애매한 표현으로도 괜찮다고 생각합니다."[50]

뒷날 미야자와는 이 무렵을 돌아보면서 아래와 같이 회상하고 있다. "그때는 국민주권이 개정 헌법의 대원칙이라는 것을 확실하게 하지 않도록 해두는 편이 좋지 않을까라는 심정이었어요. 카나모리 (토쿠지로오) 씨가 말한 것과 꼭 마찬가지로."⁵¹⁾

따라서 당시의 미야자와의 관심은 완전히 반대 방향에 있었다고 보아도 좋을 것이다. 신문보도에 따르면, 미야자와는 귀족원에서 사사키 소오이찌, 난바라 시게루 등 "헌법에 정통한 의원 30여 명"과 함께 헌법초안연구위원회를 조직하여 10개 항목에 이르는 수정안을 만들었는데, 그중에는 아래와 같은 한 항목이 포함되어 있었다. "제1조의 '상징'을 '원수'로 하고 '그 지위는' 아래에 '천황을 수장으로 한다'를 삽입."⁵²⁾ 다시 말해, 이것에 따르면 헌법 제1조는 "천황은 일본국의 원수이고 일본 국민 통합의 원수이며, 이 지위는 천황을 수장으로 하는 일본 국민의 지고의 총의에 기초한다"가 된다. 물론 이런 수정은 받아들여지지 않았다. 만일 의회가 받아들였다면, 맥아더는 케이디스를 수상 관저에 은밀히 보내는 따위의 미지근한 행동을 그만두고, 귀족원을 통째로 이찌가야市ヶ谷로 옮겼을 것임에 틀림없다(이찌가야는 극동군사재판소가 있었던 곳임―역자).

물론 법학자들이 주권·국체 문제에 무관심했던 것은 아니다. 국체에 관해서는 사사키 소오이찌와 와쯔지 테즈로오(철학자)가, 주권에 관해서는 미야자와 토시요시와 오다카 토모오尾高朝雄(법철학자)가 논쟁을 벌였다는 사실은 널리 알려져 있다. 그러나 현실의 변혁에 이들 논쟁이 얼마나 도움이 되었을까? 국민주권주의를 명확하게 한 신헌법의 탄생에는 아무런 도움도 되지 않았다. 도움이 되지 않았을 뿐만이 아니다. 미야자와의 경우, 겨우 수개월 전에 '8월혁명설'을 주창하여 정부안은 "신권주의로부터 국민주권주의"로 전환한 것을 의미한다고 말했다. 그래 놓고서는 구체적 권리규정에 이르러서는 '주권'이 아니라 '지고'를, '상징'이 아니라 '원수'를 선택한 것이다. 이렇게 되면 미야자와의 '8월혁명설'은 내실을 수반하지 않는

피상적인 사상이라는 점이 오히려 부각되지 않을 수 없는 것이다.

오랜 여정을 거쳤지만, 이렇게 해서 국민에게 주권이 있다는 것이 명백하게 되었다. '지고'를 '주권'으로 바꾸는 작은 수정이었지만, 그것이 가지는 큰 의미는 이루 다 헤아리기 어렵다. 다만 제1장에 관한 논의가 여기에 너무 집중된 때문인지, 황위 계승이나 천황의 즉위에 관해서는 논의가 거의 이루어지지 않았다. 헌법 초안 작성의 시점에서 꽤 보수적이었던 사회당도, 정부안의 심의에 이르러서는 진보적으로 일변하여 "〔천황은〕 즉위시에는 국회의 승인을 거치는 것을 요한다"라는 수정안을 제출했지만, 오늘날의 시점에서도 일고의 가치가 있다고 생각되는 이러한 안은 거의 논의되지 않고 끝나버렸다.

'일본 국민'과 '외국인'

그런데 '국민주권'을 비롯해서 이 헌법에서 사용되고 있는 '국민'이란 도대체 무엇일까? 현행 헌법을 보면 제10조에 이렇게 적혀 있다. "일본 국민의 요건은 법률로 정한다." 그러나 이 조항은 GHQ안에도 정부 초안에도 없었던 것이다. 하지만 메이지 헌법에는 있었다. "일본 신민의 요건은 법률이 정하는 바에 따른다"(18조). 메이지 헌법과 일본국헌법의 차이는 '신민'이 '국민'으로 바뀐 것에 지나지 않는다.

그러면 왜 이 제10조가 삽입되게 된 것일까? 정부가 중의원에 상정하기 전에 작성한 「상정문답집想定問答集」을 보아도 정부는 제10조와 같은 규정의 삽입에 대해 부정적이었다. "국민이라는 범주는 본래 법의 규정을 기다리지 않고 조리적 · 관습적으로 정해지는 것이며, 현행 (메이지) 헌법 아래에서조차 국적법은 모든 경우를 커버하고 있지 않고, 또 조약에 의해 정해지는 경우도 있다. 요컨대 국민이라는 사실상의 존재를 법률로 규정하는 것은 무리이기도 하고 부적당하기도 하다."[53]

제10조를 삽입하자는 제안은, 소위원회가 열려 각 당이 정부안에 대한 수정안을 제안했을 때 세 보수정당인 자유당 · 진보당 · 협동민주당으로부터 동시에 나왔다. 사회당 등 기타 정당들도 수정안을 제출했지만, 제10조의 삽입은 포함되어 있지 않았다. 그런데 심의에 들어간 제4회 소위원회(7월 29일)에서 세 보수정당의 제10조 삽입 안이 제출되었을 때, 사회당의 스즈키 요시오가 "우리 당의 제안에도 그것이 들어 있습니다. 이것은 대부분의 정당의 제안에 들어 있습니다"라고 말해, 아무런 논의도 없이 삽입이 결정되어버렸다.[54] 분명 의원의 입장에서 보면 그다지 중요한 조문이라고는 생각되지 않았음에 틀림없다.

그러나 거기에는 중대한 법기술이 숨어 있었다. "일본 국민의 요건은 법률로 정한다"라고 규정할 때의 '법률'이란 무엇인가? 이것은 수년 후 제정되는 「국적법」(1950년, 법 147)을 의미한다. 다시 말해, 이것에 의해 "일본 국민"은 "일본 국적 소유자"를 의미하게 되었다. 즉, 일본국헌법에 무수하게 나오는 "일본 국민"과 "국민"은 그 뜻으로 해석되게 된 것이다. 예를 들면, 제11조의 "국민은 모든 기본적 인권의 향유를 방해받지 않는다"라는 규정은, 일본 국적을 가지지 않은 외국인은 기본적 인권의 향유를 방해받는다고도 뒤집어 읽을 수 있게 된 것이다. 일반적으로는 그런 이상한 일은 없을 것이라고 생각될지 모르지만, 국민연금법이 피보험자의 자격을 "일본국 안에 주소를 가지는 20세 이상 60세 미만의 일본 국민"(제7조)이라고 정하고 있었기 때문에, 일본에 1910년 이후 머물러 살았고 11년에 걸쳐 보험료를 납부했음에도 불구하고, "일본 국민"이 아니었던 재일한국인이 연금의 급부를 받지 못한 예가 있을[55] 정도로, 이 "국민" 규정은 중대한 의미를 가지고 있다.

물론 이런 반인권적인 규정을 GHQ가 인정할 리가 없었다. 애당초 위에서 언급한 것처럼, 일본 정부는 정부안 작성 때에, GHQ의 의문에도 불구하고, Japanese people과 일본 국민은 완전히 동의어라고 주장했고, 그래서 GHQ도 마지못해 "일본 국민"을 인정한 것이었다. 그런데도 GHQ는 이 제10조의 삽입을 시원스레 인정해버렸다. 왜냐하면 정부가 이 제10조에 아래와 같은 영역문을 붙였기 때문이다. "The conditions necessary for being a Japanese national shall be determined by law." "일본 국민"을 이 조문에서만 "Japanese people"로 하지 않고, "Japanese national"(일본 국적 소유자)로 영역한 것이다. Japanese people과 Japanese national이 일본어문에서는 완전히 동일한 용어로 되어 있다는 것을 GHQ는 알 도리가 없었음에 틀림없다.[56]

이렇게까지 깊이 생각하고서 보수 3당이 위의 수정안을 제안한 것일까? 아무리 생각해도 이것은 의원의 발상이라고는 생각되지 않는다. 실마리가 되는 자료가 없어서 추측할 수밖에 없지만, 그것은 역시 법제국 관료의 발상이 아닐까? 그것은 외국인의 인권을 교묘하게 삭제한 것과 하나의 세트가 되어 있는 듯이 생각된다. 그러나, 「상정문답집」을 통해서도 알 수 있는 것처럼 애당초 정부안에서 필요 없다고 한 것을 스스로, 다시 말해 제안자가 수정할 수는 없는 노릇이었기 때문에, 보수 3당을 통해 수정안을 제출한 것이 아닐까? 분명 오늘날은 학설상으로도 "법 아래의 평등(제14조)이나 사회권(제25조) 등도 가능한 한 외국인도 누릴 수 있도록 하는 것이, 헌법의 인간존중의 원리에 비추어 본다면, 오히려 당연하다고 보아야 할 것이다. 조규條規의 문언만으로부터 고정된 결론을 끌어내는 것은 너무나도 형식주의적이고 조리에도 맞지 않는다"[57]고 해석되고 있다. 그러나 헌법제정 과정에서 외국인, 특히 그 당시 90퍼센트 가까이를 차지한 재일조선인의 인권보장을 제외하려는 의도가 입법자 측에 있었던 것은 부정할 수 없을 것이다.

또 다시 사라진 여성의 권리

그런데, GHQ안의 인권 조항은 미국 헌법의 흐름을 이어받은 것이고 정부안도 기본적으로는 그것을 바탕으로 했기 때문에, 메이지 헌법보다 훨씬 두터운 인권보장이 규정되게 되었지만, 사회권에 관해서는 제1차 세계대전 후에 제정된 바이마르 헌법(1919)이나 소련 헌법(1936)에 비해 상당히 뒤떨어지는 내용으로 되어 있었다.

의회에서 사회권의 충실, 그중에서도 생존권·노동권·여성의 권리에 관해 강하게 주장한 것은 사회당이었다. 그 중심에 카토오 시즈에가 있었다. 카토오는 전전부터 산아제한운동을 추진했고, '무산운동가' 카토오 칸쥬우와 결혼한 후 일하는 여성 문제에 관심을 가지고 남편과 함께 '무산운동'에 가담했고, 부인참정권을 인정한 전후 최초의 총선거에서 중의원 의원이 되었다.

이와 같은 경력을 가진 카토오의 입장에서는 정부안의 사회권 규정은 매우 추상적·일반적인 규정으로 보였다. 중의원 헌법개정안위원회가 열리자, 카토오는 오랫동안 관심을 가져온 모성의 보호와 일하는 여성의 권리에 관해 아래와 같이 질문했다.

여성은 임신, 출산 및 육아라는 특수하고 중대한 사명을 가지고 있기 때문에, 법률적으로 평등이 인정되는 것과 동시에 모성의 보호라는 이 사상이 조문 속에 확실하게 인정되지 않으면 안 된다고 저는 생각합니다. 이것을 구체적으로 말씀드리면, 제25조에 있는 노동의 권리에 관한 규정 속에도,

어떤 일이 있어도 여성의 이 특수성을 인정해서, 임신, 출산 및 육아의 특별한 보호에 관한 조문이 명기되지 않으면 안 된다고 생각합니다.[58]

참으로 구체적인 권리 주장이었다. 설령 여성 문제에 대해 이해하는 남성 의원이 있었다고 해도, 이와 같은 질문을 할 수 있었을까? 여성참정권의 취지는 멋지게 발휘되었다고 할 수 있을 것이다. 그 뒤 카토오는 '과부의 생활권'에 관해서도 질문했다. 당시 '과부'라고 하면 그 다수는 '전쟁미망인'을 의미했지만, 카토오는 그것이 결코 일시적인 문제라고 생각하지 않았고, 그 이외에도 사별, 나아가서는 '이에家' 제도 폐지 후의 "이별한 부인의 생활권"의 문제를 포함해서 생각하고 있었다. 카토오는 마지막으로 정부안의 남녀평등 규정이 형식에 지나지 않는다는 점을 지적하여, "단지 이 헌법의 조문상으로 기계적으로 남녀가 평등하다는 식으로 적혀 있는 것만으로는 진정한 의미에서 실제 생활에서 평등할 수 없는 것입니다"[59]라고 주장했다. 그 후 소위원회가 열리자, 사회당은 정부안 전반에 대한 수정안을 제안했는데, 생존권과 노동권에 한정해서 소개하면 아래와 같다.

> 정부안 제23조 법률은 모든 생활면에 관해 사회의 복지, 생활의 보장 및 공중
> 위생의 향상과 증진을 위해 입안되지 않으면 안 된다.
> 수정안 정부안 제23조 제1항에 "모든 국민은 건강하고 최소한도의 문화적
> 수준을 갖춘 생활을 할 권리를 가진다"를 삽입.

> 정부안 제25조 모든 국민은 노동의 권리를 가진다.
> 임금, 취업시간 기타의 노동조건에 관한 기준은 법률로 정한다.
> 아동은 혹사해서는 안 된다.

수정안 정부안 제25조를

"모든 건전한 국민은 노동의 의무와 노동의 권리를 가진다.

정당한 노동에 대해서는 정당한 보수를 받을 권리를 가진다.

국가는 취업에서의 기회균등과 실업 방지를 위해 특히 노력한다.

임금 · 취업시간 기타의 노동조건에 관한 기준은 법률로 정한다. 아

동은 혹사해서는 안 된다"라고 수정한다.

정부안 제26조 근로자의 단결할 권리 및 단체교섭 기타의 단체행동을 할 권

리는 보장한다.

수정안 정부안 제26조의 아래에 1개조를 두어, "국민은 휴식의 권리를 가진

다. 국가는 최고 8시간 노동, 유급휴가제, 요양소, 사교 · 교양시간

의 설정 등에 노력한다"를 규정한다.

다시 그 아래에 1개조를 추가하여,

"국민은 노년, 질병, 노동 불능에 빠진 경우, 생활의 안전을 보장받

을 권리를 가진다. 위 권리는 사회보험의 광범위한 발달, 무료시설

의 급여, 요양지의 제공 등에 의해 보장한다.

전쟁재해 기타에 의한 과부의 생활은 특히 보호된다"고 규정한다.[60]

카토오가 주장한 일하는 모성의 보호 조항은 어디에서도 발견되지 않
지만, 과부의 생활권은 포함되었다. 게다가 생활권의 보장, 휴식권, 8시간
노동제 등 상당히 구체적인 사회권이 규정되었다. 이것은 바이마르 헌법
과 소련 헌법의 영향을 받았다고 할 수 있는, 이미 서술한 헌법연구회안,
타카노 이와사부로오의 안, 사회당안, 공산당안 등에서도 조금씩은 발견
할 수 있는 것이었다.

그러면 소위원회에서 이 수정안은 어떻게 다루어졌을까? 이 부분에 관한 심의가 이루어진 것은 제7회 소위원회에서였다. 사회당에서는 스즈키 요시오(전 토오호쿠 대학 교수, 행정법)과 모리토 타쯔오가 위원을 맡았고, 가토오는 위원은 아니었다. 맨 먼저 정부안 제23조에 제1항을 삽입하는 수정안이 심의되었다. 다행히 대다수의 동의를 얻어 수정의 방향으로 나아갔을 때, 스즈키는, 너무 안심한 탓인지 아니면 사전에 시나리오가 만들어져 있었는지, "그렇게 하면(정부안 제23조 1항의 수정이 이루어지면), 뒤쪽의 휴식권도, 노년 기타 질병이라든가 하는 것도 모두 생략해도 괜찮게 된다"[61]라며 일대 타협에 나서버렸다. 그 다음에는 "최소한도의 문화적 수준을 갖춘 생활"을 둘러싸고 용어에 관한 심의가 이어져, 결국 "최저한도의 문화적 수준을 갖춘 생활"로 낙착되었고, 그 이외의 수정은 모두 없었던 일로 되어버렸다.

생각해보면, GHQ안 작성의 경우에도 이것과 완전히 같았다. GHQ안의 인권 조항을 기초한 인권에 관한 소위원회안에는 '모성의 보호' 등 사회권이 매우 구체적으로 규정되어 있었다. 이것을 만들 때 거기에는 젊은 여성 베아테 시로터가 있었다. 그런데 최종안 작성의 단계에 이르러 "헌법이 관여할 일이 아니다"라는 이유로 삭제되었던 것이다. 미국인이든 일본인이든 공통적으로, 40, 50대의 한창 일하는 남자들에게는 모성이나 유아, 노인의 권리나 휴식권 따위의 인권은 멀리 떨어져 있는 존재였던 것이다.

확실히 이 사회당 수정안은 용두사미가 되어버렸지만, 정부안 제23조 1항은 나중에 헌법 제25조 1항이 되었고, 그것만으로도 생활보호에 관한 소송에서 볼 수 있는 것처럼 국민생활에 커다란 의의를 가지게 된다.[62] 그러나 일하는 여성의 권리, 휴식권, 과부의 권리, 노동권 등이 수정안과 같이 구체적으로 규정되었다면, '결혼하면 퇴직을' 따위의 야만적인 사상이 이렇게까지는 널리 퍼지지 않았을 것이고, 또 '복지가 사람을 죽이'는 일도 없었을 것임에 틀림없다(물론 이렇게까지 '경제대국'이 되는 일도 없었겠지만).[63]

연장된 의무교육

다음으로 또 하나의 중요한 사회권인 교육권(헌법 제26조)도, 의회의 심의 과정을 통해 GHQ안이나 정부안보다 그 규정 내용이 한층 풍부해졌다. 게다가, 헌법 조문의 수정·추가의 거의 대부분이 소수의 의원과 관료의 머릿속에서 궁리되었다고 해도 지나친 말이 아닌데, 이 교육권 규정은 생활자로서의 국민의 목소리가 직접 반영되어 정부 초안이 수정된 유일한 예이다. 의회에 제출된 정부안에서 국민의 교육권은 아래와 같이 규정되어 있었다(정부안 제24조).

> 모든 국민은, 법률이 정하는 바에 따라, 그 능력에 따라 똑같이 교육을 받을 권리를 가진다.
> 모든 국민은 그 보호하는 아동에게 초등교육을 받게 할 의무를 진다. 초등교육은 무상으로 한다.

이 조문은 정부의 「초안 요강」이 3월 6일에 발표된 시점부터 실질적으로는 거의 변하지 않았다. 위의 정부안에서 방점이 붙은 제2항은 초안 요강에서는 아래와 같이 되어 있었다.

> 국민은 무릇 그 보호하는 아동으로 하여금 초등교육을 받게 할 의무를 지는 것으로 하며, 그 교육은 무상일 것.

이 초안 요강을 신문보도를 통해 접하고, 이래서는 곤란하다며 수정운 동에 나선 사람들이 있었다. 청년학교의 교원들이었다. 청년학교는 1935 년에 실업보습학교와 청년훈련소를 병합하여 근로청년의 교육기관으로 서 만들어진 것이었다. 심상尋常소학교 졸업 후 중등학교에 가지 못한 다 수의 청소년이 그 대상이었으며, 교련을 비롯해서 파시즘 교육이 가장 격 하게 이루진 곳이었다. 교실 등의 시설도 중등학교에 비해 매우 빈약했고, 1939년부터는 남자에 국한한 의무제가 되었다. 중등학교에 비해 차별받아 온 청년학교의 교사와 생도가 평화를 회복한 전후를 맞아 무상의 의무교 육과 함께 중등학교와 평등한 교육(교육의 기회균등)을 바라고 있었던 것 은 말할 것도 없다. 이런 교사들에게 위의 요강은 전시에 계속해온 교육의 기회균등 운동을 헛일로 만드는 것일 뿐이었다. "아동으로 하여금 초등교 육을 받게 할 의무"란 소학생(아동)에게 소학교교육(초등교육)을 실시하는 것을 의무교육으로 한다는 것에 다름 아니었다. 이 요강은 GHQ안을 바탕 으로 한 것이었지만, 관료가 교묘하게 의무교육 연한을 전전과 마찬가지 로 소학교에만 한정하도록 한 것이었다. GHQ안에서는 "Free universal and compulsory education shall be established"라고 되어 있었고, 당 시의 외무성 번역에 따르면 "무상, 보편적 그리고 강제적인 교육을 설립 할 것"이라고 되어 있어서, 원래는 의무(강제)의 연한을 특정하고 있지 않 았던 것이다.

이 요강이 발표된 직후, 토오쿄오 칸다神田의 교육회관에서 '전국청년 교육진흥대회'가 열렸다. 이 대회에 참가한 청년학교 교사들은, 이 정부의 요강에 반발하여 그 자리에서 즉각 아래와 같은 수정안을 결의하고, "맹렬 한 운동을 개시"하게 된다.

모든 국민은 그 보호하는 청소년에게 법률이 정하는 연령까지 교육을 받게 할 의무를 진다.[64]

이 운동에 관해서는 아카쯔카 야스오赤塚康雄의 『신제新制 중학교 성립사 연구』가 상세하게 분석하고 있는데, 그것은 분명 소수의, 게다가 사회적 발언력이 그다지 크다고는 생각되지 않는 사람들의 "맹렬한 운동"이었다. 그들은 각지에서 진정단陳情團을 조직하고, 진정서를 가지고 상경하여, 우선 문부성을 방문했다. 그러나 문부성은 "정당 기타 관계 방면에 운동하기 바란다"[65]고 하는 등, 늘 그렇듯이 성실한 회답을 하지 않았던 듯하다. 그들의 발길은 자연히 GHQ로 향했다. GHQ에서의 담당은 민간정보교육국CIE(Civil Information and Education Section) 교육과였다. CIE는 문부성(토라노몬虎 ノ門) 바로 앞의 방송회관(우찌사이와이內幸 정町) 4층에 있었다.[66] 이 진정은 1946년 3월부터 반복되었는데, 중의원에서 정부 초안의 심의가 이미 시작된 7월에는 우가이 킨파찌鵜飼金八 등 아이찌 현 청년학교장회의 대표가 시정촌장, 청년학교장, 생도의 부모 등 수백 명이 서명한 정부안 제24조 수정청원서[67]를 가지고 교육과를 방문했다. 이들을 맞이한 사람은 오스본M. L. Osborne 소령. 오스본은 미주리 주의 고등학교에서 사회과 교사를 지낸 경험이 있었고, 중등교육담당관으로서 교육과에막 배속된 상태였다.[68] 오스본은 이 청원을 정면으로 받아들였다. 그는 사회과의 창설에도 열심이었는데,[69] 그로부터 2주 후에 쿠로다 타케시黑田毅 등의 청원을 받았을 때는, "적당한 수단을 통해 결정한 후, 헌법 초안이 최종적으로 채택되기 전에 헌법 제24조의 수정이 이루어져야 한다"[70]고 오어M. T. Orr 교육과장에게 권고하였고, 오어 과장도 이 오스본의 권고를 승인했다.

이렇게 CIE가 '초등교육의 의무화'에 수정을 가할 필요를 느끼고 있을 무렵, 중의원에서는 헌법개정특별위원회에서 신코오新光 구락부俱樂部의 오오시마 타조오大島多藏 의원이, 청년학교 교사들의 수정 요구를 다루어 "[헌법 제24조의 대상을] 아동으로 하지 않고, 현재 의무교육의 범위에 들어 있는 청년을 포함시킬 수 없었는가? 이것은 우리의 교육 관계자가 매우 불만스럽게 느끼고 있는 것입니다. 그 부분을 어떻게든 정정해주기 바란다는 요구가 매일같이 여러 통 전보로 오기도 하고 편지로 오기도 합니다"[71] 라고 실정을 호소했다.

오오시마 타조오는 전 사가佐賀 현립 카지마鹿島 중학교의 교원으로, 전후 제1회 총선거(1946년 4월 10일)에서 사가 현 청년학교 관계자들의 지원을 받아 신토오 구락부라는 교육 관계 의원의 정당으로부터 입후보해서 당선되었다. 신코오 구락부는 이해 7월, 무소속 구락부의 일부 의원과 신정회新政會를 결성했다.[72]

헌법개정소위원회가 만들어지자 오오시마는 그 위원이 되어 수정안을 제출했지만, 아시다 위원장은 그다지 중요하지 않은 '표현의 정정' 문제로밖에는 생각하지 않았다. 아시다에게는 사회당의 수정안이 훨씬 중대했다. 사회당은 제24조 다음에 2개 항목의 추가 수정을 제안하고 있었다. 7월 30일의 제5회 소위원회에서였다. "재능이 있고 자력資力이 없는 청년의 고등교육은 국비로 한다", "교육의 근본 방침은 이 헌법의 정신에 따른다."[73] 확실히 이 2개의 조항은 오늘날의 관점에서 보아도 중요하지만, 둘 다 다른 당의 합의를 얻지 못해 추가 수정은 이루어지지 않았다. 후자는 교육기본법의 전문에 들어갔지만, 전자의 경우는, 1978년에 이르러 일본이 「국제인권규약」(A호)에 서명할 때 "고등교육에서의 무상교육의 점진적 도입"을 보류하여 지금까지 그 상태 그대로이기 때문에, 60년 전의 문제가 지금도

해결을 보지 못한 것이 된다.[74)]

　이날의 이 논의는 꽤 장시간에 걸쳐 이루어졌고, 아시다 위원장은 사회당 수정안이 거의 통과되지 못할 것이라는 전망이 서자 안심했던지, 그 다음 차례인 제25조로 옮겨가려고 했다. "제24조는 아직……"[75)]이라고 오오시마가 발언을 해서 겨우 오오시마의 수정안이 다루어졌을 정도였다. 오오시마의 수정안은 "모든 국민은 그 보호하는 청소년에게 법률이 정하는 연령까지 교육을 받게 할 의무를 진다. 의무교육은 무상으로 한다"는 것이었다. 뒤편에 있는 관료들은 늘 이 '용어의 문제'로 중대한 국민의 권리를 억누르지만, 의원들은 대범한 법이다. 정부안의 '아동'으로는 안 되는가, '자제'나 '소년'은 어떤가, 수정안의 '청소년'은 적당한가, 이런 논의가 이어지는 가운데 아시다는 아래와 같은 말장난을 했다.

　"카페 출입을 하는 소년을 아동이라고 부르는 것은 곤란하겠지요.(웃음이 일다) 청년회에는 30세 전후인 사람도 있습니다. '자제'의 경우는 갓난아이를 업은 유부녀에게는 해당되지 않지만, '청년'의 경우는 30세나 40세의 사람도 '청년단'에 들어갈 수는 있습니다. 이 용어는 넓은 의미를 가지고 있어서, 노인 이외에는 모두 '청년'이라고 불릴 정도입니다."[76)] 웃음이 가라앉을 무렵 오오시마가 '자녀'를 제안해서 수정안은 가까스로 정리되었다. 최종적으로는 정부안 제24조는 제26조가 되었고, 소위원회안은 아래와 같이 되어 그 후 수정되지 않고 일본국헌법 제26조 2항이 되었다.

　모든 국민은 법률이 정하는 바에 따라 그 보호하는 자녀에게 보통교육을 받게 할 의무를 진다. 의무교육은 무상으로 한다.

　작은 수정이었다. 그러나 이 수정에 의해 의무교육이 중학교까지 연장된 것을 생각할 때, 이 수정은 매우 큰 의미를 가진 것이었다고 할 수 있다. 그렇다고는 해도, 청년학교 교원보다 사회적으로 훨씬 강한 발언력을 가지고 있었을 중등학교 교원들이 정부안에 아무런 반응도 보이지 않았고, 다른 한편으로 청년학교 교원들이 정부안이 발표되자마자 곧바로 민감하게 반응하여 "맹렬한 운동"을 시작한 것은, 권리란 그것을 부정당하거나 차별을 받아온 사람이 처음 발견하는 것임을 너무나도 선명하게 증명한다고 할 수 있지 않을까?

이렇게 의회에서의 심의를 통해 정부안은 한층 '일본화'되게 되었다. 그러나 이 '일본화'는 GHQ안을 정부안으로 일본화한 것만큼 단순한 것은 아니었다. 정부안 작성까지의 과정은 일본화라기보다 '일본 관료화'에 가깝지만, 의회에 의한 수정은 한층 복잡했다. 국체 해석이나 '국민' 규정은 확실히 한층 더 '일본 관료화' 혹은 '메이지 헌법화'되었다고 할 수 있겠지만, '국민주권'의 경우는 미국 법사상의 도입이라는 의미에서의 일본화였고, 사회권에 이르러서는—바이마르 헌법 등을 이어받은 것이기는 해도—GHQ안에도 없는 내용의 도입이라는 의미에서의 일본화였다.

제11장 '아시다 수정'과 제9조의 의의

아시다 수정

의회에서의 정부안 수정 중 전후 최대의 관심사가 된 것은 말할 것도 없이 제9조 "전쟁의 방기"에 관한 수정이다.

전쟁 방기 조항은 정부 초안이 발표된 시점부터 주목의 표적이었다. 그러나 추밀원과 의회의 심의 과정에서 그다지 많은 논의는 이루어지지 않았다. 무엇보다도 많은 질문은 자위권에 관한 것이었고, 이어서 치안 문제였다고 할 수 있을 것이다. 추밀원에서는 위에서도 등장한 노무라 키찌사부로오가 "이 안에서 본관이 특히 관심을 가지는 것은 전쟁의 방기에 관한 제2장 제9조입니다"라고 말하고, "정책의 도구로서의 전쟁 방기는, 우리나라가 평화국가로서 서는 이상, 당연한 것이라고 믿습니다"라고, 5년 후에 재군비를 주창하는 전직 군인 출신이라고는 생각되지 않는 발언을 하면서도, "주둔군의 철수 후에 우리나라의 자력으로 치안유지를 할 수 있도록 지금부터 만전의 준비를 해두지 않으면 안 됩니다"라며 "코스트 가드coast guard 같은 것"에 의한 치안유지의 필요성을 호소했다.[1] 이에 대해 미카사노미야 타카히토三笠宮崇仁는 "일본 국민으로부터 무력을 방축放逐하는 것이 오히려 그 정의감의 발달에 도움이 될 것이다"라며 헌법 제9조를 높이 평가하고, 치안유지에 관해서도 "단지 군대와 경찰의 힘에만 의지해서는 그 목적을 달성할 수 없다"[2]라며 부정적인 입장을 밝혔다. 이러한 추밀원에서의 심의를 반영한 때문인지, 정부가 중의원의 개회를 앞두고 준비한 「상정문답집」은 아래와 같은 것이었다.

문 자위권은 인정되는가?
답 전쟁 방기에 관한 규정은, 직접적으로는 자위권을 부정하고 있지 않지만, 일체의 군비와 국가의 교전권을 인정하고 있지 않기 때문에, 결과적으로 자위권을 발동해서 본격적인 전쟁을 하는 것은 불가능하게 된다.[3]

그런데 중의원 본회에서의 노사카 산조오의 질문에 대한 요시다 수상의 답변에서 정부는 한 걸음을 내딛게 된다. 노사카는 전쟁을 침략전쟁과 "방위적인 전쟁"으로 나누고, "이 헌법 초안에 전쟁 일반의 방기라고 하는 형태가 아니라, 우리는 이를 침략전쟁의 방기, 이렇게 하는 것이 더 적확하지 않은가"[4]라고 다그쳤다. 이에 대해 요시다는 공산당 의원의 질문에 다소 흥분한 탓인지, 아래와 같이 대답했다. "나는 이와 같은 것(국가의 정당방위권에 의한 전쟁)을 인정하는 것이 유해하다고 생각합니다. (박수) 최근의 전쟁이 대부분 국가방위권의 이름으로 이루어진 것은 현저한 사실입니다. 따라서 정당방위권을 인정하는 것이 간혹 전쟁을 유발하는 원인이 된다고 생각하는 것입니다."[5]

오늘날의 관점에서 보면 흡사 공수가 뒤바뀐 것 같은 얄궂은 질문과 답변이지만, 요시다의 이 답변은 제헌 당시 정부의 제9조 해석의 전형이 되어, '전력'에 관한 해석을 거쳐, 자위대 창립 당시에 정부가 자위전력은 합헌이라는 해석을 내세울 때까지, 정부 해석으로서 널리 알려지게 되었다.[6] 본회의는 이 노사카의 질문과 정부의 답변으로 끝났고, 특별위원회에서 소위원회로 옮겨갔다. 여기에서 잘 알려진 '아시다 수정'이 이루어지는 것인데, 그 전에 정부가 제출한 개정안과 그것을 수정한 소위원회안(아시다 수정을 포함함)을 들어두자.

정부안	위원회안
국가의 주권의 발동으로서의 전쟁과 무력에 의한 위하 또는 무력의 행사는, 다른 나라와의 사이의 분쟁의 해결의 수단으로서는, 영구히 방기한다. 육해공군 기타의 전력은 보유해서는 아니 된다. 국가의 교전권은 인정하지 않는다.	일본 국민은 정의와 질서를 기조로 하는 국제평화를 성실하게 희구하여, 국권의 발동으로서의 전쟁과 무력에 의한 위하 또는 무력의 행사는, 국제분쟁을 해결하는 수단으로서는, 영구히 방기한다. 전항의 목적을 달성하기 위해, 육해공군 기타의 전력은 보유하지 않는다. 국가의 교전권은 인정하지 않는다.

의사록을 보는 한, 여기에서도 그다지 큰 논의가 있었던 것은 아니다. 우선 위원회에서 "일본 국민은 정의와 질서를 기조로 하는 국제평화를 성실하게 희구하여"라는 부분이 삽입되었는데, 그것은 이누카이 타케루(진보당)의 아래와 같은 발언에 따른 것이었다. "제9조 앞문장이, 사태가 이렇게 되어서는(요컨대 '패전'을 가리킴) 만사가 어쩔 수 없다고 하는 듯한, 읽으면 그런 맛이 나기 때문에, 적극적으로 무언가 넣고 싶다고 하는 것이 원래의 제 발언인 것입니다."[7]

그러나 수정 중에서 뒷날 최대의 관심을 끄는 것은 뭐니뭐니해도 아시다가 제안한 "전항의 목적을 달성하기 위해"라는 부분일 것이다(소위 '아시다 수정'). 왜냐하면, 이 수정에 관해 한국전쟁 발발 후인 1951년 1월, 아시다 자신이 이렇게 적었기 때문이다.

······ 헌법 제9조 2항에는 "전항의 목적을 달성하기 위해, 육해공군 기타의 전력은 보유하지 않는다"라고 되어 있다. 전항의 목적이란 무엇을 말하는 가? 이 경우에는, 국책 수행의 도구로서의 전쟁 또는 국제분쟁 해결의 수단으로서의 전쟁을 할 목적을 가리키는 것이다. 자위를 위한 무력행사를 금지한 것이라고는 해석할 수 없다.

······ 제9조 2항의 첫머리에 "전항의 목적을 달성하기 위해"라는 문자를 삽입한 것은 내가 제안한 수정이며, 이것은 양원에서도 그대로 채용되었다. 따라서 전력을 보유하지 않는다는 것은 절대적으로가 아니라 침략전쟁의 경우에 한정된다는 취지이다. "국가의 교전권은 인정하지 않는다"라고 헌법 제9조 말미에 규정하고 있는 것은 자위를 위한 항쟁을 부인하는 것이 아니다. 현재 유엔군은 조선에서 항쟁하고 있지만, 이것은 경찰행동이며 교전권에 의한 전쟁이라고는 불리고 있지 않다. 이것은 의심할 바 없이 자위 혹은 침략 방지의 항쟁과 교전권은 불가분이 아니라고 하는 살아 있는 실례이다. 우리는 이런 종류의 행동을 인정받음으로써 국가를 침략으로부터 지킬 수 있는 것이다.

나의 주장은 헌법 초안 심의 이래 일관되며 바뀌지 않았다. 신헌법은 어디까지나 평화세계의 건설을 목적으로 하는 것이기 때문에, 우리가 평화 유지를 위해 자위력을 가지는 것은 천부의 권리로서 인정되고 있는 것이다.[8]

이 '아시다 수정'이 의도한 것이 아시다의 말처럼 "심의 이래 일관되며 바뀌지 않았"는지 여부는 뒤에서 검토하기로 하지만, 아시다가 매우 이른 시기부터 수정의 의도와 그 해석에 관해 일관된 태도를 취한 것은 사실이다. 아시다는 헌법이 공포된 바로 그날(1946년 11월 3일)에 맞추어 간행한 저서인 『신헌법 해석』에서 일찌감치 아래와 같이 적었다.

"제9조의 규정이 전쟁과 무력행사와 무력에 의한 위하를 방기한 것은, 국제분쟁의 해결수단인 경우이며, 이것을 실제의 경우에 적용하면 침략전쟁이 된다. 따라서 자위를 위한 전쟁과 무력행사는 이 조항에 의해 방기된 것이 아니다."[9] 또, 아시다는 헌법 공포 당일의 NHK 제1방송 좌담회에서도 "자위권의 문제는, 이 조문에서 결코, 전쟁 방기 속에는 들어 있지 않다"[10]고 말했다.

2대 비록의 불가사의

이 단계까지는 아시다는 이와 같은 수정의 의도가 헌법제정 심의 당시의 기록에 남겨져 있다고는 말하지 않았다. 그런데 그 후 조금 지나 자유당이 헌법개정에 착수하고, 자유민주당이 되어 그것이 본격화되기 시작하면, 아시다의 논조도—해석을 포함해서—변화하기 시작한다. 자민당의 헌법개정의 주요 목적이 가능한 최대한의 자위대 합헌화였던 것은 말할 것도 없다. 헌법개정을 목적으로 내각에 헌법조사회를 설치하는 헌법조사회법이 중의원에서 가결된 다음날인 1956년 3월 30일, 『토오쿄오 신문』은 1면 머리기사로 아시다의 기고문 「헌법은 이렇게 탄생했다—숨겨진 역사적 사실」[11]을 게재했다.

확실히 수상까지 지낸 인물의 기고이고 보면, 특별한 취급을 하는 것도 이해 못 할 것은 아니지만, 기고문 앞에는 신문사 측의 상당히 긴 소개문이 첨부되어 있었다. 당시에 『토오쿄오 신문』으로서는 아시다 수정의 의도에 사실史實로서의 무게를 부여하려고 한 것일 터이지만, 오늘날의 관점에서 보면 그것이 수수께끼 풀기의 절호의 열쇠가 되니, 역사란 참 얄궂은 것이다. 아래에 전문을 인용한다.

헌법제정에 가장 깊이 관여한 시데하라 키쥬우로오, 마쯔모토 죠오지 씨, 이 두 사람은 이미 사망했고, 당시의 각료였던 사람들도 명확한 기록을 가지고 있지 않으며, 국회 비밀회(헌법개정안소위원회)의 기록도 아직 공개되어 있지 않다. 단 한 사람, 당시의 후생대신이었던 아시다 히토시 씨(현 자유민주당 고문, 외교조사회장)가 그 무렵의 각의의 내용을 정확하게 일기에 기록해놓았다. 이 일기는 물론 개인적인 것이고 아시다 씨는 이것을 공개할 의도가 없지만, 지금도 여전히 국회에 봉인·보존되어 있는 비밀회의 기록과 함께, 일본국헌법 제정의 경위를 실증하기에 충분한 2대 비록秘錄이라고 하지 않을 수 없다. 이번에 본사의 청을 받아들여, 아시다 씨는 일기혹은 메모로서 공개하는 대신에 면밀한 그 일기에 기초하는 사실史實을 발표했다.

소개된 기고문에서 아시다는 아래와 같이 적었다. "〔제9조〕 제2항은, 무력 및 전력의 보유에 제한을 가하여, 제9조의 침략전쟁을 하기 위한 무력은 보유하지 않는다, 그러나 자위권의 행사는 다르다고 해석할 여지를 남기고자 하는 생각에서 나온 것이었다. 나는 7월 27일에 제9조의 수정안을 소위원회에 제출했다. 그것은 비밀회였기 때문에 속기록은 공간되어 있지 않다. 그러나 국회에 밀봉되어 보관되고 있는 속기록에는 전부 기록되어 있을 터이다."

아시다는 거의 같은 증언을 다음해 말에 헌법조사회에서 했다.[12] 이렇게 되면 "전항의 목적을 달성하기 위해"를 삽입한 아시다 수정에 의해 자위권의 행사는 방기되지 않았다고 하는 아시다의 해석은, 비밀회(소위원회) 의사록과 일기에 의해 뒷받침되는 입법 사실에 비추어 의심할 여지가 없는 것인 듯이 생각되게 된다. 게다가 아시다가 사망한 후인 1979년 3

월, 『토오쿄오 신문』은 그 「아시다 일기」의 일부를 공표했다. 3월 12일 조간 1면에는 "「아시다 일기」 최초 공개"라는 큰 활자가 춤추듯 넘실댔다. 위의 『토오쿄오 신문』 기고문에서 아시다가 "7월 27일에 제9조의 수정안을 소위원회에 제출했다"고 적은 바로 그날의 일기에는 기대에 걸맞게 이렇게 적혀 있었다.

〔1946년〕 7월 27일(토) 맑음

헌법개정특별위원회 소위원회의 축조심의에서 나는 제9조의 수정안을 제출했다. 제9조 1항의 첫머리에 "일본 국민은 정의와 질서를 기조로 하는 국제평화를 성실하게 희구하여"라고 추가하는 것. 또 제2항에 "전항의 목적을 달성하기 위해"라는 자구를 삽입하는 것이었다.

제1항의 수정은, 원문의 자구가 당돌하기 때문에 전쟁 방기를 결의하는 일본 국민의 기분을 표현하기 위해 추가한 것이다.

제2항은, 무력 및 전력의 보유에 제한을 가하여, 제9조의 침략전쟁을 하기 위한 무력은 보유하지 않는다. 그러나 자위권의 행사는 다르다고 해석할 여지를 남기고 싶다는 생각 때문이었던 것이다. 소위원회에서 이 수정의 진의에 관해 특히 언급하지 않았다. 자구 수정에 그쳤다.[13]

이 일기는 '아시다 수정은 제9조에 의해 자위를 위한 전력의 보유가 금지되지 않게 하기 위한 것이었다'고 하는 재군비론에 이유를 부여하는 것으로서 널리 인용되게 되었다.

그런데! 진짜 『아시다 일기』(1986)가 간행되고 나서 보니, 이런 기술은 어디에도 적혀 있지 않았다.[14] 그 후의 토오쿄오 신문사의 내부조사에 기초한 보도에 의하면, 놀랍게도 기자의 "작문"이었다는 것이다. 『토오쿄오 신

문』은 "사과" 기사를 실어 "작문" 부분을 삭제했다.[15]

결국 『토오쿄오 신문』이 내건 "2대 비록" 중 하나가 "작문"이었던 것인데, 그러면 또 하나의 비록인 소위원회(비밀회) 의사록에는 '아시다 수정'이 어떻게 적혀 있는 것일까? 실제로 "봉인·보존"되어 있는지 어떤지 알 수도 없지만, 아직도 비밀 취급이나 마찬가지의 상태이다.

하지만 GHQ 측 자료에는 영역된 의사록이 남아 있었다. 그 번역판이 1983년에 공간되었다(森清監 옮김, 『憲法改正小委員会秘密議事録―米国公文書公開資料』, 第一法規出版). 그런데, 여기에도 당일(7월 29일. 『토오쿄오 신문』에서 아시다가 27일이라고 쓴 것은 착오. 따라서 그것을 믿고 그날에 맞추어 『토오쿄오 신문』이 「일기」를 "작문"한 것도 잘못)의 기록에 '아시다 수정'에 해당하는 "자위권의 행사는 방기하지 않았다"는 따위의 발언은 어디에도 없다.[16]

의문은 점점 깊어질 뿐이다. 왜냐하면, 소위원회 의사록은 "비밀"이라고 이야기되었지만, 그렇게 취급된 것은, 『토오쿄오 신문』이 아시다의 기고문에 굳이 소개문을 붙이고, 그 속에서 "봉인·보존되어 있는 비밀회의 기록"이라고 적은 때로부터 2개월 후의 일이기 때문이다. 1956년 5월 10일, 중의원 의원운영위원회는 소위원회 속기록의 열람을 "국회의원에 한해 의장이 허가"하며 "열람자는 속기록을 등사, 공표 또는 반포해서는 안 된다"고 결정하여 사실상의 비밀 취급 조치를 했다.[17] 그러나 그때까지는 "비밀"이 아니었고, 1950년경에는 누구나 볼 수 있었다고 한다.[18] 결국, 헌법조사회가 만들어져 헌법 제9조를 중심으로 제정 당시의 일에 관심이 높아진 가운데, 그때까지 공개되어온 것을 일부러 비밀 취급했다는 것이다.

그 후, 헌법조사회의 타카야나기 켄조오高柳賢三 회장이 마스타니 슈우지益谷秀次 중의원 의장에게 공개를 제의했지만(1957년 10월), 의장은 헌법 제57조(비밀회 규정)을 이유로 공개를 거부했다. 이에 대해 카나모리 토쿠지로오(당시 국회도서관장)와 사토오 타쯔오(당시 국회도서관 전문조사원)는 '비밀로 할 이유는 이미 없어졌다, 공개하는 편이 유익하다'는 등의 이유를 들어 의장의 방침에 반대했다.[19] 특히 카나모리는 며칠 후『아사히신문』에「비밀회의 기록은 보여주는 것이 좋다」라는 제목의 글을 기고했는데, 거기에서 카나모리는 "어떤 의원이 당시부터 이러이러한 견해를 가지고서 발언했다는 루머까지 퍼지고 있다"[20]고 썼다.

이 "어떤 의원"은 아시다 이외의 그 누구도 아닐 것이다. 아시다의 발언으로 역사의 기록이 바뀌는 데 대해, 진상을 아는 카나모리로서는 참을 수 없는 심정이었음에 틀림없다. 그래도 의사록은 공개되지 않았다. 이렇게 해서 아시다의 증언을 중심으로, 아시다 수정의 의도는, 재군비 및 정부의 해석개헌에 편리하도록, 사실로부터 동떨어져 오랫동안 그 베일이 벗겨지지 않은 채 신화가 되어, 정치의 소용돌이 속을 홀로 활보해온 것이다.

아시다 일기의 '작문'이든 소위원회 의사록의 비밀 취급이든, 거기에는 무언가 정부의 제9조 해석이나 헌법개정을 밀어붙이기 위한, 바닥을 알 수 없는 거대한 정치적인 힘이 작동하고 있었다고 추측하지 않을 수 없다.

'아시다 수정'은 '카나모리 수정'

이야기가 상당히 앞으로 나아가버렸는데, 그러면 아시다 수정은 무엇을 의미하는 것일까? 다시 한 번 소위원회 회의록을 읽어보면 의외의 사실에 생각이 미치게 된다. 그것은 아시다 수정이란 사실은 '카나모리 수정'이 아니었을까 하는 의문이다.

소위원회에서 제9조의 심의를 시작한 것은 제3회(7월 27일) 회의에서였으며, 게다가 끝나려고 할 무렵이었다. 정부안에 관해 전반적으로 의견

이 나왔지만, 결국 의견이 좁혀지지 않은 채 산회하게 되었다. 이어 제4회
(7월 29일) 회의의 첫머리에서, 전회의 의견을 정리하여 아시다가 아래와
같은 제안을 했다.[21]

> 제1항 일본 국민은 정의와 질서를 기초로 하는 국제평화를 성실하게 희구
> 하여, 육해공군 기타의 전력은 보유하지 않고, 국가의 교전권은 부
> 인할 것을 선언한다.
> 제2항 전항의 목적을 달성하기 위해, 국권의 발동으로서의 전쟁과 무력에
> 의한 위하 또는 무력의 행사는, 국제분쟁을 해결하는 수단으로서는,
> 영구히 방기한다.

아시다의 제안은 전회의 논의에 기초하여, 하루를 쉰 후에 이루어졌
기 때문에, 숙려의 결과였다고 생각된다. 이 제안은 정부안의 1항과 2항을
바꾼 것과 거의 같다. 다시 말해 1항에서 전력 불보유와 교전권 부인을 규
정하고, 2항에서 전쟁의 방기를 규정한 것이다. 만일 이 제안이 통과되었
다면, 그 후에 아시다나 정부가 생각해낸 자위전력 긍정론이 생겨날 여지
는 없었을 것이다.[22] 이 아시다의 제안을 놓고, 소위원회에서는 1항과 2항
의 순서에 관해서는 전혀 문제로 삼지 않은 채 용어 문제로 시간을 소비하
다가 제4회 회의가 끝났다.

그 후 이 아시다의 제안에 의문을 던진 것은 카나모리 국무대신이었
다. 제5회(7월 30일) 회의는 거의 제3장(인권)에 관한 심의에 돌려졌는데,
카나모리는 그 도중에 스즈키 요시오(사회당, 토오호쿠 대학, 센슈우專修 대
학 교수로서 행정법을 강의했고, 나중에 국회의원, 아시다 내각에서 법무총재가
됨)의 질문에 답하는 형태로 아래와 같이 답변했다.

카나모리 국무대신 이것은 매우 '델리케이트'한 문제여서 그렇게 가볍게 말할 수 없는 것입니다만, 제1항에서는 "영구히 방기한다"라는 표현을 사용하여 상당히 강하게 되어 있습니다. 그러나 제2항에서는 영구라는 단어를 사용하지 않고 있는데, 이것은 저 자신만의 생각일지도 모르겠습니다만, 장래에 국제연합 등과의 관계에서 제2항의 전력 보유 등에 관해서는 여러 가지 생각할 점이 남아 있는 것 아닌가, 이런 생각이 들어서, 그래서 원칙을 제1항과 제2항으로 해서, 매우 영구성을 확실하게 한 부분을 제1항으로 가지고 갔다, 이런 생각입니다.[23]

상당히 에둘러서 애매한 표현을 사용하고 있지만, 이것을 통해 카나모리가 자위권 방기가 아니라는 해석이 가능한 규정을 꽤 이전부터 생각하고 있었다는 사실을 알 수 있다. 그러나 이 논의는 그 후 곧 중단되었다. 이어서 제9조가 다루어진 것은 제7회(8월 1일) 회의에서였다. 이 단계에서는 스즈키 요시오도 카나모리의 꿍꿍이속을 알아챈 듯하다. 그러나 아시다는 아직 눈치채지 못했다. 스즈키가 아시다 제안의 1항과 2항의 순서를 바꾸는 안을 제시하자, 아시다는 "순서를 바꾸는 것은 그 사람의 취미"라고까지 발언했다.[24] 그 후 논의가 이어져 위원의 대다수가 아시다 제안의 1항과 2항의 순서를 다시 한 번 바꾸어 정부 원안과 같이 만드는 방향으로 굳어지기 시작할 무렵, 개진당의 이누카이 타케루가 발언했다.

이누카이 위원 위원장이 말씀하신 '전게의 목적을 달성하기 위해'라는 부분을 넣어서, 1항과 2항의 구조는 그대로 하고, 하라 위원이 말씀하신 것처럼 첫머리에 '일본 국민은 정의' 운운이라는 부분을 넣으면 어떨까라고도 생각됩니다만, 그렇게 하면 무언가 차질이 생깁니까?

아시다 위원장 '전항의'라는 것은, 실은 양쪽에 모두 국제평화를 염원하고 있다고 적고 싶었습니다만, 중복되는 감이 있어서 '전항의 목적을 달성하기 위해'라고 쓴 것이기 때문에, 다시 말해 양쪽 모두 일본 국민의 평화적 희구의 염려念慮에서 나온 것이다. 이런 식으로 하는 데 지나지 않았다.[25]

아시다는 이렇게 말해서 안이 거의 정리되자, 위원회안, 다시 말해 현행 헌법 제9조를 낭독했다. 아시다에게 이 단계에서의 "전항의 목적을 달성하기 위해"라는 부분의 삽입은 "일본 국민의 평화적 희구의 염려"라는 의미를 드러내는 것이었던 것이다. 아시다가 카나모리의 말의 의미를 눈치채는 것은 소위원회가 종료된 8월 20일 이후의 일이었던 듯하다. 왜냐하면, 사토오 타쯔오 법제국 차장이 아래와 같이 말하고 있기 때문이다.

저의 개인적인 기억입니다만, 어차피 그것은 수정이니 사령부에 가져가지 않으면 안 됩니다. 그래서 아시다 선생에게 귓속말로 말씀드린 것입니다만, 이런 조문이 있으면 사령부가 전항의 목적 운운을 구실로 자위를 위해 재군비를 하려는 꿍꿍이속을 가지고 수정한 것이 아닌가 하는 식으로 오해하지 않겠습니까라는 이야기를 아시다 선생에게 귓속말로 제가 한 기억이 있습니다. 아시다 선생은 웃으실 뿐 대답은 하지 않으셨습니다.[26]

어쨌든, 소위원회에서의 심의 · 수정 과정에서 "전항의 목적을 달성하기 위해"를 삽입한 결과 자위전쟁이 인정되게 되었다거나, 나아가서는 아시다가 나중에 말하게 된 자위를 위한 전력이 인정되게 되었다고 생각한 사람은, 의사록을 보는 한 아시다 위원장을 포함해서 위원 중에는 단 한 사람도 없었던 것이다. 그렇게 생각하고 있었던 것은 카나모리 외에는, 이리에 법제국 장관과 사토오 법제국 차장 등 관료에 지나지 않았고, 게다가 그들도 공적으로는 명확한 발언은 하지 않았다. 아시다가 헌법 제9조는 자위전쟁을 방기하는 것이 아니라고 생각하게 된 것은, 소위원회가 종료한 후부터 『신헌법 해석』의 집필에 착수한 9월 무렵까지의 사이(귀족원에서 심의가 이루어진 기간)가 아닐까 생각된다.[27]

나아가, 위의 카나모리 국무대신의 발언은 영역된 의사록에는 전문이 삭제되어 있다. 다시 말해, GHQ를 자극할 것이라고 생각되는, 카나모리를 비롯한 이리에, 사토오 타쯔오 등 법제 관료의 발언은 정부의 판단으로 삭제되었던 것이다. 그 외에도 삭제된 부분이 있으며, 그것은 이 책의 「서문」에서 전체 41곳이라고 적은 것처럼 상당한 수에 달한다.

그러면 이 아시다 수정을 GHQ는 어떻게 해석하고 승인한 것일까? 상당수의 연구자와 저널리스트가 점령 종료 후에 케이디스를 비롯한 GHQ 관계자에게 인터뷰를 시도했다.[28] 결론을 미리 말하면, 어느 인터뷰에서나 케이디스는 수정에 의해 자위권이 인정되게 된다는 것을 알고 있었다, 일본은 장래에 국제연합의 평화유지군에 참가하는 것을 생각하고 있을 것이라고 추측했다고 답했다.

80년대에 이루어진 만년의 케이디스에 대한 인터뷰를 소개하면 아래와 같다.

GHQ안을 일본어 조문으로 만들 때, 우리는 기본 원칙만 지켜진다면, 헌법 제9조를 포함해서 모든 조문의 일본어역을 적극적으로 받아들였다. 예를 들면, 이른바 아시다 수정을 그다지 문제 삼지 않았던 것도 이와 같은 이유 때문이며, 맥아더 3원칙 중 두 번째 원칙의 '자신의 안전을 지키기 위한 수단으로서의'라는 부분을 문장 중에서 삭제해도, 주권국가에 내재하는 자기 보존의 권리를 일본에 인정하게 될 뿐이라고 생각했기 때문이다.[29]

요컨대, 자기 보존의 권리＝자위권을 인정했다고 해석할 수 있는 것이다. 그러나 이것을 가지고 자위력의 보유가 인정되었다고 해석하고, 이것에 의해 그 후의 정부의 제9조 해석을 합리화하여 자위대를 합헌이라고 보는 것은 어쨌든 곤란할 것이다.

FEC 중국 대표의 지적

그러면 마지막으로 극동위원회는 이 '아시다 수정'을 어떻게 보았을까? 1946년 8월 24일에 헌법개정안(정부안)의 수정안이 중의원에서 가결되어, 이 안이 워싱턴의 극동위원회에 회부되자, 거기에서는 의외의 논의가 전개되게 되었다.

아시다 수정 문제, 물론 극동위원회에서는 이렇게 부르지는 않았다. '제9조 수정 문제'가 다루어진 것은 제26회(9월 21일) 회의로, 극동위원회에서는 위의 7월 2일의 정책 결정과 중의원에서 가결된 헌법개정안의 차이를 둘러싸고 소련이 수정안을 제출해놓고 있었다.[30] 7월 2일의 정책 결정이란 위의 주권 문제에서 언급한 결정인데, 그 속에는 동시에 아래와 같은 결정도 포함되어 있었다. "수상 및 국무대신은 모두 문민이고, 수상을 포함하는 과반수의 대신은 국회에 의해 선출되며, 국회에 대해 연대하여 책임을 지는 내각을 구성한다." 그런데 중의원에서 가결된 헌법개정안은 후반 부분은 담고 있었지만, 문민 조항은 없었다. 소련의 수정안 중 하나는 이 문민 조항의 누락을 문제 삼았다.

그런데 이 수정안이 의제로 오르자, 중국 대표로부터 이 문민 조항에 관해 뜻밖의 의견이 제시되었다. 여기에서 말하는 중국 대표란 말할 것도 없이 중화민국 정부의 대표이다.

> 탄S. H. Tan(중국 대표) 중국 대표는, 중의원에서 〔헌법 제9조가〕 수정되어, 〔제
> 9조 2항이〕 제9조 1항에 특정된 목적 이외의 목적으로 육해공군을 보
> 유하는 것을 실질적으로 허용한다는 해석을 인정하고 있다는 점을 지
> 적하고자 합니다. …… 우리는 어떤 정부든 경찰력을 가지는 것은 필
> 요한 일이라고 인정합니다만, 일반적으로 경찰력은 군대armed force
> 라고 부르지 않습니다. 만일 일본이 여기에서 선언하고 있는 것 이외
> 의 군대를 보유하는 것이 허용된다면 위험하며, 그것은 일본이 무언
> 가 구실을 내세워, 예를 들면 자위라는 구실로 군대를 가질 가능성이
> 있다는 것을 의미합니다.[31]

이어서 맥코이 의장에게 위촉받아 제3위원회(헌법 및 법제 개혁)의 입
장을 설명한 랠프 콜린스Ralph E. Collins 위원장(캐나다)은, 7월 2일 결정
한 문민 조항이 헌법개정안에서 제외되어 있는 것은 중대 문제라고 말한
후 아래와 같이 이어갔다.

> 제9조의 군대 보유 문제에 관해서는 정부 초안이 적절하게 혹은 〔금지가〕
> 가능하도록 규정한 것을 제거해버린 것으로 생각됩니다. 지금 살펴보는 한
> 일본안(중의원에서 가결된 것)에는 함정이 있고, 매우 애매합니다. 그러므
> 로 제3위원회의 의견으로서 헌법에 이 〔문민〕 조항이 삽입되는 것이 바람
> 직하다고 생각합니다.

맥코이 의장 소련의 제안과 같이 말입니까?

콜린스 예. 그것은 극동위원회의 정책과 완전히 일치하는 것입니다.

맥코이 의장 이 문제에 관해 제3위원회 미국 대표인 보튼 씨에게 코멘트를 부탁합니다.[32]

맥코이는 이렇게 보튼에게 발언을 요구했다. 여기에는 상당히 깊은 의미가 있었던 듯이 생각된다. 이 일본 문제 전문가는 당시 국무성 일본과의 과장대리였지만, 일본국헌법의 원류라고까지 일컬어지는, 이미 서술한 미국 정부의 정책결정문서 「일본 통치기구의 개혁」(SWNCC 228)의 기초 그룹 책임자였다. 문민 조항의 필요성을 담은 7월 2일의 극동위원회 결정의 원형도 이 「SWNCC 228」에 있었다. 다시 말해 보튼은 문민 조항의 '아버지'였던 것이다.

보튼 ……이 [문민] 조항은, 일본 정부의 현재의 활동과 일본에서 현재도 유효한 [메이지] 헌법[체제]를 생각하면 절대적으로 필요한 것이었던 것입니다. 그러나, 신헌법 아래에서는, 그것이 미국 정부의 생각인지 어떤지에 관계없이, 신헌법이 앞서 중국 대표가 지적하신 것처럼 국내의 질서유지를 위한 한정적 군대라는 것을 용인하는 것으로 해석할 수 있는지 어떤지, 그 조문이 그렇게 해석될 수 있는지 어떤지, 나아가서는 국내의 질서를 담당하는 대신—그 이름은 어떻게 불리든 상관없습니다만—그러한 대신이 되는 군인이 현실적으로 있는지 어떤지, 그런 것에 관계없이, 지금 여기에 있는 헌법 초안은 내각책임제, 각료의 수상과 국회에 대한 책임을 매우 명확하게 정하고 있기 때문에, '우리나라 정부는 모든 각료는 문민이어야 한다'라는 특별한 규정을 담아야 할 충분한 이유를 발견하지 못하는 것입니다. 그러나 제9조 해석의 문제가 있을 것으로 생각되는 한, 또 저도 그 점에 생각이 미쳤고 워싱턴에서 이야기한 사람들도 그 점에 생각이 미쳤습니다만, 우리는 왜 제9조의 용어를 중국 대표가 말씀하신 것처럼 바꾸었는지 모릅니다.[33]

보튼은 이와 같이 말하고서 맥아더에게 문의할 것을 제안했다. 이에 대해 탄 중국 대표는, 이 수정에 의해 일본은 전쟁을 해도 전쟁이라고 하지 않고 헌법에도 반하지 않는다고 할 것이라며 깊은 불신을 표명했지만, 최종적으로는 보튼과 마찬가지로 맥아더에게 문의할 것을 제안했다. 나아가 조지 샌섬George Sansom 영국 대표는, 다양한 해석이 가능하고 애매하다는 점에서는 최악의 사례라고 논평하고, 역시 맥아더에게 문의할 것을 제안했다. 조지 패터슨George S. Patterson 캐나다 대표도 맥아더에게 문의하는 데 찬성하면서, 동시에 문민 조항의 필요성을 강하게 주장하고 특히 제9조와 문민 조항의 관계를 극히 명확하게 주장했다. 그것은 오늘날의 헌법 제9조의 해석과도 관련되는 중요한 측면을 가지고 있기 때문에, 다소 길지만 인용해두기로 한다.

가까운 장래에 어떤 방법으로든, 일본인이 헌법 제9조를 삭제할지도 모릅니다. 그때, 모든 각료는 문민으로 한다는 조문 이외에 (이에 관한) 아무런 조문도 없으면, 이 문제는 무시되게 될 것입니다. 하지만 그때 이 쐐기의 역할을 할 조문additional provision이 있으면, 일본 인민은 그 문제에 생각이 미쳐, 모든 각료는 문민으로 한다는 조문을 그대로 남겨둘 것인지라는 문제에 직면하게 될 것입니다. …… 그러면 (이 조문은) 필요하지 않다는 논

의는 제기되겠지만, 저는 아무래도 〔이 조문이 있는 편이―역자〕 바람직하다고 주장하고 싶습니다.[34]

오스트레일리아 대표 제임스 플림솔James Plimsoll은 일본에 대한 불신이 한층 커서, 장래 일본은 분명 헌법 제9조를 개정해서 "군대를 보유하는 것을 인정"하게 될 것이고, 그때는 일본의 전통에 따라 현역 무관이 육·해군대신에 취임하게 될 것이기 때문에 '문민 조항'을 삽입하는 편이 유효하다고 주장했다.[35]

쐐기로서의 문민 조항

다양한 의견이 나왔지만, 어쨌든 맥아더에게 문의하는 데 의견이 일치했다. 문의는 다음날(9월 3일) 중으로 피터슨 육군차관보로부터 맥아더에게 전문으로 발송되었다. 피터슨의 전보는, 이미 서술한 것과 같은 제9조 2항의 수정의 의미, 대신大臣 문민 조항 삽입의 필요성, 그리고 성년자에 의한 보통선거제 조항의 삽입에 관해, 극동위원회의 심의의 양상을 상세하게 전하는 것이었다.[36] 이것을 받은 맥아더는 다음날인 23일[37] 오전에 휘트니와 케이디스를 요시다 수상에게 보내 구두로 전달했는데, 요시다가 문서를 요구했기 때문에, 오후에 시라스 종전연락사무국 차장이 요시다에게 맥아더의 문서를 전달했다.

이 문서를 본 이리에 법제국 장관에 따르면, "제15조에 'Universal adult suffrage is hereby guaranteed with regard to the election of public officials'를 추가할 것, 그리고 제66조에 'Prime Minister and other Ministers of State shall be civilians'라는 문언을 추가할 것"이라고 적혀 있었다고 한다.[38] 당시의 일본에는 civilian에 대응하는 일본어가 없어

서 정부는 상당히 곤혹스러웠던 듯하지만, 서둘러 "내각총리대신 기타의 국무대신은 무관의 직역을 가지지 않은 자여야 한다"라는 안을 만들어, 정부안으로서 귀족원에 제출했다.

요컨대, 맥아더는 문제의 제9조 2항의 아시다 수정에 수반되는 해석 문제에 관해서는 요시다에게 전혀 전달하지 않았던 것이다. 왜 그랬을까? 이 의문을 해소해주는 명확한 기록은 없지만, 맥아더가 요시다에게 문서를 전달한 다음다음날인 9월 25일, 피터슨 육군차관보 앞으로 보낸 아래와 같은 맥아더의 회신이 그 실마리가 될 수 있을 것이다.

〔극동위원회의 미국 이외의〕 다른 여러 나라 정부의 견해를 존중하여, 본관은 일본국 정부에 대해 제15조에 "성인에 의한 보통선거가 보장된다", 제66조에 "수상 및 국무대신은 문민으로 한다"라는 규정을 각각 추가하는 것을 받아들이도록 권고했다.

동시에 이렇게 늦은 시기에 정부가 수정안을 제출하는 데는 어려움이 있다는 점을 생각해 본관은 일본 정부에 대해 현재의 초안에 구현되어 있는 원칙을 변경하지 않는 한, 이 이상의 수정은 요구하지 않겠다고 약속했다.[39]

확실히 상식적으로 생각하면 상당히 "늦은 시기"였고, 따라서 수정이나 삽입을 요구하기 어려웠을 것이다. 그래서 삽입만을 요구하는 편이 쉽다고 생각한 것은 아닐까? 그러나, 극동위원회의 요구의 일부를 맥아더가 즉각 받아들인 것은 극동위원회를 상당히 만족시키는 결과가 되어 정치적으로는 성공이었다. 보튼은 그 다음날인 9월 26일에 빈센트 국무성 극동국장에게 "GHQ가 〔문민 조항과 선거권의〕 수정에 응한 것은 극동위원회의 회의에서 우호적인 분위기를 만들어냈다"[40]고 전하고 있다. 또한 구웨

이쥔(顧維鈞, 웰링턴 쿠V. K. Wellington Koo) 중국 대표는, 제9조에 관해서는 상당한 불만을 남기면서도, 맥아더의 회신에 대해 "만족의 뜻"을 표시하면서 아래와 같이 말했다.

> …… 헌법 제9조의 용어는 우리에게 받아들이기 어려운 의미를 포함하고 있습니다. 일본은 과거에 근린에 대한 침략을 위해 자주 무력을 행사하고, 게다가 전쟁을 도발한 것을 부정해왔습니다. 따라서 극동위원회는 이 조문을 그대로 남기는 한편, 일본이 전쟁은 물론 전쟁 유사행위 혹은 침략적 행위에 다시금 무력을 잘못 사용할 위험성을 절대로 간과하지 않도록 명확하게 이해해야 한다고 생각합니다.
> …… 그러나 중국 대표는, '수상 및 전 각료는 문민으로 한다'라는 조문이 헌법 초안에 삽입된다는 확증을 얻었다고 하는 서한을 최고사령관으로부터 받은 데 대해 만족의 뜻을 표합니다. 이 조문은 제가 위에서 말씀드린 것과 같은 반대의 의미를 배제하기 위해 어느 정도의 역할을 할 것입니다.[41]

한편, 일본 측에서는 사토오 법제국 차장이 정부안을 가지고 9월 27일에 GHQ를 방문했다. 상대는 케이디스와 리조였다. 그때 사토오가 "애당초 이 수정 제안은 제9조의 취지에 비추어보면 매우 이상한 것이다"라고 이야기하자, 케이디스는 아래와 같이 말했다고 한다.

> 지금은 그렇지만, 중의원에 의한 제9조의 수정에 의해 제2항에 '전항의 목적을 달성하기 위해For the above purpose'라는 부분을 추가했기 때문에, 일본은 그 이외의 목적이면 재군비를 할 수 있다는 오해가 연합국 사이에서 일어난 것은 아닌가라고 추측된다. 혹은 장래에 일본이 국제연합에 가

입하여 국제경찰군에 참가할 의무를 지게 되는 그러한 경우를 예상한 때문인지도 모른다.

이 말을 들은 사토오는 상당히 당황했던 듯하다. "나는 이 말을 듣고 이전에 중의원 소위원회에서 이 수정이 이루어졌을 때 아시다 위원장에게 귓속말을 한 일을 생각해내고 내심 움찔했다"[42]고 회상하고 있다. 그 후 정부가 "civilian=무관의 직역을 가지지 않은 자"라고 번역한 부분이 귀족원의 심의 과정에서 "문민"이라는 조어造語로 바뀌어, 해당 조문은 제66조 2항이 되었다.

위와 같은 경과를 고려하면, 아시다 수정으로부터 문민 조항의 삽입에 이르는 복잡한 과정은 대략 아래와 같이 정리할 수 있을 것이다. 요컨대, 아시다 수정 당시, 나중에 아시다가 주장하는 자위전쟁 혹은 자위전력을 합헌으로 보는 사고방식은, 정부에도 의회에도 없었다. 소수의 법제국 관료가 은밀히 마음속에 품고 있었던 데에 지나지 않는다. 다만 극동위원회에서는 아시다 수정에 의해 아시다가 나중에 주장하는 해석이 나올 가능성이 논의되었다. 그래서 극동위원회는 이 가능성을 봉쇄하기 위한 쐐기로서 문민 조항의 삽입을 일본 측에 요구한 것이다. 일본 측도 당시 그렇게 생각하고서 그 삽입을 받아들였고, 귀족원의원으로서 심의한 미야자와 토시요시의 말을 빌리면, "이 〔문민〕 규정이 헌법 제9조에 비추어 무용한 것이라는 사실을 예상하고 있었"[43]던 것이다.

따라서 아시다 수정에 의해 자위를 위한 전쟁 또는 전력은 인정되게 되었고, 그에 대한 제어장치로서 문민 조항이 삽입되었다고 하는 이른바 '자위전력 합헌론'[44]은, 제헌 과정을 살펴보는 한 전혀 근거가 없는 것이라고 하지 않을 수 없는 것이다.[45]

그렇다고는 해도, 법기술에 능숙한 법제국 관료는 눈치챘지만 일본인 의원은 한 사람도 생각이 미치지 못한 아시다 수정의 의도를, 일본군에 의해 침략당했던 중국의 대표가 간파한 것의 의미를 새삼 생각해볼 필요가 있을 것이다. 그것은, 위의 인용으로부터도 짐작할 수 있듯이, 일본이 일찍이 '자위'라는 이름으로 '침략'을 자행해온 데 대한 역사의 체험에 터잡고 있는 것이다.

중국뿐만 아니라 캐나다와 오스트레일리아 등도, 헌법 제9조에 의해 일본이 일거에 평화국가가 된다고는 생각하지 않았고, 일본이 반드시 제9조를 수정해서 군대를 보유하게 될 것이라며 뿌리깊은 대일 불신감을 표명했다. 일본 국내에서는, 다음 장에서 서술하는 것처럼, 관민 모두 '평화헌법'의 탄생을 축하했지만, 이 '전후 일본'에 대한 낙관적인 전망과 대비시킬 때 현저한 차이를 발견하게 된다. 당시의 일본에는 오랜 전시체제의 억압으로부터 해방되어 평화를 누리게 된 데 따른 기쁜 마음이 충만해 있었다는 사실을 부정할 수 없지만, 동시에 침략전쟁을 추진하거나 지지한 지배층이 거의 변하지 않고 남아 있는 가운데, 어제까지의 침략전쟁을 깨끗이 잊어버리고, 헌법만 의지하기만 하면 일거에 '평화국가'로 변신할 수 있다고 하는 연약한 헌법관·국가관이 존재하고 있었다는 사실도 간과해서는 안 될 것이다. 게다가 60년이 지난 오늘날의 입장에서 보면, 일본이 비록 헌법 제9조를 개정하지는 않았지만, 침략전쟁에 대한 반성은 잊어버리고 군사대국화를 향해 매진하고 있기 때문에, 60년 전의 아시아태평양 국가들의 '전후 일본'에 대한 비전은 거의 적중했다고 할 수 있다.

맥아더에게 있어서의 '전쟁 방기'

그러면 맥아더에게 '전쟁의 방기'란 무엇을 의미했을까? 헌법에서 국가의 비무장을 규정한 것이 국가주권의 중대한 제한을 의미한다는 것은 말할 것도 없다. 국가주권을 지키는 최대의 수단은 무력의 행사이다. 전형적인 군인인 맥아더가 그것을 몰랐을 리가 없다.

분명 맥아더가, 전쟁 방기와 군비 불보유를 규정한 GHQ안에 대해 의문을 품고 있던 시데하라에 대해 "follower가 없어도 일본은 잃을 것이 없다. 그것을 지지하지 않는다면, 지지하지 않는 자가 나쁜 것이다"라며 높은 이상을 위해 살라고 꾸짖어 격려한 것은 사실이다. 맥아더다운, 일본인을 가르치는 듯한 '파란 눈의 대군大君'의 모습이 떠오른다.

하지만, 그것은 맥아더의 일면에 지나지 않는 것이고, 군인의 입장에서 진심을 담아 평화헌법을 구상했다고는 생각되지 않는다. 그렇다면 맥아더는 일본의 안전을 지키기 위해 어떤 구상을 가지고 있었던 것일까? 저자는 아직 확실한 자료를 만나지 못했다. 그러나 헌법제정 직후의 맥아더의 구상을 생각하면, 상당히 현실적인 일본 방위 구상을 가지고 있었다는 사실을 알 수 있다. 그 구상의 핵심이 바로 오키나와였던 것이다.

미 육군성은 1948년 2월에 「일본에 대한 한정적 군비Limited Military Armament for Japan」에 관한 계획의 책정을 개시했다(JCS 1380/48 문서). 이 일본 재군비 계획의 작업이 시작되기 1개월 전에 케네스 로얄Kenneth C. Royall 육군장관은 "일본을 반공의 방벽으로 만들겠다"고 연설했다.

이 재군비 계획은 강화조약 발효 후 일본에 30만 명 전후의 군대를 창설한다는 계획이었다. 그래서 계획담당관인 윌리엄 드레이퍼William H. Draper 육군차관, 조지 키넌George F. Kennan 국무성 기획계획위원장 등이 맥아더로부터 이 계획에 대한 의견을 청취하기 위해 방일했다. 맥아더는 강화조약 후에 일본에 한정적 군비를 인정해 일본군을 조직하려고 하는 미 육군성의 계획에 대해 아래와 같은 이유를 들어 강하게 반대했다.

맥아더는 우선 첫째로, 일본의 재군비는 "우리의 엄숙한 국제적 부탁", 즉 연합국에 의한 대일 점령정책에 위반되며, "극동의 여러 나라들과 불화하게 될 것이다. 이들 국가들 모두는 여전히 다시금 군사화된 일본을 매우 두려워하고 있다"고 말했다.

나아가 맥아더는, 일본의 재군비는 GHQ가 이미 실시해온 정책에 반하며, 또 일본 경제를 존립할 수 없게 만들 것이라고 지적한 다음, 일본인들이 그것을 지지하지 않을 것이라며 아래와 같이 말했다. "일본인들은 성실하게 무조건적으로 정치의 수단으로서의 전쟁을 거부하고 있다. 그들은 불행하게도 군벌military clique이 자국을 지배했던 시대의 결말로부터 배웠다. 그들은, 만일 우리가 그들에게 강제하지 않으면, 스스로의 군대를 가지는 것을 바라지 않을 것이다. 우리는 강제해서는 안 된다."[46]

일본의 재군비에 대한 맥아더의 이러한 견해에 접하게 되면, 맥아더에게 헌법 제9조는, 위에서 서술한 것처럼, 단순히 '천황제를 남기는 데 대한 대가'였다고는 할 수 없다는 점에 생각이 미치게 되지만, 그렇다고 해서 맥아더가 '평화주의자'였던 것은 아니다.

무엇보다도 맥아더는 전쟁의 비참함을 잘 알고 있었다. 필리핀의 코레히도르 섬에서는 일본군에게 패해 자신은 오스트레일리아로 달아나지 않을 수 없었고, 많은 미군 병사가 생명을 잃었다. 그런 경험 속에서 필리핀 국민이 받은 전쟁 피해와 일본군에 대한 증오를 지켜본 것이다.[47]

이 점이 일본의 지도자 혹은 일본 국민과의 차이였음에 틀림없다. 나아가 당시의 일본 국민이 얼마나 평화를 바라고 있었는지, 전쟁 방기를 규정한 헌법이 얼마나 일본인에게 받아들여지고 있었는지에 대한 현실 인식도 워싱턴의 엘리트였던 정책입안자와 달랐던 것이다.

하지만 맥아더가 헌법 제9조를 가진 일본의 안전보장을 생각하지 않은 것은 아니다. 여기에서 '오키나와'가 등장한다. 맥아더는 드레이퍼 및 키넌과의 인터뷰에서 오키나와를 아래와 같이 자리매김했다.

> 맥아더는, 외부의 침략으로부터 일본 영토를 방위하려면 우리는 육·해군보다 우선 공군에 의지하지 않으면 안 된다고 지적했다. 그는 오키나와에 충분한 공군을 유지할 여지가 있다면 외부로부터의 공격에 맞서 일본을 방위할 수 있다고 말했다. …… 나아가 그는, 오키나와가 적의 군사력과 블라디보스토크에서 싱가포르까지 아시아의 해안선에 존재하는 항만시설을 파괴할 수 있는 강력하고도 효과적인 공군 작전을 준비하기에 충분한 면적을 가지고 있다는 점을 지적했다. 따라서, 오키나와의 개발과 주둔을 순조롭게 진행함으로써, 일본 본토에 군대를 유지하지 않고도 외부의 침략에 맞서 일본의 안전을 확보할 수 있다고 말했다.[48]

맥아더의 입장에서 보면, 일본 본토의 비무장화와 헌법 제9조의 실현은 오키나와의 기지화 없이는 불가능했던 것이다. 미국 정부의 대일정책에 '전쟁 방기'와 유사한 정책은 전혀 없었다는 점은 위에서 서술한 대로이지만, '전쟁 방기'를 '헌법개정 3원칙'에 담은 맥아더는, 천황제를 존치시키는 동시에 오키나와를 희생시킴으로써, 상징천황제와 전쟁 방기를 동시에 가능하게 하는 헌법을 생각했던 것이다.

그와 동시에, 맥아더는 일본의 재군비가 "극동의 여러 나라와 불화"를 일으킬 것이라는 것, "이 국가들 모두는 여전히 다시금 군사화된 일본을 매우 두려워하고 있다"는 것을 일본의 재군비에 반대하는 이유로 든 것이다.

이런 맥아더의 제9조 인식은 일본의 평화도 안전도 근린 국가들과의 그것 없이는 있을 수 없다는 사실을 가르치고 있다고 할 수 있을 것이다.

'제국의회'의 종언

아직도 의회에서의 심의의 경과에 관해 검토하지 않으면 안 되는 점이 적지 않다. 배심제와 토지 국유화 등은 참으로 오늘날의 문제이기도 하다. 하지만 이쯤에서 '제국의회'의 막을 내리지 않을 수 없다. 40일의 회기로 시작해 4회에 걸쳐 회기를 연장한 결과 114일간 이어진 제90 제국의회에서,[49] 1946년 10월 7일에 일본국헌법이 통과되었다.

공포일은 11월 3일, 메이지절明治節(메이지 천황 탄생일)로 정해졌다. 하지만, 이날이 수월하게 공포일로 정해진 것은 아니다. 요시다는 당초 8월 11일을 생각하고 있었다. 왜냐하면 시행일을 다음해 2월 11일, 다시 말해 기원절紀元節(오늘날의 건국기념일)로 하고 싶었기 때문이다. 그것은 또한 메이지 헌법이 공포된 날(1889년 2월 11일)이기도 했다. 하지만 심의가 길어진 탓에, 8월 11일에 공포하고 6개월 후인 다음해 2월 11일에 시행하는 것은 곤란해졌다. 그래서 요시다는 이번에는 공포일에 의미를 부여해서 11월 3일로 결정한 것이었다. 이 사실을 안 휘트니 민정국장은 맥아더에게 의문을 표시했다고 한다. 하지만 그 이전에 일본 정부는 맥아더로부터 승인을 얻어놓은 터였다. 맥아더는 휘트니에게 "우리는 메이지 천황 탄생일을 우리의 민주적 실질content로 채우는 것이다"라고 외쳤다고 한다.[50] 다만 이때 맥아더는 동시에 6개월 후의 시행일이 다음해 5월 3일이 된다는 사실에 생각이 미쳤던 것이 아닐까? 1947년 5월 3일, 그날은 극동국제군사재판소(토오쿄오 재판) 개정 1주년에 해당하는 날이었다. 침략전쟁의 책임자들의 전쟁책임이 심판되는 법정이 개정한 지 정확히 1년 후에 평화헌법이 시행되게 되는 것이었다. 이토록 훌륭한 역사의 맥락이 또 다시 만들어질 수 있을까, 맥아더는 그렇게 생각해서 공포일을 11월 3일로 하는 것을 승인했음에 틀림없다.

제12장 헌법의 보급자들

헌법보급회의 설립

헌법이 공포된 1946년 11월 3일로부터 약 1개월이 지난 12월 1일, 제국의회 안에 '헌법보급회'가 조직되었다. 중의원과 귀족원 양원의 의원을 평의원으로 하고 평의원 중에서 이사를 선임했으며, 의원 외에 학자와 저널리스트 등도 이사에 추가되었다. 학자로는 카와무라 마타스케(큐우슈우 대학, 헌법), 스에카와 히로시末川博(리쯔메이칸 대학, 민법), 타나카 지로오(토오쿄오 대학, 행정법), 미야자와 토시요시(토오쿄오 대학, 헌법), 요코타 키사부로오(토오쿄오 대학, 국제법), 그리고 스즈키 야스조오(헌법) 등. 또 저널리스트 및 평론가로는 이와부찌 타쯔오, 오바마 토시에小汀利得, 하세베 타다스長谷部忠 등. 말하자면 반관반민의 조직이었다. 회장은 아시다 히토시, 사무국장에는 문부 관료인 나가이 히로시永井浩가 취임했다.

이 중앙조직 아래 각 도도부현에 지부가 만들어졌다. 결성은 토오쿄오가 제일 늦어 1947년 3월이었고, 나머지는 모두 1, 2월이었다. 쿄오토를 제외하고 지부장에는 도도부현 지사가 취임했고 사무소도 도도부현 청사에 설치되었기 때문에, 지부의 경우는 완전히 관제였다고 보아

도 좋을 것이다.[1]

물론 이 헌법보급회의 활동의 배후에는 GHQ의 지도가 있었다. 결성과 조직화의 단계에서 어떤 지도가 이루어졌는지는 확실하지 않지만, 일본국헌법이 포츠담 선언에서 주창된 "일본 국민의 자유로운 의사의 표명"을 반드시 반영하고 있지는 않았고, 게다가 이 점을 극동위원회로부터 비난받아왔다는 점을 생각하면, GHQ로서는 일본 정부로 하여금 보급활동을 하게 하는 것이 대외적으로 필요했으며, 나아가 커다란 노력을 기울여 만든 '민주적인 헌법'을 보급시키는 것은 개혁자로서의 임무라고 생각했을 것이라고도 상상할 수 있다.

헌법보급회가 활동을 개시한 1월 17일, 수상 관저에서 거행된 헌법보급회의 회합(아마도 상임이사회라고 생각됨)에 GHQ의 헌법 초안 작성에 관여한 민정국원인 허시와 엘러먼이 출석했다. 회합 석상에서 엘러먼은 여성답게 신헌법 아래에서의 일본 여성의 사회적·정치적 책임에 관해 보급회가 충분히 교육해줄 것을 부탁했고, 허시도 보급회가 일본 국민에게 헌법 조문의 내용이 어떤지보다는 그것이 국민에게 어떤 의미를 가지고, 국민이 그것을 어떻게 이용할 것인지를 교육하는 것이 중요하다고 강조했다.[2]

이렇게 만들어진 조직에 의해 우선 시작된 것은 강사에 의한 중견 공무원의 연수였다. 전국을 10개 지구, 즉 토오쿄오, 칸토오, 호쿠리쿠北陸, 칸사이関西, 토오카이東海, 쮸우고쿠中国, 시코쿠四国, 큐우슈우, 토오호쿠, 홋카이도오로 나누어, 각 지구에서 4일 내지 5일간의 연수가 실시되었다.

토오쿄오의 경우에는 2월 15일부터 4일간 토오쿄오 대학 법학부 31번 교실에서 664명의 공무원이 모인 가운데 연수가 실시되었다. 성청省廳마다 50명의 참가가 의무였는지, 외무성 60명을 필두로 거의 50명 전후의 인원이 참가했다. 경시청에서도 50명이 참가한 것은 놀랍다. 이 연수회의 강의록인 헌법보급회 편 『신헌법 강화講話』(1947년 7월)는 당일의 모습을 아래와 같이 기록하고 있다.

내각, 각 성 등의 중견 관리 700명에 대한 특별강습회를 2월 15일부터 4일간 토오쿄오 대학 대강당에서 개최했다. 토오쿄오 대학 학생 약 300명도 방청해서 연일 수강생 1,000명이 넘는 성황이었다. 개회 첫날 아침에는 드물게도 큰눈이 와 교통사고가 빈발했음에도 불구하고, 열의에 찬 수강생들은 눈을 무릅쓰고 몰려와 정각이 되기 전에 이미 만원이 되었다. 이 열의는 시종 변하지 않아, 강사의 강의가 끝날 때마다 진지한 질의응답이 거듭되었다. 과연 중견 관리다운 모습이 생생하게 드러났다.[3]

이 "열의에 찬 수강생" 앞에서 회장인 아시다는 약 1시간에 걸쳐 '개강사開講辭'를 했다고 하니, 강사 측도 상당히 흥분했던 것인지도 모른다. 4일간의 강사와 강연 주제는 아래와 같았다.

개강사	회장 아시다 히토시
신헌법과 일본의 정치	회장 아시다 히토시
근대 정치사상	토오쿄오 대학 강사 호리 마코토堀真琴
신헌법 대관大觀	부회장 카나모리 토쿠지로오
전쟁 방기론	토오쿄오 대학 교수 요코타 키사부로오
기본적 인권	이사 스즈키 야스조오
국회 · 내각	토오쿄오 대학 교수 미야자와 토시요시
사법 · 지방자치	토오쿄오 대학 교수 타나카 지로오
가족제도 · 부인	토오쿄오 대학 교수 와가쯔마 사카에我妻栄
신헌법과 사회주의	대의사代議士 모리토 타쯔오
폐강사	사무국장 나가이 히로시

이 강연 주제를 보면, 누구나 이 기획에 관해 아래와 같은 사실에 생각이 미칠 것이다. 우선 헌법을 넓은 시야에서 자리매김하고 있었다는 것, 이어서 천황을 직접 논하는 강연 주제는 없었고, 통치기구에 관해서는 상당히 간략화되었으며, 그 한편으로 인권이 크게 다루어졌다는 것이다. 늘어앉은 관료들의 입장에서 보면, 이것은 자신들이 일찍이 받은 대학에서의 메이지 헌법 강의와 상당히 다른 색다른 것이었음에 틀림없다. 아니, 그 후에 간행되어 대학의 교과서로 사용된 일본국헌법의 텍스트도, 그 대부분이 '제1장 천황'으로부터 시작되어 있었기 때문에, 이것은 분명 색달랐다. 여기에서도 GHQ의 지도가 보일 듯 말 듯 한다.

전쟁 방기를 통해 일류 문화국가로

다수의 강연 중에서 아래 두 사람의 강연만은 소개해둘 가치가 있을 것이다. 그중 하나는 요코타 키사부로오의 '전쟁 방기론'이다. 요코타는 헌법 제9조, 그중에서도 제9조가 자위권 혹은 자위전쟁을 방기한 것인지에 관해, 아래와 같이 말했다. 다소 긴 소개와 인용이 되겠지만, 국제법학자로서 자위권에 관한 해석에 커다란 영향을 미쳤고, 나중에 최고재판소 장관이 된 인물이라는 점을 생각하면, 역시 인용이 길어지지 않을 수 없다. 요코타는 우선 제9조 1항에서 전쟁을 비롯한 모든 무력에 의해 "국제분쟁을 해결하는 일은 앞으로 하지 않는다"는 것이 규정되어 있다고 말한 후, 국제분쟁을 해결하는 경우가 아닌 경우에 관해 이렇게 말했다.

…… 국제분쟁을 해결하는 수단으로서가 아니라면, 전쟁도 무력행사도 무력에 의한 위하도 상관없는 것입니다. 그렇다면, 분쟁을 해결하는 이외에 무력을 행사하거나 전쟁을 하는 경우가 있는가라고 하면, 그런 경우는 물론

있습니다. 예를 들면, 자위권의 경우가 그런데, 외국으로부터 공격을 받거나 침입을 당한 그러한 경우에, 그것에 저항하기 위해 무력행사에 호소하거나 전쟁을 해서 일단 그것을 방어하는 것은, 분쟁을 해결하기 위한 수단으로서가 아닌 것입니다. 그러므로 제1항에 비추어 말씀드리면, 그러한 의미의 자위의 전쟁은 방기하고 있지 않은 것입니다.

…… 그런데 제2항에서 국가의 교전권은 인정하지 않는다고 하는 경우에는, 분쟁을 해결하기 위해라고 하는 제한이나 조건이 없고, 일반적으로 국가의 교전권은 인정하지 않는다고 하는 것이기 때문에, 전쟁을 할 권리에 관해서는 제2항에서 전면적으로 방기하고 있다고 보지 않으면 안 됩니다.

…… 그 이유로서는, 일본은 지금까지 자위행위라고 하면서 실은 노골적인 침략을 여러 차례 저질러왔다. 만주사변이 그렇고 지나사변도 그렇다. 또 이번의 태평양전쟁도 그렇다. 따라서 이 세계에서 일본의 자위라는 것은 누구도 신용하지 않는다. 그래서, 일본이 헌법에서 분쟁 해결을 위한 전쟁은 방기하지만 자위를 위한 전쟁은 상관없다고 하면, 전 세계는 일본이 또 만주사변이나 지나사변이나 태평양전쟁과 같은 일을 저지를 작정일 것이라고 의심합니다. 일본의 과거 15년간의 행동을 보면 그렇게 의심받아도 어쩔 수 없다. 그러나, 일본은 현재 그런 생각은 전혀 없기 때문에, 그런 의혹을 불러일으키는 그런 의미를 포함하고 있지 않다. 즉, 자위의 전쟁이라고 하더라도, 앞으로는 전쟁을 일체 하지 않을 생각이라는 것이 하나의 이유입니다.

또 하나의 이유는, 앞으로의 국제사회에서는 각국이 자기 마음대로 자위라든가 자위가 아니라든가를 결정하고 자위라면 해도 좋다라는 것은 허용되어서는 안 된다. 오히려, 국제적인 조직에서 그것을 결정하고, 침략적인 행동을 하는 국가가 있으면 여러 국가들이 협력해서 이것을 방지해야 한다.

이것이 앞으로의 국제사회가 나아갈 길이며, 일본은 솔선해서 그러한 행동을 스스로 취하는 것이다. 그런 것이 두 번째 이유입니다. 이 두 가지 이유로 자위의 경우라고 하더라도, 앞으로는 전쟁은 하지 않는다는 것입니다.

이에 대해서는, 그렇다고 하더라도 공격을 받는 경우에 방어하는 것은 당연한 것이기 때문에, 그 경우까지도 방기하는 것은 지나치지 않은가라는 논의가 있을 것이라고 생각하는데, 이론적으로 말씀드리면 그것은 이유가 없는 것은 아닙니다. 그러나, 일본이 지금까지 자위라고 하면서 실은 침략적인 행동을 취해온 것과, 각국이 마음대로 이런 문제를 결정해서는 안 된다고 하는 점을 생각하면, 자위의 경우라고 해서 군사행동이든 전쟁이든 해도 좋다고 하는 논리는 반드시 정당하다고는 할 수 없습니다. 뿐만 아니라, 현재의 국제연합에서는 자위권은 일단 인정하지만, 그것은 국제연합이 공동의 행동을 취할 때까지에 한한다고 하고 있습니다. 그러므로, 외국으로부터 급박하게 공격을 받는 그러한 경우에는, 일단 자위권을 인정하지만, 국제연합이 그 자위권이 정당한지 아닌지를 판단하고, 그 후에는 국제연합이 인수하는 것으로 해서, 국제연합이 활동할 수 없는 잠정적인 기간 동안만 자위권을 인정하게 되어 있습니다. 앞으로는 이런 방향으로 나아가지 않으면 안 된다고 생각하며, 자위라고 해서 각국이 자신만의 판단으로 제멋대로 행동을 해도 좋은 것은 아니다. 따라서, 일본의 경우에는, 자위의 경우이든 혹은 제재의 경우이든 전쟁은 하지 않는다고 하는 것은 반드시 이유가 없는 것은 아닙니다. 어쨌든, 그것이 제2항 후단의 규정입니다.[4]

이와 같이 요코타는 헌법 제9조는 자위전쟁은 물론이고 자위권도 극히 한정적으로밖에 인정하지 않는다는 해석을 제시했다. 요코타는 이때 50세였다. 전시에 파시즘 권력에 저항한 적은 없었지만, 군부에 협력한 적도 없었다. 헌법제정 과정에서는 구어화에 적극적으로 협력했다는 사실은 이미 서술했지만, 평화헌법의 탄생을 맞아 커다란 기대를 가지고 전국 각지에서 같은 취지의 강연을 했던 것이다. 요코타에게 평화헌법은 단순히 '전쟁 방기'에 그치지 않고 새로운 국가, '문화국가'의 창조를 의미하는 것이었다. 요코타는 이 강연을, 다른 강연과 마찬가지로, 아래와 같은 장대한 이상을 내세우며 끝맺었다.

> ······ 앞으로 군비도 만들지 않고 전쟁도 하지 않는다는 것이므로, 일본인이 모든 정력을 문화를 위해 쓴다면, 수십년이 지나면, 저는 상당히 높은 문화가 만들어질 것이라고 생각합니다. ······ 불행히도 지금까지 잘못된 지도자에 의해 잘못된 방향으로 일본인의 에너지가 허비되어왔지만, 앞으로 진정으로 문화를 위해 일본인이 노력한다면, 수십년 뒤에는 아마도 일류 문화국가가 될 수 있을 것이라고 생각합니다. 그렇게 하면 세계 일류국가로서 충분히 존경받고 일류 국가로서 대우받을 것입니다.
>
> 그렇게 보면 이 헌법에서 완벽하게 평화주의를 채용하고 군비를 전폐하고 전면적으로 전쟁을 방기한 것은, 참으로 일본이 나아가야 할 길을 제시한 것입니다. 이런 점에서 우리는 전쟁 방기 규정이 다소 지나친 것이 아닌가라고 생각해 반신반의하는 태도를 취하지 말고, 이것이야말로 진정으로 일본이 나아가야 할 길, 재건과 향상을 위한 유일한 길이라는 신념을 가지고, 이것을 실천하고 실현해야 한다고 생각합니다. 단지 종이에 적힌 것에 머무르게 하지 말고, 현실 속에서 실행하고 실현하지 않으면 안 됩니다.[5]

과거의 반성으로부터 이상이 생겨나는 법인데, 이 강연을 접하면, 당시 요코타가, 아니 일본 전체가 이상을 위해 살아가려고 했고, 그 정점에

'전쟁의 방기'가 있었다는 사실을 알 수 있다.

마지막으로 단상에 오른 강사는 모리토 타쯔오였다. 모리토는, 그다지 열심이었던 것은 아니지만, 헌법연구회의 멤버로서 헌법에 대해 꽤 이른 단계부터 관심을 가지고 있었다. 한편 GHQ 정치고문인 조지 애치슨도 모리토를 "저명한 경제학자이고 정치학자이기도 하다"고 하면서, 스즈키 야스조오 등이 중심이 되어 작성한 헌법연구회안을 「모리토안」이라고 불렀을 정도이다(1946년 1월 2일자 국무장관 앞 편지).[6]

모리토가 담당한 부분은 사회권(모리토는 생활권이라고 불렀음)이었는데, 특히 정부 초안에는 없었던 생존권(제25조) 규정이 모리토가 소속된 사회당의 제안으로 의회에서의 심의 과정에서 추가·삽입되었다는 점을 강조했고, "국가의 정치가 국민생활의 최소한을 국민에게 보장하지 않으면 안 된다는 점을 명확하게 했다는 것은, 저는 정치상의 민주혁명이라고 부릅니다만, 일하는 국민 대중에게는 경우에 따라서는 그보다도 의의가 큰 헌법의 한 조문이라고 생각하고 있습니다"라고 사회권 규정의 의의를 높이 평가했다.

모리토는 나아가 일본국헌법 그 자체가 가지는 의의를 "국민이 바라기만 한다면 합법적으로 자본주의의 제도를 사회주의로 바꿀 수 있는 형식이 부여되었다"라는 점에서 찾았고, "신헌법 아래에서는 폭력혁명에 의하지 않고 국회민주주의의 방법으로 자본주의가 사회주의로 이행할 가능성이 주어졌다. 즉 국민의 사회주의적 확신이 지배적인 것이 되면 평화적으로 사회주의로 전화할 가능성이 주어졌다는 것입니다"[7]라고까지 단언했다. 당시는 마침 '2·1 총파업' 직후였다. 경시청에서 온 수강생을 포함한 '중견 간부'들은 이것을 어떻게 받아들였을까? 모리토는 그 3개월 후에는 카타야마 내각의 문부대신이 된다. 비록 일찍이 크로포트킨을 논하여 토오쿄오 대학에서 쫓겨난 경험이 있다고는 해도, '혁명'을 설파한 문부대신은 초대 문부대신인 모리 아리노리森有礼 이래 한 사람도 없었을 것이다.

다른 9개 지구에서도 이와 같은 형태로 연수회가 개최되어 총 약 1,800명이 수강했다.

연수와 더불어 헌법해설서도 간행되었다. 위의 『신헌법 강화』가 비매품으로 5만 부 인쇄되었고,[8] 같은 목적으로 간행된 법제국 교열의 『신헌법의 해설』(1946년 11월 내각 발행, 총 94면)이 20만 부 인쇄되었다.[9] 모두 정부가 배포한 것이기 때문에 어느 정도 읽혔는지는 확실하지 않지만, 토오쿄오 대학 교수가 분담해 집필한 국가학회 편 『신헌법의 연구』(有斐閣, 1947)가 12쇄 1만7천 부 인쇄되었다는 사실[10]을 생각하면, 상당히 독자가 많았다고 볼 수 있을 것이다.

더욱 주목하고자 하는 것은 헌법보급회가 중심이 되어 일반 국민을 대상으로 한 강연회를 다수 조직했다는 것이다. 보수색이 강한 농촌의 현인 군마群馬에서 382회의 강연이 개최되어 6만여 명의 수강생을 모았고, 이시카와石川에서는 108회 1만2천 명, 나가노長野에서는 57회 1만4천 명이었다.

한편 청년들은 청년단을 중심으로 독자적으로 소집회를 열었다. 청년들은 촌村이나 정町에서 50명, 100명 단위의 작은 집회를 조직했다. 그 참가자는 보고된 것만으로도 1만3천 명에 이른다.[11]

소책자 2천만 부

헌법의 보급은 아무래도 참가자가 한정될 수밖에 없는 강연회를 통해서만이 아니라, 전 국민에 대한 헌법의 보급을 목적으로 해서 간행된 소책자를 통해서도 이루어졌다. 그 수는 무려 2천만 부. 이것은 당시의 전 세대수에 해당한다. 소책자는 헌법보급회가 편자가 되어 『새로운 헌법, 밝은 생활』
이라는 제목을 붙여 수첩 정도의 크기(세로 14센티미터, 가로 10센티미터)
로 발간했으며, 그 전체는 30면이었고, 그중 15면에 걸쳐 헌법 전문全文이
수록되어 있었다.

　본문 첫 두 면에는 보급회 회장 아시다 히토시가 "새로운 일본을 위해"
라는 제목의 발간사를 실었는데, 거기에서 아시다는 아래와 같이 말했다.

> 일본 국민이 서로 인격을 존중하는 것. 민주주의를 올바르게 실행하는 것.
> 평화를 사랑하는 정신으로 세계의 여러 나라와 교분을 두텁게 하는 것.
> 　신헌법에 담긴 이들 내용은 모두 신일본이 살아갈 길이며, 또 인간으로서
> 보람 있는 생활을 하기 위한 근본 정신이기도 하다. 참으로 신헌법은 일본
> 인이 나아가야 할 큰 길을 제시한 것이며, 우리 일상생활의 지침이며, 일본
> 국민의 이상과 포부를 담은 훌륭한 법전이다.
> 　우리나라가 새롭게 태어나 좋은 나라가 되기 위해서는, 반드시 신헌법이
> 우리의 피가 되고 살이 되도록 그 정신을 살려가지 않으면 안 된다. 실행이
> 따르지 않는 헌법은 죽은 문장에 지나지 않는 것이다.
> 　신헌법이 대담솔직하게 '우리는 더 이상 전쟁을 하지 않는다'고 선언한
> 것은 인류의 높은 이상을 표현한 것이며, 평화세계의 건설이야말로 일본이
> 재생하는 유일한 길이다. 앞으로 우리는 평화의 깃발을 내걸고 민주주의의
> 초석 위에 문화의 향기가 높은 조국을 건설하지 않으면 안 된다.[12]

　해설에는 "신헌법의 특색—우리의 생활은 어떻게 되는가?"라는 표제
가 붙어 있었고, 헌법의 기본 조항을 실생활의 관점에서 해설하고 있었다.
소제목을 몇 개 추려보면, '새롭게 태어나는 일본', '밝고 평화로운 국가로',

'더 이상 전쟁은 하지 않는다', '인간은 모두 평등하다', '여자도 남자와 같아', '총리대신도 우리가 뽑는다', '우리가 다스리는 일본' 등이다.

이 소책자 다음으로, 일반인들에게 널리 알려진, 문부성이 중학교 사회과 부교재로 제작한 『새로운 헌법 이야기』(1947년 8월)가 간행되었다. 이 소책자는 문부성 발행본보다 간편하고 게다가 발행부수도 많았기 때문에 국민에 대한 영향은 컸다고 생각된다. 따라서 그 제작은 상당히 신중하게 추진되었다는 사실을 알 수 있다. 사카키바라 레이이찌榊原麗一 헌법보급회 총무부장이 허시에게 보낸 편지(날짜는 적혀 있지 않지만 첨부문서에 비추어 1947년 4월 15일이라고 생각됨)에 따르면, 보급회와 문부성 교과서과가 초고를 작성하고, 그것을 토오쿄오 대학의 요코타 키사부로오 교수와 타나카 지로오 교수가 손질하고, 다시 아시다와 카나모리 토쿠지로오(보급회 부회장, 헌법담당 국무대신)가 신중하게 심사했다고 한다.[13] 물론 GHQ도 입 다물고 있었던 것은 아니다. 허시 자신이 미 태평양육군정보교육부 IES(Information & Educational Section) 앞으로 보낸 편지(1947년 6월 18일자)에서 스스로 감수했다supervise고 인정하고 있다.[14]

그런데 이 2천만 부는 어떻게 배포된 것일까? 위의 보급회 총무부장이 허시에게 보낸 편지에 따르면, 보급회는 1947년 4월 중순에 각 현에 배포를 마칠 예정이라고 되어 있다. 부수는 가장 많은 토오쿄오 도가 170만 부, 가장 적은 톳토리鳥取 현이 14만5천 부라고 되어 있다.

다음으로 이것을 집집마다 배포하는 방법인데, 사카키바라 총무부장은 이 부분은 '중앙집권국가' 일본의 관료로서 허시에게 자랑스럽게 이렇게 설명하고 있다. "배포는 투표용지의 배포와 마찬가지 방법으로 합니다. 보급회 본부는 우선 각 지부에 보냅니다. 각 지부의 사무소는 쿄오토를 제외하고 각 도도부현의 청사 안에 설치되어 있습니다. 각 지부는 도도부현

안의 각 시정촌에 보내고, 다시 각 시정촌은 쬬오나이카이町內会를 통해 각 호戶에 배포합니다. 토나리구미隣組 조직을 활용하면 빠짐없이 모든 호에 배포할 수 있습니다."[15]

실제로, 55만 부가 배포된 카나가와神奈川 현의 경우에는, 4월 25일에 아시가라시모足柄下 지방사무소장 이름으로 "각 호에 빠짐없이 배포하고 이를 충분히 이용하여 신헌법의 정신을 철저히 보급하는 데 일조할 수 있도록" 각 정촌장에게 "통지"했다.[16] 보급회 총무부장의 편지에는, 배포 일람의 말미에 "50만여 부는 소련에서 귀환하는 민간인·군인에게 배포하기 위해 남겨두었습니다. 책자는 승선 중에 배포되게 됩니다"라고 적혀 있고, 맹인용으로 점자본도 만들어지는 등, 배포는 상당히 철저했다.

소책자라고 하더라도 2천만 부를 제작하여 가가호호에 무료로 배포하는 것은, 당시의 사회·경제 상황 속에서 상당히 큰 사업이었다고 생각된다. 어쨌든 여러 모로 물자가 부족한 시대였다. 이렇게 많은 책자를 만들기에는 종이와 그것을 만드는 연료인 석탄이 부족했다. 그래서 헌법보급회는 발주를 맡은 3개의 제지회사에 석탄을 추가로 배급해줄 것을 GHQ에 요청했고, 요청을 받은 허시는 경제과학국ESS(Economics and Science Section)과 협의해서 석탄 700톤의 추가배급을 단행하기도 했다. 지금으로서는 감히 상상도 할 수 없는 일이다.[17]

이러한 국민에 대한 헌법 보급·계몽 활동은 착실하게 헌법에 대한 국민의 관심을 높였다. 보급회는 신헌법 제정에 즈음하여 현상논문을 모집했는데, 상당히 많은 국민이 높은 관심을 보이면서 응모했다. 보급회가 『아사히 신문』과 공동주최한 현상논문에는 전국에서 1,038편이 응모되었다고 한다.[18] 심사위원을 맡은 아시다 히토시, 카나모리 토쿠지로오, 세키구찌 타이関口泰, 미야자와 토시요시, 요코타 키사부로오가 심사한 결과,

하야시 마타헤이林又平(이시카와 현 코마쯔小松 시)의 「신헌법과 민주주의」
가 최우수작으로 선정되어 시행일(5월 3일)과 그 다음날의 『아사히 신문』
을 장식했다. 하야시의 논문은 신헌법을 민주주의의 관점에서 고찰하고,
그 민주주의를 천황제 · 인권 · 평화주의와 관련지어 논한 다음, 아래와 같
은 문장으로 끝맺은 것이었다.

> 민주주의에 대한 모든 장해와 음모를 분쇄하고 "국가의 명예를 걸고 전력
> 을 기울여 이 고원高遠한 이상과 목적을 달성"할 것을 신헌법의 전문에서
> 세계에 서약한 일본 국민이 나아갈 길은, 새로운 세계의 동향을 올바르게
> 판단하면서, 이 조국 재건이라는 무혈혁명의 행진으로부터 도피하려고 하
> 는 비겁함을 버리는 동시에, 다시금 오욕과 혼란의 역사를 되풀이하지 않
> 기 위해 하루라도 빨리 우리의 지성과 교양을 풍부하게 고양시키는 것 이
> 외에는 없다.[19]

하야시는 당시 코마쯔 제작소에 근무하는 45세의 회사원이었는데, 이
글에서는 시원스러운 젊음과 정열이 전편에 넘쳐흐르고 있다. 이런 현상
논문은 각 지방 지부에서도 모집됐다. 지방에 따라 상당한 차이가 있지만,
지방지와 공동으로 주최한 현이 많았다. 보급회의 미야기宮城 지부는 『카
호쿠河北 신포오新報』와 공동주최하여, 입선 논문을 그 신문에 연재했다
(『河北新報』1947년 5월 13일자부터 4회 연재). 야마가타山形 지부는 현의 교
원을 대상으로 「신헌법 공포 기념 교육논문」을 모집했다(『山形新聞』1947년
5월 3일자). 또 카나가와 지부와 같이 『카나가와 신문』과 공동주최하였으
나 신문에 발표는 하지 않은 곳도 있는 등 다양했고, 물론 논문을 모집하지
않은 지부(현)도 있었다.

어쨌든 수천 명의 일반 시민이, 전쟁의 상처도 아직 치유되지 않았고 글을 쓸 종이조차 부족했던 시대에, 막 태어난 헌법을 주제로 논문을 쓰려고 책상 앞에 앉은 것이다. 일본 근대의 역사 속에서, 자유민권기를 제외하고, 일본인 중에 이와 같은 경험을 한 세대가 있었을까?

영화에서 〈헌법 온도〉까지

보급 활동은 매우 다채로워서, 헌법의 성립 과정을 다룬 다큐멘터리영화 〈신헌법의 성립〉,[20] 헌법보급회가 자금을 원조한 영화 〈정염情炎〉(쇼오찌쿠松竹), 〈장사壯士 극장劇場〉(다이에이大映), 〈전쟁과 평화〉(토오호오東宝), 기타 아동용 단편영화, 환등, 종이극, 카드, 나아가서는 '신헌법 시행 기념 국민가國民歌'라고 이름붙인 〈우리들의 일본〉(작사 토키 젠마로土岐善麿, 작곡 노부토키 키요시信時潔)에서 〈헌법 온도音頭〉(작사 사토오 하찌로오サトーハチロー, 작곡 나카야마 신페이中山晋平)에 이르기까지, 당시의 모든 미디어가 총동원된 느낌이다.[21]

낡은 풀삿갓 쫀호이나 쓱 던져버리고
평화 일본의 꽃삿갓
날아왔다. 왔다. 꾀꼬리 좋다리
울면 희망의 무지개가 나온다. 그것이
쫀호이나 쫀호이나
기쁘지 않은가? 않은가? 쫀호이나

이 무렵 이런 〈헌법 온도〉를 가르친 소학교 교사와 그것을 배운 어린 이가 어딘가에 있을 터이다.

1947년 5월 3일, 헌법 시행일은 이런 보급 활동의 연장선상에서 다가온 것이다. 40여 년이나 지나고 보니, 이날은 보통 한 장의 사진으로 설명되고 있다. 그것은 황거 앞 광장에서 천황과 황후가 단상에 올라 운집한 군중의 환호에 응대하는 사진이다. 그러나 이것은 시행식 식전행사가 끝난 직후의 장면이다. 행사 그 자체에는 천황과 황후가 출석하지 않았고, 또 식전행사에서는 〈키미가요君が代〉가 불리지 않았다.[22] 식전행사에서 불렀던 노래는 위의 신헌법 시행 기념 국민가, 〈우리들의 일본〉이었다.

평화의 빛 하늘에 가득 차고
정의의 힘 땅에서 솟아난다
우리들 자유의 인민으로서
새로운 날을 바라면서
세계의 앞에 지금 일어선다.

이날은 〈우리들의 일본〉이 국가의 지위를 차지했다. 권리선언으로서의 신헌법이 문어체로 표현될 수 없었던 것과 마찬가지로, 국민주권을 규정한 신헌법의 탄생을 축하하는 식전행사에 〈키미가요〉는 어울리지 않았다. 완전히 잊혀져버렸지만, 일본국헌법의 탄생과 함께, 비록 짧은 기간이기는 하지만, 〈키미가요〉는 막을 내린 것이다. 당시 궁내성에서도 "새 국가國歌의 제정"이 검토되었고, "평화 일본의 진수를 상징하는 노래, 국민의 마음으로부터 솟아나는 외침"을 표현하는, "키미가요를 대신할 적당한 노래를 만들고 싶다"(혼다 나오이찌로오本多猶一郎안)고 생각했을 정도이다.[23] 이 식전행사만이 아니라, 토오쿄오·오오사카를 비롯하여 각지에서 기념 강연회, 변론대회 등을 개최했고, 쿄오토에서는 오후 1시에 시내의 전 사원에서 일제히 '평화의 종'을 울렸다.[24] 이날은, 비단 헌법뿐만 아니라 새롭게 제정된 국회법·내각법·지방자치법·재판소법 등의 기본법들도 모두 시행되었기 때문에, 분명 일본의 역사에 한 획을 긋는 날이었음에 틀림없다.

그런 만큼 이날은 '불마의 대전'을 믿으며 살아온 사람들에게는 실로 '망국의 날'에 다름 아니었다. 거의 알려지지 않았지만, 가쿠슈우인学習院 대학 교수 등을 역임한 헌법학자이자 헌법문제조사위원회 고문이었고, 최후의 추밀원 의장을 지내기도 한 시미즈 토오루淸水澄는, 메이지 헌법이 묻혀버린 이날 "천황제의 장래에 관해 크게 우려하지 않을 수 없다. …… 자결하여 저승에서 그 목적 달성을 위해 노력하고자 한다"[25]라는 유서를 남기고, 9월 말 아타미熱海에서 남몰래 투신자살했다.

그러나 공포로부터 보급 활동을 거쳐 시행에 이르는 약 반년 동안의 국민의 열광적인 체험은, 이윽고 국민 자신으로부터 잊혀져, 역사서에도 모습을 드러내는 일이 거의 없다. 이것은 도대체 무엇을 의미하는 것일까?

이 시기, 다시 말해 제1차 요시다 내각 시기는, 한편으로는 공직 추방·재벌 해체·농지 개혁 등 낡은 권력을 개혁하는 폭풍우가 불어닥친 시기였고, 다른 한편으로는 노동자들이 민주화 정책 속에서 노동조합을 결성하여 운동에 나서기 시작한 시기였다. 많은 국민들도 지식인들도 이 '민주혁명'의 한가운데에 있었던 것이다. 이 헌법이 그 성립에 즈음하여 '민주혁명'의 소용돌이 속으로 발을 내디디려 한 적은 있었지만, GHQ는 결코 그것을 허용하지 않았다. 따라서 '민주혁명'의 담당자들은, 비록 헌법을 무시하지는 않았지만, 적극적으로 헌법과 연계를 맺을 방도는 가지지 못했고, 또 가지려고도 하지 않았던 것이다. 그들이 적극적인 헌법의 담당자, 다시 말해 '호헌파'를 형성하는 것은, 보수정권이 헌법개정에 착수한 뒤, 즉 10

년 후(1950년대 중반 무렵)의 일이다.

지식인의 다수도 이 '민주혁명'의 담당자 편에 섰다. 그들은 전전 일본의 파시즘화를 저지하지 못한 회한을 안은 채 전후를 살고 있었다. 민법학자 카이노오 미찌타카戒能通孝의 말을 빌리면, 전시에 "우는 것 이외에는 위안이 되는 것이 없는 기분"[26]이었던 학자들이, 자유를 얻어 민중과 함께 살아가려고 하고 있었다. 그들은 모두 전전, 특히 전중의 자신의 학문을 '자기비판'하고, 새로운 삶의 방식과 학문의 방식을 찾았다. 마루야마 마사오가 말하는 "회한悔恨공동체의 형성"[27]인 것이다. 거기에서는 일반적으로 좁은 전문분야를 넘어서 연구방법론과 혁명론을 논의했고, 나아가서는 '민주혁명'의 담당자인 노동자 · 농민의 '계몽 활동'으로 나아갔다. 이 시대는 그런 시대였던 것이다.[28]

하지만 헌법보급회는 이런 흐름과는 상당히 다른 반관반민, 그보다는 오히려 '관'에 가까운 단체였고, GHQ 없이는 생각할 수 없는 단체였다. 보급회는, 과거를 묻지도 않고 개개의 삶의 방식을 추구하지도 않고, 단지 막 태어난 새로운 헌법을 국민에게 보급한다고 하는, 게다가 겨우 1년 동안만 유지된(1947년 11월까지) 단체였다. 그것에 협력한 지식인들은, 비록 과거에 다양한 사상을 가지고 있었고 전쟁에도 다양하게 연관되어 있었지만, 젊어서 깊은 교양을 몸에 익혔고, 전시에는 군부가 고취하는 '옥쇄다', '신주神州 불멸이다'라는 따위의 비합리적이고 야만적인 구호를 마음에 들어하지 않았던 사람들이었다. 하지만, 그렇다고 해서 반항도 하지 않았고, 어떻게든 살아남아 '평화'를 이야기하는 데에 달리 양심의 가책도 느끼지 않았고, 또 주위로부터 그것을 비난받지도 않은 사람들이었다.

당시 카토오 슈우이찌加藤周一는, 『1946 · 문학적 고찰』의 첫머리에서 이와 같은 문학자들을 가리켜 "새로운 세이킨星菫 파派(20세기 초에 하늘의 별과 땅의 제비꽃에 의탁하여 연애를 노래한 낭만파 시인의 일파—역자)"라고 불렀는데,[29] 헌법보급회에 모인 법학자도 또한 거기에 가까웠다고 할 수 있을 것이다. 따라서 그들은 시대의 자식으로서 이 보급 활동에 참가한 것이며, 시대가 바뀌면 또 다시 그 입장도 전전·전중과 마찬가지로 변해간 것이다. 하지만, 권력을 위한 신호수 역할을 한다거나 또는 그 반대로 민중의 선두에 선다거나 하는, 그런 '야만적'인 변신은 하지 않았다. 참으로 남몰래 부드럽게 지적으로 유약하게 제비꽃 같은 것을 사랑했던 것이다.

요코타 키사부로오는, 위에서 살펴본 것처럼 헌법 제9조가 "전면적으로 전쟁을 방기했다"고 말했지만, 맥아더가 1950년 초에 헌법은 자위권을 부정하는 것이 아니라고 말한 직후부터 제9조 해석을 수정하여, 일찌감치 1951년 강화조약과 안보조약이 조인된 이튿 후에 출간한 『자위권』에서 아래와 같이 기술했다. 요코타는 우선 자위권에 관해 헌법은 "아무것도 규정하고 있지 않다"고 기술하고, "국제법상 일반적으로 국가는 자위권을 가지고 있다"는 것을 전제로 하면 "일본은 자위권을 가지게" 되지만, "자위권이 있다고 해서, 곧바로 군비를 갖출 수 있다거나, 그것을 행사하거나 전쟁을 할 수 있다고 생각해서는 안 된다"고 기술하여, "무력 없는 자위권"을 주장했다.[30] 한편, 미군의 주둔을 규정한 안보조약에 관해서는, 헌법 제9조는 "외국으로부터 공격이나 침략을 받은 경우에, 다른 나라의 군사원조를 요청하는 것은 방기도 하지 않을 뿐만 아니라 부인도 하지 않"으므로, "외국의 군대나 군사기지를 일본에 두는 것은 헌법의 규정에 위반되지 않는다고 할 것이다"[31]라고 기술하여, 안보조약 합헌론의 입장을 선명하게 내세웠다. 그 덕분일까? 안보조약이 위헌이라는 토오쿄오 지방재판소의 판결이 내려진 다음해인 1960년, 요코타는 이케다 내각의 최고재판소 장관이 되었다.

미야자와 토시요시의 경우도 요코타와 상당히 닮았다. 편면강화片面講和가 현실화되는 가운데, 1949년 말에 상당수의 지식인이 헌법의 이념에 따라 '평화문제간담회'를 만들어 전면강화를 내세웠지만, 미야자와는 이 모임에 참가하지 않았다.[32] 그 후 자유당은 1954년에 헌법조사회를 만들어 헌법개정에 적극적으로 나섰는데, 위에서 언급한 것처럼, 미야자와는 이 헌법조사회에서 제9조의 개정에 찬성도 하지 않았지만 반대도 하지 않았다.[33] 미야자와가 호헌의 태도를 명확하게 하는 것은, 정부의 헌법조사회에 대항하여 헌법문제연구회가 만들어진(1958년 6월) 이후의 일이다. '혁명'을 주창한 모리토는, 뒷날 중앙교육심의회의 회장이 되어 '기대되는 인간상'을 설파하여, 요코타나 미야자와와는 다른 진폭을 보였다.

이렇게 하여 헌법보급회의 활동은 사람들의 기억으로부터 잊혀져 역사의 저편으로 밀려났지만, 마지막으로 이 보급 활동의 중심에 있었던 나가이 히로시 헌법보급회 사무국장의 경력을 소개하는 것이 신헌법이 첫 발걸음을 내디딜 무렵의 보급 활동의 성격의 일단을 한층 명확하게 해줄 것이라고 생각한다.

여기에 GHQ 대적모보부對敵謀報部CIS(Counter Intelligence Section)에 우송된 일본인 여성들의 손으로 쓴 투서[34]가 있다.

신헌법을 철저하게 보급하기 위해, 막대한 예산을 쓰는 헌법보급회라는 것이 만들어져서, 아시다 히토시가 회장이 되고 사무국이라는 것이 문부성의 4층에 만들어졌다고 합니다. 사무국장은 문부성 퇴직 관리 나가이 히로시라는 사람입니다만, 이 나가이는 전시에 학도동원국장으로서 순진한 학도를 동원으로 내몬 전쟁협력자이며, 그 후 쿠마모토熊本 현 지사를 지냈기 때문에, 당연히 공직추방자임에도, 속여서 추방의 그물을 뚫고 이 보급회의

사무국장이 된 것입니다.(중략)

〔그들이 보급회의 공금을 유흥을 위해 쓰고 있다고 듣고 있는데〕 이와 같은 소문을 듣고서 남편을 전장에 바치고, 사랑하는 자식을 여자의 가는 팔로 키우고 있는 저는, 한 사람의 국민으로서 분함을 참을 수 없는 것입니다.(중략)

부디 사직 당국의 손에 의해 특약特約요리점이나 영화계를 조사하여, 아시다, 나가이 및 그 무리를 일소하여 진정으로 공정명랑한 보급회로 만들든가, 그렇지 않으면 과감하게 그런 모임의 존재를 폐지하는 편이 오히려 나라를 위하는 길이라고 생각합니다.(이하 생략)

한 우국여성

맥아더 사령부 귀하

헌법보급회에 금전상의 부정이 있었는지는 분명하지 않지만, 나가이 사무국장이 문부성 학도동원국장이었다는 것(1945년 7월~9월)과 그 후 쿠마모토 현 지사에 취임(관선)했다는 것(1946년 1월~7월)은 사실이다. 겨우 1년 수개월 전까지는 성전聖戰을 이야기하며 학생들을 전장으로 보낸 장본인이 표변하여 평화헌법의 보급을 맡았던 것이다. 이런 변신, 아니 희극적인 '전향'이 달리 있을 수 있을까? 하지만 있었다. 이 나가이 사무국장의 지휘 아래 '세이킨 파'는 헌법의 아름다운 이상을 이야기했고, 국민들은 〈헌법 온도〉를 잃었다. 악몽은 아니더라도, 오히려 재빨리 잊어버린 것도 무리가 아니었는지 모른다.

그러나 역사는 그것만으로는 끝나지 않으니 재미있는 것이다. 이 보급 활동 과정에서 가르쳐진 헌법의 이념을, 가르친 조직이 어떻든, 가르친 인간이 누구이든, 그 인간이 그 후 어떻게 말을 바꾸었든, 그런 것과 관계없이, 그때의 감동과 이상을 그대로 간직한 인간이 생겨나기 때문이다. 에니와惠庭 사건의 노자키 요시하루野崎美晴(1926년생)는 그 대표적인 인물이라고 해도 좋을 것이다. 홋카이도오 에니와 정(당시)에 살고 있던 낙농가인 노자키는, 육상자위대의 거듭되는 사격연습으로 생활을 위협받자, 1962년 12월 어쩔 수 없이 형인 타테요시健美와 함께 연습용 통신선을 절단하여 자위대법 위반의 죄명으로 기소되었다. 노자키는 그 법정(1967년 1월, 삿포로 지방재판소)에서 자신의 행위의 정당성을 이렇게 말했다.

나는 일찍이 『새로운 헌법 이야기』라는 책으로 교육을 받았습니다. 선생님도 일체의 전쟁은 하지 않는 것이라고 가르쳐주셨습니다. 검찰관이나 재판관도, 전후에 법률을 공부했다면, 헌법 제9조는 일체의 전력을 가져서는 안 되는 것이라고 배웠을 터입니다.[35]

노자키 요시하루와 그의 형은 무죄를 선고받았다.

제13장 요시다 시게루의 반격

대역죄를 남기고 싶다

마침내 새로운 헌법이 탄생했다. 그것은 국가의 최고 법규의 대폭적인 변경을 의미했지만, 관점을 바꾸면 최고 법규에 불과했다고도 할 수 있다. 다시 말해 이 헌법 아래에서 어떤 법률을 만들 것인지, 메이지 헌법 아래에서의 법률을 어떻게 개정할 것인지, 어떤 의미에서는 거기에 '신헌법'의 진가가 달려 있었다고도 할 수 있을 것이다.

헌법 아래의 기본법이라고도 할 수 있는 형법은, 1907년에 제정된 것이기 때문에, 메이지 헌법의 가치원리를 구현하고 있었던 것은 말할 것도 없다. 메이지 헌법 제3조가 규정한 천황의 신성불가침성은 형법에서는 '황실에 대한 죄'가 되어 나타났다. 대역죄(제73조, 제75조)와 불경죄(제74조, 제76조)가 그것이다. 의회에서의 국체 논의가 다람쥐 챗바퀴 도는 듯하다가 끝났고, 게다가 GHQ안을 받아들인 당초의 이유가, 요시다 수상의 말을 빌리면 "황실의 안위를 도모"하기 위해서였으니, 보수지배층이 이 '황실에 대한 죄'들을 남겨두고 싶다고 생각한 것도 당연할 것이다.

의회에서의 헌법 초안 심의와 병행해서 임시법제조사회(회장 요시다

시게루, 부회장 카나모리 토쿠지로오)에서 형법 개정이 논의되어, 1946년 10월 말에「형법의 일부를 개정하는 법률안 요강」이 마련되었다. 이 법률안 요강은, 부부의 평등을 규정한 헌법(제24조)에 따라 간통죄를 삭제하는 등 헌법과의 정합성을 생각해서 개정한 점도 있었지만, 대역죄와 불경죄에 관해서는 겨우 아래와 같은 개정점을 든 데 지나지 않았다. "제5 황실에 대한 죄의 규정에 관해, 천황 및 황실에 대한 불경죄의 의의를 명확하게 할 것."[1]

그러나 이것은 헌법이 법 아래의 평등을 규정하고 있는(제14조) 것과 명백히 모순되는 대목이었다. 헌법의 정신에 비추어보면, 천황이나 황족만이 형법상 특별한 보호를 받을 논리적 근거는 어디에도 없었다. 그래서 GHQ는 형법 개정에 즈음하여 '황실에 대한 죄'(제73조~제76조)를 전면적으로 삭제하도록 일본 정부에 지시했다. 이 이야기를 들은 요시다 수상은, 법률안 요강에 따른 개정에 머무르게 해달라고 맥아더 앞으로 편지를 썼다. 한 해가 다 저물어가던 12월 27일의 일이었다. "현재 개정이 이루어지고 있는 형법전에 관해, 원수께 특별히 말씀드리고 싶은 것이 있습니다. 휘트니 민정국장은 키무라 토쿠타로오木村篤太郎 사법대신에게, 귀관이 불경죄에 관한 형법 제74조, 제76조 및 대역죄에 관한 제73조, 제75조의 삭제를 지시하셨다는 취지를 12월 20일 구두로 전달했습니다. 그러나, 제73조와 제75조에 관해서는, 이들 조항들을 존치시키는 것이 필요한 몇 가지 이유가 있습니다."

이렇게 시작하여, 그 이유를 세 가지 들었다. 그것은 실로 요시다의 천황관 및 황실관을 잘 드러내고 있다고 할 수 있을 것이다. 거의 전문을 인용해두기로 한다.

우선 첫째로, 신헌법 아래에서도 천황의 지위가 "국가의 상징이고 국민통합의 상징"이라는 것은 일본의 건국 이래 일본 민족에 의해 견지되어온 전통적 신조에 부합하는 것입니다. 그것은 실로 숭고하고 고원한 지위입니다. 나아가 또한 천황은 윤리적으로 보아 국민의 숭배의 중심에 있다는 것을 부정할 수 없습니다. 이와 같은 지위를 차지하는 천황의 신체에 대한 폭력행위는 국가를 파괴하는 것과 같은 성격을 가지는 것으로 간주되므로, 일반인의 신체에 대한 폭력행위보다도 엄한 도의적 비난과 엄한 형벌에 처할 만한 것이라는 사실은, 일본 민족의 윤리관에 비추어볼 때 매우 자연스러운 것입니다. 그것은 부모 또는 존속에 대한 폭력행위가 일반인의 신체에 대한 폭력행위보다도 엄한 형벌에 처할 만한 것이라고 생각되는 것과 마찬가지입니다.

둘째로, 마찬가지의 이야기는 황족에게도 해당됩니다. 천황의 신체에 대한 폭력행위가, 전술한 것처럼 특별한 고려로서 처벌된다고 한다면, 황위 계승과 관련된 중요한 지위에 있는 황족은 당연히 일반인과는 다른 입장에 있게 됩니다.

셋째로, 영국과 같은 군주제 국가가 모두 군주의 신체에 대한 폭력행위에 관한 특별 규정을 가지고 있다는 사실은, 이 편지의 기술이 옳다는 것을 논의의 여지 없이 증명하고 있습니다.

따라서, 저는 형법 제73조와 제75조를 존치하는 것이 일본 민족의 감정 및 도의적 신조에 부합하는 것이라고 믿습니다.

저는, 위에서 기술한 점에 비추어, 원수께서 이 문제를 재고하실 것을 간설히 바랍니다.[2]

맥아더로부터의 회신이 올 때까지는 상당히 시간이 걸렸다. 회신은 다음해 2월 25일자로 발송되었다. 무려 3개월 가까이 걸린 이유는 분명하지 않지만, 영국의 법제도를 조사하는 데 시간이 걸렸기 때문인지도 모른다. 조사를 마친 맥아더는, 마치 대학 교수가 학생에게 신헌법에 관한 강의를 하는 듯한 편지를 보내, 요시다의 요청을 전면적으로 거부했다.

우선 요시다가 든 첫 번째 이유에 관해, 맥아더는 "국가의 상징이고 국민통합의 상징으로서 천황에게 부여되어 있는 법적 보호는, 국가 그 자체를 총체로서 구성하는 일본의 모든 국민이 당연히 받는 법적 보호와 완전히 같다. 그 이상의 보호를 부여하라고 하는 것은, 신헌법에서 명쾌하고도 명확하게 표명된, 만인은 법 앞에 평등하다고 하는 기본 이념을 침해하는 것이다"라고 비판하고, 나아가 "두 번째 이유에 관해서, 나는 황족에 대한 특별한 지위를 합리화할 근거는 한층 더 적다고 생각한다. 황족을 법적으로 더 높은 지위에 두는 것은 문지門地에 의한 차별이라고 해석되지 않을 수 없다. 그리고 문지에 의한 차별의 본질은 자유롭고 민주적인 사회를 만들어내는 것과 모순된다"라고, 실로 막 탄생한 신헌법의 이념으로 요시다의 생각을 전면적으로 비판했다. 나아가 세 번째 이유인 영국의 법제도에 관해서도, 대역죄에 "비교할 수 있는 법령상의 규정은 존재하지 않는다", 에드워드 3세 시대에는 있었지만, "이 600년 전의 법령은 100년 전에 개정되었다"[3]라고 하여, 요시다의 시대착오적인 인권 감각을 완전히 무시했다.

요시다는 이후 1947년 4월의 총선거에서의 자유당의 패배로 하야하지만, 이 문제는 결코 포기하지 않았다. 물론 GHQ도 삭제한다는 방침을 바꾸지 않았다.

이렇게 해서 형법 개정안은 7월 26일에 카타야마 내각에 의해 제1회 국회 중의원 사법위원회에 상정되었다. 상정된 형법 개정안은 GHQ의 지시에 따라 '황실에 대한 죄'를 전면 삭제한 것이었다. 제안 이유의 설명에 나선 사토오 토오스케佐藤藤佐 사법차관은, 개정의 주안이 '황실에 대한 죄'의 삭제에 있다고 말한 후, 이것이 GHQ로부터의 지시라는 것을 내비치기라도 하듯이, "이들 조문의 존부가 우리나라 민주화 문제의 일환으로서 여러 나라의 주목의 표적이 되고 있다는 점을 고려하여, 이번에 굳이 실행"하는 것이라고 설명했다.[4] 이에 대해 자유당의 키타우라 케이타로오는 이렇게 탄식했다. "도대체 이 2,600년의 역사를 가지고 있는 일본에서 불경죄를 미국식으로 삭제하는 것이 좋은 일인지, 이에 대해 널리 국민 일반, 지식·경험이 있는 사람에게도 참고를 위해 그 찬부를 듣고 싶다."[5]

어떻게든 불경죄만은

탄식만 하고 있었던 것은 아니다. 여름이 끝나자 자유당은 적극적으로 반대를 위해 움직였다. 다만, 위의 맥아더에게 보낸 요시다의 편지가 대역죄의 존치를 주장하였다가 받아들여지지 않은 때문인지, 그 이후에는 전술을 바꾸어 국민 일반에게 받아들여지기 쉬운 불경죄의 존치로 표적을 좁혀 정부의 개정안에 반대했다.

키타우라 등은 9월 말에 국회가 재개되자 '황실에 대한 죄'를 '천황에 대한 죄'에 한정하고, 나아가 불경죄 규정을 아래와 같이 수정해서 남기도록 하자는 수정안을 제출했다. "천황에 대해 비훼誹毀 또는 모욕의 행위를 한 자는 3개월 이상 5년 이하의 징역에 처한다."[6] 이것은, 종래 황실에 대한 불경을 금지하고 있던 것을 천황에게만으로 한정하고, "불경의 행위를 한 자"를 "비훼 또는 모욕의 행위를 한 자"로 수정한 것이었다. 형량은 바뀌지 않았다. 불경죄의 수정은 임시법제조사회의 법안 요강과 거의 일치하는 것이었지만, 자유당으로서는 최대한의 양보였음에 틀림없다. 그러나 국회에서 다수의 지지를 받는 것은 거의 절망적이었다. 사회당과 민주당은 정부제출안에 찬성할 전망이었다.

자유당은 어떻게든 불경죄만이라도 남기려고 필사적이었다. 당시에는 천황에 대한 '불경'이나 '모욕'에 해당하는 일은 얼마든지 있었다. 예를 들면, 1946년 5월에는 뒷날 유명하게 되는 플래카드 사건이 일어났다. 공산당원이 '식량 메이데이' 때 만든 "짐은 배불리 먹고 있다. 너희 신민은 굶어죽어라"라는 플래카드가 문제가 되었다. 같은 해 10월에는 공산당 기관지 『아카하타アカハタ』의 기사가 문제가 되었는데, 이것은 기소되지 않았다.

그런 가운데 공격의 대상이 된 것이 '폭로잡지'를 자칭하며 1946년 1월에 창간된 『신소오真相』(人民社)였다. 당시 천황은 전국 순행巡行을 다니고 있었는데, 천황이 갈 곳마다 천황을 맞기 위해 도로나 시설 등을 갑자기 개수·정비했다. 『신소오』 11호(9월)는 그것을 비꼬아서 이런 기사를 썼다. "〔천황이〕 소형 자동차라도 타고 전국 방방곡곡을 돌아다닌다면, 필시 '화사한 국토'가 되어 관광일본을 위해 도움이 될 것이다."

자유당 대의사 묘오레이 테루사부로오明礼輝三郎 등은 즉각 이 기사를 물고 늘어져, 10월 4일에 『신소오』를 토오쿄오 지방검찰청에 고발하는 공격에 나섰다.[7] 그러나 때는 이미 늦어서, 위의 자유당 수정안은 10월 3일의 사법위원회에서 부결되었고, 다음날인 4일의 본회의에서도 부결되어 버렸다. 그래도 요시다는 포기하지 않은 듯하다. 이번에는 GHQ라는 호랑이의 위세를 빌리러 갔다. 그는 10월 6일에 케이디스에게 사자를 보내 불경죄의 부활을 타진했다.[8] 요시다는 최후의 최후까지 포기하지 않은 듯하지만, 형법 개정안은 결국 '황실에 대한 죄'가 삭제된 채 10월 25일에 공포되었다. GHQ 법제국 입법·사법과 형사계장으로서 형법 개정을 담당한

하워드 마이어스Howard Meyers는 "일정한 정치세력이 형법 개정 논의를 통해 낡은 천황주의의 옹호자로서 행동한 것은, ······ 이 문제가 결코 사멸한 것이 아니라 장래 또 다시 머리를 쳐들 것이라는 것을 의미한다"[9]고 논평했는데, 실로 '황실에 대한 죄'의 삭제는 GHQ의 '강요' 없이는 생각할 수 없는 것이었다.

요시다를 정점으로 하는 자유당이 얼마나 천황제에 매달렸는지, 신헌법이 시행되고서도 메이지 헌법으로부터의 사상적 전환을 얼마나 하지 못했는지를, 형법 개정의 경과만큼 여실히 보여주는 것은 없을 것이다. 그러나, 천황제 혹은 천황제 이데올로기로부터 벗어나지 못한 것은, 결코 요시다 한 사람, 혹은 자유당만은 아니었다. 그것을 떠받친 광범위한 국민의 천황제 이데올로기가 있었던 것도 사실이다. 이 점은 형법 개정 직후의 축일법祝日法 개정의 경과에서 확인할 수 있다.

기원절을 남기고 싶다

정부는 1946년 12월 상순부터 축일법 개정의 준비에 착수했다. 당초에는 그때까지 칙령이었다는 사정도 있어서 정령政令으로 하는 방법을 생각했지만, 국민생활에 밀접하게 관련되는 것이라는 인식에 따라 법률로 하기로 하고, '축일법에 관한 관계자 회의'를 만들어 준비 작업을 추진했다. 구성 멤버는 "총리청 심의실, 궁내부, 문부성, 외무성의 각 관계관 및 국회 양원 문화위원회 관계자"라고 되어 있으니 관료 중심이라고 보아도 좋을 것이다. 이 멤버가 수회의 회합을 열고 개정안을 검토했는데,[10] 검토에 즈음하여 아래와 같은 개정 방침을 정했다.

즉, "1. 국가신도國家神道에서 유래하여 국민생활과 관계가 옅은 축일·제일祭日은 폐지한다. 2. 역사상의 근거가 희박한 것은 재검토한다.

……5. 신헌법의 정신에 따라, 평화일본·문화일본 건설의 의의에 합치하는 것을 도입한다" 등이 그것이다. 이것만 읽으면 상당히 참신한 축일이 고려되었던 듯이 생각되지만, 실제로는 그 정도는 아니었다. 이 회의의 「보고서」(1948년 1월 20일)는 "축일·제일로 하는 것이 적당하다고 생각되는 것"으로서 아래의 9개를 들었다.

1) 신년·정월: 1월 1일부터 3일까지, 1월 1일. 2) 기원절·건국제建國祭·건국기념일·건국의 날: 2월 11일. 3) 춘분·춘분제·봄의 날·춘분의 날. 4) 천황절·천황어탄신天皇御誕辰·천황탄생일·천황탄생의 날: 4월 29일. 5) 노동제·노동기념일·메이데이·근로제: 5월 1일. 6) 추분·추분제·가을의 제祭·추분의 날. 7) 헌법제·헌법기념일·메이지절節: 11월 3일. 8) 신곡제新穀祭·수확제收穫祭·신곡감사의 날: 11월 23일. 9) 크리스마스·크리스트 강탄제降誕祭·국제친선일: 12월 25일.

나아가 "후보로서 생각될 수 있는 것"으로서, "어린이의 날·아동제·아동애호의 날: 3월 3일·4월 1일·5월 5일·11월 15일"(4월 1일은 소학교 입학일, 11월 15일은 시찌고산七五三), "부인의 날·여성의 날: 4월 10일"(1946년 4월 10일에 부인참정권이 처음 행사됨), "평화제·평화기념일: 월일 미정" 등이 있었다.

이 가운데 주목되는 것은 헌법기념일을 11월 3일로 하고 있는 것인데, 이것은 위에서 서술한 것처럼 요시다 수상이 공포일을 메이지절에 맞추려고 한 데 따른 것이라고 생각된다. 토오쿄오 재판 개정 1주년에 해당하는 시행일(5월 3일)을 헌법기념일로 하는 것은 생각하지 않은 듯하다. 이어서 기원절인데, 이것에는 아래와 같은 주석이 붙어 있었다. "『일본서기日本書

紀』의 이 〔진무神武 천황의 즉위일이 2월 11일이라고 하는〕 기술에는 학문적 근거가 없다는 것이 역사가의 통설인 듯하다. 그러나 달리 건국을 기념하는 날로서 적당한 것이 발견되지 않고, 2월 11일은 이미 상당히 오랜 기간에 걸쳐 국민 일반에게 친숙해진 날이다." 상당히 소극적으로 조심스럽게 기원절을 축일로 했다는 사실을 엿볼 수 있다.

그런데 이 회의에서는 여론의 동향을 알아보기 위해, 신문과 라디오로 국민들에게 축일·제일에 관한 투서를 보내줄 것을 호소하는 한편으로, 여론조사를 하기로 결정했다. 투서는 1,370통이 왔다고 기록되어 있지만, 그 내용은 확실하지 않다. 한편 여론조사는 지지 통신사에 의해 1948년 1월 중순에 층화層化대표 방식으로 면접을 통해 이루어졌고, 상세한 통계가 남아 있다.[11] 총 6,097명을 추출하여 시행한 상당히 대규모의 조사였다. 그 결과를 보면, 1927년에 칙령으로 정해진 "현행 축일·제일" 중 당시 국민들이 그대로 남겨두기를 희망한 '베스트 스리'는 아래와 같았다.[12]

	남겨둔다	폐지한다
세단제歲旦祭(1월 1일)	92.1%	7.9%
천장절天長節(4월 29일)	91.3%	8.7%
기원절(2월 11일)	89.0%	11.0%

어쩐 일인지 국민의 압도적인 다수는, 신헌법이 시행된 직후에조차, 황국사관의 상징이라고도 할 수 있는 기원절을 남겨두는 편이 좋다고 생각하고 있었던 것이다.

이 「보고서」와 여론조사 결과는 2월 4일에 윌리엄 번스William K. Bunce 민간정보교육국 종교과장에게 제출되었다.[13] 그 후 상당한 우여곡절을 거쳐 4월 15일에 2월 11일의 기원절을 '국시제國始祭'로 한 일본 측의

잠정안이 만들어져 GHQ에 제출됐지만, GHQ 측은 이것을 거부했다.[14]

번스와 도널드 뉴전트Donald R. Nugent 민간정보교육국장은 5월 27일 자로「일본의 몇몇 축일의 폐지에 관해」라는 제목의 각서를 남겼는데, 거기에는 아래와 같이 기술되어 있다.

> 일본의 현행 축일의 기원은 그렇게 오래된 것이 아니고, 메이지 정부에 의해 만들어진 것이다. …… 현행 11개의 축일 중 10개는 신도에 그 기원을 두고 있다. 그것들은 신도의식에 의해 공식적으로 축하되고 있다. …… 현재의 축일을 그대로 두는 것은, 신헌법의 정신과 신교의 자유의 원칙에 반할 뿐만 아니라, GHQ의 일본 정부에 대한「국가와 신도의 분리 지령」(1945.12.15)에도 반하는 것이 될 것이다. …… 일본 정부에 대해 국가신도에 기원과 의의를 두는 축일을 폐지할 것을 지시하고, 민주주의 사상에 기초하여 새로운 축일을 선택하도록 장려하고 지도하는 것이 바람직하다고 생각된다.[15]

이와 같은 경위를 거쳐 기원절이 폐지되었고, 축일법은 여론을 무시한 채 공포(1948년 7월 20일)되었다. 형법의 '황실에 대한 죄'의 삭제에 관해 여론이 어떠했는지는 알 수 없지만, 축일법의 경우와 큰 차이가 없었던 것이 아닐까? 그것은 국민의 주체적인 관여 속에서 헌법이 제정되지 않은 데 따른 필연적인 결과라고도 할 수 있을 것이다. 요컨대 헌법 시행 이후에도 국민의 천황관은 그다지 크게 변하지는 않았고, 그 국민의 천황관에 입각해서 요시다 보수정권은 천황제의 옹호를 위해 전력을 기울여 GHQ에 저항했다고 볼 수 있을 것이다.

신성불가침의 천황주권주의로부터 국민주권주의로 헌법은 근본적으로 전환했지만, 구체적인 권리관계에 있어서는 구호만큼 근본적인 사상적 전환을 이루지 못했다고 볼 수 있을 것이다. 그러면 헌법의 또 하나의 기본 이념인 평화주의, 제9조는 어땠을까?

10만 명의 군대를

헌법제정에 즈음하여 정부는 제9조의 의미를 자위전쟁도 포함해서 모든 전쟁을 방기한 것이라고 해석하고, 청소년들에게 "군대도 군함도 비행기도, 무릇 전쟁을 하기 위한 것은, 일체 가지지 않는다"고 말했다는 사실은 이미 기술했다. 정부가 이와 같은 해석을 공식적으로 바꾸는 것은, 미국이 냉전의 진행과 함께 대일정책을 전환하고, 한국전쟁의 발발과 함께 경찰예비대를 설치한 뒤의 일이다. 따라서 제9조에 대한 정부의 생각도, 미국의 대일정책의 전환에 따라, 어떤 의미에서는 어쩔 수 없이, 적어도 미국의 정책 전환 이후에 변화되었다고 일반적으로 생각되어왔다. 과연 그와 같은 전후 인식, 혹은 보수정권의 헌법 제9조관은 정당한 것일까?

대일이사회의 영연방 대표로서 헌법 시행 당시 토오쿄오에 있었던 오스트레일리아의 맥마흔 볼William Macmahon Ball은 1949년에 펴낸 저서에 아래와 같이 적고 있다.

일본의 방방곡곡에서 발견되는 심리상태는, 군대는 죽은 것이 아니라 잠자고 있는 것이라는 점을 시사하고 있다. 일본인들은 미국과 러시아의 대립을 예민하게 알아챘다. 이 두 대국 사이의 이해 충돌이 일본 국내의 모든 사건의 색조를 결정해버린다. 어떤 형태로든 일본군을 부활시킨다는 것이 연합국 사람들의 사교석상에서 동정적으로 이야기되고 있는데, 이것은 일본인에게 충분히 알려져 있다. 그렇기 때문에, 1947년 초에 일본 외무성이 일본에게 상비군 10만과 소병력의 공군 보유가 허용될 가능성이 있는지에 관해 비공식적으로 연합국 측 대표의 의견을 물었다는 사실이 있다는 것도 그다지 놀랄 일이 아니다. 일본인은 전쟁과 전시 중의 지도자들을 증오하기에 이르렀다고 때때로 이야기된다. 나는, 그들은 전쟁에 패한 것을 증오하고 있고, 패전의 책임을 져야 한다고 생각되는 특정한 군사지도자들을 부인하는 것은 꺼리지 않는다고 말하는 편이 더 정확하다고 생각한다.[16]

일본에 대한 상당히 엄한 시각이다. 그러나 이 1949년의 저서에서 희미하게 얼굴을 내민 사실을 파고들어 보면, 볼이 이러한 대일관을 가진 것은 오히려 당연하다고 생각되게 된다. 볼이 여기에서 "1947년 초에 일본 외무성이 일본에게 상비군 10만과 소병력의 공군 보유가 허용될 가능성이 있는지에 관해" 비공식적으로 제안했다고 적고 있는 것을, 그가 토오쿄오에서 본국의 외무성에 보낸 공식 전보에 의해 재현해보면 아래와 같다. 볼이 이 공식 전보를 친 것은 1947년 4월 16일, 다시 말해 헌법시행일을 반달 앞두고, 전국 각지에서 헌법 보급 활동이 전개되어 '평화국가의 건설'이 높이 외쳐지고 있던 때였다.

1. 일본의 고위 외교관인 아사카이 코오이찌로오朝海浩一郎 씨가 어제 나를 방문했다. 그는 강화조약에 관한 내 생각을 듣고 싶어했다. 그 자신이 일본 정부의 초안 준비를 담당하고 있다.
2. 그는 연합군이 강화조약의 조인과 함께 일본으로부터 철퇴하면 일본이 진공상태가 될 것이라고 지적했다. 특히 일본은 조선·아시아로부터의 밀입국자와 밀수품을 방지하지 않으면 안 된다. 나아가 경제혼란을 낳을 총파업의 위험에 직면해 있다. 현재 이 광범위한 업무는 연합군에 의해 이루어지고 있는데, 철퇴 후에도 업무는 계속되지 않으면 안 된다.

3. 나는 아사카이 씨에게 어떤 형태의 군대를 필요로 하는가라고 물었다. 그는 경비용 항공기를 보유한 10만 명 규모의 군대를 염두에 두고 있다고 말했다.

4. 나는 일본은 신헌법에 의해 군대를 방기했다고 지적했다. 아사카이 씨는 물론 군대를 가지지 않는 것이 바람직스럽지만, 그가 상정한 형태의 군대의 필요성은 없어지지 않았다고 말했다.[17]

이렇게 본국 정부에 타전한 맥마흔 볼은 정치학자이자 외교관. 1901년생. 런던 대학London School of Economics 졸업 후, 정부 직원을 거쳐 1945년 멜버른 대학 교수가 되었고, 그해 국제연합 창립회의에 오스트레일리아 대표단으로서 출석. 다음해인 1946년 대일이사회 영연방 대표로서 4월에 방일. 1947년 8월까지 토오쿄오에서 체재. 그 후 다시 멜버른 대학으로 돌아가 1949년부터 1968년까지 정치학 교수를 지냈다.[18] 이와 같은 풍부한 정치경력을 가진 볼에게도 이것은 상당히 놀랄 만한 요청이었음에 틀림없다. 그와 동시에 패전국 일본이 10만 명의 군대를 만들고 싶다고 요청했을 때, 그는 제1차 세계대전에 패한 독일이 10만 명의 군대를 인정받았고, 나치스가 그것을 이용해서 나중에 대군으로 조직했다는 사실에 생각이 미쳤던 듯하다. 그래서 볼은 전보의 마지막에 아래와 같은 농담을 덧붙였다고 적었다. "나는 우리나라 정부는 이 제안에 동조하지 않을 것이라고 생각한다고 내 개인적인 견해를 말했다. 나아가 나는, 가령 일본 정부가 진지하게 이 제안을 하려고 생각한다면, 10만 명이라는 숫자를 언급하는 것은 인민들로 하여금 제1차 세계대전 후의 독일의 요구를 떠올리게 하므로, 9만5천 명이나 10만5천 명을 요구하는 편이 현명할 것이라고 농담을 덧붙였다. 아사카이 씨는 이 충고에 대해 감사를 표시했다."

감사를 표시한 아사카이는 직업 외교관. 토오쿄오 상과대학을 졸업한 후 외무성에 들어갔고, 볼과의 회담 때에는 종전연락중앙사무국 총무부장. 그 후 주영대사, 주미대사 등을 지냈다.[19]

아사카이는 젊은 외교관이면서도 상당히 적극적으로 점령군 관계자와 만나는 등 "점령 초기에 있어서의 일본 정부와 점령군의 접점"[20]에 있었다고 평가되고 있다. 볼과는 세 번 만났다.[21] 그러나 위의 회담에 관해 아사카이 측은 기록을 남기지 않았다. 비공식회담이었던 듯하다. 그렇다면 즉흥적인 생각이었던 것일까? 결코 그렇지 않다. 역시 요시다 수상의 뜻을 담은 제안이었다. 아사카이는 이 사실이 보도된 1984년 4월에 쿄오도오 통신 기자와의 인터뷰에서 아래와 같이 말했다.

기자 재군비의 제안은 일본 정부의 방침이었는가?

아사카이 정부의 오소라이제이션은 없었지만, 그 일원으로서 말한 이상, 여러 가지 내부의 분위기를 피부로 느끼고서, 개인의 생각으로서 제안·타진했을 것이다.

기자 정부의 분위기란?

아사카이 요시다 씨(요시다 시게루 수상)도 그런 생각(재군비)이었다고 생각한다. 요시다 씨에게서는 자주 이야기를 들었고, 그것이 분위기의 일부이다. 그 외에 외무성 간부회에서도……[22]

유사한 재군비 제안은 1개월 후인 5월에 토오쿄오 주재 캐나다 대표인 노먼에게도 이루어졌다.[23] 요시다는, 맥아더의 강한 주장이었던 '전쟁의 방기'를 부정하는 재군비 제안을 GHQ에 직접 하는 것을 피하고, 우선 거물급 외교관인 볼과 노먼의 의향을 듣는 것부터 시작하려고 생각한 것이 아닐까? 결과적으로 보면, 그 제안은 애당초 받아들여질 여지가 없었고, 그 래서 결국 맥아더가 경찰예비대의 설치를 명령할 때까지 기다리게 되지만, 그것은 볼의 입장에서 보면 "불성실한 보수정치가"의 소행 이외의 그 무엇도 아니었으며, 그래서 그의 대일 불신을 한층 키우게 된다.

이 시기의 오스트레일리아에서는 정부 안에 대일강화조약에 대비하여 '태평양강화준비위원회PCPS(Preparatory Committee for Peace Settlement)' 가 설치되었는데, 볼은 그 위원장 앞으로 당시의 일본 정치가의 헌법관을 아래와 같이 적어 보냈다.

> 나는 신헌법이 일본의 어떤 정치적 견해를 가진 주요한 단체에 의해서도 진 지하게 고려되고 있다고는 생각할 수 없다. 교육을 받은 정치지도자들은 우 선 신헌법을 칭찬하고, 이어서 총사령부에게 지나치게 자극을 주지 않으면 서도 일본인을 달래기 위해 해석에 일련의 한정을 붙인다. 이런 한정을 붙 이는 가운데, 보수적인 정치지도자들은, 예를 들면 국가의 법제도는 변화되 었지만 국가의 정책은 불변이다, 메이지 헌법도 민주적이었다, 신헌법이 중 대한 약점을 가지고 있다는 것을 알게 되면 신속하게 개정할 수 있다, 어쨌 든 국제적으로 필요하다는 의식이 작동해서 국회에서 승인된 것이라고 지 적하고 있다. …… 나는, 사회적 영향력이 있는 다수의 일본인들이 미국이 러시아의 침략으로부터 일본 열도에서의 미국의 전략상의 이익을 지키기 위해 미국을 원조하는 어떤 군사적 재건을 일본에게 허가하는 것이 그렇게 먼 미래의 일이 아니라고 믿고 있다고 확신한다. 이러한 사정 아래에서는, 내가 이미 별도로 보고한 것처럼, 강화조약을 통해 10만 명의 일본 육군과 소규모의 공군을 인정해야 한다고 하는 제안을 일본 외무성의 고관으로부 터 타진받았다고 해도 놀랄 일이 아니다.[24]

오스트레일리아는 일본이 처음부터 헌법의 평화주의를 이행할 의사가 없다고 생각한 듯하다. 그런데 오스트레일리아는 일본군의 재현에 대해 깊은 경계심을 가지고 있었다. 어쨌든 오스트레일리아에게 일본군은 역사 이래 첫 번째 침략군이었기 때문이다. 그래서 헌법으로 일본군국주의를 저지할 수 없다면, 강화조약으로 그것을 저지해야 한다고 생각했다. PCPS가 1947년 5월에 결정한 대일강화조약 초안은 아래와 같은 내용을 담고 있었다. 조약 초안은 우선 전문에서 일본의 전쟁책임을 명확하게 한 뒤, 일본의 철저한 비군사화·비무장화·민주화를 실현하기 위해 군사조직·특별경찰·군수산업·국가신도 등의 금지를 규정하고, 나아가 군국주의자의 공직으로부터의 추방·조선造船의 제한·교육 개혁·재벌 해체 등 이미 점령정책으로서 시행되고 있는 조치들의 완전한 실시를 규정했다. 그리고 이 실시를 일본 정부에 맡겨두는 것은 위험하기 때문에, 연합국에 의한 대일 사찰위원회Supervisory Commission for Japan를 설치하여 25년간에 걸쳐 일본 국내에서 그 실시를 계속 감시한다고 규정하고 있었다.[25]

오스트레일리아는 헌법이 시행된 바로 그날부터 일본이 평화헌법을 이행하지 않을 것이라고 생각하고 있었던 것이다. 그런데 그 무렵, 일본 국민들은 '평화국가 건설'이라는 슬로건 아래 〈헌법 온도〉를 읊고 있었다. 아니 춤추도록 부추겨지고 있었다고 하는 편이 더 나을지도 모른다.

요시다의 일본국헌법

요시다는 물론이고 자유당도 국민 대다수도, 신헌법에 의해 달라진 것은 그다지 없었다. 요시다는, 미국이 대일정책을 민주화에서 반공으로 전환한 뒤에 비로소 천황제 강화와 재군비에 열심히 나서게 된 것이 결코 아닌 것이다. 다만 그것을 국민들 앞에서 공언하지 않은 것은, 아직 그 시기에는

GHQ가 민주화 정책을 추진하고 있었고, 국민들도 그것을 일방적으로 지지하고 있었기 때문에 다름 아니다. 다시 말해, 헌법 시행 전후에 요시다의 자유당 정권이 '평화국가 건설'을 주창한 것은 '가장'에 지나지 않았던 것이다. 그런 의미에서, 헌법 시행 후 얼마 되지 않아 미국이 대일정책을 민주화에서 반공으로 전환한 것은, 요시다에게는 미국에게 책임을 지우면서 자신의 정책을 전환할 수 있는 행운이 굴러온 것이라고 할 수 있을 것이다. 요시다는 미국이 점령정책을 전환하기 이전부터, 다시 말해 신헌법의 공포와 함께, 신헌법에 대한 다양한 도전과 반격을 시도했지만, 그것들은 GHQ에 막혀 전패로 끝났다. 그래서 1946년 5월부터 다음해 5월까지 정확히 1년간 이어진 제1차 요시다 내각은 "요시다 자신도 포함해서 그 누구에게도 감명을 주지 못했다."[26]

요시다에게는 달마의 옆구리에 '7전8도七轉八倒'라고 적은 한 장의 색종이가 있었다. 1947년 4월에 요시다는 신헌법의 시행을 앞두고 실시된 총선거에서 처음으로 코오찌高知에서 입후보했다. 그 코오찌에 선거유세를 위해 카나모리 토쿠지로오와 함께 들렀을 때의 일이다. 숙소에서 카나모리가 색종이에 글을 쓰기 시작했다. 카나모리는 위에서도 소개한 것처럼 노래를 읊고 그림을 그리는 데에 재능이 있었다. 카나모리는 신헌법에 대한 친절한 해설서를 여러 권 썼는데, 그중 하나인 『헌법 수상隨想』(美和書房, 1947)에는 '저자 자장自裝'이라고 적혀 있다. 표지에 국화꽃이 곁들여져 있고, 표제도 붓으로 자서되어 있고, 권두화口繪로는 달마가 그려져 있다. 아무리 봐도 법제 관료의 저서라고는 생각되지 않는, 따뜻한 풍미가 전해져오는 장정이다. 그중에서도 달마의 일필화一筆書き는 잘 그렸던 듯하다. '마지막에는 일어선다'는 의미에서는 분명히 재수가 좋은 물건이다. 선거에는 필수적인 물건이다. 그 코오찌의 숙소에서 색종이에 달마를 그렸다.

요시다는 그림은 그리지 않았다. 색종이에는 '자유민주' 따위의 한자만 썼다. 그리고 '소와이素淮'라고 아호를 쓰기도 했다. 그것은 요시다 시게루의 이니셜인 SY와 연관지어 만든 것이라고 한다. 그런 요시다가, 곁에서 솜씨 좋게 달마를 그리고 있는 카나모리의 색종이를 보면서, 공연히 마음이 동한 것일까? 붓을 들어 달마의 옆구리에 쓰기 시작했다. "7전······", 이렇게 쓰고 나면 그 다음은 정해져 있다. "7전8기"이다. 그런데 요시다는 그렇게 쓰지 않았다. 요시다는 자조를 섞어서 이렇게 썼다. "7전8도."[27]

제14장 '역코스'의 시작

맥아더, 재검토를 지시

헌법은 GHQ의 압력 아래 '7전8도'하는 요시다의 눈앞에서 탄생했다. 달마는 미국이 점령정책을 전환할 때까지 결국 일어서지 못했다. 그러나 일어설 기회가 전혀 없었던 것은 아니다. 요시다가 맥아더 앞으로 형법에서 대역죄를 삭제하지 말기 바란다고 편지를 보낸(1946년 12월 말) 직후, 새해가 된 지 얼마 되지 않은 1월 3일에 요시다는 맥아더로부터 한 통의 편지를 받았다.

> 친애하는 총리
>
> 작년 1년 동안의 일본의 정치적 발전을 고려하고, 신헌법의 현실적인 운영에서 얻은 경험에 비추어, 일본 인민이 그것을 재검토·심사하고, 필요하다고 생각한다면 개정하는, 전면적이고 영속적인 자유를 보장하기 위해, 시행 후 첫해와 둘째 해 사이에, 헌법은 일본의 인민 및 국회의 정식 심사에 다시 붙여져야 한다는 것을, 연합국은 결정했다. 만일 일본 인민이 그 시점에서 헌법개정이 필요하다고 생각한다면, 그들은 이 점에 관한 자신의 의견을 직

접 확인하기 위해, 국민투표 혹은 어떤 형태로든 적절한 수단을 새롭게 필요로 하게 될 것이다. 환언하면, 장래의 일본 인민의 자유의 옹호자로서, 연합국은 헌법이 일본 인민의 자유롭고 숙려된 의사의 표명이라는 점이 장래에 의문시되어서는 안 된다고 생각하고 있다.

헌법에 대한 심사의 권리는 물론 본래적으로 주어져 있는 것이지만, 나는 귀하가 그것을 숙지하시도록 연합국이 취한 입장을 알리는 것이다.

마음으로부터의 신년 인사를 담아

더글러스 맥아더[1]

헌법을 다시 한 번 자유롭게 개정해도 좋다는 것이다. 요시다가 이에 대해 어떤 회신을 보냈는지 흥미롭지만, 결론을 서두르지 말고 맥아더의 이 편지가 나오게 된 배경을 먼저 소개하기로 하자.

일찍이 맥아더는, 정부의 헌법개정 요강이 발표된(1946년 3월 6일) 후, 총선거를 서둘러 초안을 황급히 의회의 심의에 부쳤다. 이에 대해 극동위원회FEC가 이와 같은 헌법제정 절차는 포츠담 선언이 정하는 "일본 국민의 자유롭게 표명된 의사"에 반한다고 주장하여, 맥아더와 계속 대립했다는 사실에 관해서는 이미 서술했다. 그 후 1946년 10월 17일에 FEC는 신헌법의 재검토를 결정했다. 다시 말해 맥아더의 위의 편지는 2개월 반 전의 FEC의 결정을 전하는 것이었던 것이다. 다만, 맥아더의 위의 편지가 FEC의 결정이라고 하지 않고 "연합국의 결정"이라고 했고, 나아가 FEC의 결정 중 아래의 부분을 편지에서 완전히 삭제한 것은 실로 의미 깊은 일이다. "극동위원회도 또한 같은 기간에(1948년 5월 3일부터 49년 5월 2일까지) 헌법을 재검토한다."

극동위원회의 이 결정은 오스트레일리아와 뉴질랜드의 제안에 의한 것이었는데,[2] 미국 정부 내부에서는 특히 이 결정의 공표를 둘러싸고 반대 의견이 강했다. 피터슨 육군차관보 등도, 결정이 나오기에 앞서, 힐드링 육군차관에게 "이 극동위원회의 정책 결정을 공표하는 것은 헌법의 권위를 침해할 우려가 있다"[3]고 말했다. GHQ도 당연히 반대였다. 휘트니 민정국장은 콜그로브 교수에게 보낸 사신에서 "헌법의 공포와 동시에 〔이 결정을〕 공표하는 것은 최악이다"[4]라고 적었다.

이런 가운데, 맥아더는 FEC가 이 정책을 결정한 뒤 육군참모총장에게 편지를 보내, 이 결정의 공표에 강하게 반대하면서 "정책 결정의 공표는 그 결과로서 헌법의 붕괴를 불러올 뿐만 아니라, 일본 전체의 상황의 현저한 악화를 초래하여, 점령 목적과 지금까지 거둔 성과를 쓸데없이 위험에 빠뜨리게 될 것이다"라고 적었지만, 동시에 "일본의 수상에게 극동위원회의 10월 17일자 정책 결정을 정식으로 알리는 데에 동의한다"[5]라고 적었다.

요시다 수상에게 보낸 맥아더의 위의 편지는 이런 배경 속에서 나왔다. 편지를 받은 요시다는 이것에 대해 어떻게 답했을까? '강요'당해 '7전8도'한 요시다가 이 '낭보'에 즉각 손을 내밀었을 것이라고 생각하기 쉽지만, 결코 그렇지 않았다. 요시다는 3일 후인 1월 6일자로 이렇게 회신했다.

친애하는 각하
1월 3일자의 편지는 확실히 받았으며, 그 내용을 자세하게 마음에 새겼습니다.

요시다 시게루[6]

단지 이것뿐이다. 세상에는 '3행 반三行半'(남편이 아내에게 주는 이혼장. 옛날에 이혼장을 3행 반으로 간략하게 쓰던 관습에서 비롯된 말—역자)이라는 말이 있지만, 그것보다도 짧다. 원문으로는 겨우 2행에 지나지 않는다. 요시다는 왜 이런 무뚝뚝한 회신을 쓴 것일까? 왜 맥아더의 제안에 편승하지 않은 것일까? 거기에는 헌법 시행 전후의 요시다의 신헌법관, 점령관 그리고 전후 인식이 집약되어 있는 것으로 생각된다.

그런데, 그 후 이 FEC의 결정은 맥아더의 의향대로 공표되지 않고 있다가, 다음해인 1947년 3월 20일에 이르러 비로소 공표되었다. 일본의 신문에는 3월 30일자로 발표되었다. 그다지 크게 다루어진 것은 아니지만, 모두 1면 머리기사로 보도되었다. "신헌법을 재검토—국민투표의 실시도 고려"(『아사히 신문』), "국민투표로 묻는다"(『요미우리 신문』)라는 식이었다. 그런데 이에 대한 반응은 그 직후에는 거의 없었다.

재검토 준비에 착수

헌법의 재검토가 일본 국내에서 크게 문제가 되는 것은 아시다 내각이 성립된(1948년 3월) 후인 1948년 8월에 들어서부터였다. FEC의 결정에 적힌 대로 시행 후 1년이 경과한 1948년 6월 20일, 아시다 수상을 대신해서 스즈키 요시오 법무청 총재(현재의 법무대신)가 마쯔오카 코마키찌松岡駒吉 중의원 의장에게 "헌법개정의 요부要否를 심사해주기 바란다"고 요청했다고 한다.[7] 8월에 들어서면서 각 신문이 헌법개정 문제를 대대적으로 다루었다. 가장 빨리 다룬 『요미우리 신문』은 "헌법개정—통상국회에 제안하는가"라는 표제 아래 스즈키 법무총재의 아래와 같은 담화문을 게재했다.

헌법개정 문제에 관해서는 총사령부로부터 지령이 있었기 때문에, 이미 중·참 양원의 의장에게 그 취지를 전달하고, 헌법개정위원의 인선을 의뢰했다. 국회 측에서는 아직 나설 마음이 없는 듯하지만, 12월부터의 통상

국회에서는 반드시 헌법개정에 관한 심의가 가능하도록 해주기를 바란다. …… 천황제의 존폐를 국민투표에 의할 것인지라는 문제에 관해서는 나로서는 지금 생각하고 있지 않다. 천황 퇴위에 관해서도 국민투표를 할 생각은 없고, 다만 천황 자신의 자발적인 의사로 결정되어야 한다고 생각한다. 그것을 위해 통상국회에서는 헌법개정안과 함께 황실 전범을 천황이 퇴위할 수 있게 개정하도록 제안할 생각이다. …… 이번의 개정은 주로 기술적인 면에 관한 것이고 근본 문제에는 손대지 않을 것이다. 예를 들면 제89조에 공비公費를 종교, 자선, 교육, 박애를 위한 단체들의 사업에 지출해서는 안 되게 되어 있는 것을 사립학교에는 지출할 수 있도록 하고자 한다. 또 대신의 명칭도 장관이나 부장으로 바꾸고자 한다…….[8]

이러한 스즈키 법무총재의 의향을 받아들여 "국회 사무 당국"과 법무청은 "재검토를 요하는" 항목의 검토에 들어갔다. "국회 사무 당국"(구체적으로 어떤 조직을 가리키는지는 명확하지 않지만, 모든 신문이 이렇게 보도했음)이 마련한 "재검토 사항" 중에서 몇 개를 추려보면 아래와 같다.

제1조　천황제의 존폐에 관한 근본적인 태도 및 존속시키는 경우의 천황의 헌법상의 지위의 명확화
제28조　국가공무원법의 개정에 수반되는 단결권, 단체교섭권의 보장
제67조　내각총리대신 지명 절차의 명확화
제69조 · 제70조 총사직에 관한 규정의 명확화

법무청에서도 카네코 하지메兼子一 조사의견장관을 중심으로 문제점을 정리하게 되었는데, 그는 자신도 그 회원인 토오쿄오 대학 헌법연구회

가 8월 말에 개정안을 마련하는 것을 기다려서 구체적인 방침을 세우겠다
고 말했다.[9]

이렇게 개정점이 구체적으로 지적되는 동시에, 마쯔오카 중의원 의장
의 구상을 중심으로 심의 절차에 관해서도 구체적으로 보도되기 시작했다.
마쯔오카 의장은, "중·참 양원의 각 당 대표자 약 20명으로 구성되는 헌
법개정연구회를 설치하여 비공식적으로 연구를 하고자 한다. …… 만일 내
외의 정세가 변화하여 새로운 사태가 생기면, 이 연구회를 해소하고 새로
국회의 논의에 따라 중·참 양원에 특별위원회를 둔"다고 그 구상을 밝혔
다. 또한 당시의 헌법개정 문제에서는 천황 퇴위 문제가 상당한 비중을 차
지하고 있었던 듯, 헌법개정과 함께 황실 전범의 개정도 포함하는 심의가
고려되고 있었다.[10]

그런데 이와 같이 정부와 국회가 헌법개정 문제를 구체화하는 것을 여
론은 어떻게 받아들인 것일까? 마쯔오카 중의원 의장은 구체적인 절차를
제시하기는 했지만, "나로서는 지금은 헌법을 개정하는 것은 생각하고 있
지 않다. 큰 정당의 간사장들과도 이야기해보았지만 나와 완전히 같은 의
견이었다"[11]고 말하는 등 개인적으로는 매우 소극적이었다. 신문들은 이
른바 '식자'들의 담화를 실었는데, 카나모리 토쿠지로오,[12] 스즈키 야스조
오,[13] 아베 요시시게安倍能成,[14] 아사이 키요시[15] 등 헌법제정에 관여했던
사람들의 의견도 매우 소극적이었다. '사설'도 거의 이런 선을 따르고 있
었다. 『마이니찌 신문』은 헌법의 조문상의 불비를 상당히 구체적으로 밝
힌 다음, "단지 기술적인 작은 문제만을 다룬다면, 그것만 가지고 국민투
표까지 해서 개정할 필요가 있을까"[16]라고 의문을 던졌다. 『아사히 신문』
은 더욱 냉담했다. "불투명한 조문의 해석의 통일을 위해"서는 필요할지도
모르지만, "신헌법의 근본 이념을 국민들에게 보급할 기회를 제공"한다는

의미에서는 "쓸데없는 노력"이 아닐까[17]라며, 오히려 그 의의를 헌법 보급의 기회에서 찾았다.

이와 같은 당시의 상황은 사토오 이사오의 아래와 같은 말로 거의 집약될 수 있을 것이다. "헌법이 가지고 있는 객관적인 원리, 기본적인 원리라고 생각되는 것은 이미 움직일 수 없는 것이고, 가령 헌법개정 문제가 다시 발생하더라도 그것은 문제가 되지 않을 것이다. 만일 문제가 된다면 소소한 점, 예를 들면 내각총리대신의 지명 절차라든가 혹은 해산의 요건이라든가, 그와 같은 2년간 시행해본 결과 약간 지장이 있었던, 불편했던 점을 개정하는 정도에 그칠 것이라고 생각합니다."[18]

1950년대 중반 이후에는 '헌법개정'이라고 하면 반드시 제9조(전쟁의 방기)가 논란의 대상이 되었지만, 이 시기에 제9조의 개정을 공언한 사람은 자유당 인사들을 포함해서 단 한 사람도 없었다. 나아가 헌법에는 국민의 자유로운 의사가 표명되어 있지 않았기 때문에 이 기회에 국민투표에 부쳐야 한다는 의견도 발견할 수 없다.

그러나 헌법의 기본 원리를 더욱 강하게 밀어붙이도록 개정해야 한다는 의견은 소수의 법학자로부터 나왔다. 신헌법의 제정 과정에서는 결코 적극적인 역할을 했다고 할 수 없는 법학자들이었지만, 신헌법 시행 후 겨우 2년이 지난 시점에서, 그들은 일찌감치 신헌법을 비판할 수 있는 능력을 갖추고 있었다. 그것은 신헌법이 그들을 메이지 헌법으로부터 해방시킨 때문이기도 했을 것이지만, 동시에 메이지 헌법에 의해 지위와 권위를 쌓아온 과거의 교수들이 그 권위를 잃고, 젊은 법학자들이 자유롭게 의견을 표명할 수 있는 시대가 되었기 때문이기도 했다.

재검토안

개정안의 하나는 1949년 3월에 '공법연구회'에서 나왔다.[19] 이 연구회가 연구를 시작한 것은 1948년 봄부터라고 하니, 극동위원회의 재검토 결정이 신문지상에 공표된 때부터 연구를 해왔다고 생각해도 좋을 것이다. 「헌법개정 의견」은 개정할 부분을 이유를 붙여 매우 구체적으로 지적하고 있지만, 헌법의 전문에 걸친 '의견'은 아니다. 시간이 없었을 것이다. "헌법 제3장까지만 다루어 여기에 발표한다"고 적혀 있다.

개정점은 매우 많았지만, 그중 몇 개만 들어보면 아래와 같다.

헌법의 전문에 걸쳐 "일본 국민"을 "일본 인민"으로 한다.
제1조 "주권은 일본 인민에게 있다"라는 조문을 새로 추가한다.
제2조 현행 제1조를 "천황은 일본 인민의 의장儀章이다"라고 바꾼다.
제9조 제1항의 "국제분쟁을 해결하는 수단으로서는"을 삭제하고, 개인의 참가를 금지하는 규정을 새로 삽입한다. 제2항의 "전항의 목적을 달성하기 위해"를 "어떠한 목적을 위해서도"라고 바꾼다.

이 가운데 제1조의 "상징"을 "의장"으로 개정하는 데에 관해서, 그 이유를 아래와 같이 기술하고 있다.

현행 헌법 제1조의 상징이라는 용어는 신비적인 요소를 내포하여 그 법적 성질이 명확하지 않다. 어떤 사람은 상징이라는 것을 주권자의 지위로까지 높여서 해석하고 있다. 상징이란 본래 의례적 존재를 나타내는 것으로서 사용된 용어이기 때문에, 이것을 한층 명확하게 하여 의장으로 해야 한다. 의장은 기장旗章이라는 개념에도 상당하는 것으로서 신조어이지만, 천황의 의례적인 존재를 잘 나타내는 것이라고 생각한다.

또 제9조의 수정 이유에 관해서는, 이미 서술한 이른바 '아시다 수정'과 관련한 카나모리의 의도와 극동위원회의 중국 대표의 의견이 알려지기라도 한 듯이(실제로는 알려지지 않았지만), 아래와 같이 기술하고 있다.

이 조의 제1항은 침략적인 전쟁 기타 무력의 행사 또는 위하가 영구히 방기된다는 선언이고, 제2항은 더욱 더 나아가 일체의 군비와 일체의 전쟁을 할 권리를 부인하는 규정이다. 그러한 규정의 본래의 정신에 비추어 말하면, 모든 전쟁(자위전쟁과 제재전쟁을 포함함)을 방기한 철저한 평화주의를 선언한 규정임에도 불구하고, 이 조의 자구는 그것에 약간의 제한이 있는 듯이 오해될 우려가 있기 때문에, 이 점을 모두 바꾸자는 것이다.

또 하나는 토오쿄오 대학 헌법연구회로부터 나왔다. 토오쿄오 대학 법학부의 젊은 법학자들이 중심이 되어 마련한 「헌법개정의 제諸문제」라는 제목의 개정안은 100페이지가 넘는 긴 논문이었다.[20] "총설"은 타나카 지로오(행정법), "경제적 기본권"은 이시이 테루히사石井照久(노동법), "인신의 보호"는 히라노 류우이찌平野龍一, 이런 식으로 분담하여 집필되었다.

그중 타나카는 "기본적 입장 내지 기본적 원리에 관해서는 그다지 큰 이론異論은 발견되지 않는다"고 하여, 국민주권주의 · 항구평화주의 · 인권존중주의라는 신헌법의 기본 원리는 그대로 받아들이면서, 신헌법의 편제에 관한 근본적인 수정을 제안했다. "연구회에서는 제1장에 총칙 또는 일본국이라는 제목을 붙이고 거기에 헌법의 기본 원리를 명시해야 한다는 것이 다수의 의견이었다. 즉, 총칙에서 국민주권주의와 항구평화주의를 명확하게 하며, 경우에 따라서는 그것과 함께 국민·영토·국기 등에 관한 규정을 여기에 둔다", 그리고 제2장(전쟁의 방기)은 제1장 총칙(또는 일본 국)에 포함시키고, 제2장으로 제3장의 "국민의 기본적 인권에 관한 규정"을, 제3장으로 제1장의 천황을 옮긴다고 하는 것이 그것이었다. 이 개정안은 위의 '공법연구회'의 안과도 서로 통하는 점을 가지고 있었다. 즉, 애당초 GHQ안은 의도적으로 메이지 헌법과 마찬가지로 "제1장 천황"으로 시작되는 편제를 취한 것인데, 그 편제가 국민주권주의의 헌법에는 어울리지 않는다고 주장하기 시작한 것이 그것이다. 이들 지적은 오늘날도 여전히 중요한 의미를 가지고 있다. 왜냐하면 1950년대 중반 이후 정치의 소용돌이 속에서 전개된 '개헌' 논의 속에서는, 이와 같은 개헌을 논할 여유를 가지지 못한 채 지금에 이르고 말았기 때문이다.

개정 의사 없음

이와 같이 헌법개정 문제가 꽤 큰 문제로 클로즈업되었을 무렵, 개정을 담당해야 할 아시다 내각은 전혀 그럴 입장이 아니었다. 쇼오와 전공電工 사건이 발각되었기 때문이다. 이것은 쇼오와 전공의 사장이 융자와 설비 확장을 위해 정관계에 뇌물을 준 사건으로, 1948년 6월에 사장이 체포된 데 이어, 대장성大蔵省과 통산성通産省의 고급 관료가 잇따라 체포되었고, 그 후 파장은 다시 경제안정본부(현재의 경제기획청) 장관에게로 번졌고, 결국에는 아시다 수상 자신도 체포되었다. 이렇게 해서 아시다 내각은 헌법개정 문제에 관해 결론을 내리지 못한 채 겨우 8개월 만에 무너지고 말았다. 그 대신에 등장한 것은 다시 요시다였다.

헌법개정 문제만 놓고 보면, 이 문제에 관해 직접 맥아더로부터 편지를 받은 요시다가 수상이 된 것은 다행스러운 일이었던 것으로 생각되지만, 그 후의 사태는 반드시 그렇다고는 할 수 없다. 요시다는 수상이 된 10월 이후 이 문제에 대해서는 전혀 언급하지 않았다. 그런 가운데, FEC의 결정에 적힌 "시행 후 2년 이내"가 눈앞에 다가온 1949년 4월 말에, 요시다는 중의원 외무위원회에서 질문에 대답하면서 아래와 같이 말했다. "극동위원회의 결의는 직접적으로는 저는 모릅니다. 알지 못합니다만, 정부에서는 헌법개정의 의사는 현재로서는 가지고 있지 않습니다. 그리고 아시다 내각에서 헌법개정에 관한 논의가 있었다고 하더라도, 그것도 저는 듣지 못했습니다."[21] 실로 놀랄 만한 답변이다. 맥아더의 편지에 대해 3행 반도 되지 않는, 너무나도 짧은 회신을 썼던 탓에 "마음에 새겨두는" 것조차 잊어버린 것일까?

아니 그렇지는 않다. 언뜻 오만해보이는 이 답변에는 오히려 요시다의 신헌법에 대한 체념이 담겨 있었다고 보는 편이 낫지 않을까? 요시다는 '7전8도'하는 가운데 많은 것을 배웠음에 틀림없다. 분명 GHQ에 대해 여러 가지 '저항'을 시도했고, 그중 어떤 것은 '성공'했다. 그러나 헌법의 기본 이념을 바꾸는 것은 GHQ가 있는 한 불가능한 일이었다. 게다가 국내의 여론도, 헌법개정에 대한 의견을 살펴보는 한, 요시다의 생각과는 정반대의 방향을 가리키고 있었다. '그렇다면 이 헌법을 지금은 묵묵히 받아들이자, 머지않아 점령도 끝날 것이다. 헌법개정은 그때 생각하면 된다, 지금은 시기가 나쁘다', 요시다는 이렇게 생각했음에 틀림없다. 바로 거기에 요시다의 신헌법관이 있고 전후관戰後觀이 있었던 것이다. 따라서 요시다는 적어도 공적으로는 그 후에도 신헌법을 부정하는 입장을 취하지 않았다. 신헌법의 부정은 제1차, 제2차 요시다 내각 그 자체의 부정으로 이어지기 때문이었다. 요시다는 결국 '강요된 헌법'의 입장도 취하지 않았다. 요시다는 1957년의 회상기에서 GHQ안이 제시되었을 무렵의 일을 이렇게 적고 있다. "〔GHQ 측이 헌법의 제정을〕 상당히 적극적으로 재촉했다는 것, 또 내용에 관한 주문이 있었다는 것 등은 전술한 대로이지만, 그렇다고 해서 그 후의 교섭 과정에서 철두철미 '강압적' 혹은 '강제적'이었던 것은 아니다. 우리 쪽의 전문가와 담당관의 의견에 충분히 귀를 기울인 경우, 우리 쪽의 의견이나 주장을 듣고 따른 경우도 적지 않았다."[22]

'강요된 헌법'의 입장을 취하는 정치가들은, 요시다와 마찬가지로 보수 사상을 가진 사람들이라고는 해도, 요시다가 '7전8도'하고 있을 때, 전범이었거나 공직추방 중이었거나 혹은 '요시다 학교'의 젊은 '도련님'이었던 경우가 많다. '강요된 헌법'론은, 패전으로부터 점령, 그 속에서의 헌법제정이라고 하는 사상과 사상의 격투를 몇 걸음 물러서서 바라보았던 사람들의 안이한 주장이라고 할 수밖에 없는 것이다.

그건 그렇다고 하더라도, '강요된 헌법'론은 왜 이렇게 전후 반세기 이상이나 목숨을 이어온 것일까? 헌법개정의 기회는 있었던 것이다. 주어져 있었던 것이다. 그 기회를 스스로 놓쳐버리고서는, '강요된 헌법'론을 계속 논의 · 주장해온 것이다. 어쨌든 최근의 헌법'개정'사와 현대사에 관한 연구서를 보아도 이 점을 전혀 다루고 있지 않기 때문에 무리도 아닌 사정이 있었다고 하더라도, 이것은 밝혀두지 않으면 안 된다.

점령정책의 전환

이렇게 해서 일본 정부는 헌법개정을 하지 않는다는 입장을 밝혔다. 그런데 헌법 시행 후 2년 이내에 재검토하기로 결정한 극동위원회는 어떻게 움직였을까? 일본에서 헌법개정 문제가 신문을 떠들썩하게 만들고 있을 무렵, 의장이자 미국 대표인 맥코이는 점령지역담당 국무차관보 찰스 솔츠먼 Charles E. Saltzman에게 서둘러 편지를 보냈다. "나는 극동위원회에서 헌법의 재검토를 시작하는 것을 나서서 제안할 생각은 없지만, 다른 구성국은 이미 검토를 개시했기 때문에, 극동위원회로서도 재검토를 시작하게 될 것이다. 보도에 따르면, 일본 국회 양원의 지도자는 가능한 개정안을 가지고 헌법을 연구하는 합동위원회를 설치하는 데에 동의했다. …… 헌법개정 및 어떤 구체적인 수정에 관한 합중국의 견해를 결정하기 위해 일본국 헌법에 대한 연구를 국무성 안에서 개시하는 것이 바람직한지에 관해 귀관의 생각을 듣고 싶다."[23]

솔츠먼은 즉각 "합중국의 입장을 결정하는 방향으로 행동할 것을 약속합니다"[24]라고 회신했다.

그러나 이 시기, 다시 말해 1948년 가을에 국무성 안의 대일정책은 큰 전환기를 맞고 있었다. 중국공산당이 농촌에서 도시로 그 세력을 확대하고 있었고, 한반도의 북반부에서는 공산주의 정권이 탄생했다. 키넌을 중심으로 하는 국무성 정책기획실은 일본의 공산화를 방지하기 위해 일본의 경제부흥을 첫째로 생각하는 대일정책을 입안하기 시작했다. 「합중국의 대일정책에 관한 권고」(NSC 13/2)라는 제목의 이 문서는, 1948년 10월 9일에 국가안전보장회의NSC에서 채택되어 미국 정부의 대일정책의 기본을 형성하게 된다. 이 문서는 강화조약·안전보장·대일관리체제·점령정책 등 대일정책을 전면적으로 재검토한 것인데, 극동위원회에 대한 미국 정부의 입장을 아래와 같이 기술하고 있다. "합중국은 포츠담 선언에 제시된 항복조건의 실질적인 이행이 종료되었다는 사실로부터 출발하는 입장을 취해야 한다."[25] 다시 말해 비군사화 및 민주화 정책은 이제 더 이상 필요없다는 것이다. 이렇게 되면 비군사화와 민주화의 상징이라고도 할 수 있는 일본국헌법의 재검토 따위는 더 이상 필요없다는 결과가 된다. 솔츠먼 등은 민주화 정책이 일본의 안정화에 장해가 되지는 않는다고 주장했지만, 키넌 등에게 서서히 억눌리게 된다.[26] 이런 상황 속에서 솔츠먼은 12월 3일에 맥코이 앞으로 "극동위원회는 가능한 한 소극적인 최소한의 토의를 통해 헌법의 재검토를 시급히 하도록"[27]이라는 미국의 입장을 적어 보냈던 것이다.

한편, 극동위원회 구성국 중에서 신헌법의 재검토에 적극적이었던 오스트레일리아는, 태평양강화준비위원회PCPS 위원의 한 사람인 프레더릭 이글스턴Sir Frederic W. Eggleston을 중심으로 이미 신헌법의 재검토에 착수한 상태였다. 이글스턴은 변호사와 정치가로 활동한 후 외교관으로 전신하여 1944년에 주미대사가 되었고, 그 다음해의 국제연합 창립총회에서는 오스트레일리아 대표를 맡았다. 1875년생으로, 말하자면 오스트레일리아를 대표하는 장로 외교관 중 한 사람이었다.[28]

이글스턴은 이 시기에 일본의 신헌법에 관해 상당히 열심히 연구하고 있었다. 제프리 소어Geoffrey Sawer 멜버른 대학 교수에게 검토를 의뢰했을 뿐만 아니라,[29] 나아가 자신도 소어의 견해를 참고하면서 헌법 전체에 걸쳐 매우 구체적으로 검토를 하고 있었다. 한편 토오쿄오에 있었던 외교단도 이글스턴에게 일본의 국내 상황을 잇따라 보고했다. 패트릭 쇼Patrick Shaw 단장은 8월 16일자의 『마이니찌 신문』 사설과 8월 18일자의 『토오쿄오 민포오』(『민포오』가 개명한 신문) 사설을 영역하여 보고서와 함께 보내왔다.[30] 『마이니찌 신문』의 사설은 기술적인 수정점을 구체적으로 지적했을 뿐 근본적인 개정의 필요성은 인정하지 않은 것이었지만, 『토오쿄오 민포오』의 사설은 일본의 여론 중에서는 상당히 이질적인 평가를 담고 있었다. 「헌법개정과 보수세력」이라는 제목의 이 사설은, 정부가 헌법개정을 입에 올린 첫 번째 이유는, 정령 제201호를 통해 공무원의 쟁의권을 빼앗을 수 있었던 까닭에 정부가 "민주세력의 급격한 진출을 막을 전망이 섰다고 생각하게 된" 것이고, 둘째로 극동군사재판의 판결이 나와서, 천황 문제가 "성가시지 않게 될 것이라고 예상하고, …… 헌법 혹은 황실 전범의 개정에 의해 합법적으로 퇴위의 길을 열기 위해"[31]서라고 적고 있었다. 쇼가 이 사설을 첨부한 데에서 오스트레일리아가 맥마흔 볼 이래로 일본의 보수정권에 대해 강한 불신을 품어왔다는 사실을 읽어낼 수 있다.

일본으로부터의 보고는 대부분 헌법개정에 관해 비관적인 것이 많았다. 외교단장대리 에커슬리T. W. Eckersley는 아시다 내각의 스즈키 법무총재(사회당)의 헌법개정에 대한 견해를 소개한 뒤, "〔요시다 내각이 되어〕각료 중에 사회주의자는 더 이상 아무도 없다. 스즈키의 견해가 중시되는 일은 없을 듯하다. …… 보수 측의 대변인은 거의 아무것도 말하지 않게 되었고, 요시다 정권의 헌법개정 검토가 가까운 장래에 적극성을 띠는 일은 없을 듯하다"[32]라고 보고했다. 이글스턴의 열의에 찬 연구에도 불구하고, 미국도 그리고 당사자인 일본도 재검토에 적극성을 띠지 않게 되어, 오스트레일리아의 재검토 제안은 그 실현 가능성을 잃게 된다. 그리고 결국 맥아더도 1949년 1월 22일에는 육군장관 앞으로 "연합국은 일본 인민에게 헌법개정을 강요하는 행위를 해서는 안 된다"[33]는 내용의 전문을 보내기에 이르렀다. 또한 극동위원회도 4월 28일의 전체회의에서 "일본의 신헌법에 관해 새로운 지령을 내지 않는다"고 결정했으며,[34] 이로써 극동위원회가 결정한 헌법 재검토의 기회는 정식으로 사라지게 되었다.

맥아더에게는 자신의 이니셔티브로 만든 헌법이 재검토되지 않고 정착하게 된 것은 기뻐할 일이었음에 틀림없다. 1949년 5월 3일, 헌법 시행 2주년이 되는 이날, 맥아더는 일본 국민들에게 자랑스럽게 아래와 같은 메시지를 발표했다.

······ 이 2년간의 성과는 실로 크다. 그 기간 동안 여러분은 새로운 헌법이 정하는 바를 잘 이해하고, 그것을 자신의 생활에 받아들이게 되었다. ······ 포츠담 선언이 밝힌 연합국의 목적들은 이미 많은 중요한 면에서 달성되었다.[35]

이 자랑스러워하는 선언도, 실은 포츠담 선언을 과거의 것으로 만들었다는 점에서는, 위에서 언급한 「NSC 13/2」와 완전히 같은 것이었다. 자국 정부의 대일정책의 전환을 일본 국민에게 전하는 것에 지나지 않았던 것이다.

이날 케이디스는 워싱턴에서 육군성에 정식으로 사표를 제출했다.[36] 신헌법의 탄생에 관한 GHQ 측의 최고 책임자로서 기초 단계부터 심혈을 기울여온 입장에서, 그 헌법이 재검토되지 않고 정착한 날에, 자국 정부의 대일정책의 전환을 알고 사표를 제출한 것은, 더할 나위 없이 현명한 선택이었다고 할 수 있을 것이다.

남겨진 과제

탄생한 신헌법이 걸어갈 길은 그 후 점점 더 험해졌다.

미소의 냉전이 진행되는 가운데, 한국전쟁으로부터 시작해서 안보조약의 체결로 이어지는 과정에서 일본은 냉전구조에 적극적으로 편입되어 갔다. 그런 가운데 일본국헌법은 '자주헌법 제정'과 호헌의 골짜기를 걸어가게 되었다. 천황의 원수화, 자위대의 합헌화, 인권의 제한 등 시대착오적인 개헌 구상을 상대하면서 걷지 않을 수 없었다. 그것은 분명, 밑으로부터의 사회개혁을 동반하지 않고, 국민 스스로가 권리의 장전으로서 제정하지 못한 헌법이 걷지 않으면 안 되는 여정이었다고도 할 수 있을 것이다. 따라서 헌법 시행 60년이라는 전후의 여정은 이 부負의 유산을 변제하는 과정이었으며, 그것은 지금도 여전히 계속되고 있다고 볼 수 있을 것이다.

게다가 이 과정에서 일본국헌법이 가지고 있는 모자이크 모양은 감쪽같이 사라져버렸다. 당초 일본국헌법은, GHQ안을 충분한 논의 없이 받아들인 조항, 메이지 헌법의 형식에 어떻게든 근접시키려고 관료를 중심으로 '일본화'한 조항, 구체적인 권리관계가 생기지 않도록 선언적 혹은 애매한 표현을 사용한 조항, 전전의 체험에 기초하여 새로운 인권 규정을 담은 조항 등을 포함한 모자이크 모양이었을 터이다. 게다가 그 행간에는 삭제되거나 사라져간 조문도 있었다. 하지만 개헌과 호헌의 골짜기를 걸어온 헌법에서는 이 모자이크 모양은 감쪽같이 사라져버렸다. 호헌은 헌법을 총체적으로 지키는 것에 다름 아니었다. 그것은 실로 '전후민주주의' 그 자체였다. 전후는 점령으로부터 무엇을 받았고, 스스로 무엇을 만들어냈고, 또 무엇을 잃어버렸는지, 그것을 준별하는 작업 없이 이야기할 수는 없다.

일본국헌법을 만들어낸 힘, 그것은 결코 국가 대 국가의, 승자 대 패자의 정치역학만은 아니었다. 제정 과정에 대한 관여의 크고 작음은 있었다고 하더라도, 본질적으로는 그 개개인의 헌법관과 인권 사상에 다름 아니었다. 일본국헌법에는 국가를 초월하고 민족을 초월한 사람들의 헌법관과 인권 사상이 반영되어 있다. 그것은 실로 "인류의 여러 해에 걸친 자유 획득을 위한 노력의 성과"(일본국헌법 제97조)였다고 할 수 있을 것이다.

그것뿐만이 아니다. 냉전 종결 이후의 세계와 일본에서 헌법이 직면하는 문제는 점점 더 복잡해졌다. 국가 그 자체가 국민국가와 그것을 잇는 세계라고 하는 단순한 도식으로는 다 설명되지 않으며, 근린 국가들과의 관계는 '사람·물건·돈'이라고 일컬어지듯이 다양한 관계를 형성하고 있고, 나아가 국가 속의 지방도 어쩔 수 없이 독립성과 차이성이 문제시되지 않을 수 없는 시대를 맞고 있다. 국가와 세계가 중요했던 시대는 마침내 사라져가고 있고, 게다가 '지역'(리전)과 '지방'(로컬)이 중요한 시대가 되어가고 있다.

그런 가운데서도 "자국의 일에만 전념"하지 않고 새로운 '국가'와 '새로운 인권'을 어떻게 만들어갈 것인지, 나아가야 할 길이 반드시 잘 보이는 것은 아니다. 하지만, 바로 그렇기 때문에 우리는 일본국헌법이 그 제정 과정에서 잘라버린 다양한 권리를 다시금 검증하고, 그것을 다음 세대로 이어갈 방도를 찾아내지 않으면 안 된다.

이와나미 현대문고판 후기

냉전 종결 후—아니 그보다는 헤이세이平成 시대에 들어서서라고 하는 편
이 좋겠지만—헌법제정 과정에 관한 자료가 꽤 발굴되었다. 그 이전에는,
점령 종료 후인 1950년대부터 70년대까지의 자료가 중심이었고, 80년대
에는 그다지 새로운 자료에 접할 수 없었다. 따라서 『신헌법의 탄생』(中央
公論社, 1989)을 쓰고 있을 무렵에는, 그 후 이렇게 많은 새로운 자료를 만
날 수 있게 되리라고는 생각하지 못했다.

작년에 대학의 동료인 카타다 타케시堅田剛 씨가 출간한 『메이지 문화
연구회와 메이지 헌법』(お茶の水書房, 2008)을 읽어볼 기회가 있었다. 그 책
에 따르면, 이토오 히로부미에 의한 메이지 헌법 제정을 비판하기 위해 민
권파가 제본하여 배포한 『세이테쯔 유메 모노가타리西哲夢物語』가 발행된
것은 1887년이었다고 한다. 물론 비밀 출판물이었다. 요시노 사쿠조오吉野
作造가 그것을 고서점에서 우연히 발견한 것이 1921년, 『메이지 문화 전
집』 제4권(헌정 편)에 수록하여 출판한 것이 1927년이었다고 한다.

때마침, 저자는 60년 전의 일인 일본국헌법의 제정 과정에 관한 구저
를 고쳐쓰고 있던 때이기도 하여, 역사적 사실을 확정하는 것은 참으로 시

간이 걸리는 일이라는 사실을 새삼 깨닫게 되었다. 그러고 보면, 민권파의 헌법 초안이 발굴되어 화제가 된 것은 '민권 100년' 무렵이었다. '일본국헌법 100년' 무렵에는 어떤 새로운 발견이 이루어질 것인가? 하지만, 현대라고 하는 '바쁜' 시대는, 헌법조차도 내용을 생각할 여유도 없이 무턱대고 새롭게 만드는 것이 가치있는 일인 듯이 생각되는 시대이기 때문에, '100년'이라는 따위의 유장한 이야기를 하고 있을 때가 아닐지도 모른다.

이 책에서도 헌법 9조에 관해 언급하는 부분이 꽤 늘어났다. 그러나, 최근 국민국가를 전제로 한 세계관을 훨씬 뛰어넘는 사태가 발생하고 있는 것도 분명하다. 예를 들면, 군대는 국가기관이고 그것을 담당하는 것은 국적을 가진 국민이라고 하는 전제는, 사적 군사기업이 대거 진출하는 군대의 '민영화' 현상 속에서 무너져내리고 있다. 평화의 담당자가 국가기관에 한정되어 있던 시대도 지나, 많은 NGO 혹은 국제 NGO가 평화 구축을 위해 노력하고 있다.

그런 가운데, 사카모토 요시카즈는 "기본적으로 국가를 넘어선 트랜스내셔널한 사회관계"를 "시민국가"라고 부르고 있다(『坂本義和集』 6〔世界秩序と市民社会〕, 岩波書店, 2005). 또 매리 칼도는 "세계국가가 아니라, 국제기관과 지방정부, 국가 사이의 기능의 중복을 수반하는 룰의 틀"을 "글로벌 거버넌스 시스템"이라고 부르고 있다(山本武彦·宮脇昇·木村真紀·大西崇介 옮김, 『グローバル市民社会論』, 法政大学出版局, 2007).

아무래도 '일본국헌법 100년' 무렵에는 이전과는 형태가 다른 '헌법 논쟁'이 전개될 것이라고 생각된다.

구저의 서명에서는 굳이 '신헌법'이라는 용어를 사용했다. 일본국헌법은,

비록 그 규모가 작기는 했지만, 처음으로 민중이 참가한 가운데 탄생한 헌법이었기 때문이다. 구저를 쓰면서 그 이전에는 전혀 알지 못했던 민중의 참가에 관해 알게 되고서 감격했던 일을 새삼 떠올리게 된다.

하지만, 반세기가 지난 헌법 앞에 '신'이라는 글자를 붙이는 것도 적절하지 않다고 생각하여, 이번 판에서는 헌법의 이름 그대로 '일본국헌법'이라는 용어를 사용하기로 했다.

일본국헌법의 제정 과정을 연구한 지 4반세기. 연구자들은 말할 것도 없고, 공문서관과 도서관에 종사하는 여러 분의 도움을 받아, 또 독자 여러분의 격려와 질책의 결과, 오늘이 있게 되었다는 사실을 절실하게 느끼고 있다. 그리고, 이 책의 출판을 권유해준 이와나미 서점 편집부의 오오쯔카 시게키大塚茂樹 씨에게는, 이전 판을 낼 때와 마찬가지로 신세를 졌다. 마음으로부터 감사드린다.

2009년 2월 27일
눈발이 흩날리는 날에
코세키 쇼오이찌

역자 후기

I.

이 책은 일본의 헌법사학자 코세키 쇼오이찌古関彰一 돗쿄오獨協 대학 교수가 2009년에 출간한 『일본국헌법의 탄생日本国憲法の誕生』(岩波書店)의 완역이다. 저자가 서문에서 밝히고 있는 것처럼, 『일본국헌법의 탄생』은 1989년에 출간된 『신헌법의 탄생新憲法の誕生』(中央公論社)의 증보판에 해당하는 책이다. 그리고 『신헌법의 탄생』은 일본의 저명한 정치학자 요시노 사쿠조오吉野作造의 업적을 기리기 위해 제정된 요시노 사쿠조오 상을 1989년에 수상했으며, 1997년에는 영역본(The Birth of Japan's Postwar Constitution, edited and translated by Ray A. Moore, Westview Press)으로도 출간되었다.

II.

역자가 코세키 교수와 처음 만난 것은 책을 통해서였다. 토오쿄오 대학 대학원 법학정치학연구과 외국인연구생 신분으로 서울대학교에 제출할 박사학위 논문을 준비하고 있던 1992년 봄 무렵, 지도교관인 나가오 류우이찌長尾龍一 교수의 소개로『신헌법의 탄생』에 처음 접했다. 자를 대고 밑줄을 긋는 버릇 때문에 글을 읽는 속도가 몹시 느린 역자이지만,『신헌법의 탄생』은 쉴 없이 단시간에 완독했던 것을 지금도 선명하게 기억하고 있다. 일본국헌법 '탄생' 과정의 전체상을 그리려 애쓰고 있던 당시의 역자에게 『신헌법의 탄생』은 그만큼 충격적이었던 것이다.

작년 2009년에 코세키 교수와의 두 번째 만남이, 이번에는 실제로 이루어졌다. 한일 과거청산에 관한 심포지엄을 통해 알고 지내게 된 토오쿄오 대학의 마쯔모토 타케노리松本武祝 교수로부터 8월 초에 갑작스러운 이메일을 받았다. 코세키 교수와 그의 친구인 키요카와 코오지清川紘二 씨가 『일본국헌법의 탄생』 한국어 번역본 출간을 위해 한국을 방문하는데, 그 길에 역자를 만나고자 한다는 내용이었다. 만남은 8월 18일에 이루어졌고, 그 자리에서 코세키 교수로부터 번역을 의뢰받았다.

그렇게 해서 이 책의 번역을 맡게 된 것인데, 처음 읽었을 때 번역을 하면 좋겠다고 생각했던 책을 17년이나 지나 저자의 의뢰를 받아 번역하게 되었으니 참으로 무거운 학문적 인연이 아닐 수 없다.

III.

일본에 의한 한반도 식민지 지배가 시작된 1910년으로부터 100년이 되는 해에, 일본국헌법 '탄생'의 '비밀'에 관한 번역서를 출간하는 것은 적지 않게 의미 있는 일이다.

1889년에 발포되어 1890년부터 시행된 일본의 첫 번째 근대적 헌법인 대일본제국헌법이 이후 57년에 가까운 세월 동안 한 번도 개정되지 않은 것과 마찬가지로, 1946년에 공포되어 1947년부터 시행된 일본국헌법 또한 이후 63년이 넘는 오랜 세월 동안 한 번도 개정되지 않은 채 그 모습을 그대로 이어오고 있다. 이것은 세계헌법사에서 비슷한 예를 발견하기 어려운 특이한 경우이다. 하지만 다른 한편으로, 천황이 신민臣民에게 하사한 흠정헌법欽定憲法이었기에 '불마不磨의 대전大典'으로 다루어진 대일본제국헌법의 경우와는 달리, 일본국헌법의 역사는 그 출발선상에서부터 끊임없는 개헌과 호헌의 공방으로 점철되어왔다.

일본국헌법의 역사가 가지고 있는 이와 같은 특이성은 바로 그 '탄생'의 과정 속에서 싹튼 것이었다. 연합국의 점령 아래에서 연합국 총사령부의 주도에 의해 '탄생'하게 된 일본국헌법에서는, "만세일계萬世一系"이자 "통치권의 총람자總覽者"였던 천황은 "상징"으로 격하되는 대신 국민주권주의가 "인류 보편의 원리"로서 주창되었으며, 천황의 "협찬協贊"기관에 불과했던 의회는 "국권의 최고기관"으로, "신민의 권리"는 "침해할 수 없는 영구永久의 권리"인 "국민의 권리"로 격상되었다. 하지만, 이렇게 근본원리가 바뀐 일본국헌법은, 당연히 새로운 헌법으로서 제정되어야 했음에도 불구하고, 구헌법인 대일본제국헌법의 개정 절차에 따라 '탄생'했다. 그 '탄생' 과정에도 관여했던 헌법학자 사사키 소오이찌佐々木惣一가, 일본국헌법이 공포된 직후, "신헌법이 만들어졌다. 신헌법은 일본국헌법이라는 이름으로 대일본제국헌법을 개정하는 것으로서 제정된 것이다"라는 '비논리적인 정리'를 내놓지 않을 수 없었던 것은 바로 그 때문이다. 게다가 일본국헌법은, 이 또한 비슷한 예를 발견하기 어려운, 전면적인 "전쟁의 방기"를 내걸고 있기도 했다.

일본국헌법의 이와 같은 '비상한 탄생'의 구체상은 어떤 것이었는가? 그 이유는 무엇이었으며, 그 의미는 무엇인가? 이 책은 이들 질문에 대해 세심한 대답을 제시한 것이다. 그런데 그것은 동시에, 1910년부터 1945년까지 한반도를 식민지로 지배했던 나라로부터 1965년의 한일조약에 의해 한국의 '우방' 중 한 나라로 변모했으며, 그럼에도 불구하고 지금도 과거청산이라는 과제를 둘러싸고 한반도와 충돌하고 있는 일본이라는 나라의 아이덴티티 형성의 '비밀'을 제시한 것이기도 하다. 그 점에서 '100년'이라는 결절점을 맞아 일본에 대한 심도 있는 이해가 새삼 요구되는 지금, 이 책은 한국의 독자들로 하여금 많은 지식과 깊은 숙고의 기회에 접할 수 있게 해줄 것이다.

IV.

이 책에 대한 평가는 당연히 출간의 순간부터 독자의 몫이다. 하지만 1년 가까이 번역 작업과 씨름해온 역자로서 나름의 소감이 없을 수 없다. 그중 세 가지만 적어두기로 한다.

역자가 우선 주목하는 것은 이 책에 담긴 연구의 치밀성이다. 공적인 기관의 문건들은 물론이고, 신문기사와 일기와 회고록에 이르기까지 관련 자료들을 꼼꼼히 찾아서 제시하고 있는 이 책은, '도시락의 구석에 남은 마지막 밥알 한 알까지 젓가락으로 집어내는' 일본식 연구태도의 하나의 전형을 보여주는 것이라고 해도 틀림이 없다. 게다가 그 무수한 자료의 조각들은 단지 제시되고 있는 데 그치지 않고, 세심하게 맞추어져 하나의 훌륭한 그림을 그려내고 있다. 단지 사료로 하여금 말하게 하는 데 그치는 것이 아니라, 명확한 메시지를 담아내고 있는 것이다. 그 메시지는 바로 일본인 일본헌법사학자 코세키 교수의 헌법관에 다름 아닐 것이다.

그래서 다음으로 역자가 주목하는 것은 코세키 교수의 관점이다. 이 책에서 코세키 교수는, 연합국 총사령부의 주도에 의해 일본국헌법이 '탄생'했다는 '주류'적인 사실을 제시하는 동시에, 결국은 충분히 꽃피우지 못했지만 여성과 외국인의 인권을 전면적으로 담아내려고 한 총사령부 내부의 '비주류'적인 열정과, 비록 점령하라는 제약된 상황 속에서나마 '탄생'의 과정에 적극적으로 관여한 일본인들에 의한 또 하나의 '비주류'적인 '분투'에도 세심한 시선을 보내고 있다. 그리고 그 일본인들의 '분투'와 관련해서도, 대일본제국헌법과 단절해야 한다는 시대적 요청에 둔감했기에 총사령부로부터 '강요'를 당하지 않을 수 없었지만, 그럼에도 불구하고 총사령부안의 '일본화'에 부심했던 '주류' 일본인들의 고투와 함께, 총사령부안과 통하는 안을 만들어냈던 '헌법연구회'와 헌법의 구어화에 적극 나섰던 '국민의 국어운동'의 멤버들, 그리고 '신헌법'을 적극적으로 받아들인 장삼이사의 일본인들의 새로운 시대를 향한 노력에도 주목하고 있다. 하지만, 전체적으로 볼 때, 코세키 교수의 방점이 '비주류'에, 그중에서도 일본국헌법을 "인류의 여러 해에 걸친 자유 획득을 위한 노력의 성과"로 자리매김할 수 있게 하는 열정과 노력에 찍혀 있다는 사실은 어렵지 않게 읽어낼 수 있다. 이것은, 일본국헌법 9조의 개정을 통해 '전쟁도 할 수 있는 보통국가'가 되려고 하는 개헌세력에 맞서 9조를 포함한 일본국헌법을 보편적인 가치로서 지켜내려고 하는 호헌세력이 결성한 모임인 '9조의 회숍'의 회원으로서, 열정적으로 호헌에 관한 강연을 해온 코세키 교수 자신의 헌법관이 반영된 것에 다름 아니다. 그 점에서 이 책은 헌법사 연구와 헌법 실천이 조화롭게 어우러진 작품이라고 해도 좋을 것이다.

　　하지만 일본의 헌법사를 공부해온 한국인 연구자인 역자의 입장에서 마지막으로 주목하지 않을 수 없는 것은 일본국헌법 '탄생'의 또 하나의 '비밀'이다. 한국에서 바라볼 때 일본국헌법의 '탄생' 과정에서 아무래도 두드러지는 것은 '강요'와 '연속'이다. 총사령부는 연합국 내부의 역학관계 속에서 총사령부안을 '강요'했으며, 대일본제국헌법의 틀을 넘어선 헌법사상으로 전향하지 못했던 '주류' 일본인들은 바로 그 때문에 '강요'당했다. 그런데 이러한 '힘관계'는 그 자체로서보다는 그 속에 한국을 포함한 아시아에 대한 인식이 결락되어 있었다는 점에서 주목되지 않으면 안 된다. '강요'한 총사령부 쪽에도 그 인식은 충분하지 못했지만, 무엇보다 강요당한 일본 쪽에, '주류'에게는 물론이고 '비주류'에게도, 그 인식은 완전히 결락되어 있었다. 냉전 종식 후 일본에 의한 식민지 지배와 침략이라는 과거의 청산이 중요한 과제로 부상했을 때 호헌세력까지 포함한 일본인 모두가 당황하지 않을 수 없었던 것은 바로 그 때문이다. 일본국헌법 '탄생'의 중요한 역사적 원인인 한국을 포함한 아시아의 결락, 그 원인으로서의 일본인들의 헌법사상의 '연속', 그리고 다시 그 결과로서의 '강요', 이들 연쇄에 대한 충분한 규명 없이는, 일본국헌법과 그 위에 입각한 현대 일본의 아이덴티티를 진정한 '인류의 성과'로 자리매김하고자 하는 작업은 완결될 수 없을 터이다.

V.

역자가 번역서를 출간하는 것은 1999년에 이어 두 번째이다. 이번에도 번역이란 참으로 어려운 작업이라는 사실을 거듭 절감했다. 무엇보다 어려웠던 것은, 학술서의 원문에 충실해야 한다는 요청과 좀 더 읽기 쉽고 이해하기 쉬운 한국어문을 만들어내야 한다는 요청 사이에서 '위태로운 줄타기'를 해야 했던 일이다. 다만, 이번에는 인터넷이라는 거대한 정보창고 속에서 다양한 정보를 신속하게 확인할 수 있었던 까닭에, 작업에 걸린 시간이 상대적으로 짧았던 듯하다. 그 점에서 이번의 작업은 시대의 빠른 변화를 새삼 확인하는 기회이기도 했다.

　　번역을 하면서 많은 분들의 도움을 받았다. 저자인 코세키 교수로부터는 번역을 맡아달라는 과분한 의뢰를 받은 것은 물론이고, 번역 과정에서 인명의 확인 등을 위해 여러 차례에 걸쳐 이메일로 보낸 수많은 질문에 대해 자상한 가르침도 받았다. 키요카와 씨로부터는 거듭 '미션의 확인'을 겸한 격려를 받아 작업에 박차를 가하는 계기로 삼을 수 있었다. 경북대학교 법학전문대학원 박사과정의 이원규 군으로부터는 자료를 복사하고 각주의 원문을 입력하는 도움을 받았다. 그리고 뿌리와이파리 정종주 대표로부터는 '가볍지 않은' 학술번역서의 출간이라는 어렵지만 소중한 결단을 얻었다. 게다가, 원고의 오탈자·맞춤법의 교정과 색인 작업에 관한 도움은 물론이고, 내용에 관해서까지 자상한 조언과 지적을 받았다. 이 자리를 빌려 특별히 감사드린다.

2010년 7월 19일

쿄오토 리쯔메이칸 대학의 연구실에서

김창록

일본국헌법 제정 연표

1945년

8월	15일	쇼오와 천황이 전쟁 종결의 조서를 방송.
	17일	히가시쿠니노미야 나루히코 내각 성립.
	26일	「종전연락중앙사무국 관제」 공포.
	30일	연합국 최고사령관SCAP 더글러스 맥아더가 아쯔기厚木 비행장에 도착.
9월	15일	GHQ 본부가 토오쿄오 히비야의 제1생명상호 빌딩으로 이전.
	27일	천황이 맥아더를 방문.
10월	2일	연합국 최고사령부 총사령부GHQ/SCAP를 설치.
	4일	코노에 후미마로와 맥아더가 첫 회담. 맥아더가 코노에에게 헌법개정을 시사. GHQ가 정치범 석방 등 인권 지령을 발포.
	9일	시데하라 키쥬우로오 내각 성립 (요시다 시게루 외무대신, 마쯔모토 죠오지 국무대신 등).
	10일	일본공산당 당원을 포함한 3,000명의 정치범을 석방.
	11일	천황이 코노에를 내대신부 고요오가카리에 임명. GHQ가 부인의 해방, 노동조합의 장려 등 5대 개혁 지령을 발포.
	25일	정부가 헌법문제조사위원회(위원장 마쯔모토 죠오지 국무대신)를 설치. 코노에가 애치슨 정치고문과 회담.
	29일	일본문화인연맹 설립총회 석상에서 타카노 이와사부로오가 스즈키 야스조오에게 헌법개정을 위한 초안의 기초를 촉구.
11월	1일	GHQ가 코노에의 헌법개정 작업은 GHQ와 무관하다는 성명을 발표. 3일에 각 신문을 통해 공표됨.
	5일	헌법연구회가 토오쿄오 미나토 구 우찌사이와이 정의 '신세이 사'(출판사)에서 첫 회합.

	11일	공산당이 「신헌법의 골자」를 발표.
	22일	코노에가 「제국헌법 개정 요강」을 천황에게 상주.
	24일	사사키 소오이찌 쿄오토 대학 교수가 헌법안에 관해 천황에게 진강.
	26일	헌법연구회가 「헌법 초안 요강」을 정부에 제출. 28일에 각 신문에 보도됨.
12월	6일	GHQ가 코노에를 전범으로 지명. 16일에 코노에가 음독자살.
	8일	마쯔모토 국무대신이 중의원에서의 답변을 통해 이른바 '마쯔모토 4원칙'을 제시.
	16일	모스크바 외상회담에서 극동자문위원회FEAC를 개조하여 극동위원회FEC를 설치하는 데 합의.
	17일	부인 참정권 등을 규정한 중의원의원선거법의 개정법 공포. 22일에는 노동조합법 공포.
	31일	마쯔모토 국무대신이 카마쿠라의 별장에서 「헌법개정 사안」의 기초를 시작. 다음달 4일에 탈고.

1946년

1월	1일	천황이 신격神格을 부정하는 조서(인간선언)를 발표.
	7일	미국 정부가 「일본. 통치체제의 개혁」(SWNCC 228 문서)을 결정. 1월 11일에 GHQ에 정보로서 송부.
	9일	극동자문위원회 방일단이 방일. 11일에 맥아더와 회견. 17일에 GHQ 고관과 회합. 2월 1일에 이일離日.
	11일	GHQ의 라우엘 중령이 헌법연구회안에 대한 「소견」을 제출.
	19일	맥아더가 극동국제군사재판소 헌장을 승인, 재판소의 설치를 명령.
	21일	자유당이 「헌법개정 요강」을 발표.
	24일	시데하라-맥아더 회담. 시데하라가 맥아더에게 페니실린을 보내준 데 대해 감사를 표하고, 전쟁 방기를 제안.
	25일	맥아더가 미 통합참모본부에 "천황에게 전쟁책임의 증거 없음"이라고 회신.
2월	1일	『마이니찌 신문』이 헌법개정에 관해 「헌법문제조사위원회 시안」을 보도.
	3일	맥아더가 GHQ에서 헌법개정 작업을 하기 위한 「3원칙」을 휘트니 민정국장에게 제시.
	4일	휘트니 민정국장이 민정국의 헌법기초위원에게 「3원칙」을 제시하고, "앞으로 헌법제정회의의 역할을 맡는다"고 지시.
	8일	마쯔모토 국무대신이 GHQ에 「헌법개정 요강」을 제출.
	10일	GHQ 민정국이 헌법 초안을 완성.
	13일	휘트니 민정국장이 케이디스 차장 등을 동행하고, 요시다 외무대신, 마쯔모토 국무대신 등에게 GHQ안을 전달.

	14일	진보당이 「헌법개정안 요강」을 결정.
	18일	마쯔모토 국무대신이 GHQ에 정부의 헌법개정안의 「재설명서」를 제출.
	19일	마쯔모토 위원장 등이 각의에서 GHQ안이 전달되었다는 사실을 처음으로 표명. GHQ안의 수락에 관해 결론을 내지 못하고, 시라스 지로오가 GHQ를 방문하여 22일까지 회답 기한을 연기해주도록 요청.
	21일	시데하라-맥아더 회담. 맥아더가 전쟁 방기를 받아들이도록 제안.
	22일	각의에서 GHQ안의 수락을 결정.
	23일	사회당이 「신헌법 요강」을 발표.
	25일	정부가 총선거 투표일을 4월 10일로 결정.
	26일	GHQ안의 외무성 가역이 처음으로 각의에서 배포됨.
		극동위원회(워싱턴 소재) 제1회 총회 개최. 이 무렵 콜그로브 GHQ 헌법문제담당 정치고문이 워싱턴을 거쳐 토오쿄오로 향함.
	27일	마쯔모토 국무대신, 사토오 타쯔오 법제국 제1부장 등이 GHQ안을 참고로 새로운 정부안(일본안)의 기초를 담당. 3월 2일에 일본안 완성.
3월	4일	마쯔모토 국무대신, 사토오 법제국 제1부장이 일본안을 가지고 오전 10시에 GHQ 본부에 출두. 케이디스 민정국 차장 등과 일본안에 관해 축조심의. 심의는 다음날인 5일 오후 4시까지 30시간 동안 진행됨.
		극동국제군사재판소에서 각국 검사 및 부검사로 구성되는 집행위원회의 첫 회의가 개최됨.
	5일	저녁 무렵의 각의에서 일본안을 「헌법 초안 요강」으로 발표하고 칙어도 발표하기로 하고, 밤에 천황을 배알.
	6일	헌법 초안 요강에 천황의 칙어, 시데하라의 근화, 맥아더의 성명을 붙여 발표. 다음날인 7일 신문 등에 공표됨.
	12일	번즈 미 국무장관이 일본의 헌법 초안 발표에 관해 "듣지 못했다"고 기자단에게 말함.
	18일	궁내성 고요오가카리인 테라사키 히데나리가 천황으로부터 전쟁과의 관련 등에 관해 청취를 시작함(이른바 『독자록獨自錄』). 이후 4월 8일까지 4일간, 5회 청취함.
	29일	극동위원회가 일본의 중의원의원 선거의 연기를 맥아더에게 요청.
4월	10일	중의원 총선거 투표일. 전후 첫 선거로 부인 참정권이 부여됨. 선거 결과는 자유당 141석, 진보당 94석, 사회당 93석 등.
	17일	정부가 제국헌법개정안 정문正文을 발표.
	26일	콜그로브 GHQ 헌법문제담당 정치고문이 맥코이 극동위원회 의장에게 서한을 보내, 일본에서 맥아더에 대한 평가는 높고 국민은 헌법안을 환영하고 있다는 취지를 전함.
5월	3일	극동국제군사재판소 개정.

	13일	극동위원회가 헌법 채택의 3원칙(충분한 심의 시간, 메이지 헌법과의 법적 계속성, 국민의 자유로운 의사 표명)을 결정.
	22일	제1차 요시다 시게루 내각 성립(외무대신은 수상이 겸무, 사법대신 키무라 토쿠타로오, 헌법담당대신 카나모리 토쿠지로오).
6월	22일	맥아더가 성명을 통해 헌법 심의에는 "충분한 시간이 주어진다"고 밝힘.
	25일	정부의 헌법 초안이 중의원에 상정. 『크리스천 사이언스 모니터』지가 "꺼리는 일본인, 맥아더가 쓴 헌법을 받아들이다"라고 보도함.
	28일	헌법 초안이 중의원 본회의로부터 특별위원회(아시다 히토시 위원장)에 회부됨. 공산당이 「인민공화국헌법 초안」을 결정.
7월	25일	특별위원회 산하의 '소위원회'(아시다 위원장)가 공동수정안 작성을 위해, 간담 형식으로 비밀회로서 조직됨.
8월	24일	중의원이 제국헌법개정안을 수정 가결.
	26일	귀족원이 제국헌법개정안을 상정, 30일 특별위원회(아베 요시시게 위원장)에 회부.
	28일	소위원회 개최, 10월 6일 가결 성립.
9월	23일	GHQ가 일본 정부에 대해 헌법의 문민 조항(제66조 2항) 등의 수정을 요구. 그 후 귀족원과 중의원에서 제66조 2항의 재수정을 거쳐 가결 성립됨.
10월	7일	일본국헌법이 제국의회를 통과.
11월	3일	일본국헌법 공포.
12월	1일	헌법보급회가 설립됨.

1947년

1월	3일	맥아더가 요시다 수상에게 서한을 보내, 헌법 시행 1년도부터 2년도 사이에 헌법의 자유로운 개정을 인정한다고 말함. 요시다 수상이 6일자로 맥아더에게 편지의 내용을 마음에 새겼다고 회신을 보냄.
2월	15일	헌법보급회가 토오쿄오의 국가공무원 약 700명을 토오쿄오 대학에 모아 4일 간에 걸쳐 연수를 실시함.
3월	31일	제92 제국의회가 해산. 제국의회가 막을 내림.
5월	3일	일본국헌법 시행. 황거 앞의 기념식전에서 신헌법 시행 국민가 〈우리들의 일본〉이 울려퍼짐. 헌법보급회에서 엮은 소책자 『새로운 헌법 밝은 생활』 2천만 부를 전 세대에 배포함.

주

제1장 다양한 모색

1) 竹前栄治, 『GHQ』(岩波新書, 1983), 45~46면.

2) 憲法調査会, 『憲法制定の経過に関する小委員会第九回議事録』(이하 『憲調小委·
第九回録』으로 줄여 씀), 3면.

3) 「座談会·憲法は二週間で出来たか?」, 『改造』 増刊 1952年4月号.

4) 住本利男, 『占領秘録』(毎日新聞社, 1965), 78면.

5) 岡義武, 『近衛文麿』(岩波書店, 1972), 20면 이하.

6) 奥村勝蔵, 「近衛公爵とマッカーサー元帥」, 林正義編, 『秘められた昭和史』(鹿
島研究所出版会, 1965), 268면.

7) 奥村勝蔵, 前揭書, 272면.

8) 奥村勝蔵, 前揭書, 276면.

9) 「近衛国務相、マッカーサー元帥会談禄」, 外務省外交文書, 마이크로필름 릴
번호 A'0092, 外交史料館 소장.

10) The Acting Political Adviser in Japan(Atcheson) to the Secretary of State,
10 Oct. 1945, *Foreign Relations of the United States, FRUS, 1945*, Vol. VI,
p.739

11) 奥村勝蔵, 前揭書, 279면.

12) The Acting Political Adviser in Japan(Atcheson) to the Secretary of State,

4 Oct. 1945, *FRUS, 1945*, Vol. VI, p.736

13) 高木八尺, 「日本の憲法改正に対して一九四五年に近衛公がなした寄与に
関する覚書」(憲法調査会事務局, 『憲資·総第三十六号』, 1959), 2~3면.

14) The Acting Political Adviser in Japan(Atcheson) to the Secretary of State,
10 Oct. 1945, *FRUS, 1945*, Vol. VI, p.739

15) 斎藤真他編, 『アメリカ精神を求めて-高木八尺の生涯』(東京大学出版会, 1985),
100면.

16) 『朝日新聞』 1945.10.13.

17) 憲法調査会, 『憲調小委·第九回録』, 45면.

18) 松本烝治口述, 「日本国憲法の草案について」(憲法調査会事務局, 『憲資·総第二
十八号』, 1958), 4면.

19) 『朝日新聞』 1945.10.16.

20) 『朝日新聞』 1945.10.16.

21) 佐藤功, 『憲法改正の経過』(日本評論社, 1947), 20~21면.

22) 佐藤功, 前掲書, 23면.

23) *New York Herald Tribune*, 26 Oct. 1945. 프랭크 켈리Frank Kelley 기자는 이
기사에서 종군기자로서의 입장 때문이겠지만, 맥아더를 비난하고 있지는 않다.
오히려 코노에가 전후 민주화를 촉진하게 될 것을 바라고 있다고 보도했다.

24) 袖井林二郎, 『マッカーサーの二千日』(中央公論社, 1974), 164면.

25) 稲田正次, 『明治憲法成立史の研究』(有斐閣, 1979), 249면.

26) 憲法調査会, 『憲調小委·第九回録』, 37면.

27) エマーソン著, 宮地健次郎訳, 『嵐の中の外交官』(朝日新聞社, 1979), 227면.

28) The Secretary of State to the Acting Political Adviser in Japan(Atcheson),
16 Oct. 1945, *FRUS, 1945*, Vol. VI, p.757

29) 憲法調査会, 『憲調小委·第九回録』, 19면.

30) 『朝日新聞』 1945.11.3.

31) 『朝日新聞』 1945.11.3.

32) 憲法調査会, 『憲調小委·第九回録』, 39면.

33) 馬場伸也, 「占領とノーマン」, 『思想』 634号(1977.4), 58면.

34)『ハーバート・ノーマン全集』第2巻(岩波書店, 1977), 345면.

35) トーマス・A・ビッソン著, 中村政則・三浦陽一訳, 『日本占領回想記』(三省堂, 1983), 208면 이하에 조서의 개요가 첨부되어 있다.

36) 高橋紘・鈴木邦彦, 『天皇家の密使たち』(現代史出版会, 1981), 20면.

37) H. E. ワイルズ著, 井上勇訳, 『東京旋風』(時事通信社, 1954), 53~54면.

38) The Acting Political Adviser in Japan(Atcheson) to President Truman, 5 Nov. 1945, *FRUS, 1945*, Vol. VI, p.827

39) 佐藤達夫, 『日本国憲法成立史』第1巻(有斐閣, 1962), 212~213면.

40) 田畑忍編, 『佐々木憲法学の研究』(法律文化社, 1975), 311면.

41) 外務省外交文書, 마이크로필름 릴번호 A´0092.

42) 田畑忍, 『佐々木博士の憲法学』(一粒社, 1964), 161면.

43) The Acting Political Adviser in Japan(Atcheson) to the Secretary of State, 7 Nov. 1945, *FRUS, 1945*, Vol. VI, p.837

제2장 민권사상의 복권

1) 色川大吉, 「自由民権運動と鈴木安蔵」, 鈴木安蔵博士追悼論集刊行会編, 『日本憲法科学の曙光』(勁草書房, 1987), 21면. 또한 色川大吉, 「自由民権」(岩波書店, 1981)에서는 40여 종이라고 되어 있기(105면) 때문에, 이 수년 동안 다수 발견된 것이 된다.

2) 寒川道夫, 『人間教師として生きる』(新評論, 1978), 290면.

3) 大鳥清, 『高野岩三郎伝』(岩波書店, 1968).

4) 『朝日新聞』1945.10.26.

5) 鈴木安蔵, 『憲法学三〇年』(評論社, 1967), 214면.

6) 憲法調査会, 『憲調小委・第二一回録』, 3면.

7) 『新生』뿐만 아니라, 『新生活』, 『新警察』등, 웬일인지 '新'자가 붙은 잡지명이 많은 시대였다. 奥泉宋三郎編, 『占領軍検閲雑誌目録・解題』(雄松堂書店, 1982).

8) 鈴木安蔵, 「憲法改正の根本論点」, 『新生』1巻2号(1945.12), 23면.

9) 1981.7.20, 토오쿄오 세타가야世田谷의 스즈키 교수 자택에서 한 인터뷰. 당일 스즈키 교수는 일기를 보면서 이야기했다.

10) 鈴木安蔵, 「憲法改正の根本論点」, 前揭誌, 24면.

11) 鈴木安蔵, 前揭誌, 24면.

12) 鈴木安蔵, 『憲法制定前後』(靑木書店, 1977), 73면.

13) 永井憲一作成, 「鈴木安蔵教授の略歷および著作目錄」, 有倉遼吉等編, 『憲法
調査会総批判』(日本評論社, 1945), 361면 이하. 金子勝, 「鈴木安蔵先生の思想
と学問」, 『法と民主主義』187号(1974.5), 18~19면.

14) 山領健二, 「ジャーナリストの転向」, 『思想の科学』1942年7月号.

15) 「座談会・憲法は二週間で出来たか?」, 前揭誌, 16면.

16) 井伊玄太郎, 「杉森孝次郎と日本文化の近代化への貢献」, 『早稲田政治経済
学雑誌』177号(1962.10), 162면.

17) 室伏高信, 「杉森孝次郎と河合栄治郎」, 『理想』第8年第7冊(1935.1), 57면.

18) 杉森孝次郎, 『世界人権の原則』(研進社, 1947), 68면 이하.

19) 鈴木安蔵, 『憲法制定前後』, 77면.

20) 鈴木安蔵, 「憲法改正の根本論点」, 前揭誌, 25면.

21) 宮本三郎, 『陪審裁判』(イクォリティ, 1987), 46면.

22) 鈴木安蔵, 『憲法制定前後』, 85면.

23) 憲法調査会, 『憲調小委・第二一回錄』의 스즈키의 증언. 15면.

24) 鈴木安蔵, 『憲法制定前後』, 101~102면.

25) 鈴木安蔵, 『憲法学三〇年』, 259면.

26) 예를 들면 『日本近代総合年表』(岩波書店)에서는 제1판(1968), 제2판(1984) 모
두 "12월 27일"로 되어 있다.

27) Hussey Papers, Reel No. 6. 국회도서관 소장.

28) 塩田純, 『日本国憲法誕生』(日本放送出版協会, 2008), 56면.

29) Hussey Papers, Reel No. 5. 국회도서관 소장.

30) 高柳賢三・大友一郎・田中英夫編著, 『日本国憲法制定の過程』I(有斐閣,
1972), 27면 이하.

31) 鈴木安蔵, 『憲法学三〇年』, 264~265면.

32) 岩佐作太郎, 「国家の生命と社会革命」(1946.2稿), 『革命断想』(私家本, 1958),
118~119면.

33) 鈴木安藏, 『憲法制定前後』, 90면.

34) 『新生』 1946年2月号에 공표했을 때는 '참고' 부분은 생략되어 있었다.

35) 高野岩三郎, 「囚はれたる民衆」, 『新生』 2卷2号 (1946.2), 2면.

36) 高野岩三郎, 前掲論文, 3면.

37) 鈴木安藏, 『憲法制定前後』, 93면.

38) 高野岩三郎, 前掲論文, 6면.

39) 『毎日新聞』 1946.1.19.

40) 『朝日新聞』 1946.2.24.

41) 『民報』 1946.2.16.

42) 加藤勘十, 「政治論としての憲法論」, 『時論』 1946年1月号, 37면.

43) 『朝日新聞』 1945.11.12.

44) 外務省外交文書, 마이크로필름 번호 A´0091.

45) Draft Constitution Proposed by the Japan Communist Party, 9 July, 1946, U.S. National Archives, 894. 011/7-946

46) 高木八尺·末延三次·宮沢俊義編, 『人権宣言集』 (岩波書店, 1957), 294~295면.

47) 『毎日新聞』 1946.1.22.

48) 『毎日新聞』 1946.1.23.

49) 憲法調査会事務局, 『浅井清氏に聞く』 (1961.7), 2면.

50) 『毎日新聞』 1946.2.15.

51) 稲田正次, 「戦後憲法試案起草の経過」, 『富士論叢』 (富士短期大学学術研究会誌) 24卷2号 (1969.11), 1~2면.

52) 稲田正次, 前掲論文, 19면.

53) 我妻栄, 「知られざる憲法討議－制定時における東京帝国大学憲法研究委員会報告書をめぐって」, 『世界』 200号 (1962.8), 50면 이하. 이 위원회의 토의는 헌법제정에 전혀 영향을 미치지 않았음에도 불구하고, 이 와가쯔마의 글은 헌법문제연구회(대표 오오우찌 효오헤에)에서 평가된 듯하다. 憲法問題研究会編, 『憲法と私たち』 (岩波書店, 1963)에 「憲法が出来るまでと出来てから」의 일부로 수록되어 있다.

1) 『每日新聞』 1945.10.26.

2) 佐藤達夫, 『日本国憲法成立史』 第2卷 (有斐閣, 1964), 252면. 또한 사토오에 따르면 "설치에 관한 각의 문서는 발견되지 않는다"고 한다. 253면.

3) 田畑忍, 『佐々木博士の憲法学』, 124면. 또한 마쯔모토도 사사키에게 "거절당했다"고 적고 있다. 松本烝治口述, 「日本国憲法の草案について」(憲法調査会事務局, 『憲資·總第二十八号』, 1958.10), 5면.

4) 松本烝治口述, 前揭書, 2~4면.

5) 阿部真之助, 『現代日本人物語』(河出書房, 1952), 164면.

6) 鈴木竹雄, 「松本烝治先生の思い出」, 『法律時報』 26卷11号(1954.11), 80면.

7) 佐藤功, 「松本先生と日本国憲法」, 『時の法令』 151号(1954.11), 16~17면.

8) 『每日新聞』 1945.10. 20·21·22. 인용 부분은 20일자.

9) 『每日新聞』 1945.10.25·26·27.

10) 外務省外交文書, 마이크로필름 번호 A`0092.

11) 『每日新聞』 1945.10.19.

12) 조사위원회의 활동, 의사록 등은 모두 佐藤達夫, 『日本国憲法成立史』 第1卷 (1962)과 第2卷(1964)을 근거로 했다.

13) 佐藤達夫, 前揭書 第1卷, 264면.

14) 佐藤達夫, 前揭書 第1卷, 296면.

15) 佐藤達夫, 前揭書 第1卷, 335면 이하에 전문 게재.

16) 佐藤達夫, 前揭書 第1卷, 423~424면.

17) 憲法調査会事務局, 『松本烝治氏に聞く』, 12면.

18) 入江俊郎, 『憲法成立の経緯と憲法上の諸問題』(第一法規出版, 1976)에 전문이 수록되어 있고, 田中聖, 「『野村意見書』の存在意義をめぐって」, 現代憲法学研究会編, 『現代国家と憲法の原理』(有斐閣, 1983)에 그 개요가 정리돼 있다.

19) 佐藤達夫, 前揭書 第1卷, 326면.

20) 松本烝治口述, 前揭書, 5면.

21) 「座談会·宮沢俊義先生の人と学問」에서의 사토오 이사오의 발언. 『ジュリスト』 634号(1977.3.26. 臨時增刊).

22) 佐藤達夫, 前揭書 第2卷, 629면 이하.

23) 『每日新聞』 1946.2.1.

24) 憲法調査会事務局, 「高木八尺名誉教授談話録」(『憲資總第二十五号』, 1958.7), 8면.

25) 高木八尺, 「日本の憲法改正に対して一九四五年に近衛公がなした
　　寄与に関する覚書」(憲法調査会事務局, 『憲資·總第三十六号』), 9면.

26) 大鳥淸, 『高野岩三郎伝』(岩波書店, 1968), 424면.

27) 佐藤達夫, 前揭書 第2卷, 523면.

28) 入江俊郎, 前揭書, 119~190면.

29) 佐藤功, 「旧き憲法と新しき憲法」, 『時論』 1946年1月号. 글 마지막에 "11월
　　10일"이라고 적혀 있다.

30) 1월 19일자로 「헌법개정심의회안」이 작성되었다. 전문은 佐藤達夫, 前揭書 第
　　2卷, 590면.

31) 佐藤達夫, 前揭書 第2卷, 644면. 入江俊郎, 前揭書, 85면.

제4장 GHQ안의 기본 설계

1) 극동자문위원회의 부탁 조항. 外務省特別資料部編, 『日本占領及び管理重要文
　　書集』 第1卷(東洋経済新報社, 1949), 24면.

2) The Secretary of State to Chairman of the Far Eastern Advisory
　　Commission(McCoy), 27 Nov. 1945, *FRUS, 1945*, Vol. VI, p.870

3) 外務省特別資料部編, 前揭書 第1卷, 172~174면.

4) Hussey Papers, Reel No. 5

5) The Acting Political Adviser in Japan(Atcheson) to the Secretary of State,
　　29 Nov. 1945, *FRUS, 1945*, Vol. VI, p.870

6) Translation of Draft Constitution Prepared by a Private Study Group known
　　as the Constitution Investigation Association, as published December 28,
　　1945, Hussey Papers, Reel No. 5

7) 高柳賢三·大友一郎·田中英夫編著, 『日本国憲法制定の過程』 I
　　(有斐閣, 1972), 26면 이하에 완역 수록.

8) 高柳賢三他, 前揭書 I, 2면 이하에 완역 수록.

9) 高柳賢三他, 前揭書 I, 412면 이하에 완역 수록.

10) 高柳賢三他, 前揭書 I, 131면.

11) 大森実, 『戦後秘史』第5卷(講談社, 1975), 221면.

12) 栗屋憲太郎, 『東京裁判への道』上(講談社, 2006), 153면.

13) R・ウォード, 「戦時中の対日占領計画」, 坂本義和・R・ウォード編, 『日本占領の研究』(東京大学出版会, 1987), 65면.

14) General of the Army Douglas MacArther to the Chief of Staff, United States Army(Eisenhower), *FRUS, 1946*, Vol. VIII, p.396

15) "Planning Group"－Public Adminstration Branch; Memorandum by Courtney Whitney, 28 Jan. 1946, GHQ/SCAP文書, 국회도서관 소장, 마이크로피시 번호 GS(B)00576.

16) 外務省特別資料部編, 前揭書 第1卷, 111면 이하.

17) Frank E. Hays; Memorandum for the Chief, Government Section에 있는 付表, GHQ/SCAP文書, 국회도서관 소장, 마이크로피시 번호 GS(B)00576.

18) Hussey Papers, Reel No. 5

19) 田中英夫, 『憲法制定過程覚え書』(有斐閣, 1979), 55면의 번역에 따름.

20) ダグラス・マッカーサー, 『マッカーサー回想記』 上(朝日新聞社, 1964), 346~351면. Courtney Whitney, *MacArthur; his rendezvous with history*, 1956, pp.130 & 136. Charles A. Willoughby & John Chamberlin, *MacArthur*, 1941-1951, 1954, p.213

21) The New Zealand Minister, Washington, to the Minister of External Affair, 29 January, 1946, R. Kay ed., Documents on New Zealand External Relations, Vol. II, Wellington, 1982, p.324

22) Memorandum by Secretary General of the Far Eastern Advisory Commission(Johnson), 30 January, 1946, *FRUS, 1946*, Vol. VIII, pp.124-125

23) The New Zealand Minister, Washington, to the Minister of External Affair, 29 January, 1946, op. cit., pp.324-327

24) 高柳賢三他, 前揭書 I, 91면.

25) C. Whitney; Memorandum for the Record, GHQ/SCAP文書, 국회도서관 소

장, 마이크로피시 번호 GS(B)00576.

26) C. Kades; Memorandum for the Chief, Government Section, GHQ/SCAP 文書, 국회도서관 소장, 마이크로피시 번호 GS(B)00576.

27) 高柳賢三他, 前揭書 I, 43면.

28) 田中英夫, 前揭書, 46면.

29) 「このスクープが、GHQに憲法改正案起草を決意させた」, 『毎日新聞』2000. 3.20.

30) Dale Hellegers, *We the Japanese People*, Stanford University Press, 2001, p.515

31) *op. cit.*, p.774, note 174

32) 이 점에 관해, 児島襄, 『史錄日本国憲法』(文藝春秋, 1972)에서는, 휘트니-케이디스의 "섣달 그믐날大晦日 회담"에서 "헌법개정안 작성의 방침을 확인했다"고 서술하고 있지만(206면), 타나카 히데오는 이것을 비판하면서 2월 3일설을 취한다. 사토오 타쯔오 등과의 좌담회인 「日本国憲法制定の過程の問題点」, 『ジュリスト』531号(1973.5.1).

33) 高柳賢三他, 前揭書 I, 99면.

34) 高柳賢三他, 前揭書 I, 101면.

35) 高橋紘, 『昭和天皇 1945-1948』(岩波現代文庫, 2008), 332면 이하.

36) 高柳賢三他, 前揭書 I, 111~112면.

37) 田中英夫, 前揭書, 70~73면. 인명과 지명은 타나카가 번역한 것을 수정하여 인용한 부분도 있다. 원문은 Hussey Papers, Reel No. 5

38) 週刊新潮編輯部, 『マッカーサーの日本』(新潮社, 1970), 116면.

제5장 GHQ안의 기초

1) 袖井林二郎・福島鑄郎編, 『マッカーサー』(日本放送出版協会, 1982), 246면.

2) ダグラス・マッカーサー, 津島一夫訳, 『マッカーサー回想記』下(朝日新聞社, 1964), 164면 상단.

3) 憲法調査会, 『憲法制定の経過に関する小委員会第四七回議事錄』(大蔵省印刷局, 1962), 326면.

4) 예를 들면, 深瀬忠一, 『戦争放棄と平和的生存権』(岩波書店, 1987), 芦部信喜・

高橋和之補訂,『憲法・第四版』(岩波書店, 2007) 등.

5) 犬丸秀雄,「憲法の戦争放棄条項の起草者について」,『国際商科大学論叢』第 27号(1983.1).

6) Theodere McNelly, General Douglas MacArthur and the Constitutional Disarmament of Japan, *The Transactions of Asiatic Society of Japan*, Third Series, Vol. 17(October, 1982).

7) 竹前栄治,『日本占領−GHQ高官の証言』(中央公論社, 1988), 60면.

8) 犬丸秀雄,「ハッシー文書と憲法制定過程」,『法学セミナー』1981年8月号, 175면 이하.

9) 高柳賢三他, 前掲書 I, 393면.

10) 高野雄一,「憲法第九条」, 深瀬忠一編,『文獻選集・日本國憲法』第3卷(三省 堂, 1977), 132면.

11) 高柳賢三他, 前掲書 I, 105면.

12) 中川剛,「日比両国憲法にみる類緣」,『中央公論』1987年5月号, 185면.

13) 袖井林二郎・福島鋳郎編, 前掲書, 254면.

14) 田中英夫, 前掲書, 73면 및 132면 이하.

15) 高柳賢三他, 前掲書 I, 219면 및 221면.

16) 高柳賢三他, 前掲書 I, 413면.

17) 高柳賢三他, 前掲書 I, 223면 이하.

18) スーザン・J・ファー,「女性の権利をめぐる政治」, 坂本義和, R・ウォード 編, 前掲書, 472면.

19) 高木八尺・末廷三次・宮沢俊義編,『人権宣言集』, 岩波書店, 1975, 215면.

20) 高柳賢三他, 前掲書 I, 205면.

21) 田中英夫, 前掲書, 134면.

22) 高柳賢三他, 前掲書 I, 207면.

23) ベアテ・シロタ・ゴードン,『1945年のクリスマス』(柏書房, 1995), 185면.

24) 田畑忍,『佐々木博士の憲法学』, 146면 이하에 전문이 수록되어 있음.

25) 田中英夫, 前掲書, 73~74면.

26) 自治大学校,『戦争自治史』 II(1961), 10면.

27) 田中二郎口述, 「連合国総司令部と地方制度の改革について」, 自治大学校, 前掲書, 239면. 1959년 7월 6일의 구술.

28) 高柳賢三他, 前掲書 I, 239면.

29) 高柳賢三他, 前掲書 I, 237면.

30) 田中英夫, 前掲書, 167면.

31) 高柳賢三他, 前掲書 I, 301면.

32) 連合国最高司令部民政局, 「日本の新憲法」(憲法調査会事務局, 『憲資·総第一号』), 50면.

33) 高柳賢三他, 前掲書 I, 121면.

34) 高柳賢三他, 前掲書 I, 121면.

35) 連合国最高司令部民政局, 前掲書, 47면.

36) 高柳賢三他, 前掲書 I, 129면.

37) 宮沢俊義編, 『世界憲法集』(岩波文庫, 1983), 69면 이하.

38) 宮沢俊義編, 前掲書, 66면, 벨기에 헌법에 대한 키요미야 시로오의 「해설」.

39) 連合国最高司令部民政局, 前掲書, 29면.

40) 連合国最高司令部民政局, 前掲書, 19면.

41) 連合国最高司令部民政局, 前掲書, 20면.

42) 古川純, 「憲法史の論点−日本国憲法成立史を中心に」, 『ジュリスト』731号 (1981.1.1), 33면.

43) 高柳賢三他, 前掲書 I, 97면.

44) 芦部信喜, 『憲法講義ノート』I(有斐閣, 1987), 91면.

45) 連合国最高司令部民政局, 前掲書, 29면.

제6장 제2의 '패전'

1) 高柳賢三他, 前掲書 I, 79면.

2) 케이디스의 개인 파일, C. L. Kades, *Japanese Constitution−Formation during Diet Debate and Preliminary Proposal*에 따른다. 메릴랜드 대학 맥켈딘 도서관 소장. A4판으로 두께는 약 6센티미터. 일본 정부로부터 입수한 「헌법개정 요강」(마쯔모토 갑안) 위에는 "극비"라는 도장이 찍혀 있고, "30부 중 28호"라

고 인쇄되어 있으며, "반납 요망"이라고 적힌 부전지가 붙어 있다. 마쯔모토 갑안이라는 제목은 아래와 같이 영역되어 있다. "Tentative Revision of the Meiji Constitution by Joji Matsumoto, 4 January, 1946." 언제 일본 측으로부터 입수한 것인지는 명확하지 않다.

3) 高柳賢三他, 前揭書 I, 81~89면.

4) 佐藤達夫, 「日本国憲法成立史-"マッカーサー草案"から"日本国憲法"まで」(2), 『ジュリスト』82号(1955.5.15), 13면.

5) 外務省外交文書, 마이크로필름 릴번호 A'0092.

6) 高柳賢三他, 前揭書 I, 323~325면.

7) 外務省外交文書, 마이크로필름 릴번호 A'0092.

8) 케이디스 파일, 전게 소장.

9) 高柳賢三他, 前揭書 I, 323면.

10) 外務省外交文書, 마이크로필름 릴번호 A'0092.

11) 高柳賢三他, 前揭書 I, 327~329면.

12) 荒垣秀雄, 『現代人物論』(河出書房, 1950), 278면.

13) 竹前栄治, 前揭書, 93면.

14) 高柳賢三他, 前揭書 I, 337~341면.

15) 포츠담 선언의 수락에 관해 8월 10일자로 일본 정부가 연합국에 보낸 전보. 外務省特別資料部編, 前揭書 第1卷, 14면.

16) 高柳賢三他, 前揭書 I, 347면.

17) 松本烝治口述, 前揭書, 11~12면.

18) 松本烝治口述, 前揭書, 12면.

19) 松本烝治口述, 前揭書, 12~13면.

20) 外務省外交文書, 마이크로필름 릴번호 A'0092.

21) 高柳賢三他, 前揭書 I, 369면.

22) 進藤栄一·下河辺元春編纂, 『芦田均日記』第1卷(岩波書店, 1986), 75면.

23) 『芦田均日記』第1卷, 77면.

24) 『芦田均日記』第1卷, 75~76면.

25) 松本烝治口述, 前揭書, 10면.

26) 入江俊郎, 前揭書, 199면.

27) 高柳賢三他, 前揭書 II, 58면.

28) 高柳賢三他, 前揭書 I, 373면.

29) 귀족원에서의 요시다의 헌법개정안 이유 설명.『第九〇回帝国議会貴族院議事
速記録第二号』(1946.6.23), 17면.

30)『芦田均日記』第1卷, 78~79면.

31) 入江俊郎, 前揭書, 204면.

32) 外務省外交文書, 마이크로필름 릴번호 A´0092.

33) 佐藤達夫,「マ草案の番号」,『ジュリスト』472号(1971.2.15), 10면.

34) 入江俊郎, 前揭書, 204면.

제7장 일본화를 위한 고투

1) 入江俊郎,『憲法成立の経緯と憲法上の諸問題』(第一法規出版, 1976), 204면.

2) 佐藤達夫著・佐藤功補訂,『日本国憲法成立史』第3卷(有斐閣, 1994), 71면.

3) 佐藤達夫著・佐藤功補訂, 前揭書, 72면.

4) 外務省外交文書, 마이크로필름 릴번호 A´0092.

5) 高柳賢三・大友一郎・田中英夫編著,『日本国憲法制定の過程』I(有斐閣,
1972), 267~303면.

6) '일본안'은 모두 전게 外務省外交文書.

7) 佐藤達夫著・佐藤功補訂, 前揭書, 33면.

8) 佐藤達夫著・佐藤功補訂, 前揭書, 69면.

9) 佐藤達夫著・佐藤功補訂, 前揭書, 74면.

10) 佐藤達夫著・佐藤功補訂, 前揭書, 89면.

11) 佐藤達夫,「憲法第八章覚書−その成立経過を中心として」, 自治庁編,『地方
自治論文集』(1954), 40면. 그 의미에 관해서는, 天川晃,「地方自治法の構造」,
中村隆英編,『占領期日本の経済と政治』(東京大学出版会, 1979), 124면 이하.

12) 佐藤達夫著・佐藤功補訂, 前揭書, 105면.

13) 福島鋳郎編,『GHQの組織と人事・一九四六年九月現在』(巌南堂, 1984)에 수
록된「GHQ電話帳」에 따름.

14) 松本烝治口述, 「日本国憲法の草案について」(憲法調査会事務局, 『憲資・総第二十八号』, 1958), 21면.

15) 憲法調査会, 『憲法制定の経過に関する小委員会第二五回議事録』, 2면. 사토오 타쯔오 참고인의 증언.

16) 佐藤達夫著・佐藤功補訂, 前掲書, 111면.

17) 松本烝治口述, 前掲書, 22~23면.

18) 佐藤達夫著・佐藤功補訂, 前掲書, 106면.

19) 松本烝治口述, 前掲書, 23면.

20) 佐藤達夫著・佐藤功補訂, 前掲書, 107면.

21) 佐藤達夫著・佐藤功補訂, 前掲書, 106면.

22) 佐藤達夫関係文書(국회도서관 憲政資料室 소장)에 따름.

23) 佐藤達夫著・佐藤功補訂, 前掲書, 110면.

24) Robert E. Ward, The Origins of the Present Japanese Constitution, *American Political Science Review*, Jan. 1957, pp. 1001-1002 & 1010

25) 佐藤達夫著・佐藤功補訂, 前掲書, 118면.

26) 佐藤達夫著・佐藤功補訂, 前掲書, 119면.

27) 佐藤達夫著・佐藤功補訂, 前掲書, 121면.

28) 佐藤達夫著・佐藤功補訂, 前掲書, 121면.

29) 佐藤達夫著・佐藤功補訂, 前掲書, 138면.

30) 佐藤達夫関係文書(국회도서관 헌정자료실 소장)에 따름.

31) 佐藤達夫著・佐藤功補訂, 前掲書, 151, 152면.

32) T・A・ビッソン, 『日本占領回想記』, 244~245면.

33) 松本烝治口述, 前掲書, 29면.

34) 田中耕太郎, 『私の履歴書』(春秋社, 1961), 259, 263면.

35) 宮沢俊義, 「新生日本の道標」, 三国一朗編, 『昭和史探訪』 5(番町書房, 1975), 161면.

36) 예를 들면, 『毎日新聞』(1946.2.4)에 발표된 여론조사연구소의 아래와 같은 여론조사 결과 참조. 憲法調査会, 『憲法制定の経過に関する小委員会第四七回議事録』, 189면.

천황제 현재 상태 그대로 지지	381(16%)
정치권 밖으로 물러난 민족의 총가장総家長, 도의적 중심으로서 지지	1,084(45%)
군민일체의 견지에서 정권을 의회와 함께 공유하는 체제 지지	680(28%)

37) 宮沢俊義,「憲法改正について」,『改造』, 27巻3号(1946.3), 23면.

38) 宮沢俊義, 前掲『改造』論文, 25~26면.

39) 宮沢俊義・小林直樹,「対談・明治憲法から新憲法へ」,『昭和思想史への証言』(毎日新聞社, 1968), 169면.

40) 江藤淳・波多野澄雄編,『占領史録』第3巻(講談社, 1982)에 수록된「解説」. 초출은「"八・一五革命説"成立の事情−宮沢俊義教授の転向」,『諸君!』14巻5号(1962.5).

41)「座談会・憲法三〇年を回顧して」에서의 타나카 지로오의 발언.『ジュリスト』638号(1977.5.3. 臨時増刊), 9면.

42) 羽仁説子,『妻のこころ』(岩波新書, 1979), 176면.

43) 竹前栄治,『戦後労働改革』(東京大学出版会, 1982), 81~82면.

44) 또한 그 후「日本国憲法生誕の法理」라는 제목으로 宮沢俊義,『コンメンタール・日本国憲法・別冊附録』(日本評論社, 1955), 308면 이하에 수록됨. 이 책에서의 인용은 이에 따름.

45) 宮沢俊義, 前掲『コンメンタール』, 315면.

46) 高見勝利,「古い革袋と古い酒−八月革命説への一視角」,『ジュリスト』796号(1983.8.1. & 8.15), 73면.

47) 鵜飼信成,「宮沢憲法学管見」,『ジュリスト』807号(1984.2.15), 28면.

48) 鵜飼信成,『司法審査と人権の法理』(有斐閣, 1984), 404면.

49) 外務省特別資料部編,『日本占領及び管理重要文書集』第1巻(東洋経済新報社), 96면.

50) 樋口陽一,「タブーと規範」,『世界』1983年6月号, 42면.

51)「座談会・宮沢俊義先生の人と学問」에서의 쿠보타 키누코久保田きぬ子의 발언.『ジュリスト』634号(1977.3.26, 特集 宮沢憲法学の全体像), 141면.

52) 宮沢俊義, 「憲法改正の是非」, 『再建』(自由堂中央機関誌) 8巻7号 (1954.9), 48면.

53) 佐藤達夫著・佐藤功補訂, 前揭書, 176면.

54) 大沼保昭, 『単一民族社会の神話を超えて－在日韓国・朝鮮人と出入国管理体制』(東信堂, 1987), 259면 이하.

제8장 초안 요강의 발표

1) 『東京新聞』 1946.3.12.

2) 佐藤功, 『憲法改正の経過』(日本評論社, 1947), 105면에서 재인용.

3) 佐藤功, 前揭書, 「付祿」, 273면.

4) 『芦田均日記』 第1卷(岩波書店, 1986), 90면.

5) 入江俊郎, 『憲法成立の経緯と憲法上の諸問題』(第一法規出版, 1976), 217면.

6) 高橋紘・鈴木邦彦, 『天皇家の密使たち』(徳間文庫, 1985), 79면 이하.

7) 木下道雄, 『側近日誌』(文藝春秋, 1990), 163, 164면.

8) 栗屋憲太郎, 『東京裁判への道』(講談社, 2006) (上) 66, 67면, (下) 26~28면.

9) 寺崎英成, マリコ・テラサキ・ミラー編著, 『昭和天皇独白録』(文藝春秋, 1991), 205면.

10) 入江俊郎, 前揭書, 221면.

11) 外務省外交文書, 마이크로필름 릴번호 A゙0092.

12) 『毎日新聞』 1946.3.8.

13) 『毎日新聞』 1946.3.8.

14) 『毎日新聞』 1946.3.8.

15) 이 신문 연재는 鈴木安蔵, 『民主憲法の構想』(光文社, 1946.4)에 「憲法改正政府案に対する意見」이라는 제목으로 수록되어 있다(157~176면). 여기에서는 이에 따랐다.

16) 鈴木安蔵, 『憲法制定前後』(青木書店, 1977), 230면.

17) 『毎日新聞』 1946.3.7.

18) 憲法調査会, 『憲法制定の経過に関する小委員会第四七回議事録』, 449~450면.

19) 写楽編集部編, 『日本国憲法』(小学館, 1982).

20) 丸谷才一, 『文章読本』(中央公論社, 1977), 59면.

21) 入江俊郎文書(국회도서관 헌정자료실 소장)에 따름.

22) 佐藤達夫著·佐藤功補訂, 前揭書 第3卷, 274면.

23) 『三宅正太郎全集』第3卷(好学社, 1950), 231면.

24) 入江俊郎, 「憲法草案余錄」, 『法曹』56号(1955), 8면.

25) 入江俊郎, 「憲法草案余錄」, 前揭誌, 8면.

26) 『三宅正太郎全集』第3卷, 248면.

27) 横田喜三郎, 「憲法のひらかな口語」, 林大·碧海純一編, 『法と日本語』(有斐閣, 1981), 267면.

28) 横田喜三郎, 前揭論文, 267면.

29) 横田喜三郎, 前揭論文, 268~269면.

30) 佐藤達夫関係文書(국회도서관 헌정자료실 소장)에 따름.

31) 渡辺佳英, 「法制局回想」, 內閣法制局百年史編集委員会, 『証言·近代法制の軌跡』(ぎょうせい, 1985), 102면.

32) 横田喜三郎, 前揭論文, 272면.

33) 『三宅正太郎全集』第3卷, 231면.

제9장 미국 정부 대 맥아더

1) 콜그로브 문서를 해설한 타이프 원고 Katherine H. Giese, *Kenneth Walleth Colegrove Papers*, 1977에 따름(노스웨스턴 대학 디어링Deering 도서관 문서부University Archives 소장). 이 문서는 이하 'Colegrove Papers, NWU'로 줄여 씀.

2) 예를 들면, 저서로 *Militarism in Japan*, World Peace Foundation, 1936이 있고, 논문으로 The Japanese Emperor, *The American Political Science Review*, Vol. XXVI, No. 4(August, 1932) & No. 5(October, 1932), The Japanese Constitution, *The American Political Science Review*, Vol. XXXI, No. 6(December, 1937) 등이 있다.

3) 저서로서 Democracy Versus Communism, the Institute of Fiscal and Political Education, 1957이 있다.

4) Katherine H. Giese, *op. cit.* 蜷川譲編, 「大山郁夫年譜」, 丸山真男他, 『大山郁夫〔評伝·回想〕』(新評論, 1980). 또한 니나가와蜷川의 연보에서는 오오야마의 직함

이 '연구촉탁Research Associate'으로 되어 있지만(28면, 259면), 여기에서는 일단 기제의 논문에 따랐다.

5) 류우코柳子 부인의 회상에 따르면, 그 수년 전에 "노동당의 자료를 보내주기 바란다는 부탁을 받았고, 그 편지에 1달러가 들어 있었"지만, 자료를 보낼 수 없었기 때문에 반환하려는 생각으로 시카고로부터 편지를 보낸 것이 계기라고 한다. 「大山郁夫の思い出」(三), 『大山会々報』1966.8.20).

6) 五百旗頭真, 『米国の占領政策』上(中央公論社, 1985), 196면.

7) *Who was Who in America with World Notables*, 1977-1981, Vol. VII, 1981

8) Colegrove to T. A. Bisson, 22 November, 1938, Colegrave Papers, NWU.

9) 1946년 7월에 집필한 ケネス・コールグローブ, 「在米大山郁夫教授の生活について」, 『大山郁夫全集』第5卷(中央公論社, 1949)에 "번역은 현재 착착 완성 단계에 들어서고 있다"고 적혀 있다.

10) Colegrave Papers, NWU.

11) Katherine H. Giese, *op. cit.*

12) Colegrave Papers, NWU.

13) Hugh Borton, *Japan's Modern Century*, 1970, p.424

14) Mr. Max W. Bishop, of the Office of the Political Adviser in Japan, to the Secretary of State, *FRUS, 1946*, Vol. VIII, p.173

15) FEC文書, 국회도서관 소장, 마이크로피시 번호 FEC(A)1245.

16) Colegrave Papers, NWU.

17) Colegrave Papers, NWU.

18) *Activities of the Far Eastern Commission, Reported by the Secretary General*, 1947, pp.58-59

19) *op. cit.*, pp.59-63

20) *Current Biography*, 1954, p.428

21) Personal Message to MacArthur from McCoy, Colegrave Papers, NWU.

22) Personal Cable to MacArthur from McCoy, 22. March, 1946, Colegrave Papers, NWU.

23) Personal Cable to McCoy from MacArthur, W81600, 24. March, 1946,

Colegrave Papers, NWU.

24) 鈴木安蔵,『憲法制定前後』(靑木書店, 1977), 138s면.

25) 조사대상 5,000명, 회답수 2,400명. 憲法調査会,『憲法制定の経過に関する小委員会第四七回議事錄』, 188~189면.

26) 入江俊郎,『憲法成立の経緯と憲法上の諸問題』(第一法規出版, 1976), 258면.

27) 入江俊郎, 前揭書, 302~304면.

28) 入江俊郎, 前揭書, 259~260면.

29) 村川一郎編著,『帝国憲法改正案議事錄－樞密院帝国憲法改正案審査委員会議事錄』(国書刊行会, 1986), 49~50면.

30) Washington(McCoy) to CINCAFPAC(MacArthur), W 83719, 9. April, 1946, Colegrave Papers, NWU.

31) Memorandum by the State Department Members of the State-War-Navy Coordinating Committee(Hilldring) to the Committee, 12. April, 1946, *FRUS, 1946*, Vol. VIII, pp.195-196

32) General of the Army Douglas MacArthur to the Joint Chiefs of Staff, 4. May, 1946, *FRUS, 1946*, Vol. VIII, p.220

33) Memorandum from the State Depatment Member of SWNCC(J. Hilldring), Proposed telegram to General MacArthur from United States of Government, 8. May, 1946, National Archives, 894. 011/5-946

34) Department of State, The Far Eastern Commission, 1953의 제5장의 완역. 土屋正三訳,『日本の新憲法と極東委員会』(憲法調査会事務局, 1956), 13면.

35) 土屋正三訳, 前揭書, 13면.

36) Personal Radio of Assistant Secretary Petersen to General MacArthur, (W 87958) 15. May, 1946, Colegrave Papers, NWU.

37) From CINCAFPAC(MacArthur) to WARCOS(Assistant Secretary Petersen), (C 61134) 18. May, 1946, Colegrave Papers, NWU.

38) Memorandum by the Director of the Office of Far Eastern Affairs(Vincent) to the Secretary of State, 19. April, 1946, *FRUS, 1946*, Vol. VIII, p.211

39) Criteria for the Adoption of a New Constitution. 外務省特別資料部編,『日

本占領及び管理重要文書集』(東洋経済新報社, 1949), 89~90면.

40) GHQ, *Tokyo Telephone Directory, September 1946.* 福島鋳郎編, 『GHQの
組織と人事』에 의해 확인.

41) T・A・ビッソン, 『日本占領回想記』, 330면. 역자 중 나카무라 마사노리中村
政則의 해설.

42) Peake's Curriculumn vitae, Colegrave Papers, NWU.

43) 竹前栄治, 「米占領政策の意図」, 『中央公論』, 1987年5月号, 201면.

44) 콜그로브가 카토오 칸쥬우가 아시다 내각의 노동대신에 취임했을 때 축하 편
지(1948.3.18자)를 보낸 것으로 보아, 두 사람은 꽤 친한 사이였던 듯하다. Cole-
grave Papers, NWU.

45) 사사키 소오이찌가 오오야마에게 보낸 편지, 佐々木惣一, 『疎林』(甲文社, 1947),
183면.

46) 타카노는 1946년 7월 2일자로 토오쿄오에 있던 콜그로브에게, 시가와 토쿠다는
8월 2일자의 연명으로 오오야마 앞의 편지를 동봉하여 콜그로브에게, 감사의 편
지를 보냈다. Colegrave Papers, NWU.

47) 入江俊郎, 前揭書, 403면.

48) Check Sheet from General Whitney to C-in-C, 24. April, 1946, MacArthur
Memorial Archives.

49) Letter from Colegrave to General Frank R. McCoy, 26. April, 1946, MacAr-
thur Memorial Archives.

50) Letter from Colegrave to Professor George H. Blakeslee, 17. May, 1946,
Colegrave Papers, NWU.

51) Letter from Nelson T. Johnson to Colegrave, 27. May, 1946, Colegrave
Papers, NWU.

52) United States Policy in Regard to the Adoption of a New Japanese Con-
stitution, SWNCC 228/3, 11. June, 1946, National Archives, Microfilm, T
1205 Roll 8

53) Appendix "D" of SWNCC 228/3, National Archives, Microfilm, T 1205 Roll 8

54) Footnote 14 of SWNCC 228/3, *FRUS, 1946*, Vol. VIII, p.247

55) 『每日新聞』 1946.6.22.

56) 村川一郎編著, 前揭書, 62면.

57) 村川一郎編著, 前揭書, 126면.

58) Letter from Colegrave to Nelson T. Johnson, 15. June, 1946, FEC文書, 국회도서관 소장, 마이크로피시 번호 FEC(A)1075.

59) 예를 들면, 맥아더에게 보낸 일본인의 편지를 편집·분석한 袖井林二郎, 『拜啓 マッカーサー元帥様』(大月書店, 1985)는, 그 신뢰가 얼마나 두터운 것인지 잘 보여준다.

60) 『每日新聞』 1946.7.17.

61) 『芦田均日記』 第1卷, 119면. 영문으로 전문이 적혀 있다.

62) 『芦田均日記』 第1卷, 119면.

63) Colegrave Papers, NWU. 콜그로브에 관한 부분에 밑줄이 그어져 있다.

64) *Christian Science Monitor*, 25. June, 1946

65) Letter from Colegrave to President Truman, 29. July, 1946, Truman Presidential Library. 야마기와 아키라山極晃 요코하마横浜 시립대학 명예교수의 복사본에 따름.

66) Letter from Colegrave to General C Whitney, 10. August, 1946, Colegrave Papers, NWU.

67) Letter from Colegrave to General C Whitney, 10. August, 1946, Colegrave Papers, NWU.

제10장 제국의회에서의 수정

1) 大江志乃夫, 『日本の歷史』 31卷 [戰後変革] (小学館, 1976), 150면.

2) 村川一郎編著, 『帝国憲法改正案議事錄』(国書刊行会, 1986), 14~15면.

3) 『第九〇回帝国議会貴族院議事速記錄第二号』(6.23), 17면.

4) 佐藤功, 『憲法改正の経過』(日本評論社, 1947), 136면.

5) 金森德次郎, 『帝国憲法要綱』(巖松堂書店, 1927), 179면.

6) 金森德次郎他, 『私の履歷書·文化人15』(日本経済新聞社, 1984), 80면.

7) 金森德次郎, 「憲法生れし日の思い出にひたる」, 『国会』 1952年5月号, 9면.

8) 金森德次郎, 『憲法遺言』(学陽書房, 1959)의 편자(入江俊郎他五名)가 쓴「あとが き」, 221면.

9) 佐藤功,「新憲法をめぐる人々の思い出」,『郵政』2卷5号(1952), 13면.

10) 鳩山一郎,『鳩山一郎回顧錄』(文藝春秋新社, 1957), 23면 이하.

11)『芦田均日記』第1卷, 118면.

12) 佐藤功,「制憲過程における芦田さんの思い出」,『図書』1986年2月号, 33면.

13)『芦田均日記』第1卷, 267면.

14) 内田健三,「保守三党の成立と変容」, 坂本義和, R・E・ウォード編, 前掲書, 212면. 또한 우찌다는 그 근거로서 Japanese Political Parties, Vol. 1에 기재된 Political Parties Branch, Government Section, GHQ "Liberal Party", 20. June, 1946이라는 보고서를 이용하고 있다.

15)『第九〇回帝国議会衆議院議事速記錄第五号』(6.26), 71면.

16)『第九〇回帝国議会衆議院議事速記錄第五号』(6.26), 75면.

17)『第九〇回帝国議会衆議院議事速記錄第五号』(6.26), 83면.

18)『第九〇回帝国議会衆議院議事速記錄第八号』(6.29), 122면.

19)『第九〇回帝国議会衆議院帝国憲法改正案委員会議錄(速記)第一〇回』(7.12), 166면.

20)『第九〇回帝国議会衆議院帝国憲法改正案委員会議錄(速記)第一〇回』(7.12), 166면.

21) 미야자와에 관해서는,『第九〇回帝国議会貴族院議事速記錄第二三号』(8.27), 241면 이하. 난바라에 관해서는,『同二四号』(8.28), 245면 이하.

22)『第九〇回帝国議会貴族院議事速記錄第二三号』(8.27), 241면.

23) 金森德次郎,「憲法生れし日の思い出にひたる」, 前掲誌, 11면.

24)『第九〇回帝国議会衆議院議事速記錄第三五号』(8.25), 501면.

25)『民主主義科学』創刊号, 87면 이하.(미국 메릴랜드 대학 맥켈딘 도서관 소장).

26) 中村哲,『新憲法ノート』(共和出版社, 1947), 49면 이하.

27) 나카무라 아키라中村哲는 전게서에서 영문 성명을 권말에 붙였다고 적고 있지 만, 게재되어 있지 않다.

28)『第九〇回帝国議会衆議院議事速記錄第八号』(6.29), 122면.

29) 『第九〇回帝国議会衆議院帝国憲法改正案委員会議錄第三回』(7.2), 22면.

30) 村川一郎編著, 前揭書, 56면.

31) 佐藤達夫著·佐藤功補訂, 『日本国憲法成立史』第3卷(有斐閣, 1994), 453면.

32) 『民報』, 1946.7.7(호오세이 대학 오오하라 사회문제연구소 소장).

33) 松本重治, 『昭和史への一証言』(每日新聞社, 1986), 177면.

34) English Translation of the Points at Issue in the Constitution Editorial by Juji Matsumoto in the Mimpo, 7. July, 1946, Colegrave Papers, NWU. 영역의 일자는 불명.

35) T·A·ビッソン, 『日本占領回想記』, 263면.

36) T·A·ビッソン, 前揭書, 113면.

37) FEC文書, 국회도서관 소장, 마이크로피시 번호 FEC(A)1244.

38) T·A·ビッソン, 前揭書, 260면 이하.

39) From MacArthur to War Department for WDSCA, 8. July, 1946, FEC文書, 국회도서관 소장, 마이크로피시 번호 FEC(A)1244.

40) 入江俊郎, 前揭書, 364면.

41) 入江俊郎, 前揭書, 366~367면.

42) 佐藤達夫著·佐藤功補訂, 前揭書 第4卷, 687면.

43) 憲法調査会, 『憲法制定の経過に関する小委員会報告書』(1961), 376면.

44) 『第九〇回帝国議会衆議院帝国憲法改正案委員小委員会速記錄(復刻版)』(現代史料出版, 2005), 8면 상단. 이하, 이 책을 『小委員会速記錄』이라고 표기함.

45) 松本重治, 前揭書, 182면.

46) 入江俊郎, 前揭書, 368면.

47) 『第九〇回帝国議会貴族院議事速記錄第二三号』(8.27), 241면.

48) 佐藤達夫著·佐藤功補訂, 前揭書 第4卷, 990면.

49) 金森徳次郎, 『憲法うらおもて』(学陽書房, 1962), 39면.

50) 『東京新聞』1946.7.22. 나카무라 아키라와 카자하야 야소지風早八十二의 좌담회.

51) 宮沢俊義, 「新生日本の道標『新憲法』」, 三国一朗編, 『昭和史探訪』5〔終戦前後〕(番町書房, 1975), 161면.

52) 『朝日新聞』1946.6.28.

53) 佐藤達夫著 · 佐藤功補訂, 前揭書 第3卷, 470면.

54) 『小委員会速記録』, 91면 하단.

55) 金鉉鈞 씨의 경우, 이 처분에 불복해서 소송을 제기했다. 1심(東京地裁)에서 패소(1982)했지만, 항소심에서 승소(1983)했다. 또한 그 사이에 해당하는 1982년에 「국민연금법」은 국적 조항을 폐지하고, 피보험자 자격을 "일본국 안에 주소를 가지는 20세 이상 60세 미만인 자"로 바꾸었다. 吉岡增雄 · 山本冬彦 · 金英達, 『在日外国人と日本社会』(社会評論社, 1984), 141면 이하.

56) 이 영역은 그대로 일본국헌법의 공식 영역문이 되어 지금까지 안 바뀌고 있다.

57) 小林直樹, 『新版 · 憲法講義』上(東京大学出版会, 1980), 286면.

58) 『第九〇回帝国議会衆議院帝国憲法改正案委員会議録第七回』(1946.7.7), 103면.

59) 『第九〇回帝国議会衆議院帝国憲法改正案委員会議録第七回』(1946.7.7), 104면.

60) 佐藤達夫著 · 佐藤功補訂, 前揭書 第4卷, 721면.

61) 『小委員会速記録』, 200면 상단.

62) 예를 들면, 「생활보호법」에 기초한 생활보호기준 등이 헌법 제2조에 위반된다고 주장한 '아사히朝日 소송' 등. 아사히 소송 최고재 판결은 『判例時報』 481号(1967).

63) 최근 생활보호 신청을 거부당한 삿포로札幌의 모자가정에서 모자 3명이 아사하고(1987.1), 생활보호를 사퇴당한 토오쿄오 아라카와荒川의 노모가 자살하는 (1987.10) 등의 사태가 이어지고 있다. 寺久保光良, 『『福祉』が人を殺すとき』(あけび書房, 1988).

64) 赤塚康雄, 『新制中学校成立史研究』(明治図書出版, 1978), 121면.

65) 赤塚康雄, 前揭書, 109면.

66) 福島鑄郎, 『GHQの組織と人事』(巖南堂, 1984)에 수록된 「GHQ電話帳」에 따르면, 오스본의 방은 방송회관 413호실이었다.

67) 영문 청원서가 CIE 교육과에 제출되었다. GHQ/SCAP文書, 국회도서관 소장, 마이크로피시 번호 CIE(A)0659.

68) 鈴木英一, 『日本占領と教育改革』(勁草書房, 1983), 59면.

69) 久保義三, 『対日占領政策と戦後教育改革』(三省堂, 1984), 246면.

70) Monta L. Osborne, Report of Conference(24. July, 1946), GHQ/SCAP文書, 국회도서관 소장, 마이크로피시 번호 CIE(A)0660.

71) 『第九〇回帝国議会衆議院帝国憲法改正案委員会議録第四回』(1946.7.3), 55면.

72) 赤塚康雄, 前揭書, 115면.

73) 『小委員会速記錄』, 125면 상단.

74) 久保義三, 「高等教育の多樣性と改革」, 日本教育学会, 『教育改革の課題』(教育制度研究委員会報告第六集, 1988.9), 33면.

75) 『小委員会速記錄』, 131면 하단.

76) 『小委員会速記錄』, 133면 상단.

제11장 '아시다 수정'과 제9조의 의의

1) 村川一郎編著, 『帝国憲法改正案議事錄』, 188~189면.

2) 村川一郎編著, 前揭書, 190면.

3) 佐藤達夫著・佐藤功補訂, 『日本国憲法成立史』第3卷(有斐閣, 1994), 468면.

4) 『第九〇回帝国議会衆議院議事速記錄第八号』(6.29), 123면.

5) 『第九〇回帝国議会衆議院議事速記錄第八号』(6.29), 123면.

6) 有斐閣編集部編, 『憲法第九条』(有斐閣, 1983).

7) 『小委員会速記錄』, 193면 하단.

8) 『每日新聞』1951.1.14.

9) 『芦田均日記』第7卷(岩波書店, 1986)에 수록된 「新憲法解釈(抜粋)」에서 인용. 319면.

10) 방송 원고는, 「座談会・改正憲法をめぐって」, 『放送』7卷1号(1947年1月号). 출석자는 아시다 외에, 이누카이 타케루, 미야자와 토시요시, 스즈키 요시오, 시모야마 세이이찌.

11) 『東京新聞』1956.3.30.

12) 憲法調査会 제7회 총회에서의 구술. 同議事錄, 90면 이하.

13) 『東京新聞』1979.3.12.

14) 『東京新聞』이 '아시다 수정'이 이루어진 것은 7월 27일이라고 하고 있는 것은 잘못이며, 실제로는 7월 29일. 『芦田均日記』의 7월 27일 부분에 해당 부분의 기술이 없는 것은 당연하며, 29일 부분에도 없다. 또 『芦田均日記』가 간행된 후 『東京新聞』은 당초 "일기의 일부를 보완하여 보도했다"고 했다(1986.4.16). 이에 대해 『朝日新聞』이 다음날 "75행 추가되었다"고 보도하여 문제화되었다.

15) 『東京新聞』(1986.5.31)은 "일기 원본에는 없는 헌법 심의 부분 등 75행을 취재기자가 추가했다는 사실이 판명되었습니다"라고 밝히고, 75행을 "삭제합니다"라고 하는 "사과문"을 게재했다.

16) 이 점은 이 책의 감역자인 모리 키요시森清(衆議院議員, 自由民主党憲法調査会主査)도 그 「解説」에서 인정하고 있다. 594면.

17) 森清監訳, 前掲書, 485면.

18) 모리 키요시는 전게서에서 이리에가 1950년에 속기록을 보았다는 사실을 지적하고 있다. 502면.

19) 『読売新聞』 1957.10.20. 夕刊

20) 『朝日新聞』 1957.10.24.

21) 『小委員会速記録』, 84면 상단.

22) 入江俊郎, 『憲法成立の経緯と憲法上の諸問題』, 383면. 또한 이리에는 "아시다 씨는 당시에는 어디까지나 정론을 주창하여, 침략은 물론이고 자위를 위해서도 일체의 전쟁을 하지 않는다고 하는 원칙을 확실하게 하자고 주장하고 있었던 듯이 이해됩니다"라고 기술하고 있다. 387면.

23) 『小委員会速記録』, 144면 전단.

24) 『小委員会速記録』, 192면 상단.

25) 『小委員会速記録』, 196면 상단.

26) 『憲法調査会第七回総会議事録』, 109면.

27) 이 점에 관해, 『芦田均日記』의 편집자 중 한 사람인 신도오 에이이찌進藤栄一는 제1권의 해설에서 "아시다 수정의 의도와는 별개로, 아시다는 그렇게 생각하면서도, 일본이 제9조 아래에서도 여전히 '자위권'을 보유하며, 일정한 '무력'의 보유도 허용될 수 있다고 마음 한편으로 생각하고 있었다고 볼 수 있다"(47면)라고 논평했고, 사토오 이사오도 "이 신도오說은 '아시다 수정'에 있어서의 아시다 씨의 사고 과정의, 내가 말하는 복잡한 '굴절'을 지적하고 있는 것으로서, 나는 기본적으로 찬성하고 싶다"라고 적고 있다. 佐藤功, 「憲法第九条の成立科程のおける『芦田修正』について」, 『東海法学』 第1号(1987), 47면.

28) 예를 들면, 大森実, 『戦後秘史』 5(講談社, 1975), 256면. 田中英夫, 『憲法制定過程覚え書』(有斐閣, 1979), 106면. 古森義久, 「憲法第九条の成立のついて」, 江

藤淳編,『占領史錄』第3卷(講談社, 1982), 34면. 西修,『日本国憲法の誕生を検証する』(学陽書房, 1986), 157면. 竹前栄治, "Kades Memoir on Occupation of Japan",『東京経大学会誌』第148号(1986.11), 230면. 竹前栄治,『日本占領-GHQ高官の証言』(中央公論社, 1988).

29) 竹前栄治,「米占領政策の意図」,『中央公論』1987年5月号, 197면.

30) 극동위원회의 헌법 심의에 관해서는, 하리마 노부요시播磨信義의 일련의 연구가 있다.『山口大学教育学部研究論叢』第27卷 第1部, 第30卷 第1部, 第32卷 第1部, 第33卷 第1部, 第34卷 第1部, 第35卷 第1部. 그중이 소련 제안에 관한 부분은「極東委員会における日本国憲法草案審議(その2)-第三委員会報告, ソヴェト提案を中心に」第35卷 第1部(1985.12), 43면 이하.

31) Transcript of Twenty-Seventh Meeting of the Far Eastern Commission, Saturday, September 21, 1946, pp.18-19, FEC文書, 국회도서관 소장, 마이크로피시 번호 FEC(A)0085. 또한 여기에서는 FEC文書(議事錄)에 따라 "S. H. 탄Tan"이라고 표기했지만, 쯔루미 슌스케鶴見俊輔 씨에 따르면 그 중국이름은 '顧維鈞'이라고 함. 鶴見俊輔·河合隼雄,『時代を読む』(潮出版社, 1991), 104면.

32) *op. cit.*, p.27.

33) *op. cit.*, p.27-28.

34) *op. cit.*, p.33-34.

35) *op. cit.*, p.35-36.

36) Washington(Assit. Sec. War Petersen) to CINCAFPA(Personal to MacArthur) W 81154, 22. Sept. 1946, MacArthur Memorial. 아마카와 아키라天川晃 요코하마 국립대학 명예교수가 소장한 문서의 복사본에 따름.

37) 또한 사토오 타쯔오는 이것을 "24일"이라고 적고 있다. 佐藤達夫著·佐藤功補訂, 前揭書 第4卷, 918면.

38) 入江俊郎, 前揭書, 420면.

39) Transcript of Twenty-Eighth Meeting of the Far Eastern Commission, Wednesday, September 25, 1946, pp.2-3, FEC文書, 국회도서관 소장, 마이크로피시 번호 FEC(A)0086.

40) Borton to Vincent, 26 September, 1946, National Archives 740. 00119,

FEAC/9-2646.

41) Transcript of Twenty-Eighth Meeting of the Far Eastern Commission, pp.8-9, *op. cit.*

42) 佐藤達夫著・佐藤功補訂, 前掲書 第4巻, 925면.

43) 宮沢俊義, 「文民誕生の由来」, 『コンメンタール・日本国憲法・別冊附錄』 (日本評論社, 1955), 332면.

44) 예를 들면, 西修, 『日本国憲法の誕生を検証する』(学陽書房, 1986), 특히 「憲法 九条成立経緯のすべて」, 104~181면 참조.

45) 이와 같은 해석을 하는 최근의 연구로는, 山内敏弘, 「戦争放棄・平和的生存 権」, 山内敏弘他共著, 『現代憲法講座』下(日本評論社, 1985).

46) 古関彰一, 『『平和国家』日本の再検討』(岩波書店, 2002), 17면. 초출은 古関彰一, 「米国における占領下日本再軍備計画」, 『法律時報』48巻10号(1976), 73면.

47) 袖井林二郎, 『マッカーサーの二千日』(中央公論社, 1974), 55면 이하.

48) 古関彰一, 「米国における占領下日本再軍備計画」, 『法律時報』 48巻10号 (1976), 73면.

49) 佐藤達夫著・佐藤功補訂, 前掲書 第4巻, 982면.

50) T・A・ビッソン, 『日本占領回想記』, 258~259면.

제12장 헌법의 보급자들

1) 憲法普及会, 『事業概要報告書』(1947.12), 4~5면.

2) Hussey Papers, Reel No. 6

3) 憲法普及会編, 『新憲法講説』(政界通信社, 1947), 5면.

4) 憲法普及会編, 『新憲法講説』, 117~120면.

5) 憲法普及会編, 『新憲法講説』, 147~148면.

6) Hussey Papers, Reel No. 5

7) 憲法普及会編, 『新憲法講説』, 321면.

8) 憲法普及会, 『事業概要報告書』, 34면.

9) Hussey Papers, Reel No. 6

10) 坂本義和, 「百周年を迎えた国家学会」, 『書斎の窓』374号(1988.5), 15면.

11) 憲法普及会, 『事業概要報告書』, 101면.

12) 憲法普及会編, 『新しい憲法 明るい生活』(憲法普及会, 1947.5.3), 토오쿄오 도코가네이小金井 시의 고 타카노高野武千代 씨 소장.

13) Hussey Papers, Reel No. 6

14) Hussey Papers, Reel No. 6

15) Hussey Papers, Reel No. 6

16) 神奈川県, 『神奈川県史』(資料編 12, 近代·現代 2), 475면.

17) Hussey Papers, Reel No. 6

18) 憲法普及会, 『事業概要報告書』, 58면.

19) 『朝日新聞』 1947.5.4.

20) 영화의 내용에 관해서는, 拙稿, 「映画 『新憲法の成立』を見る」, 『朝日新聞』 1986.9.5. 夕刊.

21) 상세한 내용은, 憲法普及会, 『事業概要報告書』, 36면 이하.

22) 『朝日新聞』 1947.5.4. 카나모리의 폐회사에 이어 〈키미가요〉의 주악과 함께 천황이 입장하자 '만세'가 울려퍼졌다고 적혀 있다.

23) 高橋紘, 『昭和天皇1945~1948』(岩波現代文庫, 2008), 72면.

24) 『京都新聞』 1947.5.4.

25) 「清水澄の遺書」, 『潮流』 1947年11月号, 49면.

26) 戒能通孝, 「私の法律学」, 『法律時報』 1975年8月号(戒能博士の学問と業績), 124면.

27) 丸山真男, 「近代日本の知識人」, 『後衛の位置から』(未来社, 1982), 114면.

28) 潮見俊隆編, 『戦後の法学』(日本評論社, 1968), 24면 이하.

29) 加藤周一·中村真一郎·福永武彦, 『1946·文学的考察』(冨山房, 1977), 6면 이하. 초판은 真善美社에 의해 1947년에 간행되었다.

30) 横田喜三郎, 『自衛権』(有斐閣, 1951), 187~188면.

31) 横田喜三郎, 前揭書, 205~206면.

32) 『世界』 477号(「戦後平和論の源流」, 1985年 臨時増刊). 또한 1950년 말에 평화문제간담회는 연구보고 「三たび平和について」를 발표했는데, 그중 「憲法の永久平和主義と日本の安全保障及び再武装の問題」라는 부분(제3장)은 우카이 노

부나리鵜飼信成가 집필했다.

33) 宮沢俊義,「憲法改正の是非」,『再建』(自由堂中央機関誌) 8卷7号 (1954.9), 48면.

34) National Archives R. G. 331 Box 235. 소데이 린지로오袖井林二郎 호오세이 대학 명예교수가 소장하는 문서의 복사본에 따름.

35) 『法律時報』 39卷5号 (1967,「恵庭事件」臨時增刊), 342면.

제13장 요시다 시게루의 반격

1) 「臨時法制調査会における諮問第一号に対する答申書」, 入江俊郎文書, 국회 도서관 소장.

2) 袖井林二郎編訳,『吉田茂=マッカーサー往復書簡集――一九四五～一九五一』(法政大学出版局, 2000), 164면.

3) 袖井林二郎編訳, 前掲書, 71면.

4) 『第一回国会衆議院司法委員会議錄第六号』(7.28).

5) 『第一回国会衆議院司法委員会議錄第九号』(7.31).

6) 『第一回国会衆議院司法委員会議錄第四四号』(10.3).

7) 『朝日新聞』 1947.10.5.

8) 袖井林二郎,「戦後史みなおしの原点 吉田・マッカーサー書簡」,『法学セミナー』 1979年11月号, 28면.

9) Howard Meyers, 'Revisions of the Criminal Code of Janpan during the Occupation', *Washington Law Review and State Bar Journal*, Vol. 25 No. 1 (Feb. 1950), p.134. 또한, 이 논문은 일본의 사법관료가 주목하게 된 듯, 그 직후에 「大要」가 소개되어 있다. 高橋正己,「マイヤース氏の日本刑法改正に関する所說について」,『法曹時報』 2卷11号 (1950.11).

10) 総理庁官房審議室,「祝祭日に関する関係者会議報告書」, GHQ/SCAP文書, 국회도서관 소장, 마이크로피시 번호 CIE(A)08641.

11) 時事通信士,「祝祭日に関する世論調査」(1948.2), GHQ/SCAP文書, 국회도서 관 소장, 마이크로피시 번호 CIE(A)08643.

12) Abolition of Certain Japanese National Holiday(27. May, 1948), GHQ/SCAP 文書, 국회도서관 소장, 마이크로피시 번호 CIE(A)08643.

13) From S. Shima(Secretary of the Prime Minister's Office) to W. K. Bunce, 4. Feb, 1948, GHQ/SCAP文書, 국회도서관 소장, 마이크로피시 번호 CIE(A)08642.

14) GHQ/SCAP文書, 국회도서관 소장, 마이크로피시 번호 CIE(A)08641. GHQ 측에 제출된 일본어(타이프로 작성)의 이 「잠정안」에는 "2월 11일 国始祭"라는 부분 위에 선이 그어져 삭제되어 있다.

15) Abolition of Certain Japanese National Holiday(27. May, 1946), GHQ/SCAP 文書, 국회도서관 소장, 마이크로피시 번호 CIE(A)08643.

16) マクマホン・ボール著, 中山立平訳, 『日本 敵か味方か』(筑摩書房, 1953), 140~141면.

17) CRS, A5466/T1, Item CCT5-A, Australian Archives, Canverra. 拙稿, 「外から見た平和憲法の原点」, 『法律時報』56卷6号(1984.5).

18) Alan Rix ed., *Intermittent Diplomat, the Diary of Macmahon Ball*, University of Melbourne Press, 1988, p.9

19) 外務省編, 『初期対日占領政策－朝海浩一郎報告』上(毎日新聞社, 1978)에 수록된 「朝海浩一郎氏略歴」에 따름.

20) 外務省編, 前掲書에 수록된 미사와 시게오三沢潤生의 해설 논문, 267면.

21) 外務省編, 前掲書에 수록된 기록에 따름.

22) 『信濃毎日新聞』1984.4.30.

23) CRS, A 5466/T 1, Item CCT 5-A, Australian Archives, Canberra.

24) Paper by Mr. W. Macmahon Ball on the Progress of the Occupation in Japan, Post-Treaty Controls and the Machinery of Control, 10. June, 1947, PCPS 1/57, CRS, A 5469 Item 3, Australian Archives, Canberra.

25) 菊地努, 「オーストラリアと対日早期講和の提唱」, 『国際問題』1983年9月 참조.

26) ジュン・ダワー著, 大窪愿二訳, 『吉田茂とその時代』下(TBSブリタニカ, 1981), 44면.

27) 工藤宜, 『ルポルタージュ・日本国憲法』(有斐閣, 1987), 4면.

제14장 '역코스'의 시작

1) 袖井林二郎編訳, 前掲書, 167면.

2) George H. Blakeslee, Far Eastern Commission, Department of State, 1953 의 제5장 "New Japanese Constitution"의 완역인「日本の新憲法と極東委員会」,『レファレンス』48号로부터의 転載인 憲法調査会事務局,「日本の新憲法と極東委員会」(『憲資・総第2号』, 1956), 26면.

3) Memorandum for General Hilldring by Ernest A. Gross, 18. September, 1946, National Archives. 아마카와 아키라 요코하마 국립대학 명예교수 소장 문서의 복사본에 따름.

4) Letter from General C Whitney to Dr. K. W. Colegrove, 5. November, 1946, Herbert Hoover Presidential Library.

5) 憲法調査会事務局, 前揭書, 29면.

6) 袖井林二郎編訳, 前揭書, 167면.

7)『朝日新聞』1948.8.22.

8)『朝日新聞』1948.8.13.

9)『朝日新聞』1948.8.16.

10)『朝日新聞』1948.8.14.

11)『朝日新聞』1948.8.14.

12)『朝日新聞』1948.8.29.

13)『朝日新聞』1948.8.30.

14)『朝日新聞』1948.8.30.

15)『朝日新聞』1948.8.25.

16)『朝日新聞』1948.8.16.

17)『朝日新聞』1948.8.28.

18)「座談会・憲法と国民のものへ」,『中央公論』1949年5月号, 35면. 출석자는 카이노오 미찌타카, 사토오 이사오, 후지타 쯔구오藤田嗣雄, 하니 세쯔코羽仁説子.

19) 公法研究会,「憲法改正意見」,『法律時報』31卷4号(1949.4), 56~61면.

20) 東京大学憲法研究会,「憲法改正の諸問題」,『法学協会雑誌』67卷 1号(1949.6).

21)『第五国会衆議院外務委員会議録第七号』(1949.4.20).

22) 吉田茂,『回想十年』第2卷(新潮社, 1957), 50면.

23) The Chairman of the Far Eastern Commission(McCoy) to the Assistant

Secretary of State for the Occupied Areas(Saltzman), 25. October, 1948, *FRUS, 1948*, Vol. VI, p.876

24) *op. cit.*, p.876. 편집자의 각주.

25) NSC13/2의 전문은 *FRUS, 1948*, Vol. VI, pp.858-862. 번역문은 大蔵省財政史室編, 『昭和財政史』第3巻(東洋経済新聞社, 1976) 부속자료, 20~25면.

26) 五十嵐武士, 「ジョージ・ケナンと対日占領政策の転換」, レイ・ムーア編, 『天皇がバイブルを読んだ日』(講談社, 1982), 191면.

27) Memorandum by the Assistant Secretary of State for Occupied Areas(Saltzman) to the United States Representative on the Far Eastern Commission(McCoy), 3. December, 1948, *FRUS, 1948*, Vol. VI, p.913

28) Australian Encyclopaedia, p.344

29) Letter from Sawer to Eggleston, 21. July, 1948, Eggleston Papers, The Rare Books and Manuscript Room, Australian National Library.

30) Departmental Despatch No. 187/1948: From Australian Mission in Japan, 27. August, 1948, Eggleston Papers, The Rare Books and Manuscript Room, Australian National Library.

31) 『東京民報』1948.8.18. 일본어 원문에 따름. 오오하라 사회문제연구소 소장.

32) Departmental Despatch No. 226/1948: From Australian Mission in Japan, 29. October, 1948, Eggleston Papers, Australian National Library.

33) General of the Army Douglas MacArthur to the Department of the Army, 22. January, 1949, *FRUS, 1949*, Vol. VII, Part 2, p.627

34) 『朝日新聞』1949.4.30. 또한 이 회의의 회의록 Transcript of 151 st. Meeting of the Far Eastern Commission, Thursday, 28. April, 1949, FEC文書, 국회도서관 소장, 마이크로피시 번호 FEC(A)0122은 판독이 불가능하기 때문에 확인할 수 없었다.

35) 『朝日新聞』1949.5.3.

36) 竹前栄治, 「米占領政策の意図―元GHQ民政局長ケーディスに聞く」, 『中央公論』1987年5月号, 194면.

일본국헌법의 탄생

2010년 7월 30일 초판 1쇄 찍음
2010년 8월 10일 초판 1쇄 펴냄

지은이 코세키 쇼오이찌(古関彰一)
옮긴이 김창록

펴낸이 정종주
편집 이재만 이영호 김원영
마케팅 김창덕

펴낸곳 도서출판 뿌리와이파리
등록번호 제10-2201호 (2001년 8월 21일)
주소 서울시 마포구 서교동 451-48 2층
전화 02)324-2142~3
전송 02)324-2150
전자우편 puripari@hanmail.net

디자인 공중정원 박진범
종이 화인페이퍼
인쇄 및 제본 영신사
라미네이팅 금성산업

값 22,000원
ISBN 978-89-6462-004-5 (03910)

이 도서의 국립중앙도서관 출판시도서목록(CIP)은 e-CIP 홈페이지(http://www.nl.go.kr/ecip)에서
이용하실 수 있습니다.(CIP제어번호: 2010002797)